- 원제 对外汉语教学语法释疑201例
  (商务印书馆 刊)
- 저자 彭小川, 李守纪, 王红
- 역자 강춘화, 박영순, 서희명

저자의 말

우리 세 사람(彭小川, 李守纪, 王红)은 모두 일선에서 대외 한어 교학에 종사하고 있는 교사들이다. 우리는 유학생들을 가르치는 과정에서 학생들로부터 중국어 어법 현상과 관련하여 "왜 그런가요?", "어떤 차이점이 있나요?"라는 질문을 종종 받았다. 이로 인해 우리는 학생들의 이러한 질문에 대해 전문적으로 연구하고, 관련 논문을 쓰면서, 이 책을 엮어 낼 결심을 하게 되다. 그러므로 이 책은 중국어를 공부하는 외국인들이 늘 궁금해 하는 여러 의문점들을 해결하는 데 도움이 될 뿐만 아니라, 대외 한어 교학 및 TCSL(Teaching Chinese as a Second Language)에 종사하는 사람들에게도 도움이 될 것이다.

이 책의 각 항목 속에는 다량의 문헌을 참고한 후, 거듭된 토론과 수정을 거쳐 얻은 우리의 연구 경험과 연구 성과가 잘 반영되어 있다. 또한 어법학계의 새로운 연구 성과(새로운 관점과 방법 등)를 받아들여 최대한 이해하기 쉽게 설명하였다. 지면의 한계로 참고한 문헌들을 일일이 다 열거할 수는 없지만, 이 글을 통해서나마 관련 문헌의 저자들께 깊은 감사를 드린다.

이 책은 중국 대외 한어 교학 지도자 그룹에서 심사, 허가하고 입안한 연구 항목인 동시에 지난(暨南)대학 '211공정'의 연구 프로젝트이기도 하다. 우리의 연구 성과에 대해 호평해 주신 본 프로젝트의 심사를 맡았던 전문가들에게 깊은 감사를 드린다.

이 책의 정식 출판에 앞서 여러 차례 보충과 수정을 하였지만, 아직도 부족한 점이 있으니 전문가들과 독자들의 아낌없는 지적을 바란다.

저자 일동

역자의 말

중국어가 모국어가 아닌 이상 중국어를 잘하려면 무엇보다도 먼저 효율적이고도 체계적인 방법을 찾아야 합니다. 이를 위해서는 중국어의 맥을 잘 짚어나가는 것이 중요하며, 중국어의 어법 현상을 정확하게 파악하는 능력이 필요합니다. 그리고 그 과정에서 외국인으로서 오류를 범하기 쉬운 점을 잘 변별해 내기 위한 체계적인 학습이 선행되어야 합니다. 즉, 의미가 유사한 단어나 문장의 용법상 유사점과 차이점에 대한 정확한 이해가 있어야 합니다.

우리는 바로 이와 같은 내용을 학습하는 데 있어서 『对外汉语教学语法释疑201例』(彭小川·李守纪·王红 著, 商务印书馆, 2004年)가 많은 도움을 줄 수 있을 것으로 생각하여 번역에 착수하게 되었습니다.

이 책의 특징 및 구성은 다음과 같습니다.

첫째, 이 책의 기본 출발점은 학습자로 하여금 중국어의 어법 용어나 어법 이론을 정복하게 하는 데 있지 않고, 중국어의 어법적 원리와 구조를 파악하고, 외국인으로서 오류를 범하기 쉬운 어법 현상을 이해하여 중국어를 운용하는 실질적인 능력을 제고하도록 하는 데 있습니다.

둘째, 이 책은 중·고급 수준의 중국어 실력을 가진 학습자를 대상으로 하며, 각종 유의어 및 해당 문장의 어법상 유사점과 차이점을 비교, 분석함으로써, 정확한 중국어 표현 능력의 제고는 물론 HSK를 대비하는 데에도 도움이 될 것이며, 나아가 작문과 번역에 있어서도 자신감을 가지게 해줄 것입니다.

셋째, 이 책은 '품사(명사, 수량사, 동사, 형용사, 대명사, 부사, 개사, 조사, 접속사)'와 '문장의 구조와 유형(문장성분, 어순, 특수문형, 비교의 방법, 강조의 방법, 복문)' 두 부분으로 나누어 총 201개의 항목을 비교, 분석하고 있습니다.

넷째, 이 책은 외국인이 중국어를 배우는 과정에서 자주 의문을 갖는 문제와 오류를 범하기 쉬운 문제를 풍부한 예문과 도표를 통해서 상세하고 명쾌하게 설명하고 있습니다.

다섯째, 이 책은 각 항목에 학습목표 및 학습요점을 실어 학습의 길잡이 역할을 할 수 있도록 하였습니다.

여섯째, 이 책은 학습 과정에서 가장 중요한 '문(問) → 답(答) → 연습(練習)'의 3단계를 통해서 201개의 항목을 완벽하게 숙지할 수 있도록, 맥잡기 예문, 질문, 답변, 연습문제의 네 파트로 구성되어 있습니다. 각 항목의 맥잡기 예문에는 상용하는 문장들을 선별하여 간단명료하면서도 알기 쉽게 해설하였고, 미묘한 차이가 있는 예문은 비교를 통해서 용법과 해석상의 차이를 한 눈에 알 수 있도록 하였습니다. 또한 풍부한 연습문제를 실어 자가진단을 통해 학습한 내용을 재확인 하는 과정에서 자연스럽게 해당 어법 사항을 다시 한 번 다질 수 있도록 하는 한편, 즉석에서 정답을 확인할 수 있도록 답안을 실어 두었습니다.

끝으로 이 책이 중국어 학습자와 중국어 교육에 종사하는 분들께 조금이나마 도움이 되기를 바랍니다. 그리고 이 책의 출판을 허락해 주신 다락원과 중국어 편집부 여러분께 깊은 고마움을 전합니다.

역자 일동

이 책의 목차

저자의 말   3
역자의 말   4
이 책의 목차   6
일러두기   14

❶ 품사

★ **명사**

001	'以前', '以来', '以内', '以后'	18
002	'以前'과 '从前'	20
003	'以后'와 '后来'	21
004	'后来'와 '然后'	23
005	'之间', '之内(以内)', '中间'	24
006	'3年前'과 '前3年'	26
007	'头一天'과 '前一天'	28
008	'(在)……上', '(在)……中', '在……下'	30
009	'心里'와 '心中'	31
010	'时间'과 '时候'	33
011	'……的时候'와 '以后'	34
012	'明天'과 '第二天'	36
013	'最近'과 '现在'	37
014	'一天', '有一天', '有时'	39
015	'刚才', '刚', '刚刚'	40
016	'处处'와 '到处'	43

★ **수량사**

017	'二'과 '两'	46

018	'口', '名', '位', '个'	47
019	'只', '头', '条', '匹'	49
020	'一批', '一群', '一堆'	50
021	'次', '下', '趟', '遍'	51
022	'10多斤'과 '10斤多'	53
023	'个个'와 '每个'	55
024	'一个个'와 '个个'	57
025	'一一'는 '二'일까?	59

동사

026	'想'과 '要'	62
027	'愿意'와 '肯'	64
028	'应该'와 '必须'	65
029	능력을 나타내는 '能'과 '会'	67
030	가능을 나타내는 '能'과 '会'	69
031	'(如果)……就能……'과 '(如果)……就会……'	71
032	'不能出来', '不会出来', '出不来'	72
033	능력을 나타내는 '能'과 '可以'	74
034	가능을 나타내는 '能'과 '可以'	75
035	허가를 나타내는 '能'과 '可以'	76
036	'听了听'과 '听(一)听'	78
037	'来来回回'	80
038	'我要帮忙他'는 왜 틀린 표현일까?	81
039	'你别吵她的架'는 왜 틀린 표현일까?	83

형용사

040	'他很忙'과 '他是很忙'	86
041	'他胖，我不胖'	87
042	'高高兴兴'과 '高兴高兴'	89
043	'很高兴'과 '高高兴兴的'	90

대명사

| 044 | '人家'와 '别人' | 94 |

이 책의 목차

045	'咱们'과 '我们'	95
046	'我穿的一双鞋'는 맞는 표현일까?	97
047	'这么'와 '那么'	98
048	'这么高'는 항상 '매우 높다/크다'라는 의미로 쓰일까?	100
049	'这么'와 '这样'	102
050	'很多'와 '多少'	103
051	'你想吃点什么?'와 '你要不要吃点什么?'	104
052	'什么'와 '怎么'	106
053	'怎么'와 '怎样(怎么样)'	107
054	'怎么'와 '为什么'	109
055	'多少', '几', '多'	111
056	'别的'와 '其他'	113
057	'其余'와 '其他'	114
058	'其他'와 '另外'	116
059	'每'와 '各'	117
060	반어문에 쓰인 '哪儿'과 '怎么'	119

★ 부사

061	'很'과 '太'	124
062	'不大'와 '不太'	125
063	'不大'와 '大不'	127
064	'不'와 '没'	129
065	'又', '再', '还'	131
066	'又'는 미래에 쓰일 수 있을까?	133
067	'又'와 '也'	135
068	'想再看一遍'과 '还想看一遍'	136
069	'再吃点儿'과 '洗干净了再吃'	138
070	'才'	139
071	'再'와 '才'	141

072	'不再'와 '再不'	142
073	'(比……)再'와 '(比……)更'	144
074	'并'과 '又'	145
075	'都'와 '全'	148
076	'全'과 '全部'	149
077	'都'와 '净'	151
078	'都'와 '已经'	153
079	'只'와 '就'	155
080	'马上'과 '立刻'	157
081	'一时'와 '一下子'	158
082	'马上', '赶紧', '连忙', '一下子'	160
083	'一时', '一旦', '一度'	162
084	'一下子'와 '忽然'	163
085	시간을 나타내는 '一直'와 '总'	164
086	또 다른 용법의 '一直'와 '总'	167
087	'一直'와 '从来'	169
088	'一向', '一贯', '一直', '从来'	171
089	'根本'과 '始终'	173
090	'本来'와 '原来'	175
091	'比较'와 '稍微'	176
092	'有点儿'과 '一点儿'	178
093	'正'과 '在'	180
094	'一定'과 '必须'	182
095	'不必'와 '不是必须'	184
096	'肯定'과 '一定'	185
097	'反而'과 '居然'	187
098	'相反'과 '反而'	189
099	'倒'와 '但'	190
100	'却'와 '但'	192
101	'反正'	194
102	'最后'와 '终于'	195
103	'幸亏'와 '多亏'	196

개사

104	'向', '朝', '往'	200
105	'对'와 '向'	202

이 책의 목차

틀리기쉬운중국어어법201

106	'给'	203
107	'对于'와 '关于'	206
108	'对'와 '对于'	208
109	'在……看来'와 '对……来说'	209
110	'关于'와 '至于'	210
111	'为'와 '为了'	212
112	'从'과 '自从'	213
113	'由'와 '被'	215
114	'通过'와 '经过'	217
115	'按照'와 '根据'	219

★ **조사**

116	'的', '地', '得'	222
117	'的'	223
118	'她姐姐'와 '小红的姐姐'	225
119	'开车的人'과 '开车的时间'	226
120	'她穿着运动服'와 '她正在穿运动服'	228
121	'笑着点头'와 '笑了笑，然后点了点头'	229
122	'过着愉快的日子'와 '过了一段愉快的日子'	231
123	'了'는 과거에만 쓰일까?	232
124	과거의 사건이나 상황에는 항상 '了'를 써야 하는 걸까?	233
125	왜 '了'가 놓이는 위치가 다를까?	234
126	'他不回国'와 '他不回国了'	235
127	'得了第1名'와 '得了第1名了'	237
128	문장 끝의 '了'에는 어떤 용법이 있을까?	238
129	'他结了婚'과 '他结过婚'	239
130	'哪儿上车'와 '哪儿上的车'	241
131	'他昨天来了'와 '他昨天来的'	242
132	'坐了一小时'와 '坐了一小时了'	244

133	'吗','吧','啊'	245
134	'不……吗'와 '不……吧'	247
135	'不是……吗'	248

★ 접속사

136	'和','而','并'	252
137	'她和我都想去'와 '她和我说她想去'	254
138	'和'와 '及'	255
139	'及'와 '以及'	257

❷ 문장의 구조와 유형

★ 문장성분

140	'来客人了'와 '客人来了'	260
141	'好文章'과 '写好文章了'	261
142	'看见'과 '见着'	263
143	'叫住我们'과 '叫我们'	264
144	'来'와 '去'	265
145	'说起来','说下去','说出来','说出去'	267
146	'想出(来)','想起(来)','想'	269
147	'起来'와 '下来'	270
148	'起来'와 '开始'	272
149	'下来'와 '下去'	273
150	'过来'와 '过去'	274
151	'好好打'와 '打得很好'	275
152	'能进去吗'와 '进得去吗'	277
153	'吃不了'는 몇 가지 의미를 가질까?	278
154	'写不清楚'와 '写得不清楚'	280
155	'学了一年汉语'와 '来中国一年了'	282

★ 어순

| 156 | '他那件新羊皮大衣' | 286 |

이 책의 목차

157	'他大概已经很久没给她打电话了'	287
158	'我现在已经没有钱了'	289
159	'都不'와 '不都'	290
160	'都明天去'와 '明天都去'	292
161	'可以不……'와 '不可以……'	293
162	'下午又看电影'과 '又下午看电影'	294
163	'他竟然来了'와 '竟然是他来了'	296
164	'在墙上挂地图'와 '地图挂在墙上'	297
165	'他从书架上拿下一本书来'	299

★ 특수문형

166	'桌子上有几个苹果'	302
167	'有'와 '是'	303
168	'他站起来唱了一首歌'와 '他叫玛丽再唱一首歌'	305
169	'把'와 '被'	306
170	'把'와 '使'	308
171	'把'	310
172	'连……带……'와 '又……又……'	312
173	'找人一问'과 '找人问问'	313
174	'大的大，小的小'와 '打球的打球，跑步的跑步'	315

★ 비교의 방법

175	'他跟我一样高'와 '他有我这么高'	318
176	'他来得比我早'와 '他比我早来了一会儿'	320
177	'他比我高得多'와 '他比我高一点儿'	321
178	'他不比我高'와 '他没我高'	323
179	'他不如我高'와 '他没我高'	325

★ 강조의 방법

180	'是……的'	328
181	'连……也/都'	330
182	'非……不可'	332

★ 복문

183	'而'과 '而且'	336
184	'而'과 '但(是)'	337
185	'一边……一边……'	339
186	'一面……一面……', '一方面……一方面……', '一来……二来……'	340
187	'或者'와 '还是'	341
188	'不是……就是……'와 '或者……或者……'	343
189	'与其……不如……', '宁可……也不……', '宁可……也要……'	345
190	'由于'와 '因为'	346
191	'因为'와 '既然'	348
192	'所以'와 '因此'	350
193	'因此'와 '于是'	351
194	'既然', '如果', '虽然', '即使'	353
195	'虽然'과 '固然'	354
196	'但是', '只是', '不过'	356
197	'不管'과 '尽管'	358
198	'不管'과 '任凭'	360
199	'因为'와 '为了'	361
200	'为的是'와 '以便'	363
201	'从而'과 '进而'	364

부록

Check Check 정답	368
어법용어색인	381
참고문헌	383

일러두기

이 책은 외국인들이 중국어를 배우는 과정에서 종종 의문을 갖는 문제 중 201개를 선별하여 분석하고, 그에 대한 해답을 제시하였다. 201개 unit은 『对外汉语教学语法大纲』(王还 저, 北京语言大学出版社, 1995)을 토대로 하여 구성한 것으로, 이 책에서는 크게 '품사'와 '문장의 구조와 유형'으로 분류한 후, 다시 항목별로 세분화 하였다.

1 201개 unit의 구 성 및 활 용 방 법

① 제목
혼동하기 쉬운 단어나 어구 제시.

② 학습목표
해당 unit에서 배울 내용이 무엇인지 감(感) 잡기.

③ 맥잡기 예문
배우게 될 내용을 염두에 두고 주어진 예문들을 유심히 관찰한 후, 문제가 되는 사항에 대해 생각해 보기. / 각각의 예문이 지닌 차이점과 공통점 생각해 보기.

④ 문
예문을 보고 나면 품을 수 있는 해당 단어나 어구의 의미, 쓰임에 관한 궁금증 제시.

⑤ 답
어법의 이해를 돕는 그림, 용법이 한눈에 들어오는 도표를 이용한 꼼꼼하고 명쾌한 답변 제시.

⑥ 핵심콕콕!!
해당 unit에서 꼭 기억해야 할 핵심 알기.

⑦ Check Check
배운 내용을 확인해 보는 코너. 문제를 풀어봄으로써 올바로 이해했는지 Check Check!

2   이 책에 쓰인 기호

O	도표에 쓰인 경우에는 해당 용법이 있음을 나타내며, Check Check에 쓰인 경우에는 해당 문장이 옳은 문장임을 나타낸다.
X	맥잡기 예문이나 Check Check에 쓰인 경우에는 해당 문장이 틀린 문장임을 나타내고, 도표에 쓰인 경우에는 해당 용법이 없음을 나타낸다.
=	앞뒤 두 문장의 의미가 같음을 나타낸다.
≅	앞뒤 두 문장의 의미가 유사함을 나타낸다.
≠	앞뒤 두 문장의 의미가 다름을 나타낸다.
→	뒷문장으로 바꿔 쓸 수 있음을 나타낸다.
↯	다른 단어를 삽입할 수 없음을 나타낸다.
/	예문이나 구, 단어를 구분함을 나타낸다.

※ 이 책에 표기된 영문 품사 약어 V, O, N은 각각 Verb(동사), Object(목적어), Noun(명사)을 나타낸다.

3   이 책에 쓰인 표기규칙

중국의 지명이나 하천 등의 명칭은 중국어 발음을 한국어로 표기하는 것을 원칙으로 하였고, 다른 나라의 지명은 각 나라에서 실제로 읽히는 발음을 기준으로 하여 한국어로 표기하였다.

예 北京 → 베이징   东京 → 도쿄

인명의 경우, 각 나라에서 실제로 읽히는 발음을 기준으로 하여 한국어로 표기하였다.

예 小刘 → 샤오리우   玛丽 → 메리

틀리기쉬운중국어어법201

품사

★ 명사
★ 수량사
★ 동사
★ 형용사
★ 대명사
★ 부사
★ 개사
★ 조사
★ 접속사

unit _001 "以前", "以来", "以内", "以后"

'以前'은 '이전', '以来'는 '이래', '동안', '以内'는 '이내', '以后'는 '(그) 후에'라는 뜻을 나타낸다. 혼동하기 쉬운 이들에 대해 정확히 이해할 수 있도록 그 차이점과 쓰임을 구분해 보자.

맥·잡·기·예·문

❶ 我是4天以前得到这个消息的。 나는 4일 전에 이 소식을 알았다.

❷ 4天以来他一直在紧张地复习，准备考试。 4일 동안 그는 줄곧 긴장해서 복습하며 시험 준비를 하고 있다.

❸ 你们这次写的文章5天以内一定要交。 너희들이 이번에 쓴 글은 5일 이내에 반드시 제출해야 한다.

❹ 他5天以后会再来。 그는 5일 후에 다시 올 것이다.

❺ 1996年以前我一直住在东京。 1996년 전까지 나는 줄곧 도쿄에서 살았다.

❻ 2004年以前我都不会离开这里。 2004년 전까지 나는 여기를 떠나지 않을 것이다.

❼ 他是1998年回国的，回国以后给我来过几封信。
그는 1998년에 귀국했는데, 귀국한 후에 나에게 편지를 몇 통 보냈다.

❽ 这种药有效期4年，2005年以后就不好再用了。
이 약은 유효기간이 4년이므로, 2005년 이후에는 더 이상 써서는 안 된다.

문 '以前', '以来', '以内', '以后'의 차이점은 무엇일까? '以前'은 항상 '과거'를 나타내고, '以后'는 항상 '미래'를 나타낼까?

답 위의 질문을 이해하기 위해서는 우선 시간이 '시단(时段)'과 '시점(时点)' 두 가지로 구분된다는 것을 알아야 한다. **'시단(时段)'은** '10年', '3个月', '5个小时'와 같은 **한 단락의 시간**을 가리킨다. **'시점(时点)'은** '1998年', '3月', '5点'과 같은 **구체적인 시간 즉, '언제'** 인지를 가리킨다. 이때 '3个月'와 '3月'가 다르다는 점에 주의하자.
이 밖에 어떤 문장에서는 시간사 없이 '以前', '以后' 앞에 나온 동작이나 사건이 직접 시간의 의미를 내포해 그것이 곧 시점이 되기도 한다. 예를 들어 '上大学以前(대학 다니기 전에)'의 경우, 대학에 다니기 시작한 구체적인 날짜가 있으므로 '上大学'가 가리키는 것은 시점이지 시단이 아니다.

다음 도표를 통해 '以前', '以来', '以内', '以后'가 예문❶~예문❹처럼 '시단'을 나타내는 단어 뒤에 쓰이는 경우 어떤 차이점을 가지는지 살펴보자.

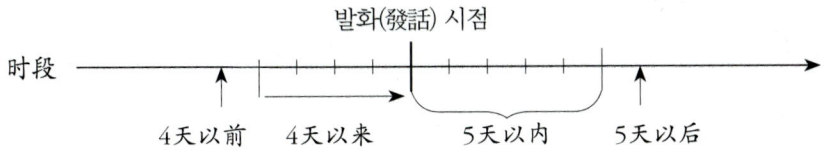

일반적으로 특정한 시간상의 기준점이 없으면 '以前'과 '以来'는 발화 전의 시간을 가리키고, '以内'와 '以后'는 발화 후의 시간을 가리킨다.

예문❺~예문❽처럼 '以前'은 '시점'을 나타내는 단어 뒤에 쓰여 '미래'를 나타낼 수 있고, '以后'는 '시점'을 나타내는 단어 뒤에 쓰여 '과거'를 나타낼 수 있다.

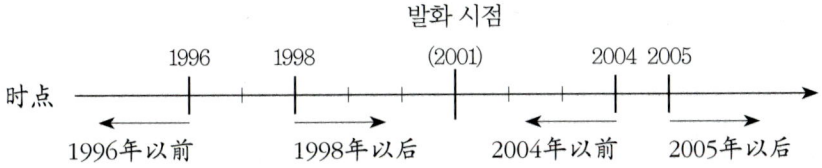

'以前'과 '以后'는 단독으로 쓰일 수 있지만, '以来'와 '以内'는 단독으로 쓰일 수 없다.

✓ **핵·심·콕·콕!!**

'시점(时点)'을 나타내는 단어의 뒤에 쓰일 때, '以前'과 '以后'는 각각 '미래'와 '과거'를 나타낼 수 있다. 또한 '以前', '以后'는 단독으로 쓰일 수 있지만, '以来', '以内'는 단독으로 쓰일 수 없다.

✓ **C·h·e·c·k C·h·e·c·k**

'以前', '以来', '以内', '以后'를 사용하여 밑줄 친 부분을 채우세요.

① 他毕业已经5年了。5年_____一直没有放弃学习英语。

② 10年_____这里还是一片荒地。这10年变化真大呀!

③ 这项工程不能再拖了，我只给你们1个月的时间，1个月_____一定要完工。

④ 我现在出去一趟，估计今晚8点_____回不来。

⑤ 他回国_____我们再没见过面。

⑥ 这样吧，今天是5月10号，3天_____，也就是13号_____，我一定答复你。

⑦ _____你可再不能这样了!

⑧ 我也不了解她_____是怎样的。

unit_002 "以前"과 "从前"

'以前'과 '从前'은 '이전에', '~전에'라는 뜻을 나타낸다. 그러나 때에 따라 그 쓰임이 서로 다르다는 것을 이해하자.

맥·잡·기·예·문

❶ 我以前在这地方住过。 나는 전에 이곳에 살았었다.
  → 我从前在这地方住过。

❷ 从前我特别喜欢跟他在一起。 전에 나는 그와 함께 있는 것을 특히 좋아했다.
  → 以前我特别喜欢跟他在一起。

❸ 1999年以前我一直住在北京。 1999년 전까지 나는 줄곧 베이징에서 살았다.
  × 1999年从前我一直住在北京。

❹ 这条公路要在2003年以前修完。 이 도로는 2003년 전까지 완공해야 한다.
  × 这条公路要在2003年从前修完。

❺ 4天以前他来找过我。 4일 전에 그가 나를 찾아왔었다.
  × 4天从前他来找过我。

문 시간사 '以前'과 '从前'은 어떤 차이점이 있을까?

답 '以前'과 '从前'은 다음과 같은 차이점을 지닌다('以前'의 의미는 unit_001을 참조). ('~'는 '以前' 또는 '从前'을 가리킴)

	과거		미래
	단독으로 쓰임	시점 / 시단 + ~	시점 + ~
以前	○	○	○
从前	○	×	×

'以前'과 '从前'은 모두 앞에 시간을 나타내는 단어를 붙이지 않아도 단독으로 쓰일 수 있다. 예를 들면, 예문 ❶과 예문 ❷가 그러하다.
'以前'은 예문 ❸의 '1999年'과 예문 ❹의 '2003年'처럼 '시점'을 나타내는 단어를 붙일 수도 있고, 예문 ❺의 '4天'처럼 '시단'을 나타내는 단어를 붙일 수도 있다. 그러나 '从前'에는 이러한 용법이 없다.

✓ Check Check

'以前'이나 '从前'을 사용하여 밑줄 친 부분을 채우세요.

① _____他是很听话的，现在怎么变得这么不听话！

② 明年8月份_____这个任务一定得完成。

③ 3天_____他给我打过一次电话，但当时我不在。

④ _____我绝对不做这样的事情，现在情况不同了。

⑤ 来北京_____先给我打个电话。

⑥ 我去北京_____给他打过一次电话。

⑦ 他_____是个骄傲的人，现在变得很谦虚了。

⑧ _____那个地方住的都是有钱人。

unit_003 "以后"와 "后来"

'以后'와 '后来'는 '(그) 후에'라는 뜻을 나타내며, 모두 단독으로 사용되거나 다른 말에 부가되어 시간을 나타낸다. 그러나 때에 따라 그 쓰임이 서로 다르다는 것을 이해하자.

맥·잡·기·예·문

❶ 以后不许再提这件事。 이후로 이 일을 다시는 언급해서는 안 된다.

❷ 1990年以后我就来上海工作了。 1990년 이후에 나는 상하이에 와서 일을 했다.

❸ 明天到北京以后要先给我打个电话。 내일 베이징에 도착한 후에 먼저 나에게 전화해야 한다.

❹ 你一个月以后再来吧。 한 달 후에 다시 오세요.

❺ 我们去年三月份见过一次面，后来没有再见过。
→ 我们去年三月份见过一次面，以后没有再见过。
우리는 작년 3월에 한 번 만나고 그 후로 다시는 만나지 못했다.

❻ 刚开始的时候有点儿害怕，后来就不怕了。
막 시작할 때는 좀 두려웠는데 나중에는 두렵지 않았다.

> 시간사 '以后'와 '后来'는 어떤 차이점이 있을까?

> '以后'와 '后来'는 다음과 같은 차이점을 지닌다.

	과거	미래
以后	○ [예문❷, 예문❺ 참조]	○ [예문❶, 예문❸, 예문❹ 참조]
后来	○ (단독으로만 사용함) [예문❺, 예문❻ 참조]	×

'以后'는 과거에도 쓰일 수 있고 미래에도 쓰일 수 있지만, '后来'는 과거에만 쓰이며, 종종 한 과정의 뒷부분을 가리킨다.

이 밖에 '后来'는 예문❺와 예문❻에서처럼 단독으로만 쓰이지만, '以后'는 앞에 예문❷의 '1990年'과 예문❸의 '明天到北京'처럼 '시점'을 나타내는 단어나 예문❹의 '一个月'처럼 '시단'을 나타내는 단어를 붙여 쓸 수 있다.

✓ 핵·심·콕·콕!!

'以后'는 과거와 미래 모두에 쓸 수 있지만, '后来'는 과거에만 쓸 수 있다. 또 '后来'는 단독으로만 쓰이지만, '以后'는 앞에 '시점'이나 '시단'을 나타내는 단어가 오기도 한다.

✓ C·h·e·c·k C·h·e·c·k

'以后'나 '后来'를 사용하여 밑줄 친 부분을 채우세요.

① 20年_____我们都成老人了。

② 我小时候喜欢玩这个，_____工作了，对它就不感兴趣了。

③ 刚到的时候大家都还很有精神，_____就不行了，都说要回去睡觉。

④ 从那天_____，他就再也不理我了。

⑤ 到美国_____，我会跟你联系的。

⑥ _____不能再这样粗心了，再这样下去会误大事的。

unit _004 "后来"와 "然后"

'后来'는 '(그) 후에', '나중에'라는 뜻을 나타내고, '然后'는 '~하고 나서'라는 뜻을 나타내며, 모두 복문에 쓰일 수 있다. 혼동하기 쉬운 '后来'와 '然后'에 대해 정확히 이해할 수 있도록 그 차이점과 쓰임을 구분해 보자.

맥·잡·기·예·문

❶ 他还是去年二月来过一封信，后来就没有再来过信。
   그는 작년 2월까지만 해도 편지를 한 통 보내왔었는데, 그 후로 다시는 편지를 보내오지 않았다.
   ✕ 他还是去年二月来过一封信，然后就没有再来过信。

❷ 昨天那场球赛，起初是我们队领先，后来被对方追上来了。
   어제 그 구기시합에서 처음에는 우리 팀이 앞섰는데, 나중에는 상대팀에게 추격을 당했다.
   ✕ 昨天那场球赛，起初是我们队领先，然后被对方追上来了。

❸ 他先是给我打了个电话，然后又给我写了一封信。
   그는 먼저 나에게 전화하고 나서 또 나에게 편지 한 통을 썼다.
   → 他先是给我打了个电话，后来又给我写了一封信。
   그는 먼저 나에게 전화를 했고, 나중에 또 나에게 편지 한 통을 썼다.

❹ 今天我们先读课文，然后再写作业。
   오늘 우리는 우선 본문을 읽고, 그런 다음 숙제를 했다.
   ✕ 今天我们先读课文，后来再写作业。

문 '后来'와 '然后'는 어떤 차이점이 있을까?

답 '后来'와 '然后'는 다음과 같은 차이점을 지닌다.

后来	然后
시간사	접속사
과거의 어떤 시간 이후의 시간을 가리킨다.	어떤 동작이나 상황이 발생한 후, 연이어 또 다른 동작이나 상황이 발생함을 나타낸다.
시간의 전후 순서를 강조한다.	동작이나 상황이 발생한 순서를 강조한다.
과거에 이미 발생한 일에만 쓰인다.	과거에도 쓰이고, 미래에도 쓰인다.

| 주로 '开始', '原先', '起初' 등과 함께 쓰인다. | 주로 '首先', '先' 등과 함께 쓰인다. |

예문❶의 '后来'는 '去年二月' 이후의 시간을 가리킨다. 예문❸의 '然后'는 '打个电话'라는 동작을 마친 후 바로 이어서 '写信'이라는 동작이 발생했다는 것을 가리킨다. 예문❸의 '然后'는 '后来'로 바꿔 쓸 수 있지만, 바꿔 쓰면 그 의미가 달라진다. 즉, 두 동작이 연이어 발생했다는 의미는 나타내지 않게 된다.

✓ C·h·e·c·k C·h·e·c·k

'后来'나 '然后'를 사용하여 밑줄 친 부분을 채우세요.

① 他听完老师的问题, 仔细想了想, _____ 作出了正确的回答。

② 我们想先去市场买东西, _____ 再找地方吃饭。

③ 刚开始我还以为他是中国人, _____ 才知道他是韩国人。

④ 原先他在这儿工作过一段时间, _____ 就调走了。

⑤ 写论文, 首先要认真思考, 写好提纲, _____ 再动笔。

⑥ 那个问题很难, 我们想了好久, 都没有解决, _____ 在老王的帮助下我们才把它解决了。

unit_005 "之间", "之内(以内)", "中间"

'之间'은 '~의 사이', '之内(以内)'는 '~의 안', '~이내', '中间'은 '중간', '사이', '가운데'라는 뜻으로, 사람이나 사물의 중간에 위치하고 있음을 나타내거나 두 극단 및 범위 안에 있음을 나타낸다. 혼동하기 쉬운 이들에 대해 정확히 이해할 수 있도록 그 차이점과 쓰임을 구분해 보자.

맥·잡·기·예·문

❶ 今晚8点到9点之间我会给你一个电话。 오늘 저녁 8시에서 9시 사이에 내가 너에게 전화할게.

❷ 放心吧, 1个小时之内我一定会给你一个电话。 걱정 마, 한 시간 내에 내가 반드시 너에게 전화할 테니.

❸ 同学之间应该互相关心, 互相帮助。 학우들끼리는 서로 관심을 가지고, 도와야 한다.

❹ 你们班的同学中间谁唱歌唱得最好? 너희 반 학우 가운데 누가 노래를 제일 잘하니?

💬 예문❶의 '之间'과 예문❷의 '之内', 예문❸의 '之间'과 예문❹의 '中间'은 각각 서로 바꿔 쓸 수 있을까?

💡 '之间', '之内(以内)', '中间'은 각각 그 쓰임이 달라 서로 바꿔 쓸 수 없다. 이들의 차이점은 다음 그림을 통해 알 수 있다.

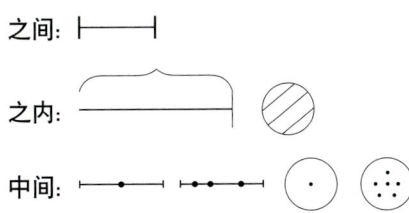

1 _ '之间'은 두 점 사이의 안쪽 부분을 나타낸다.

이때의 '두 점'은 예문❶에서와 같이 두 개의 시간일 수도 있고, '温度最好保持在22℃到25℃之间(온도는 22℃~25℃ 사이를 유지하는 것이 가장 좋다)'에서와 같이 두 개의 수량일 수도 있으며, '图书馆在教学大楼和科学馆之间(도서관은 강의동과 과학관 사이에 있다)'에서와 같이 두 개의 지점일 수도 있다. 또한 '两国之间(양국 사이)', '师生之间(선생님과 제자 사이)', '夫妻之间(부부 사이)'과 같이 모종의 상호 관계를 이루는 쌍방을 나타내기도 하며, '转眼之间(눈 깜짝할 사이)', '忽然之间(별안간)'과 같이 짧은 시간을 나타내기도 한다. 그러나 '之内'와 '中间'에는 이러한 용법이 없다.

2 _ '之内'는 일정한 범위(시간, 수량, 장소 등)의 안쪽 부분을 나타낸다. 즉, 일정한 경계를 벗어나지 않는다는 것을 강조한다.

예를 들면, '随身行李限制在20公斤之内(휴대용 수화물은 20킬로그램 이내로 제한한다)'는 20킬로그램이 넘으면 안 되지만, 20킬로그램 이내의 무게는 얼마든 상관이 없음을 나타낸다. 이와 유사한 예로 '三年之内(3년 이내)', '围墙之内(담장 안)' 등이 있다.

'之间'은 두 점을 강조하지만, '之内'는 총체적인 양이나 전체의 범위를 강조한다는 점에서 둘은 차이점을 가진다.

3 _ '中间'은 어떤 거리나 범주 안의 특정한 한 점이나 여러 점을 나타낸다. 이때 각 점과 양쪽 끝 또는 경계와의 거리는 같을 수도 있고, 다를 수도 있다.

예를 들면, '相片上左边是我爸爸，右边是我妈妈，中间是我奶奶(사진 왼쪽은 우리 아빠, 오른쪽은 우리 엄마, 중간은 우리 할머니이시다)', '上半场比赛进行了40多分钟，中间暂停了3次(전반전은 40여 분간 진행되었으며, 중간에 세 차례 잠시 중단되었다)', '会议室中间摆了一个大圆桌(회의실 중간에 커다란 원탁 하나를 놓았다)' 등이 그러하다.

✓ Check Check

1 예문❶의 '之间'과 예문❷의 '之内', 예문❸의 '之间'과 예문❹의 '中间'을 각각 서로 바꿔 쓸 수 없는 이유를 설명해 보세요.

2 '之间', '之内', '中间'을 사용하여 밑줄 친 부분을 채우세요.

① 你们要在3天_____完成这项工作。

② 这个消息很快就在同学_____传开了。

③ 圣诞节到元旦_____我会去拜访你。

④ 我们要在两国人民_____搭起友谊的桥梁。

⑤ 会场_____都不允许吸烟。

unit_006 "3年前"과 "前3年"

'前'에는 '(순서의) 앞'이라는 뜻과 '(시간의) 전', '그전', '이전'이라는 뜻이 있다. '前'이 수량구 앞에 위치하는 경우와 수량구 뒤에 위치하는 경우, 그 의미가 다르다는 것을 이해하자.

맥·잡·기·예·문

❶ 他3年前到过纽约。 그는 3년 전에 뉴욕에 왔었다.

❷ 他小时候在美国住过5年，前3年住在纽约，后2年住在华盛顿。
그는 어렸을 때 미국에서 5년을 살았는데, 앞의 3년은 뉴욕에서 살았고, 뒤의 2년은 워싱턴에서 살았다.

❸ 他准备用5年的时间再攻两门外语，前3年学法语，后2年学西班牙语。
그는 5년간 두 가지 외국어를 더 공부하려고 한다. 앞의 3년은 불어를 배우고, 뒤의 2년은 스페인어를 배울 것이다.

❹ 考试已经在15分钟前结束了。 시험은 이미 15분 전에 끝났다.

❺ 明天的考试分两段进行，前15分钟考听力，后45分钟考语法和阅读。
내일 시험은 두 파트로 나눠서 진행되는데, 앞의 15분은 듣기 시험을 보고, 뒤의 45분은 어법과 독해 시험을 본다.

문 '3年前'과 '前3年'은 모두 과거를 나타낼까? 이들 사이에는 어떤 차이점이 있을까?

답 '3年前'은 발화 시점으로부터 3년 전의 시간을 가리키며, 항상 '과거'를 나타낸다.

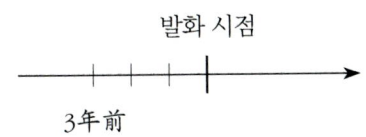

'前3年'은 한 단락의 시간 중 앞의 3년을 가리키며, 발화 시점과는 아무런 관계가 없다. '前3年'은 예문❷에서처럼 '과거'를 나타낼 수도 있고, 예문❸에서처럼 '미래'를 나타낼 수도 있다. 다음 도표를 살펴 보자.

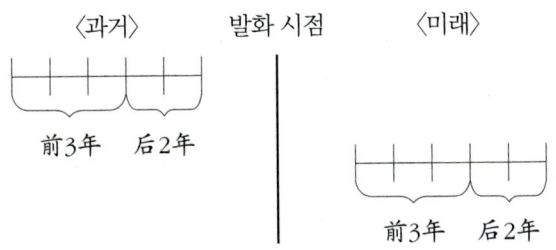

C·h·e·c·k   C·h·e·c·k

밑줄 친 부분에 들어갈 알맞은 답을 고르세요.

① 上个月我参加了"北京哈尔滨8日游"，____游北京，____游哈尔滨。
    A 5天前 3天后　　　　　　B 前5天 3天后
    C 5天前 后3天　　　　　　D 前5天 后3天

② 她是____结的婚。
    A 3个月前　　　　　　　　B 前3个月

③ 他准备用一年的时间写一本小说，____收集资料，____写。
    A 半年前 半年后　　　　　B 半前年 半后年
    C 前半年 后半年　　　　　D 半年前 后半年

④ 每个月的____他都要统计公司上个月的营业额。
    A 前两天　　　　　　　　　B 两天前

⑤ 他有事出去了，你____再来吧。
    A 后一个小时　　　　　　　B 一个小时后

unit_007 "头一天"과 "前一天"

'头'는 '제일 앞의'라는 뜻으로 순서가 처음인 것을 나타내고, '前'은 '(순서의) 앞'이라는 뜻을 나타낸다. 수량사 앞에 쓰인 이들의 의미와 쓰임에 대해 알아보자.

맥·잡·기·예·문

❶ 这次考试头一天他很紧张，后三天就不紧张了。
이번 시험 첫날 그는 긴장을 많이 했으나, 뒤의 3일간은 긴장하지 않았다.

❷ 他学习很认真，考试前一天晚上还在学习。
그는 열심히 공부를 해서, 시험 하루 전날 저녁에도 여전히 공부를 하고 있었다.

❸ 听说下个月的选拔考试头一天很难，考专业课，后三天比较容易，考选修课。
듣자 하니, 다음 달 선발고사 첫날은 전공과목을 보기 때문에 어렵고, 뒤의 3일은 선택과목을 보기 때문에 비교적 쉽다고 한다.

❹ 我语法课学得不好，考试前一天我要好好复习一下。
나는 어법 과목을 제대로 배우지 못해서 시험 하루 전날 복습을 충분히 해야 한다.

❺ 他刚来的头几天有点不太习惯，两个星期以后就好了。
그는 막 도착한 처음 며칠은 그다지 익숙하지 않았으나, 2주 뒤에는 좋아졌다.

❻ 这首诗是他去世前一年写的。 이 시는 그가 세상을 뜨기 1년 전에 쓴 것이다.

문 '考试头一天'과 '考试前一天'은 어떤 차이점이 있을까?

답 '考试头一天'은 '시험 기간 중의 제일 첫날'을 가리키며, 예문❶처럼 '과거'를 나타낼 수도 있고, 예문❸처럼 '미래'를 나타낼 수도 있다.

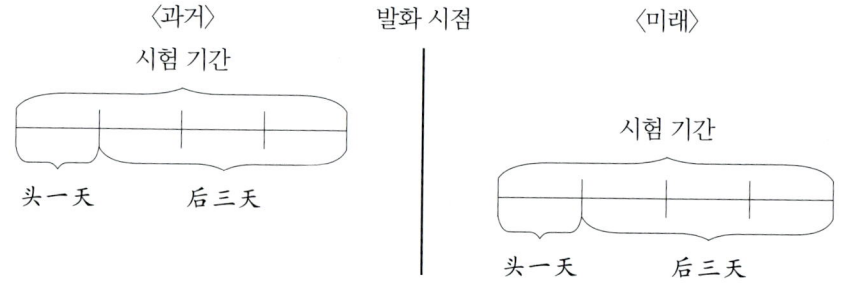

'考试前一天'은 '시험 하루 전날'을 가리킨다. '考试头一天'과 마찬가지로 '과거'를 나타낼 수도 있고(예문❷ 참조), '미래'를 나타낼 수도 있다(예문❹ 참조).

이 밖에 주의해야 할 점은 '前一天'은 구체적인 언어 환경 속에서 때로 '头一天'과 같은 의미를 나타낸다는 점이다. 다음을 비교해 보자.

{ A 考试前一天　시험 하루 전날
  B 这回我们一共考了3天，前一天考听力，后两天考听力、口语。
  　이번에 우리는 총 3일간 시험을 봤는데, 첫날은 듣기 시험을 봤고, 뒤의 이틀은 듣기와 회화 시험을 봤다.

위의 두 문장 중 B의 '前一天'은 앞에 '3天'이라는 구체적인 시간의 범위가 제시되었기 때문에, '3天'이라는 범위 속의 '头一天'이 된다. 즉, 본 unit의 '头一天'과 같은 의미를 나타낸다. '前一天'의 이러한 용법은 unit_006에서 설명한 것과 같다.

✓ | 핵·심·콕·콕!!

'头一天'은 어떤 기간 중의 '제일 첫날'을 가리키며, '과거'와 '미래'를 모두 나타낼 수 있다. '前一天'은 어떤 기간의 '전날'을 가리키며, 역시 '과거'와 '미래'를 모두 나타낼 수 있다. '前一天'은 때로 '头一天'과 같은 의미를 나타낸다.

✓ | C·h·e·c·k　C·h·e·c·k

밑줄 친 부분에 들어갈 알맞은 답을 고르세요.

① 比赛____我们都很紧张，后两个星期就不紧张了。
　　A 前一个星期　　　　B 头一个星期

② 她结婚____就去了美国。
　　A 前一年　　　　　　B 头一年

③ 战争____他一直住在上海，第三年就搬到香港了。
　　A 头两年　　　　　　B 前两年

④ 他毕业____就开始找工作了。
　　A 前一年　　　　　　B 头一年

unit _ 008   "(在)……上", "(在)……中", "在……下"

'在'는 '……上', '……中', '……下' 등의 방위사와 함께 개사구를 구성하여 공간, 범위, 방면, 조건 등을 나타낸다. 그러면 '在' 뒤의 방위사가 무엇이냐에 따라 그 뜻과 쓰임이 어떻게 달라지는지 알아보자.

맥·잡·기·예·문

❶ 这一年他在学习上有很大进步。 올 한 해 그는 학습에 많은 향상이 있었다.

❷ 我们要避免因工作失误而造成经济上的损失。
우리는 업무상의 착오로 인해 경제적 손실이 생기는 것을 막아야 한다.

❸ 在我的印象中她是个非常善良的人。 내 인상 속에 그녀는 아주 착한 사람이다.

❹ 双方在会谈中友好地交换了看法。 양측은 회담하는 중에 우호적으로 의견을 교환했다.

❺ 工作中遇到困难要多向有经验的人请教。
업무 중에 어려움에 부딪히면 경험자에게 많이 물어봐야 한다.

❻ 在大家的帮助下他的学习有了很大的进步。 모두의 도움하에 그의 학습에 많은 진보가 있었다.

❼ 小明在哥哥的影响下爱上了文学。 샤오밍은 형의 영향으로 문학을 좋아하게 되었다.

문 방위사 '上', '中', '下'는 장소를 나타내는 것 외에 또 어떤 파생 용법이 있으며, 이들 사이에는 어떤 차이점이 있을까?

답 '(在)……上', '(在)……中', '(在)……下'는 모두 어떤 장소나 지점을 나타낸다. 예를 들면, '(在)桌子上', '(在)口袋中', '(在)桥下' 등이 그러하다. 이때 개사 '在'는 생략이 가능하다. 그러나 이들은 때로 장소를 나타내지 않고, 다음과 같은 파생 용법으로 쓰인다.

1 _ '(在)……上'은 주로 '어떤 측면'을 나타낸다.
예문❶은 학습에 진보가 있다는 것이지 업무나 사람과의 관계에 진보가 있다는 것은 아니다. 예문❷는 다른 측면이 아닌 경제적인 측면을 가리키는 것이다.

2 _ '(在)……中'은 주로 '범위'나 '과정'을 나타낸다.
예문❸의 '在我的印象中'은 범위를 가리키고, 예문❹의 '在会谈中'은 과정을 가리킨다. 예문❸과 예문❹에 쓰인 '中'은 '上'으로 바꿔 쓸 수 없으나, 예문❺에 쓰인 '中'은 '上'으로 바꿔 쓸 수 있다. 이는 '工作'가 하나의 과정(즉, 일을 하는 과정에서 어려움에 부딪혔다는 것)을 가리킬 수도 있고, 한 가지 측면(즉, 업무에 있어서 어려움에 부딪혔다는 것)을 가리킬 수도 있기 때문이다.

3 _ '在……下'는 주로 '조건'을 나타낸다.

예문❻의 '他'는 '大家都帮助他'라는 조건하에 학습에 진보가 있었던 것이다. 조건을 나타내는 단어로는 주로 '教育', '支持', '鼓励', '带动', '鼓动', '启发', '严格要求' 등이 쓰인다. 그러나 이러한 단어들은 단독으로는 쓸 수 없으며, 반드시 그 앞에 '누구의'에 해당하는 내용이 와야 한다. 예를 들면, 예문❻과 예문❼의 '大家的'와 '哥哥的'가 그러하다. 이때 '在……下'의 '在'는 생략할 수 없다.

✓ C·h·e·c·k C·h·e·c·k

밑줄 친 부분에 들어갈 알맞은 답을 고르세요.

① 在同学们的鼓励____她报名参加了卡拉OK大赛。
　　A 上　　　　　　B 中　　　　　　C 下

② 大家在讨论____发现了一些新的问题。
　　A 上　　　　　　B 中　　　　　　C 下

③ 这篇文章文字____还需要作些修改。
　　A 上　　　　　　B 中　　　　　　C 下

④ 在李老师的启发____，大家终于弄明白了这道难题。
　　A 上　　　　　　B 中　　　　　　C 下

⑤ 她在穿戴____十分讲究。
　　A 上　　　　　　B 中　　　　　　C 下

unit_009 "心里"와 "心中"

'里'와 '中'은 '안', '속'이라는 뜻을 나타낸다. 일반적으로 보통명사 뒤에 붙어서 '내부'라는 의미를 표시할 때 쓰인다. 그러나 그 뜻과 쓰임이 때에 따라 서로 다르다는 것을 이해하자.

맥·잡·기·예·문

❶ 心里 — 心中 마음 속　　　书里 — 书中 책속

　　眼里 — 眼中 눈속　　　　手里 — 手中 손안

　　怀里 — 怀中 품안　　　　家里 — 家中 집안

村子里 — 村子中 마을 안　　　　教室里 — 教室中 교실 안
假期里 — 假期中 휴가 중에　　　那一年里 — 那一年中 그해에

❷ 省里 — ✕ 省中 성에서　　　县里 — ✕ 县中 현에서
乡里 — ✕ 乡中 향에서　　　厂里 — ✕ 厂中 공장에서

❸ 调查中 — ✕ 调查里 조사 중　　谈判中 — ✕ 谈判里 담판 중
交谈中 — ✕ 交谈里 이야기 중　混乱中 — ✕ 混乱里 혼란 중
空中 — ✕ 空里 공중　　　　　途中 — ✕ 途里 도중

❹ 去年厂里分给他一套房子。작년에 공장에서 그에게 집을 분배해 주었다.

문 '心里'는 '心中'이라고 할 수 있지만, '省里'나 '空中'은 '省中'이나 '空里'라고 할 수 없다. 그 이유는 무엇일까?

답 방위사 '里'와 '中'은 경우에 따라 같은 의미를 나타낸다. 즉, 어떤 장소, 시간, 사물 등의 '내부', '속'을 가리킨다. 예를 들면, '心里'나 '心中'은 모두 '마음 속'이라는 뜻을 나타낸다. 이러한 경우 '……里'와 '……中'은 그 뜻이 같기 때문에 서로 바꿔 쓸 수 있다. 예를 들면 예문❶이 그러하다.

그러나 만약 '里'가 어떤 장소, 시간, 사물의 '내부', '속'을 가리키지 않고 어떤 장소와 관련이 있는 행정단위, 기관 지도자 또는 부서의 구성원 등을 가리키면, '……里'는 '……中'으로 바꿔 쓸 수 없다. 예를 들면 예문❷가 그러하다. 예문❹의 '厂里'는 '어떤 공장의 내부'를 가리키는 것이 아니라, '공장의 지도자'나 '집을 분배하는 사람'을 가리킨다.

또 '中'이 어떤 장소, 시간, 사물의 '내부', '속'을 가리키지 않고, 어떤 과정이나 상태 또는 느낌상 그 범위가 무한대인 어떤 사물을 가리키면, '……中'은 '……里'로 바꿔 쓸 수 없다. 예를 들면 예문❸이 그러하다. '调查中'은 '조사하는 과정에서'라는 뜻이고, '混乱中'은 '혼란한 상태에서'라는 뜻이다. 또한 '天空'은 느낌상 끝도 없이 넓은 공간이기 때문에 '空中'이라고 하지 '空里'라고 하지 않는다.

✓ **C·h·e·c·k C·h·e·c·k**

밑줄 친 부분에 들어갈 알맞은 답을 고르세요(정답이 두 개인 경우도 있음).

① ____有几棵大树。

　A 村里　　　　　　B 村中

② ____不同意我去那个地方工作。

A 村里　　　　　　B 村中

③ ＿＿＿我们发现了很多新问题。

　　A 审理里　　　　　　B 审理中

④ 明天＿＿＿要派人来检查卫生。

　　A 市里　　　　　　　B 市中

⑤ 听到这个消息以后，大家都从＿＿＿跑了出来。

　　A 楼里　　　　　　　B 楼中

⑥ 当我从＿＿＿醒过来，发现自己躺在一个陌生的地方。

　　A 昏迷里　　　　　　B 昏迷中

unit_010 "时间"과 "时候"

'时间'과 '时候'는 '시간', '때'를 나타낸다. 혼동하기 쉬운 '时间'과 '时候'에 대해 정확히 이해할 수 있도록 그 차이점과 쓰임을 구분해 보자.

맥·잡·기·예·문

❶ 明天开会的时间是早上9:00。 내일 회의 시간은 아침 9시이다.

❷ 我每天都用两个小时的时间练习听力。 나는 매일 2시간 동안 듣기 연습을 한다.

❸ 你要去多长时间？ 너 얼마 동안 가 있을 건데?

❹ 明天开会的时候你要注意听。 내일 회의할 때 너 잘 들어야 한다.

❺ 我进门的时候，他正在打电话。 내가 들어갔을 때, 그는 마침 전화를 하고 있었다.

❻ 夏天的时候这里的风景很美。 여름에 이곳 풍경은 아주 아름답다.

문 '时间'과 '时候'는 어떤 차이점이 있을까?

답 '时间'은 ×년, ×월, ×일, 몇 시, 몇 시간, 몇 분 등을 가리키며, 숫자나 수량으로 표현할 수 있다. '时间'

은 예문❶의 '9:00'처럼 시점을 나타낼 수도 있고, 예문❷의 '两个小时'처럼 시단을 나타낼 수도 있다.

'时候'는 예문❹와 예문❺처럼 주로 **특정한 시각을 가리키지만**, 경우에 따라 예문❻처럼 **어떤 한 단락의 시간을 가리키기도 한다**. 주로 '……的时候'의 형식으로 쓰여 상어(状语) 역할을 하며, 어떤 행위나 상황이 발생한 시간을 나타낸다. 이 밖에도 '什么时候'의 형태로 쓰여 구체적인 시간을 묻기도 한다.

✓ **C·h·e·c·k C·h·e·c·k**

'时间'이나 '时候'를 사용하여 밑줄 친 부분을 채우세요.

① 现在是北京_____六点。

② 你什么_____有_____? 我有点事想麻烦你一下。

③ 考试的_____改在明天下午三点了。

④ 我小的_____, 我们家在农村, 那_____家里很穷。

⑤ 夏天的_____, 白天的_____很长。

⑥ 我上大学的_____, 总觉得_____多的是, 所以天天玩儿, 浪费了很多_____。

⑦ 十年前我来的_____, 这里还是一片废墟。

unit_011 "……的时候"와 "以后"

'……的时候'는 '(~할) 때'라는 뜻을 나타내고, '以后'는 '(그) 후에'라는 뜻을 나타낸다. 이들의 쓰임에 대해 알아보자.

맥·잡·기·예·문

❶ 昨天我写作业的时候, 她在洗衣服。 어제 내가 숙제를 할 때, 그녀는 옷을 빨고 있었다.

❷ 昨天我写完作业以后, 才去洗衣服。 어제 나는 숙제를 다 마친 후에야 옷을 빨러 갔다.

❸ 雨是在3点钟的时候开始下的。 비는 3시에 내리기 시작했다.

❹ 3点钟以后你们再来吧! 너희들 3시 이후에 다시 와라!

문 '……的时候'와 '以后'는 의미상 어떤 차이점이 있을까?

답 '……的时候'와 '以后'는 다음과 같은 차이점을 지닌다('以后'는 unit_001 참조).

'……的时候'는 주로 **동시성(同時性)** 즉, A라는 사건과 B라는 사건이 동시에 발생한 것임을 강조한다(예문❶, 그림1 참조). 하지만 경우에 따라 **어떤 일이 언제 발생했는지를 강조하기도 한다**(예문❸, 그림2 참조).

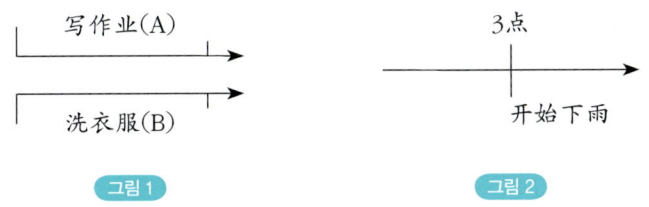

그림 1   그림 2

'以后'는 주로 **시간상의 전후** 즉, B라는 사건이 A라는 사건 뒤에 발생한 것임을 강조한다(예문❷, 그림3 참조). 하지만 경우에 따라 **어떤 일이 어느 때 이후에 발생한 것인지를 강조하기도 한다**(예문❹, 그림4 참조).

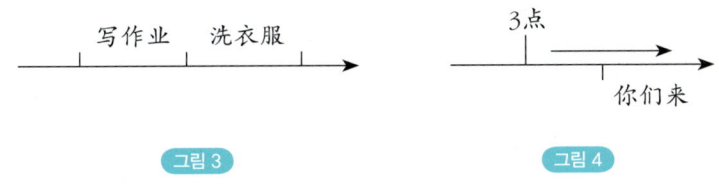

그림 3   그림 4

✓ C·h·e·c·k C·h·e·c·k

'……的时候'나 '以后'를 사용하여 밑줄 친 부분을 채우세요.

① 昨天晚上爸爸回来_____，我们正在写作业。

② 我刚来_____，他们都不大喜欢我。

③ 明天放学_____，我们一起去买衣服，好吗?

④ 早上起床_____，他已经把窗帘拉开了。

⑤ 吃晚饭_____，天气十分闷热。

⑥ _____我再也不想去那儿了，那儿的环境太差了！

unit_012 "明天"과 "第二天"

'明天'은 '내일'이라는 뜻을 나타내고, '第二天'은 '이튿날'이라는 뜻을 나타낸다. 이들의 쓰임에 대해 알아보자.

맥·잡·기·예·문

❶ 今天我买了件新衣服，<u>明天</u>我要穿着它去上课。
오늘 나는 새 옷을 샀는데, 내일 그것을 입고 수업하러 가려고 한다.
× 今天我买了件新衣服，第二天我要穿着它去上课。

❷ 今天晚上我要把作业写完，<u>明天</u>就要交了。
오늘 밤 나는 숙제를 다 마쳐서 내일 제출할 것이다.
× 今天晚上我要把作业写完，第二天就要交了。

❸ 五一劳动节那天我买了件新衣服，<u>第二天</u>我就穿着它去上课了。
5월 1일 노동절에 나는 새 옷을 샀고, 이튿날 그것을 입고 수업하러 갔다.
× 五一劳动节那天我买了件新衣服，明天我就穿着它去上课了。

❹ 我回到北京的<u>第二天</u>，王老师就打电话给我了。
내가 베이징에 돌아온 그 다음 날 왕 선생님이 내게 전화를 하셨다.
× 我回到北京的明天，王老师就打电话给我了。

문 '明天'과 '第二天'은 의미상 어떤 차이점이 있을까?

답 '明天'과 '第二天'은 다음과 같은 차이점을 지닌다.

'明天'은 **'오늘의 다음 날'**을 의미하며, **'今天'과 대응한다.** 예문❶과 예문❷의 '明天'은 '今天'과 서로 대응하고 있다.

'第二天'은 **'어떤 날의 그 다음 날'**을 의미하며, **구체적인 시간과 대응한다.** 예문❸의 '第二天'은 '5월 1일 노동절' 다음 날을 가리키고, 예문❹의 '第二天'은 '내가 베이징에 돌아온 날'의 다음 날을 가리킨다.

✓ C·h·e·c·k C·h·e·c·k

'明天'이나 '第二天'을 사용하여 밑줄 친 부분을 채우세요.

① 今天已经很晚了，_____再去吧。

② 那天晚上我们一起吃了顿饭，_____一早我就把他送走了。

③ 他出差后的_____，他爸爸就来找他了。

④ 看把你累的，_____你就不要去上班了，在家休息一天！

⑤ 那天下午我很紧张，因为_____就要考试了，我还一点儿都没复习。

⑥ _____就要出发了，今晚你还不收拾一下行李？

unit_013 "最近"과 "现在"

'最近'은 '최근'이라는 뜻을 나타내고, '现在'는 '현재', '지금'이라는 뜻을 나타낸다. '最近'과 '现在'의 쓰임에 대해 알아보자.

맥·잡·기·예·문

❶ **最近**我去北京玩了两天。 최근에 나는 베이징에 가서 이틀간 놀았다.
　× 现在我去北京玩了两天。

❷ **最近**我要去上海开会。 일간 나는 상하이에 회의하러 갈 것이다.

❸ **现在**是中午十二点钟。 지금은 낮 12시이다.
　× 最近是中午十二点钟。

❹ **现在**的年轻人生活真是幸福！ 지금 젊은이들의 생활은 정말 행복하지!
　× 最近的年轻人生活真是幸福！

❺ 我过去住在上海，**现在**搬到北京来了。 나는 전에 상하이에서 살았는데, 지금은 베이징으로 이사 왔다.
　× 我过去住在上海，最近搬到北京来了。

문 '最近'과 '现在'는 의미상 어떤 차이점이 있을까?

답 '最近'과 '现在'는 다음과 같은 차이점을 지닌다.

'最近'은 예문❶에서와 같이 **'발화 전의 일정한 시간'**을 나타내기도 하고, 예문❷에서와 같이 **'발화 후의 일정한 시간'**을 나타내기도 한다.

'现在'는 예문❸에서와 같이 **'발화 시점'**을 나타내기도 하고, 예문❹, 예문❺에서와 같이 **'발화 시점 전후의 일정 정도의 긴 시간이나 짧은 시간'**을 나타내기도 한다.

예문❷의 '最近'은 '现在'로 바꿔 쓸 수 있으나, 바꿔 쓸 경우 그 의미가 달라진다. '最近'을 쓰면 '나는 일간 상하이에 갈 것이다'라는 뜻으로, '발화 시점에 바로 간다'라는 뜻은 나타내지 않는다. 그러나 '现在'를 쓰면 '나는 곧 상하이에 갈 것이다'라는 뜻을 나타내게 된다.

✓ C·h·e·c·k   C·h·e·c·k

'最近'이나 '现在'를 사용하여 밑줄 친 부분을 채우세요.

① 过去这个地方是电影院，_____改成体育馆了。

② _____他身体有点不大舒服。

③ 这种老式的电脑_____已经很难见到了。

④ 上海_____将举办一个大型的展销会，你们去不去参加？

⑤ 快点走吧，_____已经八点半了，我们快迟到了！

⑥ 我说过了，你有问题可以下课后到办公室来问我，_____请你专心听讲。

unit_014 "一天", "有一天", "有时"

'一天'은 '하루', '하루 낮', '어느 날', '有一天'은 '어느 날', '有时'는 '때로', '이따금', '간혹'이라는 뜻을 나타낸다. 혼동하기 쉬운 '一天', '有一天', '有时'에 대해 정확히 이해할 수 있도록 그 차이점과 쓰임을 구분해 보자.

맥·잡·기·예·문

① 一天有二十四个小时。 하루는 24시간이다.

② 那个任务很急，我们忙了整整一天一夜才完成。
그 임무는 아주 급한 거라서 우리는 꼬박 하루를 서둘러야 비로소 끝마쳤다.

③ 一天，我正在教室写作业，突然听到外面有人喊我的名字。
어느 날 내가 한창 교실에서 숙제를 하고 있는데, 갑자기 밖에서 누군가가 내 이름을 부르는 것을 들었다.

④ 有一天，她悄悄地问："你妈妈去哪儿了？"
→ 一天，她悄悄地问："你妈妈去哪儿了？"
어느 날 그녀가 조용히 물었다. "너희 엄마 어디 가셨니?"

⑤ 如果有一天地球上没有了树，我们会变成什么样子呢？
만약 어느 날 지구상에서 나무가 없어진다면, 우리는 어떤 모습으로 변할까?

⑥ 他常常去河边散步，有时和婷儿一起，有时一个人。
그는 종종 강가에 산보하러 가는데, 때로는 팅얼과 함께 가고, 때로는 혼자 간다.

⑦ 这孩子懂事了，有时还能帮着大人做点事呢。
이 아이는 철이 들어서 때로 어른을 도와 일을 할 수 있다.

문 '一天', '有一天', '有时'는 의미상 어떤 차이점이 있을까?

답 '一天', '有一天', '有时'는 의미상 다음과 같은 차이점을 지닌다.

一天	有一天	有时
하루 꼬박(24시간) [예문 ① 참조]	×	×
하루의 낮 [예문 ② 참조]	×	×
과거의 어느 날 [예문 ③ 참조]	과거의 어느 날 [예문 ④ 참조]	×

×	미래의 어느 날 [예문❺ 참조]	×
×	×	때로 [예문❻ 참조]

✓ C·h·e·c·k C·h·e·c·k

'一天', '有一天', '有时'를 사용하여 밑줄 친 부분을 채우세요.

① 这种药_____只能吃两片，也就是每12个小时吃一片。

② _____，家里来了一位年轻人，和爸爸谈了一个下午，我们都不知道发生了什么事情。

③ 这几天我总是忍不住去想辞职的事情，_____24小时都在想。

④ _____，我正在家里练琴，婷儿哭着跑了进来，说外面有人欺负她。

⑤ 那段时间他总是给我辅导功课，_____在我家里，_____在他的办公室。

⑥ 迟早_____，我会找到一份更适合自己的工作。

⑦ 最近天气有点不正常，_____很冷，_____又很热。

⑧ 她总是忘不了那件事，她真希望脑子_____会是一片空白，她再也不用去想那件事。

unit_015 "刚才", "刚", "刚刚"

'刚才', '刚', '刚刚'은 동작이나 상황이 조금 전에 발생하였음을 나타낸다. 그러나 그 뜻과 쓰임이 때에 따라 서로 다르다는 것을 이해하자.

맥·잡·기·예·문

❶ 他刚才来过，现在已经走了。 그는 좀 전에 왔었는데, 벌써 갔어.
  → 他刚刚来过，现在已经走了。

❷ 他刚来，还不太熟悉这里的情况。 그는 막 와서 이곳의 상황에 대해 아직 잘 알지 못한다.

❸ 刚才下课的时候他来找过你。 방금 수업 끝날 때 그가 너를 찾아왔었다.

❹ 刚下课他就来找你了。 수업이 끝나자마자 그가 너를 찾아왔었다.
  → 刚刚下课他就来找你了。

⑤ 他刚才没来过这儿。 그는 방금 여기에 오지 않았다.

⑥ 他不是刚走，他早就走了。 그는 좀 전에 간 게 아니라 진작 갔다.

⑦ 这双鞋我穿着不大不小，刚合适。 이 신발은 내가 신기에 크지도 작지도 않고 딱 맞다.

문 '刚才', '刚', '刚刚'은 어떤 차이점이 있을까?

답 '刚才'와 '刚'은 다음과 같은 차이점을 지닌다.

1 _ 의미가 다르다.
'刚才'는 **발화 직전의 시간**을 가리키며, '现在'와 상대적으로 쓰인다. 예문❶과 예문❸에서처럼 좀 전에 어떤 일이 발생했었는지를 강조한다.
'刚'은 **일이 발생한 지 얼마 안 되었음**을 나타내며, '很久'의 의미와 상반된다. 여기서 '얼마 안 되었다'는 것은 화자 자신의 느낌일 뿐이다. 예를 들면, 예문❷의 그는 온 지 이미 몇 개월이 되었을 수 있지만, 상대적으로 '이곳'에 산 지 오래된 사람에게는 그가 막 온 것처럼 느껴질 수 있는 것이다.
때로 '刚才'를 써도 되고 '刚'을 써도 되는 경우가 있으나, 둘은 강조하는 측면이 서로 다르다. 예를 들어, '我刚才看过一遍, 不想再看了'와 '我刚看过一遍, 不想再看了'는 모두 '나는 방금 한 차례 보았으므로 더 이상 보고 싶지 않다'라는 뜻을 나타내지만, '刚才'를 쓰면 발화 직전에 내가 무엇을 했었는지(즉, '看过')를 강조하게 되고, '刚'을 쓰면 내가 본 시간이 짧다는 것(즉, '刚')을 강조하게 된다.

2 _ 품사와 용법이 다르다.
'刚才'는 시간사로 예문❶과 예문❸에서처럼 상어로 쓰여 주어 앞에 놓일 수도 있고, 주어 뒤에 놓일 수도 있다. 또한 '刚才比现在凉快一点儿(좀 전이 지금보다 조금 더 시원했다)'에서처럼 주어로 쓰일 수도 있고, '他把刚才的事忘了(그는 좀 전의 일을 잊어버렸다)'에서처럼 정어(定语)로 쓰일 수도 있다.
'刚'은 부사로 동사 앞에만 쓰일 수 있으며, 상어 역할을 한다. 예를 들면, 예문❷와 예문❹가 그러하다.
이 밖에도 '刚'은 예문❹에서처럼 '就'나 '又'와 함께 쓰여 앞뒤 두 동작 사이의 시간이 아주 짧음을 나타내기도 하고, '要'나 '想'과 함께 쓰여 어떤 일이 곧 발생할 것이지만 아직까지는 발생하지 않고 있음을 나타내기도 한다. 예를 들면, '他刚要出门, 电话铃响了(그는 막 나가려고 하는데, 전화벨이 울렸다)'의 경우가 그러하다.

3 _ 부정의 형식이 다르다.

{ 刚才 + 没 / 不······ [예문❺ 참조]
  不是 + 刚······ [예문❻ 참조]

이 밖에 '刚'에는 예문❼에서처럼 '어떤 측면이나 정도에 딱 맞다'라는 뜻도 있다. 예를 들면, '行李刚20斤, 没超过标准(짐이 딱 20근이어서 기준을 초과하지 않았다)'이 그러하다.

'刚刚'에는 '刚'의 뜻도 있고, '刚才'의 뜻도 있기 때문에, '刚'과 '刚才'는 모두 '刚刚'으로 바꿔 쓸 수 있다.

✓ | 핵·심·콕·콕!!
1. 刚才: 발화 직전의 시간을 가리키는 시간사로 '좀 전에 어떤 일이 발생했었는지'를 강조하며, 부정형은 '刚才 + 没 / 不……'이다.
2. 刚: 부사로 '일이 발생한 지 얼마 안 되었음'을 강조하며, 부정형은 '不是 + 刚……'이다.
3. 刚刚: '刚才'와 '刚'의 의미를 모두 포함한다.

✓ | C·h·e·c·k C·h·e·c·k

'刚才'나 '刚'을 사용하여 밑줄 친 부분을 채우세요.

① 他_____学，我学了很久了。

② 小宝_____坐在那儿大哭了一场。

③ 她_____坐下就大哭起来了。

④ 我_____看过一遍，不想再看了。

⑤ 他_____要骂人，又忍住了。

⑥ 我_____经过他门口的时候，看见他的门锁着。

⑦ 他今年_____十八岁。

⑧ 医生_____来检查了一下，说小李还不能出院。

unit_016 "处处"와 "到处"

'处处'와 '到处'는 '도처에', '곳곳에'라는 뜻으로, 모든 장소를 가리킨다. 그러나 그 뜻과 쓰임이 때에 따라 서로 다르다는 것을 이해하자.

> **맥·잡·기·예·문**
>
> ❶ 这个城市处处都可以见到绿树。 이 도시는 곳곳에서 푸른 나무를 볼 수 있다.
>   → 这个城市到处都可以见到绿树。
>
> ❷ 节日的北京，处处都是欢乐的人群。 경축일의 베이징은 곳곳이 즐거워하는 인파이다.
>   → 节日的北京，到处都是欢乐的人群。
>
> ❸ 你上哪儿去了? 大家到处找你。 너 어디 갔었니? 다들 여기저기서 너를 찾았는데.
>   ✗ 你上哪儿去了? 大家处处找你。
>
> ❹ 多年来，她处处关心我，帮助我。 몇 년간 그녀는 여러 면에서 나에게 관심을 가지고 도와주었다.
>   ✗ 多年来，她到处关心我，帮助我。
>
> ❺ 小红处处为别人着想，心地非常善良。
>   샤오홍은 여러 면에서 다른 사람을 위해 생각하며 마음씨가 아주 착하다.
>   ✗ 小红到处为别人着想，心地非常善良。

문 '处处'와 '到处'는 어떤 차이점이 있을까?

답 '处处'와 '到处'는 모두 '곳곳'을 의미한다. 예를 들면, 예문❶과 예문❷가 그러하다. 또 예문❶~예문❺를 통해 알 수 있듯이 '处处'와 '到处'는 모두 주요 동사의 앞에 놓인다. 즉, '他去到处玩'이라고는 말할 수 없다. '处处'와 '到处'는 다음과 같은 차이점을 지닌다.

1_ 만약 뒤의 동사가 구체적인 동작을 나타내는 경우에는 '处处'를 쓸 수 없고, '到处'만 쓸 수 있다.

예문❸의 '找'는 구체적인 동작이므로, '处处'를 쓸 수 없다. '到处玩', '到处看', '到处跑', '到处骂人' 등도 마찬가지로 '处处'를 쓸 수 없다.

2_ '处处'는 '각 방면'이라는 뜻을 나타낼 수 있지만, '到处'에는 이런 용법이 없다.

예문❹의 '她处处关心我，帮助我'는 그녀가 곳곳에서 나에게 관심을 갖고 도와준다는 말이 아니라, 그녀가 각 방면(예를 들면, '업무 방면', '학습 방면', '생활 방면' 등)에서 관심을 가지고 나를 도와준다는 말이다. 예문❺ 역시 마찬가지이다.

'到处'는 '각 방면'이라는 뜻을 나타낼 수 없기 때문에, 예문❹와 예문❺에서 '处处'는 '到处'로 바꿔 쓸 수 없다.

✓ Check Check

'处处'나 '到处'를 사용하여 밑줄 친 부분을 채우세요.

① 你一个人在国外，可要_____当心，注意安全。

② 这么小的孩子怎么一个人在外面_____跑？

③ 这个国家_____都有为残疾人服务的设施。

④ 生活中_____都离不开数学。

틀리기쉬운중국어어법201

품사

★ 명사
★ **수량사**
★ 동사
★ 형용사
★ 대명사
★ 부사
★ 개사
★ 조사
★ 접속사

unit_017 "二"과 "两"

'二'과 '两'은 '둘'이라는 뜻으로, 숫자 '2'를 나타낸다. 그러나 그 뜻과 쓰임이 때에 따라 서로 다르다는 것을 이해하자.

> 맥·잡·기·예·문
>
> ❶ 第二年 두 번째 해   ≠   两年 2년
> ❷ 二月 2월   ≠   两个月 2개월
> ❸ 二楼 2층   ≠   两层楼 2층 건물
> ❹ 二班 2반   ≠   两个班 2개 반

문 '二'과 '两'은 어떤 차이점이 있을까?

답 '二'과 '两'은 모두 숫자에 쓰일 수도 있고, 양사 앞에 쓰일 수도 있다. 그러나 용법상 다음과 같은 차이점을 지닌다.

숫자, 서수, 번호를 말할 때는 주로 '二'을 쓴다.
예를 들면, '二, 十二, 二十, 二百, 二万', '第二', '八五二七' 등이 그러하다. '两'은 '百', '千', '万', '亿' 앞에만 쓰이며, 주로 구어에 많이 쓰인다.

단위수(한 자리 수)에서 양사나 양사 역할을 하는 명사 앞에는 주로 '两'을 쓴다.
예를 들면, '两个', '两斤', '两辆', '两年', '两点(钟)', '两岁' 등이 그러하다. 그러나 중량, 길이, 용량을 나타내는 양사 앞에는 '二'도 쓸 수 있다. 예를 들면, '二斤', '二厘米', '二升' 등이 그러하다. 돈의 액수를 말할 때, '毛(角)' 앞에 '块'가 없으면 '两毛'라고 할 수 있지만, '块'가 있으면 '二'을 써야 한다. 예를 들면, '三块二(毛钱)'이 그러하다.
여기서 주의해야 할 점은 예문❶의 '第二年'과 '两年'이 다르다는 점이다.

이 밖에 '二'은 명사 앞에 직접 쓰일 수도 있다. 이때 '二'은 '**두 번째**'라는 의미를 나타내며, 구체적인 사물을 가리킨다. 예문❷의 '二月'는 1년 중 두 번째 달을 의미하고, 예문❸의 '二楼'는 전체 층 중 두 번째 층을 의미하며, 예문❹의 '二班'은 한 학년 중 두 번째 반을 의미한다.

✓ 핵·심·콕·콕!!

'二'은 숫자, 서수, 번호를 말할 때나 중량, 길이, 용량을 나타내는 양사 앞에 주로 쓰이며, 명사 앞에 직접 쓰여 '두 번째' 라는 의미를 나타내기도 한다.
'两'은 '百', '千', '万', '亿' 앞이나 단위수일 때 양사나 양사 역할을 하는 명사 앞에 쓰인다.

✓ C·h·e·c·k C·h·e·c·k

'二'이나 '两'을 사용하여 밑줄 친 부분을 채우세요.

① ___年级___个班都来了，一班来了20个人，___班来了18个人。

② 他的房间在___号楼___楼第___个房间。

③ 我是前年___月___号来的，现在在中国已经呆了整整___年零___个月了。

④ 他的___个哥哥都结婚了，大哥和大嫂都在公司工作，___哥___嫂都是老师。

⑤ 这孩子___个月大的时候就会认人了，___岁的时候已经会说很多话了。

⑥ 一共是___百一十九块八，您给了___百___十块，找您___毛钱。

unit_018 "口", "名", "位", "个"

사람에 쓸 수 있는 양사 '口', '名', '位', '个'의 쓰임에 대해 알아보자.

맥·잡·기·예·문

❶ 我家有4口人，爸爸、妈妈、哥哥和我。 우리 집에는 아빠, 엄마, 오빠 그리고 나 네 식구가 있다.
→ 我家有4个人，爸爸、妈妈、哥哥和我。

❷ 我们厂有五百名工人。 우리 공장에는 500명의 노동자가 있다.
→ 我们厂有五百个工人。

❸ 我给你们介绍一下，这位是张先生。 내가 너희들에게 소개해 줄게, 이 분이 장 선생님이셔.

❹ 我有两个哥哥。 나는 오빠가 두 명 있다.

❺ 我看见前面有一个人。 나는 앞에 누군가가 있는 것을 보았다.

문 '口', '名', '位', '个'는 모두 사람에게 쓸 수 있는 양사인데, 이들 사이에는 어떤 차이점이 있을까?

답 '口'는 집에 식구가 모두 몇 명 있는지를 말할 때 쓰인다. 예를 들면, 예문❶이 그러하다.

'名'은 **어떠한 신분을 말할 때 쓰인다**. 예를 들면, '1名学生', '3名司机', '4名警察', '几名顾客' 등이 그러하다. 또한 '名'은 예문❷에서처럼 비교적 정중한 어기를 나타내며, '朋友'나 '亲戚' 등과 같이 사회적인 관계를 나타내는 경우에는 쓸 수 없다.

'位'를 쓰면 **존경과 예의를 나타내게 된다**. 따라서 공식적인 상황이나 잘 알지 못하는 사람과 이야기를 나눌 때, 주로 '位'를 쓴다. 예를 들면, 예문❸이 그러하다. 이 밖에 '几位', '各位', '二位' 등은 단독으로 쓰이는 경우 청자 몇 사람 혹은 한 무리의 사람을 가리킨다.

'个'는 사람에게 쓰일 경우 그 사용 범위가 매우 넓다. 예를 들면, 예문❹와 예문❺가 그러하다. '个'는 **비교적 자유롭고 편한 어기를 나타내며, 구어의 성격이 강하다**. 따라서 서면어에서나 존중을 표해야 하는 상황에서 '个'를 쓰는 것은 적합하지 않다. 예를 들면, 예문❸과 같은 상황에서는 '个'를 쓸 수 없다. 또한 '个'는 '她们个个都很能干(그녀들 한 사람 한 사람은 모두 유능하다)'에서처럼 중첩이 가능하다(중첩에 관한 자세한 내용은 unit_023을 참조).

✓ C·h·e·c·k C·h·e·c·k

'口', '名', '位', '个'를 사용하여 밑줄 친 부분을 채우세요.

① 车上共有40___乘客，其中有3___来自日本。

② 他们班有18___人，8___男同学，10___女同学。

③ 这___老师已经教了40多年的书了。

④ 今天我请了几___同事来家里玩儿。

⑤ 这家餐厅的几___厨师的手艺都相当不错。

⑥ 各___，我现在向大家宣布一个好消息。

⑦ 他们一家三代十几___人都住一起。

⑧ 一___先生已经替您付了账了。

⑨ 三___主犯都已被抓获，此案目前正在审理中。

⑩ 两___领导人就两国之间的贸易往来问题进行了深入的探讨。

unit_019 "只", "头", "条", "匹"

동물에 쓸 수 있는 양사 '只', '头', '条', '匹'의 쓰임에 대해 알아보자.

맥·잡·기·예·문

❶ 一只鸟
새 한 마리

❷ 一只虫子　　　　　　　　　　一条虫子
벌레 한 마리　　　　　　　　　　벌레 한 마리

❸ 　　　　　　一头牛
　　　　　　소 한 마리

❹ 　　　　　　　　　　　　　　　一匹马
　　　　　　　　　　　　　　　말 한 마리

❺ 　　　　　　一条蛇
　　　　　　뱀 한 마리

❻ 一只狗　　　　　　　　　　　　一条狗
개 한 마리　　　　　　　　　　　개 한 마리

❼ 一只老虎　　一头老虎
호랑이 한 마리　호랑이 한 마리

❽ 一只狼　　　　　　　一条狼　　　一匹狼
이리 한 마리　　　　　이리 한 마리　이리 한 마리

💬 '只', '头', '条', '匹'는 모두 동물에 쓸 수 있는 양사인데, 이들 사이에는 어떤 차이점이 있을까?

💡 동물에 쓰이는 양사 가운데 '只'는 그 쓰임이 아주 광범위해서 몸집이 큰 동물, 몸집이 작은 동물, 나는 동물, 기는 동물, 뛰는 동물 등 대부분의 동물에 쓸 수 있다.
'头'는 돼지, 소, 호랑이, 곰 등과 같이 주로 몸집이 큰 동물에 쓰인다.
'条'는 물고기, 뱀, 개, 이리 등과 같이 주로 몸집이 가늘고 긴 동물에 쓰인다.
'匹'는 말이나 낙타, 노새, 이리 등을 셀 때 외에는 잘 쓰이지 않는다. 그중 '말'에는 오직 '匹'만 쓸 수 있다.

✓ C·h·e·c·k　C·h·e·c·k

밑줄 친 부분에 알맞은 양사를 써 넣으세요.

① 一___猫　　两___驴　　三___骆驼　　四___蝴蝶

② 五___鱼　　六___鹿　　七___猪　　八___鸭子

③ 九___熊猫　十___羊　　两___狮子　一___老鼠

unit_020 "一批", "一群", "一堆"

많은 수의 사람이나 물건에 쓸 수 있는 양사 '批', '群', '堆'의 쓰임에 대해 알아보자.

맥·잡·기·예·문

❶ 上次进的那批货卖得很好。 지난번에 들어온 그 물건들은 잘 팔린다.

❷ 厂里最近来了一批新工人，听说还要来一批。
최근에 공장에 한 무리의 새로운 노동자들이 왔는데, 또 한 무리가 온다고 한다.

❸ 前面来了一群工人。 앞서 한 무리의 노동자들이 왔다.

❹ 刚才那一群鸭子是他们家的。 방금 그 한 무리의 오리들은 그들 것이다.

❺ 桌子上摆了一堆东西。 책상 위에 한 무더기의 물건을 벌여 놓았다.

❻ 我看见前面围了一堆人。 나는 앞쪽에 한 무리의 사람들이 둘러싸고 있는 것을 보았다.
→ 我看见前面围了一群人。

❼ 今天的会上大家提了一大堆意见。 오늘 회의에서 모두들 많은 의견을 내놓았다.

문 '批', '群', '堆'는 많은 수의 사람이나 물건에 쓰일 수 있는데, 이들 사이에는 어떤 차이점이 있을까?

답 '批'는 같은 시기 또는 한 번에 출현한 많은 물건이나 사람에 쓰이며, 이 한 무리에 그치는 것이 아니라 그 앞뒤에 더 있다는 의미를 내포한다. 예문❶의 '那批货'는 한 번에 들어온 여러 가지 물건을 가리키며, 예문❷의 '批'는 그 노동자들이 같은 시기에 왔음을 나타낸다.

'群'은 함께 모여 있는 사람이나 동물에 쓰인다. 이때의 사람이나 동물은 움직일 수 있는 것들이다. 예를 들면, 예문❸과 예문❹가 그러하다.

'堆'는 예문❺에서와 같이 **쌓여 있는 물건**에 쓰일 수도 있고, 예문❻에서와 같이 **함께 모여 있는 사람**에도 쓰일 수 있는데, 이때는 움직일 수 없이 빽빽하게 모여 있다는 의미를 내포한다. 예문❻의 경우, '堆'는 '群'으로 바꿔 쓸 수 있지만 '群'은 빽빽하게 모여 있다는 의미는 내포하지 않는다. 이 밖에 '堆'는 예문❼에서처럼 추상적인 사물에도 쓰일 수 있다.

✓ **C·h·e·c·k C·h·e·c·k**

밑줄 친 부분에 알맞은 양사를 써 넣으세요.

① 山坡上有一___羊。

② 去年来的那___学生都住在这栋楼里。

③ 他家院子里摆了一___木头。

④ 最近先后盖起来的那___楼是要分给教授们住的。

⑤ 今年冬天这个湖上不知从哪儿飞来了一___天鹅。

⑥ 他啰里啰嗦说了一大___，我也没搞明白他到底想说什么。

⑦ 屏幕上一___姑娘跳得正高兴，可他却一点情绪都没有。

⑧ 我们找来许多干树枝，在野地上生起了一___篝火。

unit_021 "次", "下", "趟", "遍"

동작이나 행위의 횟수를 나타내는 동량사 '次', '下', '趟', '遍'의 의미와 쓰임에 대해 알아보자.

맥·잡·기·예·문

❶ 我去过三*次*北京。 나는 베이징에 세 번 가 봤다.

❷ 下一*次*(的)会议将在两年后举行。 다음 회의는 2년 뒤에 열릴 것이다.

❸ 他敲了两*下*门，屋里没有人。 그는 문을 두 번이나 두드렸으나 집 안에는 아무도 없었다.

❹ 他看了一*下*，没看到什么。 그가 좀 보았는데, 별 특별한 것은 보지 못했다.

❺ 今天我去找了两*趟*校长，都没找到。 오늘 나는 교장을 두 번 찾아 갔으나, 두 번 다 만나지 못했다.
  → 今天我去找了两*次*校长，都没找到。

❻ 我想回一趟家。 나는 집에 한 번 다녀오고 싶다.
→ 我想回一次家。

❼ 这个电影我看了三遍。 이 영화를 나는 세 번 봤다.
→ 这个电影我看了三次。

❽ 我没听清楚，请你再说一遍。 제가 확실히 못 들어서 그러는데, 다시 한 번 말씀해 주세요.

문 '次', '下', '趟', '遍'은 모두 동작을 나타내는 양사(동량사)인데, 이들 사이에는 어떤 차이점이 있을까?

답 '次'는 사용 빈도가 가장 높은 동량사로 예문❶에서처럼 어떤 **일이 발생한 횟수를 나타낼 때 쓰인다**. 또한 '次'는 예문❷에서와 같이 명사 앞에도 쓰일 수 있으며, 중복 출현이 가능한 사물에 쓰인다.

'下'는 예문❸에서처럼 **행해진 시간이 아주 짧은 동작에 쓰인다**. 또한 예문❹에서처럼 '一下'가 동사 뒤에 쓰이면 동사를 중첩했을 때와 같이 동작의 시간이 아주 짧음을 나타내거나 시험 삼아 해 본다는 의미를 나타낸다(unit_036 참조).

'趟'은 예문❺와 예문❻에서처럼 **왕복의 동작에 쓰인다**. 또한 '趟'은 왕복 운행하는 기차에도 쓰일 수 있는데, 기차가 한 번 가거나 오는 것이 '一趟'이 된다.

'遍'은 **동작이 처음부터 끝까지 한 번 끝났음을 나타낼 때 쓰인다**. 따라서 이때 동작의 대상은 항상 일정한 길이를 가지고 있으며, 글이나 영화, 음악, 말 등 주로 문자나 언어와 관계있는 것이다. 예를 들면 예문❼과 예문❽이 그러하다.

✓ Check Check

밑줄 친 부분에 알맞은 양사를 써 넣으세요.

① 下午我要去一___办公室。

② 请你到我的办公室来一___，我有点儿事要跟你说。

③ 我曾经问过他一___，可他没有说。

④ 他觉得眼睛有点儿酸了，不由得眨了两___。

⑤ 这篇草稿他已经修改了几___了，可还是不满意。

⑥ 我不想放弃这___机会，不然我会后悔的。

⑦ 他紧赶慢赶到了火车站，总算赶上了最后一___火车。

⑧ 由于在工作中表现出色，他受到了上司的多___表扬。

unit _ 022　"10多斤"과 "10斤多"

수사 '10'이 양사 '斤'과 함께 쓰일 때, '~여', '~남짓'이라는 의미로 정해지지 않은 수를 나타내는 형용사 '多'는 양사의 앞에 올 수도 있고, 뒤에 올 수도 있다. 그러나 각각의 경우 그 의미에 차이가 있다는 것을 이해하자.

맥·잡·기·예·문

❶ 我今天买了10多斤水果。 나는 오늘 10여 근의 과일을 샀다.

❷ 我今天买了10斤多水果。 나는 오늘 열 근 남짓 되는 과일을 샀다.

❸ 630000　63만　→　60多万　60여 만

❹ 63000　6만 3천　→　6万多　6만여

문 '10多斤'과 '10斤多'는 같은 무게를 나타낼까? '多'의 위치가 다른 이유는 무엇일까?

답 '10多斤'과 '10斤多'는 그 수량에 차이가 있다. '10多斤'은 11근~19근 사이의 모든 수를 가리키고, '10斤多'는 10.1근~10.9근 사이의 수량을 가리킨다. 이들의 차이는 다음과 같이 구분할 수 있다.
'14斤水果'는 정확히 '14.0斤水果'이며, 소수점 '.'은 양사 '斤'의 위치를 나타낸다. '14斤水果'와 '10.4斤水果'의 차이점은 다음과 같이 나타낼 수 있다.

예문❸과 예문❹의 경우도 마찬가지이다.

하지만 대부분의 수량에는 이러한 경우가 없다. 예를 들면, '20多个人'이라는 표현은 있지만 '20个多人'이라는 표현은 없고, '100多本书'라는 표현은 있지만 '100本多书'라는 표현은 없다. '10斤多'라고 표현할 수 있는 것은 '斤'이 '两'으로 이루어졌기 때문이다(1斤=10两). 즉, '6两'은 '0.6斤'이라고 할 수 있지만, '1个人(한 사람)'은 더 이상 나누어 '0.6个人'이 될 수 없고, 책을 살 때에도 책 반 권은 살 수 없는 것이다.

✓ 핵·심·콕·콕!!

'10多斤'은 11근에서 19근 사이의 무게를 가리키고, '10斤多'는 10.1근에서 10.9근 사이의 무게를 가리킨다.

✓ C·h·e·c·k C·h·e·c·k

밑줄 친 부분에 들어갈 알맞은 답을 고르세요.

① "16年"我们也可以说＿＿＿。
    A 10年多   B 16年多
    C 10多年   D 16多年

② "3700000斤"我们也可以说＿＿＿。
    A 3百多万斤   B 3百万多斤
    C 3百万斤多   D 3百多斤万

③ 钱包里有23.50元，我们也可以说，钱包里有＿＿＿。
    A 23多块钱   B 23块钱多
    C 23多块钱   D 23块多钱

④ 我的行李比他的行李＿＿＿。
    A 多重11斤   B 重多11斤
    C 重11斤多   D 重11多斤

⑤ 我已经有＿＿＿没有收到他的E-mail了。
    A 3多个月   B 3个多月
    C 3个月多   D 多3个月

unit_023 "个个"와 "每个"

'个个'와 '每个'는 '~마다', '하나하나'라는 뜻을 나타낸다. 그러나 때에 따라 그 쓰임이 서로 다르다는 것을 이해하자.

맥·잡·기·예·문

❶ 他们个个都认识我。 그들 한 명 한 명이 다 나를 안다.
  → 他们每个人都认识我。

❷ × 我认识他们个个。
  → 我认识他们每个人。 나는 그들 개개인을 안다.

❸ 辆辆车都是新的。 차마다 다 새 것이다.
  → 每辆车都是新的。

❹ 这些车辆辆都是新的。 이 차들은 모두 새 것이다.
  → 这些车每辆都是新的。

❺ 他每次考试都是第一。 그는 매 시험마다 일 등이다.
  → 他次次考试都是第一。

❻ 他每次打完球就去洗澡。 그는 매번 공놀이를 마치면 바로 샤워하러 간다.

❼ 这些书本本都好看。 이 책들은 책마다 다 재미있다.
  → 这些书每本都好看。

❽ 这儿朵朵花儿都很漂亮。 이곳의 꽃들은 다 예쁘다.
  → 这儿每朵花儿都很漂亮。

문 '个个'와 '每个'는 어떤 차이점이 있을까?

답 '个个'는 '每个'의 뜻을 나타낸다. 예를 들면, 예문❶이 그러하다. 중국어에서 자주 볼 수 있는 이러한 용법은 '양사의 중첩'이라고 하며, 예문❶, 예문❸, 예문❹, 예문❼, 예문❽처럼 주로 '都'와 함께 쓰인다.
'个个(양사의 중첩)'와 '每个'는 모두 각각의 사물이 예외 없이 어떤 공통점을 가지고 있음을 나타낸다. 그러나 양사의 중첩에는 강조의 어기가 담겨 있다.
여기서 주의해야 할 점은 이 두 구조는 모두 설명하고자 하는 사물의 앞에 놓일 수도 있고, 뒤에 놓일 수도 있다는 것이다. 예를 들면, 예문❸과 예문❹가 그러하다. 따라서 예문❼은 '本本书都好看'으로도 바꿔 쓸 수 있다.
그러나 만약 설명하고자 하는 사물이 목적어의 위치에 있으면, 양사의 중첩형은 쓸 수 없고, '每+양사'만 쓸 수 있다. 예를 들면, 예문❷가 그러하다. 또 다른 예를 살펴보자.

× 我喜欢这儿的朵朵花儿。
→ 我喜欢这儿的每(一)朵花儿。 나는 이곳의 모든 꽃을 좋아한다.

이처럼 사물을 세는 양사(명량사)를 중첩해 쓰는 것 외에, 동량사 또한 중첩하여 쓸 수 있다. 이때는 매 상황마다 동일함을 나타낸다. 예를 들면, 예문❺가 그러하다. 그러나 습관적인 행위를 나타내면 양사 중첩형은 쓸 수 없고, '每+양사'만 쓸 수 있다. 예를 들면, 예문❻이 그러하다.

✓ 핵·심·콕·콕!!

명량사 중첩형과 '每 + 명량사'는 '예외 없음'을 의미하며, 설명하고자 하는 사물이 목적어 위치에 있을 때는 '每 + 명량사'만 쓸 수 있다. 반면 동량사 중첩형과 '每 + 동량사'는 '매 상황마다 같음'을 의미하며, 습관적인 동작을 나타낼 때는 '每 + 동량사'만 쓸 수 있다.

✓ C·h·e·c·k C·h·e·c·k

다음에서 밑줄 친 부분을 양사 중첩형으로 바꿔 쓸 수 있는 문장을 골라 괄호 안에 그 중첩형을 쓰고, 중첩할 수 없으면 ×표를 하세요.

① 这三间房子，每一间都很漂亮。(   )

② 我给他打了三次电话，每一次都没人接。(   )

③ 我清楚地记得他说的每一句话。(   )

④ 他每年春节都回家。(   )

⑤ 这些树每一棵都是他亲手栽的。(   )

unit_024 "一个个"와 "个个"

'一个个'는 양사의 중첩형 앞에 수사 '一'가 붙은 경우이고, '个个'는 양사의 중첩형만 쓰인 경우이다. 이들은 큰 차이가 없어 보이나 때에 따라 그 의미에 차이가 있다는 것을 이해하자.

맥·잡·기·예·문

❶ 他们一个个都喜欢打球。 그들 개개인 모두 공놀이 하는 것을 좋아한다.
  → 他们个个都喜欢打球。

❷ 他们一个个地走了出去。 그들은 한 명씩 걸어 나갔다.
  ✕ 他们个个地走了出去。

❸ 一辆辆车子都是新的。 차마다 다 새 것이다.
  → 辆辆车子都是新的。

❹ 车子一辆辆地开了过去。 차가 한 대씩 지나갔다.
  ✕ 车子辆辆地开了过去。

❺ 门口整齐地停放着一辆辆车子。 입구에 자동차가 한 대 한 대 가지런히 주차되어 있다.
  ✕ 门口整齐地停放着辆辆车子。

❻ 我一次次地去找他，可他总是不在家。 나는 여러 차례 그를 찾아갔지만, 그는 늘 집에 없었다.
  ✕ 我次次地去找他，可他总是不在家。

❼ 他一遍遍地重复着自己的话。 그는 자신의 말을 자꾸자꾸 반복하고 있다.
  ✕ 他遍遍地重复着自己的话。

문 양사 중첩형 앞에 '一'가 있는 경우와 없는 경우 어떤 차이점이 있을까?

답 양사에는 명사에 쓰이는 명량사와 동사에 쓰이는 동량사가 있다.

중첩한 명량사 앞에 '一'가 있을 경우에는 다음의 세 가지 의미를 나타낸다.

1. '每一个', '每一辆'의 의미를 나타낸다. 이때는 뒤에 주로 '都'가 온다. 예문❶의 '一个个'와 예문❸의 '一辆辆'은 각각 '个个'와 '辆辆'을 의미한다. 이때 중첩한 양사 앞의 '一'는 생략해도 무방하다.
2. **동작의 방식을 나타낸다.** 이때는 뒤에 주로 '地'가 온다(unit_025 참조). 예문❷의 '一个个'는 '每(一)个'라는 의미가 아니라 걸어 나가는 방식인 '一个跟着一个(한 명씩 한 명씩 연달아서)'라는 의미이고, 예문❹의 '一

'辆辆'은 '一辆接着一辆(한 대씩 한 대씩 연달아서)'라는 의미이다. 이때 중첩한 양사 앞의 '一'는 생략할 수 없다.

3. **수량이 많음을 나타낸다.** 예를 들면, 예문❺가 그러하다. 이때 중첩한 양사 앞의 '一'는 생략할 수 없다.

중첩한 동량사 앞에 '一'가 있을 때는 **동작이 여러 차례 중복된다는 뜻을 내포한다.** 예를 들어 예문❻, 예문❼의 '一次次', '一遍遍'은 '一次(又)一次(한 차례 또 한 차례)', '一遍(又)一遍(한 번 또 한 번)'이라는 의미만을 나타내며, 이때 중첩한 양사 앞의 '一'는 생략할 수 없다.

✓ C·h·e·c·k C·h·e·c·k

밑줄 친 부분이 나타내는 의미를 설명해 보세요.

① 这一句句话都是她的心里话。

② 时间一年年地过去了。

③ 天上飘着一朵朵白云。

④ 一双双眼睛都在看着他。

⑤ 草原上到处是一群群的牛羊。

⑥ 他围着操场一圈圈地跑着。

⑦ 他把肉片一刀刀地切成细丝。

⑧ 这次旅游中遇到的一件件事都那么令人难忘。

unit_025 "一一"는 "二"일까?

동사 앞에 쓰인 '一一'의 의미에 대해 알아보자.

맥·잡·기·예·문

❶ 阿里要回国了，他跟我们一一握手告别。
아리는 곧 귀국하기 때문에 우리와 일일이 악수하며 작별 인사를 했다.

❷ 他把参观的情况向大家一一作了介绍。
그는 둘러본 상황을 모두에게 하나하나 소개했다.

❸ 拿到剧本后，她一遍一遍地背诵。 대본을 받은 후, 그녀는 여러 번 암송했다.

❹ 考生两个两个地进考场考口语。 수험생들은 둘씩 짝을 지어 시험장으로 들어가 회화 시험을 본다.

문 '一一'는 얼마를 의미할까? '一一'는 '二'일까?

답 '一一'는 '二'이 아니다. '一一'는 동사 앞에 놓여 '一个一个地(하나씩 하나씩, 한 명씩 한 명씩)'라는 의미를 나타낸다.

예문❶의 아리는 여러 사람과 동시에 악수를 할 수 없으므로 한 사람과 악수한 후 이어서 다시 다른 사람과 악수한 것이다. 예문❷는 그가 둘러본 상황이 한두 가지뿐은 아니므로 '一个情况一个情况地(한 상황씩 한 상황씩)' 전부 소개했다는 뜻을 나타낸다.
예문❸ 역시 그녀가 단 두 차례만 암송했다는 뜻이 아니라, 한 차례 또 한 차례 즉, 여러 차례 반복하여 암송했다는 뜻을 나타낸다.
여기서 주의해야 할 점은 예문❶의 '一个一个'는 명사 '人'을 가리키는 것으로 '个'를 생략할 수 있지만, 예문❸의 '一遍一遍'은 동작 '背诵'을 설명하는 것으로 '遍'을 생략할 수 없다는 점이다.

✓ C·h·e·c·k C·h·e·c·k

예문❹의 '两个两个地进考场'이 무슨 의미인지 설명해 보세요.

★ 헐후어(歇后语) 한 마디

巴掌心里长胡须，老手
손바닥에 수염이 자라다, 베테랑이다

☞ 어떤 일에 대해 경험이 풍부하거나 노련한 사람을 비유한다.

"嗬，你还真有两下子！"老师傅看着他正在熟练地操作机器，笑着说："真是巴掌心里长胡须，老手了。"

틀리기쉬운중국어어법201

품사

★ 명사
★ 수량사
★ **동사**
★ 형용사
★ 대명사
★ 부사
★ 개사
★ 조사
★ 접속사

unit _ 026　"想"과 "要"

'想'과 '要'는 '~하려고 하다', '~하고 싶다'라는 뜻으로, 어떤 일을 하려는 의지와 바람을 나타낸다. 혼동하기 쉬운 '想'과 '要'에 대해 정확히 이해할 수 있도록 그 차이점과 쓰임을 구분해 보자.

맥·잡·기·예·문

❶ 我想买双皮鞋。 나는 구두를 사고 싶다.

❷ 我要买双皮鞋。 나는 구두를 사려고 한다.

❸ 我想帮你，可是我也没有办法。 나는 널 돕고 싶지만 나도 방법이 없다.
　× 我要帮你，可是我也没有办法。

❹ 老师，我想请你帮个忙。 선생님, 저는 선생님께서 도와주셨으면 합니다.

❺ 小林，我要请你帮个忙。 샤오린, 나는 네가 도와줬으면 해.

❻ 我们几次邀请她来，可是她就是不来。
　우리가 몇 차례 그녀를 초청했지만 그녀는 오지 않는다.

❼ 我本来不想去，可是她们一再邀请，我就去了。
　나는 원래 가고 싶지 않았으나 그녀들이 거듭 초청해서 갔다.

문 '想'과 '要'는 모두 개인의 바람이나 계획을 나타낼 수 있는데, 이들 사이에는 어떤 차이점이 있을까? 개인의 바람을 나타낼 때, '不要'를 쓸 수 있을까?

답 '想'과 '要'는 모두 개인의 바람이나 계획, 생각을 나타낼 때 쓰인다. 그러나 이들은 어기에 있어 다음과 같은 차이점을 지닌다.

'想'은 **어기가 약해** 개인이 어떤 **생각이나 계획을 가지고 있는지**만 나타낼 뿐, 그것을 실행할지 안 할지는 확실하지 않다.
'要'는 어기가 강해 화자의 **단호한 어기를 나타낼 수 있다.** 주로 강렬한 바람이나 **결정, 결심 등을 나타내며,** 화자는 통상 그러한 바람이나 결정, 결심대로 행동한다.

예문❶은 '想'을 써서 구두를 살 생각이 있음을 나타내지만, 결국 사러 갈지 말지는 확실하지 않다. 예문❷는 '要'를 써서 구두를 살 결심을 했음을 나타내며, 화자는 구두를 사러 갈 것이다. 예문❸은 내가 너를 도울 생각은 있지만, 도울 수가 없다는 의미이다. 이때 '想'은 '要'로 바꿔 쓸 수 없다. 왜냐하면 '要'를 쓰면 내가 너를 돕기로 결정했음을 나타내어 화자가 '没有办法'라고 말할 리가 없기 때문이다.

'想'은 어기가 약하기 때문에 주로 다른 사람에게 요구나 부탁을 할 때 많이 쓰인다. '想'을 쓰면 예의 있거나 공손한 어기를 나타내지만, '要'를 쓰면 자유롭고 편한 어기를 나타내게 된다. 예문❹에서는 선생님께 예의를 지켜야 하므로 '想'을 썼고, 예문❺에서는 친구에게 말하는 것이므로 자유롭고 편한 어기를 나타내는 '要'를 썼다.

여기서 주의해야 할 점은 어떤 생각이나 계획이 없는 경우에는 주로 '不'나 '不想'을 쓰지 '不要'는 쓰지 않는다는 점이다. '不要'는 금지나 제지를 나타내며, '別'와 같은 역할을 한다.

'要'와 '想'처럼 '不'와 '不想'도 어기에 있어 다음과 같은 차이점을 지닌다. '不'는 결연함을 드러낼 때 쓰여 **결심이나 결정을 나타낸다**. 예를 들면 예문❻이 그러하다. 그러나 '不想'은 어기가 약해 어떤 **생각만을 밝힌다**. 예를 들면 예문❼이 그러하다.

'想'과 '不想'은 어기가 약하기 때문에 앞에 '很', '比較', '有点儿' 등을 써서 그 정도를 나타내지만, '要'와 '不'는 어기가 강하므로 '一定要', '非要', '決不' 등의 형태로 쓰여 더욱 결연한 어기를 나타낸다.

✓ | 핵·심·콕·콕!!

> 어기가 약한 '想'은 화자가 어떤 생각, 계획을 가지고 있다는 것만을 나타내지만, 어기가 강한 '要'는 강렬한 바람이나 결정, 결심 등을 나타낸다. 이때 '想'과 '要'는 '不'나 '不想'으로 부정한다.

✓ | C·h·e·c·k C·h·e·c·k

'想', '要', '不想', '不'를 사용하여 밑줄 친 부분을 채우세요. 정답이 두 개인 경우에는 어떤 차이점이 있는지 생각해 보세요.

① 不能看你这样下去，我一定_____帮助你。

② 她们家在法国，明年暑假她回国的时候，我_____跟她一起去法国玩儿。

③ 你在信上说_____来看我，你_____什么时候来？

④ 刚上学时，班上除了我都是男孩子，我觉得没意思，就_____上学了，后来父母就给我转了校。

⑤ 你以后别来找我，我_____再见到你。

⑥ 我_____挣很多很多的钱，因为我_____让我的孩子过上好日子。

⑦ 我知道你觉得我很傻，不过我还是_____再一次请求你，我希望你跟我走。

⑧ 他们请我去参加那个会议，我也很_____去，可是工作上实在脱不开身，最后只好_____去了。

unit _027 "愿意"와 "肯"

'愿意'는 '~하고 싶어하다'라는 뜻을 나타내고, '肯'은 '기꺼이 ~(하려) 하다'라는 뜻을 나타낸다. 혼동하기 쉬운 '愿意'와 '肯'에 대해 정확히 이해할 수 있도록 그 차이점과 쓰임을 구분해 보자.

맥·잡·기·예·문

❶ A: 你愿意帮我们这个忙吗? 너 우리를 돕고 싶니?
   B: 非常愿意。 정말 돕고 싶어.

❷ 周末没有事的时候，我愿意一个人呆在房子里。 주말에 한가할 때, 나는 혼자 집에 있고 싶다.

❸ A: 他肯帮我们这个忙吗? 그가 우리를 도우려고 할까?
   B: 肯。 도와줄 거야.

❹ 她本来不愿意去，我跟她说了半天好话，她才肯去。
   그녀는 원래 가고 싶어 하지 않았으나, 내가 그녀에게 한참동안 감언(甘言)을 하자 비로소 가겠다고 했다.

❺ 他很聪明，又肯吃苦，所以在学习上进步很快。
   그는 똑똑하기도 하고, 고생을 마다하지도 않기 때문에 학습에 있어 진보가 빠르다.

문 '愿意'와 '肯'은 모두 어떤 일을 하는 데 대한 태도를 나타낸다. 이들은 어떤 차이점이 있을까?

답 '愿意'와 '肯'은 모두 능원동사로 동사의 앞에 놓인다. 이들은 다음과 같은 차이점을 지닌다.

'愿意'는 **심리적인 느낌을 나타낼 때 쓰인다.** 즉, 마음속으로 어떤 일을 **받아들이거나 좋아서 한다는 뜻을 나타낸다.**
예문❶에서 A는 B에게 마음속으로 도와주고 싶은지 아닌지 묻고, B는 도와주는 것을 기쁘게 생각한다는 뜻을 나타내고 있다. 이때 '愿意' 앞에는 정도부사 '很', '非常' 등을 쓸 수 있다.

어떤 일을 하는데 노력이나 희생이 필요할 때, '他'라는 사람이 **자신의 말이나 행동으로 그렇게 노력하거나 희생하겠다는 뜻을 나타냈다면**, 중국어로 '他肯做某事(그가 어떤 일을 기꺼이 한다)'라고 표현할 수 있다.

'肯'을 쓰는 경우는 다음과 같이 구분할 수 있다.

1_ 다른 사람의 요구로 어떤 일을 하겠다고 동의하는 경우에 쓴다.
이때는 앞에 정도부사를 쓸 수 없다. 예문❸은 우리가 그에게 도움을 청했고, 그가 동의했다는 것이다. 이때는 '非常肯'이라는 표현을 쓸 수 없다. 예문❹에서 그녀는 가고 싶어하지 않았으나, 내가 부탁을 해서 가기로 했다는 것이다.

2 _ 다른 사람의 요구 없이 자발적으로, 기꺼이 어떤 일을 하고자 하는 경우에 쓰며, 어떤 사람의 평소 태도를 나타낸다.

이때의 '肯'은 '愿意'로 바꿔 쓸 수 있으며, 앞에 정도부사를 쓸 수도 있다. 예문❺의 '肯吃苦'는 누군가가 그에게 고생할 것을 요구해서가 아니라, 힘든 일이 있을 때마다 항상 그 스스로 기꺼이 그 고생을 받아들인다는 것을 의미한다. 이때는 '很肯吃苦'라는 표현을 쓸 수 있다.

✓ | 핵·심·콕·콕!!

愿意: 어떤 일을 마음에 내키거나 좋아서 할 때, 정도부사와 함께 쓸 수 있다.
肯 : 1. 다른 사람의 요구로 어떤 일을 하겠다고 동의할 때, 정도부사와 함께 쓸 수 없다.
　　 2. 다른 사람의 요구 없이 기꺼이 어떤 일을 하고자 할 때, 정도부사와 함께 쓸 수 있고, '愿意'와 바꿔 쓸 수도 있다.

✓ | C·h·e·c·k　C·h·e·c·k

'愿意'나 '肯'을 사용하여 밑줄 친 부분을 채우세요.

① 爸爸妈妈从来都不_____让她去男同学家里玩儿。

② 虽然这件事比较麻烦，可是我还是很_____去做。

③ 我_____一生陪伴着你。

④ 他在学习上总是不_____下功夫。

⑤ 他很贪玩儿，每天都要姐姐来喊他几次，他才_____回家。

⑥ 是我自己_____的，没有人强迫我。

unit_028　"应该"와 "必须"

'应该'는 '당연히 ~해야 한다', '응당 ~일 것이다'라는 뜻을 나타내고, '必须'는 '반드시 ~해야 한다'라는 뜻을 나타낸다. 혼동하기 쉬운 '应该'와 '必须'에 대해 정확히 이해할 수 있도록 그 차이점과 쓰임을 구분해 보자.

맥·잡·기·예·문

❶ 我们应该去试一试。 우리는 마땅히 가서 한번 해 봐야 해.

❷ A: 小张早上打了一个电话，说他今天不来了。
샤오장이 아침에 전화해서 오늘 못 온다고 말했어.

B: 你怎么现在才说啊！你应该早点儿告诉我嘛！
너 왜 이제서야 얘기해! 나한테 진작 얘기했어야지!

❸ A: 听说那座楼已经拆了。 듣자하니 그 건물이 이미 헐렸다고 하던데.

B: 都那么旧了，应该拆了。 그렇게 오래됐는데, 마땅히 헐었어야지.

❹ 你们明天必须去参加那个会！ 너희들 내일 반드시 그 회의에 참가해야 해!

❺ 她不能跟我们一起玩，是因为她必须帮妈妈卖点心。
그녀가 우리와 함께 놀 수 없는 것은 엄마를 도와 간식을 팔아야 하기 때문이다.

❻ 必须走两个小时才能到那儿。 두 시간을 걸어가야만 거기에 도착할 수 있다.

문 '应该'와 '必须'는 어떤 차이점이 있을까? 이 둘은 서로 바꿔 쓸 수 있을까? 위의 예문 중 '必须'와 '应该'를 바꿔 쓸 수 있는 문장과 바꿔 쓸 수 없는 문장은 어떤 것이고, 그 이유는 무엇일까?

답 '应该'는 화자가 생각하기에 어떻게 하는 것이 옳은지를 나타내며, 어떤 일에 대한 자신의 건의나 의견을 말할 때 쓰인다.
예문❶은 화자가 '가서 한번 해 보는 것'이 옳다고 생각해서 그렇게 하자고 건의하는 것이다. 예문❷와 예문❸에서 화자는 '진작 얘기하는 것'과 '허는 것'이 옳다고 생각하기 때문에 '应该'를 써서 '이제서야 얘기한 것'에 대한 불만과 '건물을 헌 것'에 대한 찬성을 나타냈다.

'必须'는 '그렇게 하지 않으면 안 된다', '반드시 그렇게 해야 한다', '그렇게 하는 것밖에 다른 선택은 없다'라는 뜻을 나타낸다. '必须'는 주로 다음과 같은 상황에서 쓰인다.

1 _ 화자가 명령을 하거나 결정을 내릴 때 쓰인다.
예문❹가 그러한 예이다. 이때 '必须'는 '应该'로 바꿔 쓸 수 있으나, 그러면 명령이 제의의 어기로 바뀌게 된다. 반대로 제의를 나타내는 '应该'도 '必须'로 바꿔 쓸 수 있으나, 그러면 제의가 명령의 어기로 바뀌게 된다. 따라서 '应该'를 쓸 것인지 '必须'를 쓸 것인지를 결정할 때는 그 구체적인 상황을 살펴보아야 한다.

2 _ 어떠한 상황에서 그렇게밖에 할 수 없거나 사실상 그렇게 하지 않으면 안 된다는 것을 객관적으로 서술할 때 쓰인다.
예문❺의 화자는 그녀가 어떻게 하는 것이 옳은지를 이야기하는 것이 아니라, 다른 사람에게 그녀가 모종의 이유로 엄마를 도와 간식을 팔 수 밖에 없다는 것을 알려주고 있다. 예문❻에도 옳고 그름에 대한 구분은 없으며, 화자는 거기에 가려면 반드시 두 시간을 걷지 않으면 안 된다는 것을 서술하고 있다.

이 밖에 '应该'는 화자가 어떤 상황에 대해 추측하는 것을 나타내기도 한다. 예를 들면, '现在她应该在家(지금 그녀는 집에 있을 것이다)'가 그러하다.

✓ | 핵·심·콕·콕!!

应该: 건의할 때, 자신의 생각을 말할 때, 제의할 때, 추측할 때 쓴다.
必须: 명령할 때, 결정을 내릴 때, 필연적인 상황을 객관적으로 서술할 때 쓴다.

✓ | C·h·e·c·k C·h·e·c·k

'应该'나 '必须'를 사용하여 밑줄 친 부분을 채우세요. 정답이 두 개인 경우에는 어떤 차이점이 있는지 생각해 보세요.

① 在美国留学时，他们学习很忙。因为除了专业课以外，他们还_____学好英语。

② 你为什么骗他？你_____告诉他实情。

③ 昨天晚上我没能去刘老师家，因为我_____送我的朋友去医院。

④ 动植物都_____有水才能生存。

⑤ 他昨天_____已经到了。

⑥ 学习的时候_____专心。

⑦ 他_____会来的。

⑧ 这么重要的会议，你_____去参加。

unit _ 029 능력을 나타내는 "能"과 "会"

'能'과 '会'는 '~할 수 있다'라는 뜻으로, ~할 능력이 있음을 나타낸다. 혼동하기 쉬운 '能'과 '会'에 대해 정확히 이해할 수 있도록 그 차이점과 쓰임을 구분해 보자.

맥·잡·기·예·문

❶ 他会游泳。 그는 수영을 할 줄 안다.
  → 他能游泳。

❷ 他真能游。 그는 정말 수영을 잘한다.
  ≌ 他真会游。

❸ 他一次能游2000米。 그는 한 번에 2000미터를 헤엄쳐 갈 수 있다.
  × 他一次会游2000米。

❹ 他的腿好了，能游泳了。 그는 다리가 나아서 수영을 할 수 있게 되었다.
  × 他的腿好了，会游泳了。

문 '他真能游'와 '他真会游'는 그 의미가 같을까? '能'과 '会'는 어떤 차이점이 있을까?

답 '能'과 '会'는 모두 '능력'이나 '가능'을 나타낸다. 위의 예문에서는 모두 '능력'을 나타내고 있다.

학습을 통해 어떤 능력을 갖추게 된 것을 나타낼 때는 예문❶에서처럼 '会'를 써도 되고, '能'을 써도 된다. 그러나 보통은 '会'를 더 많이 쓴다. 어떤 능력이 없음을 나타낼 때는 '不会'만 쓸 수 있다.
어떤 측면에 특기가 있거나 어떤 일을 잘한다는 것을 나타낼 때는 '会'를 써도 되고, '能'을 써도 된다. 이때 '会'나 '能' 앞에는 종종 '很', '真' 등이 온다. 예문❷는 수영하는 방법을 잘 알 뿐 아니라 그 실력도 뛰어남을 나타낸다. 그러나 '能'을 쓸 때와 '会'를 쓸 때는 약간의 차이점이 있다. '真能游'는 양적인 측면에서 그가 지니고 있는 실력을 강조한다. 즉, 장거리를 헤엄칠 수 있거나 오랜 시간을 헤엄칠 수 있다는 말이다. 그러나 '真会游'는 기교를 강조한다. 즉, 수영을 유달리 잘한다는 말이다.

다음 두 가지 상황에서는 '能'을 '会'로 바꿔 쓸 수 없다.

1 _ 능력이 일정한 정도, 수준, 효율에 도달했음을 나타낼 때.
예문❸은 그의 수영 실력이 뛰어나다는 말이지만, 한 번에 2000미터까지 헤엄칠 수 있는 수준이라는 것을 구체적으로 나타내고 있기 때문에 '能'만 쓸 수 있다.

2 _ 어떤 능력을 회복했음을 나타낼 때.
예문❹는 그가 원래 수영을 할 줄 알지만, 다리 부상으로 얼마간 하지 못하다가 지금은 다리가 나았고, 수영할 수 있는 능력도 회복했다는 것을 나타내기 때문에 '能'만 쓸 수 있다.

✓ C·h·e·c·k C·h·e·c·k

'能'이나 '会'를 사용하여 밑줄 친 부분을 채우세요. 정답이 두 개인 경우에는 어떤 차이점이 있는지 생각해 보세요.

① 小明____说日语。

② 谢力一顿____吃50个饺子。

③ 我不____弹钢琴。

④ 她的嗓子的毛病治好了，现在又____唱了。

⑤ 他英语学得很好，____教你。

⑥ 那么难的问题，他竟然___说出正确的答案。

unit _ 030 가능을 나타내는 "能"과 "会"

'能'과 '会'는 '~할 수 있다'라는 뜻으로, ~할 가능성이 있음을 나타낸다. 혼동하기 쉬운 '能'과 '会'에 대해 정확히 이해할 수 있도록 그 차이점과 쓰임을 구분해 보자.

맥·잡·기·예·문

❶ 天这么晚了，他**能**来吗? 날이 이렇게 저물었는데 그가 올 수 있을까?

❷ 天这么晚了，他**会**来吗? 날이 이렇게 저물었는데 그가 올 수 있을까?

❸ 那儿的物价很便宜，100块**能**买到不少东西。
그곳의 물가는 아주 싸서, 100위안으로 많은 물건을 살 수 있다.
　× 那儿的物价很便宜，100块会买到不少东西。

❹ 只要是我喜欢的东西，再贵我也**会**买。
내가 좋아하는 물건이라면, 난 아무리 비싸도 살 수 있다.
　× 只要是我喜欢的东西，再贵我也能买。

❺ 你去找他吧，他认识不少人，**能**帮你这个忙。
그를 찾아가 봐. 그는 아는 사람이 많아서 너를 도와줄 수 있을 거야.
　× 去找他吧，他认识不少人，会帮你这个忙。

❻ 你去找他吧，他很热心助人，**会**帮你这个忙的。
그를 찾아가 봐. 그는 성심껏 남을 돕는 사람이라 너를 도와줄 거야.
　× 你去找他吧，他很热心助人，能帮你这个忙的。

문 '能'과 '会'는 모두 가능을 나타내는데, 왜 예문❸과 예문❺에는 '能'만 쓸 수 있고, 예문❹와 예문❻에는 '会'만 쓸 수 있을까?

답 '能'과 '会'는 모두 '가능'을 나타낸다. 위의 예문은 모두 '가능'을 나타내지만, 강조하는 내용이 서로 다르다.

'能'은 객관적으로 어떤 일을 할 수 있는 조건이 있거나, 객관적으로 그럴 가능성이 있다는 것을 강조한다.

예를 들면, 예문❸이 그러하다. 100위안을 가지고 있다고 해서 사고자 하는 것을 다 살 수 있는 것은 아니다. 물건이 아주 싸다는 객관적인 조건이 충족되어야 그럴 가능성이 있는 것이다. 예문❺의 '아는 사람이 많다'는 것 또한 '너를 도와줄 수 있는' 객관적인 조건이 된다. 이때 '能'의 부정형인 '不能'은 '불가능'을 나타낸다.

'会'는 예문❹에서처럼 **다른 사람에게 어떤 가능성**을 알려주거나 예문❻에서처럼 **어떤 가능성을 예측할 때 쓰인다**. '会'는 객관적인 조건은 강조하지 않는다. '会' 앞에 동작의 주체가 있을 때, '会'는 동작의 주체자의 주관적인 바람을 나타낸다. 예를 들면, 예문❹는 내가 사기를 원하는 것이고, 예문❻은 그가 흔쾌히 도와줄 거라고 예측하는 것이다. 예문❺의 경우에는 그가 아는 사람이 돕기를 원할 거라는 뜻은 아니므로 '会'를 쓸 수 없다. 만약 '会' 앞에 동작의 주체가 오지 않으면, 그저 어떤 필연에 가까운 가능성을 알리는 것에 불과하다. 예를 들면, '你放心, 下飞机后会有人在那儿接你(걱정 마, 비행기에서 내리면 거기에 너를 마중하는 사람이 있을 거야)'가 그러하다. 여기서 '你'는 마중하러 나온 그 사람이 아니다.

예문❶과 예문❷는 모두 그가 올 수 있는지 없는지 그 가능성을 묻는 것으로, 이때는 '能'을 써도 되고 '会'를 써도 된다. 하지만 이들이 강조하는 것이 서로 다르다는 것을 느낄 수 있어야 한다.

✓ C·h·e·c·k C·h·e·c·k

'能'이나 '会'를 사용하여 밑줄 친 부분을 채우세요.

① 她那么喜欢跳舞，今晚的晚会，她肯定___来。

② 火车还有半个小时就要开了，我们___赶上这班车吗?

③ ___到英国去上大学，我非常高兴！

④ 看样子，下午___有大风雨。

⑤ 请相信我，我不___骗你的。

⑥ 真倒霉，相机坏了，不___照了。

unit_031 "(如果)……就能……"과 "(如果)……就会……"

가정문에 쓰인 '能'과 '会'의 의미와 쓰임에 대해 알아보자.

> **맥·잡·기·예·문**
>
> ❶ 想减肥吗？那好办，如果每天跑上几圈，就能瘦下来。
>   → 想减肥吗？那好办，如果每天跑上几圈，就会瘦下来。
>   다이어트 하려고 그래? 그거 쉽잖아. 매일 몇 바퀴씩 달리면 살 뺄 수 있어.
>
> ❷ 减肥也不能不吃东西呀，如果你再这样下去，就会得病的。
>   다이어트를 한다고 해도 음식을 안 먹으면 안 돼. 만약 네가 계속 이렇게 한다면 병에 걸릴 거야.
>   × 减肥也不能不吃东西呀，如果你再这样下去，就能得病的。
>
> ❸ 多听多说多读多写就能学好汉语。
>   많이 듣고, 많이 말하고, 많이 읽고, 많이 쓰면 중국어를 마스터할 수 있다.
>   × 多听多说多读多写就会学好汉语。
>
> ❹ 骄傲就会退步的。 교만하면 퇴보할 것이다.
>   × 骄傲就能退步的。

문 왜 예문❷와 예문❹의 '会'는 '能'으로 바꿔 쓸 수 없을까?

답 예문❶과 예문❷에는 '如果……就……'가 있고, 예문❸과 예문❹에는 없다. 그러나 이들은 모두 '가정문'이다. 예문❹는 '如果你骄傲了, 那么你就会退步的(만약 네가 교만하면, 너는 퇴보할 것이다)'라는 뜻이다. '가능'을 나타내는 '能'과 '会'가 가정문에 쓰이면 다음과 같이 각각 다른 의미를 나타내게 된다.

1. (如果) ___a___ , 就能 ___b___ : (만일) a라면, b라는 목적에 도달할 수 있다
2. (如果) ___a___ , 就会 ___b___ : (만일) a라면, b라는 결과가 나타날 것이다

이러한 차이점을 보이는 이유는 앞서 unit_030에서도 언급했듯이, '能'이 객관적으로 어떤 일을 할 수 있는 조건이 있음을 강조하기 때문이다. 예문❶에서 '能'은 객관적으로 살을 뺄 수 있는 조건이 있음을 나타내며, '매일 몇 바퀴씩 달리는 것'이 바로 그 객관적인 조건이 된다. 가정문에서 a는 객관적인 조건을 나타낸다. 만약 a라는 조건이 갖추어지면, b를 실현할 가능성도 생기는 것이다. 이때 b는 대체로 예문❶의 '瘦下来'와 예문❸의 '学好汉语'와 같이 동작자가 바라는 것이다.

'会'는 다른 사람에게 어떤 가능성을 알려주는 것에 치중한다. 가정문에서의 '会'는 만약 a라는 상황이면 통

상 b라는 결과가 생길 가능성이 있음을 나타낸다. 이때 b라는 결과는 동작자가 바라지 않는 것일 수도 있다. 예를 들면, 예문❷의 '得病'과 예문❹의 '退步'가 그러하다. 이들은 모두 좋지 않은 결과로, 일반적으로 어떤 목적이 될 수 없기 때문에 '会'를 '能'으로 바꿔 쓸 수 없다.

✓ C·h·e·c·k C·h·e·c·k

'能'이나 '会'를 사용하여 밑줄 친 부분을 채우세요.

① 如果细心一些，就不___出现这样的差错。

② 身体不好的人，冬天如果注意保暖，就___避免感冒。

③ 可怜这样的坏东西，就___害了自己。

④ 国家应该重视知识和人才，否则，我们国家的素质___越来越低。

unit_032 "不能出来", "不会出来", "出不来"

'能'과 '会'의 부정형과 가능보어의 부정형이 나타내는 의미와 쓰임에 대해 알아보자.

맥·잡·기·예·문

❶ 他 **不能** 出来。 그는 나오면 안 된다.

❷ 他 **不会** 出来的。 그가 나올 리가 없다.

❸ 他 **出不来**。 그는 나올 수 없다.

문 예문❶, 예문❷, 예문❸은 의미상 어떤 차이점이 있을까?

답 '能'은 '능력'과 '가능'을 나타내는 것(unit_029, unit_030 참조) 외에, **'허가'나 '허락'을 나타내기도 한다.** 이때 '能'의 부정형인 '不能'은 '~할 수 없다'라는 뜻으로('불가능'을 나타내는 '不能'과 다름) **허락하지 않음을 나타낸다.** 이런 용법의 '能'은 주로 의문이나 부정에 쓰인다. 예를 들면, '我能进去吗?(제가 들어가도 됩니까?)'는 들어가는 것이 허락되는지를 묻는 것이다. 예문❶의 '他不能出来'는 '(이치상 또는 환경적으로) 그가 나오는 것을 허락하지 않는다'라는 뜻이다. 즉, 그가 강의를 하고 있거나 시험을 보고 있기 때문에 함부로 나오는 것이 허락되지 않는다는 뜻이다.

'不会'는 **가능성이 없음을 나타낸다.** 예문❷의 '他不会出来的'는 그가 나올 가능성이 없으며, 주관적으로 그런 바람을 가지고 있지 않다는 것을 나타낸다(unit_030 참조). 예를 들어 그가 안에서 중요한 일을 하고 있는데 누군가가 그를 찾아와 나와서 놀자고 하면, 그는 틀림없이 나오려 하지 않을 것이다. 바로 이런 경우에 그를 찾아온 사람이 예문❷처럼 말할 수 있다.

예문❸의 '出不来'는 가능보어의 용법으로(unit_152 참조) '그가 나오고 싶어 하고, 또 허락도 얻었지만, 나올 방법이 없음'을 나타낸다. 예를 들어 문이 망가져서 열리지 않아 나올 방법이 없을 때 등의 상황에서 예문❸처럼 말할 수 있다.

✓ C·h·e·c·k C·h·e·c·k

다음 문장의 옳고 그름을 O X로 표시하고, 틀린 문장은 바르게 고치세요.

① 医生对病人说："你的病还没好，不会喝酒。"（　）

② 那天买票的人很多，结果我们不能买票。（　）

③ 坐飞机不能打手机，否则很危险。（　）

④ 我不喜欢那样的人，我不会再跟他交朋友了。（　）

⑤ 我昨晚睡得太晚了，今天早上不会起床。（　）

⑥ 我爱我的女朋友，如果遇到什么危险，我一个人逃走不了。（　）

⑦ 谢谢你的关心，这事只能靠我自己去解决，你不会帮我的。（　）

⑧ 他知道吸烟对身体没有什么好处，他吸不了烟。（　）

unit_033 능력을 나타내는 "能"과 "可以"

'能'과 '可以'는 '~할 수 있다'라는 뜻으로, 어떤 능력을 갖추고 있음을 나타낸다. 혼동하기 쉬운 '能'과 '可以'에 대해 정확히 이해할 수 있도록 그 차이점과 쓰임을 구분해 보자.

맥·잡·기·예·문

❶ A: 阿里真能写。 아리는 정말 잘 쓴다.
  × 阿里真可以写。
  B: 是的，他能在1小时内写出1000字以上的作文。
  → 是的，他可以在1小时内写出1000字以上的作文。
  맞아, 그는 한 시간 내에 1000자 이상의 글을 쓸 수 있어.

❷ 他很能团结周围的人。 그는 주위 사람을 잘 단결시킨다.
  × 他很可以团结周围的人。

❸ 他一天能记住30个生词。 그는 하루에 서른 개의 단어를 외울 수 있다.
  → 他一天可以记住30个生词。

문 '能'은 '능력'을 나타낸다. '可以'도 '能'과 같은 의미를 나타낼까?

답 '可以'도 '능력'을 나타낼 수 있지만, '能'과 완전히 같지는 않다(unit_029 참조). 이들 사이의 차이점을 표로 정리하면 다음과 같다.

	能	可以	
어떤 일을 잘하는 것을 나타냄	○	×	예문❶ A, 예문❷ 참조
능력이 일정 정도나 수준에 도달했음을 나타냄	○	○	예문❶ B, 예문❸ 참조

✓ C·h·e·c·k C·h·e·c·k

'能'이나 '可以'를 사용하여 밑줄 친 부분을 채우세요. 정답이 두 개인 경우에는 어떤 차이점이 있는지 생각해 보세요.

① 小王不怎么会说，但很_____写。

② 她一小时_____打2000个汉字。

③ 他真_____讲，不用看讲稿，一讲讲了两个小时。

unit_034 가능을 나타내는 "能"과 "可以"

'能'과 '可以'는 '~할 수 있다'라는 뜻으로, 어떤 가능성을 갖추고 있음을 나타낸다. 혼동하기 쉬운 '能'과 '可以'에 대해 정확히 이해할 수 있도록 그 차이점과 쓰임을 구분해 보자.

> 맥·잡·기·예·문
>
> ❶ A : 今晚的晚会，你能来参加吗? 오늘 저녁 파티에 참가할 수 있어?
> → 今晚的晚会，你可以来参加吗?
> B₁: 可以。/ 我能来。 참가할 수 있어. / 올 수 있어.
> × 能。
> B₂: 不能。 참가할 수 없어.
> × 不可以。
>
> ❷ 我明天有事，不能陪你去玩了。 나는 내일 일이 있어서, 너를 데리고 놀러갈 수 없다.
> × 我明天有事，不可以陪你去玩了。
>
> ❸ 这种草药能治肝病。 이 약초는 간을 치료할 수 있다.
> → 这种草药可以治肝病。

문 '能'과 '可以'가 가능을 나타낼 때 어떤 차이점이 있을까?

답 가능을 나타낼 때, '能'과 '可以' 사이에는 공통점도 있지만 차이점도 있다. 이를 표로 정리하면 다음과 같다.

가능성이 있는지 없는지를 물음	能 / 可以	예문❶ A 참조
객관적으로 가능성이 있음을 나타냄	可以 / 能(단독으로 대답할 때는 '能'을 쓰지 않는다)	예문❶ B₁ 참조

가능성이 없음을 나타냄	不能	예문❶ B₂, 예문❷ 참조
어떤 용도나 효과가 있음을 나타냄	能 / 可以 (부정형은 '不能')	예문❸ 참조

✓ C·h·e·c·k C·h·e·c·k

'能'이나 '可以'를 사용하여 밑줄 친 부분을 채우세요. 정답이 두 개인 경우에는 어떤 차이점이 있는지 생각해 보세요.

① 他刚才来电话说，公司临时有很多活要干，他不_____来了。

② A 你_____帮我一个忙吗?
　 B _____。

③ A 明天的球赛你_____参加吗?
　 B 我_____参加。

④ 机器人_____代替人干不少事情。

unit_035 허가를 나타내는 "能"과 "可以"

'能'과 '可以'는 '~해도 된다'라는 뜻으로, 허가를 나타낸다. 혼동하기 쉬운 '能'과 '可以'에 대해 정확히 이해할 수 있도록 그 차이점과 쓰임을 구분해 보자.

맥·잡·기·예·문

❶ A: 我能参加你们班的活动吗? 내가 너희 반 행사에 참가해도 되니?
　 → 我可以参加你们班的活动吗?
　 B: 可以。 참가해도 돼.

❷ A: 我能不能进去? 들어가도 됩니까?
　 → 我可不可以进去?
　 B: 不能进去。 / 不可以进去。 / 不行。 들어가면 안 됩니다.

❸ 你们有什么问题都可以提出来。 너희들 무슨 문제가 있으면 다 얘기해도 돼.

❹ **HSK**考试要求用铅笔答题，不能用圆珠笔。
   HSK시험은 연필로 답을 쓸 것을 요구하므로, 볼펜을 사용하면 안 된다.

❺ 老王还没到没关系，我们可以先干起来。 라오왕이 아직 안 왔지만 상관없어. 우리 먼저 해도 돼.

문 허가를 나타낼 때, '能'과 '可以'는 용법상 어떤 차이점과 공통점을 가질까?

답 '허가'와 '가능'은 다음과 같이 그 의미를 구분할 수 있다. 예문❶의 '我能参加你们班的活动吗?'는 상대방에게 내가 참가하는 것에 '동의' 또는 '허가'하는지를 묻는 것이지만, '你能参加我们班的活动吗?'는 상대방에게 참가할 수 있는지 그 '가능성'을 묻는 것이다.

'能'과 '可以'는 모두 '허가'를 나타낼 수 있다. 그러나 구체적인 용법에 있어 다음과 같은 차이점을 지닌다.

허가를 구하는 것을 나타냄	能 / 可以	예문❶ A, 예문❷ A 참조
어떤 일을 하는 것을 허가함을 나타내거나 도리상 허용함을 나타냄	可以	예문❶ B, 예문❸ 참조
어떤 일을 하는 것을 허가하지 않음을 나타냄	不能 / 不可以 (단독으로 대답할 때는 '不行'을 쓴다)	예문❷ B, 예문❹ 참조
건의를 나타냄	可以	예문❺ 참조

위의 표를 통해서 '能'이 '허가'를 나타내는 경우 주로 의문문이나 부정문에 쓰이고, 긍정문에는 쓰이지 않는다는 것을 알 수 있다. 반면 '可以'는 의문문, 부정문, 긍정문에 두루 쓰인다.

✓ **C·h·e·c·k C·h·e·c·k**

'能', '可以', '不行'을 사용하여 밑줄 친 부분을 채우세요.

① A 我_____问个问题吗?
   B _____。

② 车厢里不_____吸烟。

③ 听说那家公司经销这种产品，你_____到那儿看看。

④ A 这件衣服_____便宜一些吗?
   B _____，就这个价!

⑤ 现在中国也_____贷款买房子。

unit_036 "听了听"과 "听(一)听"

'听了听'과 '听(一)听'은 동사 '听'의 중첩형이다. 단음절 동사의 중첩형에 대해 알아보자.

맥·잡·기·예·문

❶ 门外有人说话，我听了听，好像是小王。
문 밖에서 누군가 이야기를 하길래 내가 들어 봤는데, 샤오왕인 것 같다.

❷ 这盒磁带我借去听(一)听就还给你。
이 카세트테이프는 내가 빌려 가서 좀 듣고 돌려줄게.

❸ 昨晚我复习了一下生词就睡了。
어젯밤에 나는 새 단어를 좀 복습하고 잤다.

❹ 这段录音我有点儿听不清楚，你来听(一)听看。
나는 이 부분 녹음내용이 약간 분명하게 들리지 않거든. 네가 좀 들어 봐.

❺ 这个问题很复杂，你应该好好想(一)想。
이 문제는 아주 복잡하니까 네가 잘 생각해 봐야 해.

❻ 平时没事的时候，我就看(一)看电视，听(一)听音乐。
평소 한가할 때, 나는 텔레비전도 보고 음악도 듣는다.

문 동사 중첩형은 어떤 의미를 나타낼까? '了'를 쓸 때와 쓰지 않을 때 어떤 차이점이 있을까?

답 동사 중첩형은 상황에 따라 다음과 같은 여러 가지 의미를 나타낸다.

1_ 동작의 시간이 짧고, 동작의 횟수가 적음을 나타낸다.

이미 행해진 동작에 동사 중첩형을 쓸 때는 중첩한 동사 사이에 '了'를 쓴다. 예를 들면, 예문❶이 그러하다. '了'를 쓰지 않으면 동작이 아직 일어나지 않았다는 것을 나타내며, 이때는 '了' 대신 '一'를 쓸 수 있다. 예를 들면, 예문❷가 그러하다.
그러나 **이음절 동사의 경우에는 중첩한 동사 사이에 '一'를 쓸 수 없다.** 즉, '复习一复习', '打扫一打扫'는 틀린 표현이다. 이러한 경우에는 '复习复习', '打扫打扫'라고 쓰거나 동사 뒤에 '一下'를 써서 '复习一下', '打扫一下'라고 해야 한다. 만약 이미 행한 동작에 쓰려면 '了'를 붙이면 된다. 예를 들면, 예문❸의 '复习了一下'가 그러하다.

2_ 어떤 일을 시험 삼아 해 보는 것을 나타낸다.
이때는 동사 뒤에 '시험 삼아 해 보다'라는 의미의 '看'을 붙이면 된다. 예를 들면, 예문❹는 나는 분명하게 들리지 않으니, 네가 한번 잘 들리는지 들어 보라는 뜻이다.

3_ 어기를 완화시키거나 정중한 느낌을 나타낸다.
그래서 동사의 중첩형은 다른 사람에게 어떤 일을 할 것을 요구하거나 건의할 때, 또는 자신이 어떤 일을 하기를 바랄 때 쓰인다. 예를 들면, 예문❺가 그러하다. 여기서 중첩형식을 쓰지 않으면, 딱딱하고 정중하지 않은 느낌을 주게 된다.

4_ 일의 수월함이나 편안함을 나타낸다.
늘 하는 동작이나 시간적인 제한을 두지 않고 하는 동작에 주로 쓰인다. 예를 들어 예문❻은 중첩형식을 써서 화자가 텔레비전을 보고, 음악을 들을 때의 가볍고 편안한 태도를 나타내고 있다.

✓ **C·h·e·c·k C·h·e·c·k**

다음 문장에서 동사의 중첩형식이 어떤 의미를 나타내는지 설명해 보세요.

① 阿里，我借你的词典用用，好吗？

② 小张每天下班以后就跟同事打打球、下下棋、聊聊天。

③ 张强，你帮我翻译翻译这句话，好吗？

④ 他看看我，又看看她，笑了笑，没说话。

⑤ 叫他来做做家务，他就知道做家务有多麻烦了。

⑥ 游戏开始以前，他给我们讲了讲规则。

⑦ 你要的那篇文章我可以帮你找找，可是不一定能找到。

⑧ 这两天可把你累坏了，回去以后好好休息休息。

unit_037 "来来回回"

'来来回回'는 동사 '来回'의 중첩형이다. 이음절 동사의 중첩형에 대해 알아보자.

맥·잡·기·예·문

❶ 这条路我很熟，来来回回不知走过多少次了。
  이 길이 나는 아주 익숙해. 왔다 갔다 몇 번을 다녔는지 몰라.

❷ 他喝醉了酒，摇摇晃晃地走了出去。
  그는 술에 취해서 비틀거리며 걸어 나갔다.

❸ 你有什么事就对我说，不要躲躲闪闪的。
  무슨 일이 있으면 나한테 이야기해. 요리조리 슬슬 피하지 말고.

문 '来来回回'는 어떤 의미를 나타낼까?

답 중국어에서 중첩할 수 있는 이음절 동사 [AB]의 중첩형식은 대부분 ABAB이다. 예를 들면, 다음과 같은 것들이 있다.

学习 — 学习学习   研究 — 研究研究
讨论 — 讨论讨论   观察 — 观察观察

그러나 몇몇 동사는 AABB형식으로 중첩하며, 이러한 형식은 주로 '수량이 많음'을 나타낸다. 예를 들면, 예문❶의 '来来回回'는 '오고 간' 횟수가 많음을 나타낸다. 이러한 동사로는 다음과 같은 것들이 있다.

来回 — 来来回回   来往 — 来来往往
进出 — 进进出出   上下 — 上上下下
吃喝 — 吃吃喝喝   说笑 — 说说笑笑
打闹 — 打打闹闹   哆嗦 — 哆哆嗦嗦
躲闪 — 躲躲闪闪   摇晃 — 摇摇晃晃

✓ Check Check

괄호 안의 동사를 사용하여 중첩형식을 만들어 보세요.

① 这个问题我们还要_____才能决定。(研究)

② 这个人说起话来，总是_____的，没完没了。(唠叨)

③ 不要再让我去了，今天下午我_____地不知跑了几十趟了，都快把我给累死了。(来回)

④ 他的病现在还不能确诊，先住院_____吧！(观察)

⑤ 你们不要在楼下_____的，影响别人休息。(打闹)

⑥ 他_____地从怀里掏出一封信，交给了经理。(哆嗦)

unit_038 "我要帮忙他"는 왜 틀린 표현일까?

전체적으로 보면 하나의 동사이지만, 분리하여 보면 '동사 + 목적어'로 구성된 동사를 '이합(동)사'라고 한다. '帮忙'은 대표적인 이합(동)사의 하나로 일반 동사와는 다른 특징을 지니고 있다. 일반 동사와 이합(동)사의 차이점에 대해 알아보자.

맥·잡·기·예·문

❶ ✕ 我要帮忙他。

❷ 我要帮助他。 나는 그를 도와주려고 한다.
   → 我要帮他。

❸ 我要帮他的忙。 나는 그를 도와주려고 한다.

❹ ✕ 我真想见面他。

❺ 我真想见他。 나는 정말 그를 만나고 싶다

❻ 我真想见他一面。 나는 정말 그를 만나고 싶다.
   → 我真想跟他见面。

❓ '我要帮助他'라고는 할 수 있지만, '我要帮忙他'라고는 할 수 없는 이유는 무엇일까?

답 '帮助'와 '帮忙'은 모두 동사이다. 그러나 이 둘은 용법상 다음과 같은 차이점을 지닌다.

'帮助'는 일반 동사로 항상 하나의 완정한 단어로 쓰이며, '帮'과 '助'가 아주 긴밀하게 결합되어 있어 따로 분리해서 쓰지 않는다. 즉, '我帮过助他'라고 하지 않는다. 만약 한 글자만 쓸 경우에는 예문❷처럼 '我要帮他'라고 한다. 중국어에는 이러한 동사가 많은데 '介绍', '表演', '打扫', '收看', '修理', '交谈', '研究', '讨论', '访问', '商量', '修改', '检查' 등이 그러한 예이다.

'帮忙'은 용법이 특수한 동사로 '帮'과 '忙'으로 이루어져 있어, '看到朋友有困难, 当然应该帮忙(친구가 어려움을 당하면 당연히 도와주어야 한다)'에서처럼 둘을 붙여서 써도 되고, 예문❸의 '帮他的忙'처럼 떨어뜨려서 써도 된다. 이러한 동사를 **이합사(离合词)**라고 한다. 자주 접할 수 있는 이합사로는 '见面', '订婚', '结婚', '离婚', '握手', '请客', '会客', '谈天', '操心', '听话', '道歉', '告状', '吵架', '打架', '发火', '报仇', '上当', '吃亏', '生气', '捐款', '毕业', '失业', '住院', '鞠躬', '留学', '跳舞', '散步', '睡觉', '鼓掌', '发愁' 등이 있다.

이합사와 일반 동사의 차이점을 표로 정리하면 다음과 같다.

	일반 동사	이합사
목적어	가질 수 있음 介绍朋友 表演节目 打扫房间	가질 수 없음 跟他结婚　×结婚他 向他道歉　×道歉他 生她的气　×生气她
了, 着, 过, 起来 등과 함께 쓰일 때	AB + …… 收看了电视 修理过自行车 交谈起来	A + …… + B 吵了一架 离过婚 发起火来
시량보어나 동량보어와 함께 쓰일 때	AB + …… 研究了一个月 修改过一次	A + …… + B 住了一个月院 吵过一次架
중첩 형식	ABAB 商量商量 检查检查	AAB 见见面 握了握手

✓ C·h·e·c·k　C·h·e·c·k

다음 문장의 옳고 그름을 O X로 표시하고, 틀린 문장은 바르게 고치세요.

① 你看，你不听我的话，结果上当他了。（　）

② 听说你已经订婚你的女朋友，恭喜你！（　）

③ 这个月我请客过几回，花了不少钱。（　）

④ 他鞠躬大家。（　）

⑤ 任务完成了，今晚应该跳舞跳舞，放松一下。（　）

⑥ 小时候他妈妈为他操了不少心。（　）

⑦ 这一次，大家都捐款很多。（　）

⑧ 他最近正发愁这件事。（　）

unit_039 "你别吵她的架"는 왜 틀린 표현일까?

이합사 '吵架'에 대해 알아보자.

맥·잡·기·예·문

❶ 你别跟她生气。 너 그녀에게 화내지 마라.
= 你别生她的气。

❷ 你别跟她吵架。 너 그녀와 다투지 마라.
✕ 你别吵她的架。

❸ ✕ 我要离她的婚。

문 '你别生她的气'라고는 할 수 있지만, '你别吵她的架'라고는 할 수 없는 이유는 무엇일까?

답 '生气'와 '吵架'는 모두 이합사이다(unit_038 참조). 이합사의 용법을 배우고 나면, 이합사 뒤에 바로 목적어를 쓸 수 없다는 사실에만 착안해 '你别吵她的架'라고 말하는 실수를 저지르기 쉽다. 그러면 '你别吵她的架'라고는 할 수 없지만, '你别生她的气'라고는 할 수 있는 이유는 무엇일까?

예문❶의 경우, 화를 낸 원인이 그녀와 관계가 있기는 하지만, '生气'라는 행위는 한 사람의 행위이다. 즉, '你'가 화를 내는 것이지 그녀가 화를 내는 것이 아니다. 또 다른 예로 '帮忙'이라는 행위는 다른 사람을 돕는 사람이 하는 행위이지 도움을 받는 사람이 하는 행위가 아니다. 따라서 '帮他的忙'이라고 할 수 있다.

그러나 예문❷의 '吵架'는 말다툼을 하는 쌍방의 행위로, 혼자서는 말다툼을 할 수 없다. 따라서 이러한 경우에는 '別吵她的架'라고 할 수 없다.

다시 말해, 쌍방이 모두 행하는 행위인 경우에는 일반적으로 행위자 중 어느 한 쪽을 이합사 중간에 끼워 넣을 수 없다. 따라서 예문❸은 '我要跟她离婚'으로 고쳐 써야 한다.

틀리기쉬운중국어어법201

품사

- 명사
- 수량사
- 동사
- **형용사**
- 대명사
- 부사
- 개사
- 조사
- 접속사

unit_040 "他很忙"과 "他是很忙"

'他很忙'과 '他是很忙'이 나타내는 의미와 이들의 차이점에 대해 알아보자.

맥·잡·기·예·문

❶ 你别去找他，他这一段很忙。 그를 찾아가지 마, 그가 요즘 바쁘거든.

❷ ✕ 你别去找他，他这一段是很忙。

❸ A: 听说这一段他很忙，是吗? 듣자하니 요즘 그가 바쁘다던데, 그러니?
   B: 对，这一段他是很忙。 그래, 요즘 그는 정말 바빠.

❹ 听说他的房间很干净，我才不信呢。 듣자하니 그의 방이 깨끗하다던데, 나는 믿지 못하겠어.

❺ ✕ 听说他的房间是很干净，我才不信呢。

❻ A: 他的房间怎么样，是不是很干净? 그의 방 어때? 깨끗해?
   B: 不错，是很干净。 응, 정말 깨끗해.

문 '他很忙'과 '他是很忙'은 모두 옳은 표현일까?

답 '他很忙'은 옳은 표현이고, '他是很忙'은 경우에 따라 옳기도 하고 틀리기도 하다. 그 이유는 '忙'이 형용사이기 때문이다. 중국어에서 형용사가 술어 역할을 할 경우, 영어와는 그 상황이 다르다. 예문❶을 놓고 봤을 때, 중국어와 영어는 표현 방식에 있어 다음과 같은 차이점을 지닌다.

他　　很　　忙。
He　is　very　busy.

영어의 형용사 앞에는 반드시 'be' 동사를 붙이지만, 중국어의 형용사 앞에는 일반적으로 동사 '是'를 붙이지 않는다. 따라서 '他很忙'은 옳은 표현이고, '他是很忙'은 잘못된 표현이다. 예문❺의 경우도 마찬가지이다.

그러나 대화 중에 다른 사람이 한 말에 대해 동의나 긍정을 표하고자 할 때에는 형용사 앞에 '是'를 붙여도 된다. 이때는 반드시 '是'에 강세를 주어서 읽어야 한다. 예를 들면, 예문❸의 B는 A가 한 말(즉, '他很忙')에 대해 동의 또는 긍정을 표하는 것이기 때문에 '他是很忙'이라고 한 것이다. 이때 '是'는 강하게 읽어야 한다. 예문❻도 마찬가지이다.

✓ **핵·심·콕·콕!!**

영어의 형용사 앞에는 반드시 'be' 동사를 붙이지만, 중국어의 형용사 앞에는 대개 동사 '是'를 붙이지 않는다. 그러나 대화 중 다른 사람의 말에 동의나 긍정을 표할 때는 예외적으로 강세를 준 '是'를 붙일 수 있다.

✓ **C·h·e·c·k   C·h·e·c·k**

다음 대화를 완성해 보세요.

① A 听说那儿的东西质量很好，是吗?
　　B 对，＿＿＿＿＿＿＿＿＿＿＿＿＿＿＿＿＿。

② A 你今天能跟我一起去买东西吗?
　　B 对不起，今天＿＿＿＿＿＿，明天好吗?

③ A 他汉字写得不错吧?
　　B 对，＿＿＿＿＿＿。

④ A 今天那儿人特别多!
　　B 我不信!
　　C 是真的，＿＿＿＿＿＿＿＿＿＿＿＿＿＿。

⑤ A 那儿的东西便宜吗?
　　B 不，＿＿＿＿＿＿＿＿＿＿＿＿＿＿＿＿。

⑥ A 听说昨天的球赛很好看，是真的吗?
　　B 对啊，＿＿＿＿＿＿，你怎么不去看?
　　A 昨天＿＿＿＿＿＿，没有时间去看。

unit_041 "他胖，我不胖"

형용사가 단독으로 술어로 쓰이는 경우와 그렇지 않은 경우의 차이점에 대해 알아보자.

맥·잡·기·예·문

❶ 他胖，我不胖。 그는 뚱뚱하고, 나는 뚱뚱하지 않다.

❷ 他很胖。 그는 뚱뚱하다.

❸ ? 他胖。

❹ A: 今天冷还是昨天冷? 오늘이 춥니 아니면 어제가 추웠니?
   B: 今天冷。 오늘이 추워.

❺ 今天特别冷。 오늘은 매우 춥다.

❻ 你汉语好，还是你说吧。别人的汉语都没有你的好。
   네가 중국어를 잘하니까 네가 말해라. 다른 사람들의 중국어 실력은 다 너만 못하거든.

문 '他胖，我不胖'이라고 할 수도 있고, '他很胖'이라고 할 수도 있다. 그러나 보통 '他胖'이라고는 하지 않는데, 그 이유는 무엇일까?

답 형용사가 단독으로 술어로 쓰일 때는 대개 **대조**나 **비교**의 의미를 내포한다. 예를 들면, 예문❶은 '그'와 '나'의 대비이고, 예문❻은 '너'와 '다른 사람'의 대비이다.

형용사는 단독으로 술어로 쓰여 질문에 대한 대답을 나타내기도 한다. 예를 들면, 예문❹가 그러하다.

만약 대조나 비교의 의미를 갖지 않거나 질문에 대한 대답에 쓰인 경우가 아니라면, 형용사는 보통 단독으로 술어로 쓰이지 않는다. 예를 들면, 예문❸이 그러하다. 이때에는 형용사 앞에 '很', '非常', '特别', '不大' 등의 정도부사가 있어야 한다. 예를 들면, 예문❷와 예문❺가 그러하다.

✓ 핵·심·콕·콕!!

일반적으로 형용사는 앞에 놓인 정도부사와 함께 술어로 쓰이지만, 대조나 비교의 의미를 나타내거나 질문에 대한 대답에 쓰일 때는 단독으로 술어로 쓰인다.

✓ C·h·e·c·k C·h·e·c·k

다음 문장의 옳고 그름을 O X로 표시하세요.

① 星期天商店里人特别多。( )

② 星期天商店里人多，我们星期一去吧。( )

③ 屋子里干净。( )

④ 屋子里干净不干净? ( )

⑤ 这本书贵。（　）

⑥ 这本书贵，那本书便宜。（　）

⑦ A 最近他怎么老迟到?
　 B 他忙。（　）

⑧ 这件衣服非常漂亮。（　）

unit_042 "高高兴兴"과 "高兴高兴"

이음절 형용사의 중첩형인 AABB형식과 이음절 동사의 중첩형인 ABAB형식에 대해 알아보자.

맥·잡·기·예·문

❶ 他们高高兴兴地走了。 그들은 즐겁게 갔다.
　× 他们高兴高兴地走了。

❷ 快把这个好消息告诉他，让他高兴高兴。 얼른 이 좋은 소식을 그에게 알려서 그를 기쁘게 해 줘.
　× 快把这个好消息告诉他，让他高高兴兴。

❸ 今天我们一定要痛痛快快地玩一会儿。 오늘 우리 꼭 통쾌하게 좀 놀자.

❹ 今天我们去玩一会儿，痛快痛快。 오늘 우리 가서 좀 놀자, 통쾌하게.

문 '高高兴兴'과 '高兴高兴'은 그 의미가 같을까?

답 중국어에서 이음절 형용사 [AB]의 중첩형은 일반적으로 AABB의 형식을 취한다. 예를 들면,

高兴 — 高高兴兴　　　大方 — 大大方方
整齐 — 整整齐齐　　　漂亮 — 漂漂亮亮

그러나 일부 형용사의 중첩형은 ABAB의 형식을 취하기도 하는데, 이렇게 되면 종종 단어의 성질이 동사로

바뀐다. 따라서 예문❶의 '高高兴兴'과 예문❸의 '痛痛快快'는 형용사이고, 예문❷의 '高兴高兴'과 예문❹의 '痛快痛快'는 동사이다.

AABB형 중첩형식과 ABAB형 중첩형식이 모두 가능한 단어로는 다음과 같은 것들이 있다.

高兴： 高高兴兴 (형용사)　　高兴高兴 (동사)
快乐： 快快乐乐 (형용사)　　快乐快乐 (동사)
热闹： 热热闹闹 (형용사)　　热闹热闹 (동사)
痛快： 痛痛快快 (형용사)　　痛快痛快 (동사)
轻松： 轻轻松松 (형용사)　　轻松轻松 (동사)

✓ C·h·e·c·k　C·h·e·c·k

괄호 안의 단어를 사용하여 중첩형식을 만들어 보세요.

① 放学了，孩子们_____地回家去。(高兴)

② 今天晚上小明过生日，大家都要来，一起_____。(热闹)

③ 这几天太紧张了，明天我们去唱唱歌，跳跳舞，_____。(轻松)

④ 他们整天无忧无虑，_____地生活着。(快乐)

⑤ 经理_____地答应了职工们提出的请求。(痛快)

⑥ 你给我们说说，也让我们_____。(高兴)

unit_043　"很高兴"과 "高高兴兴的"

형용사 중첩형이 나타내는 의미와 그 쓰임에 대해 알아보자.

맥·잡·기·예·문

❶ 听到这个消息以后，他很高兴。 이 소식을 들은 후, 그는 기뻐했다.
　× 听到这个消息以后，他很高高兴兴的。

❷ 他这个人非常马虎。 그는 아주 무책임하다.
　× 他这个人非常马马虎虎的。

❸ 她长得特别漂亮。 그녀는 아주 예쁘게 생겼다.
　× 她长得特别漂漂亮亮的。

문 '很高兴'이라고는 할 수 있지만, '很高高兴兴的'라고는 할 수 없는 이유는 무엇일까?

답 형용사의 중첩형은 **정도가 더 깊어짐**을 나타낸다. 그 자체가 이미 '很'의 의미를 내포하고 있기 때문에 앞에 정도를 나타내는 '很', '非常', '特别', '十分' 등의 단어를 붙일 수 없다. 따라서 다음과 같은 형용사의 중첩형에는 모두 '很', '非常', '特别', '十分' 등의 단어를 붙일 수 없다.

大大方方	很大方	× 很大大方方的
整整齐齐	特别整齐	× 特别整整齐齐的
干干净净	非常干净	× 非常干干净净的
热热闹闹	十分热闹	× 十分热热闹闹的

✓ C·h·e·c·k　C·h·e·c·k

서로 어울리는 단어를 선으로 연결해 보세요.

很　·
　　　　　· 清楚
　　　　　· 干干净净的
　　　　　· 老实
　　　　　· 红红的
特别·
　　　　　· 认认真真的
　　　　　· 高
　　　　　· 小小的
　　　　　· 长长的
非常·
　　　　　· 漂漂亮亮的
　　　　　· 大大方方的
　　　　　· 严肃

★ 헐후어(歇后语) 한 마디

长虫吃蛤蟆，慢慢来
뱀이 두꺼비 잡아먹듯, 천천히 한다
☞ 서둘러 성공하려고 하지 않고, 차근차근 침착하게 하는 것을 비유한다.

这件事情比较复杂，不可能一蹴而就，要长虫吃蛤蟆，慢慢来。

틀리기쉬운중국어어법201

품사

* 명사
* 수량사
* 동사
* 형용사
* **대명사**
* 부사
* 개사
* 조사
* 접속사

unit _044 "人家"와 "别人"

'人家'와 '别人'은 자기 자신이나 특정인 이외의 사람을 가리킬 때 쓸 수 있다. 그러나 그 뜻과 쓰임이 때에 따라 서로 다르다는 것을 이해하자.

> **맥·잡·기·예·문**
>
> ❶ 小声点儿，不要影响人家休息。 소리를 좀 줄여. 다른 사람 쉬는 데 영향 주지 말고.
>   → 小声点儿，不要影响别人休息。
>
> ❷ 家里只有母亲和我，没有别人。 집에는 어머니와 나만 있을 뿐, 다른 사람은 없다.
>   × 家里只有母亲和我，没有人家。
>
> ❸ 小刘的汉语说得真好！我们应该向人家学习。
>   샤오리우는 중국어를 정말 잘한다! 우리는 그에게 배워야만 한다.
>   × 小刘的汉语说得真好！我们应该向别人学习。
>
> ❹ 你打电话叫我来，人家来了，你又不理人家，真是的！
>   네가 오라고 전화해서 내가 왔는데 상대도 안 하냐. 진짜!
>   × 你打电话叫我来，别人来了，你又不理别人，真是的！

문 '人家'와 '别人'은 어떤 차이점이 있을까?

답 '人家'와 '别人'은 모두 화자와 청자 이외의 사람을 가리킨다. 그러나 이 두 단어는 의미상 몇 가지 차이점을 지닌다. 이들 사이의 차이점을 표로 나타내면 다음과 같다.

别人	人家
'몇 몇 사람' (화자와 청자를 제외한 일부의 사람)	'몇 몇 사람' (화자와 청자를 제외한 일부의 사람)
'그 밖의 사람' (화자와 청자를 제외한 모든 사람)	×
×	'그' 또는 '그들' (특정인을 가리킴)
×	'나' (대화하는 상황에서 화자 자신을 가리킴)

'别人'과 '人家'는 모두 '몇 몇 사람' 즉, 화자와 청자를 제외한 일부의 사람을 가리킨다. 예를 들면, 예문❶이 그러하다.

'别人'은 때로 '그 밖의 사람' 즉, 화자와 청자를 제외한 모든 사람을 가리킨다. 예를 들면, 예문❷가 그러하다.

'人家'는 때로 '그' 또는 '그들'을 나타낸다. 예를 들면, 예문❸의 '人家'는 바로 '小刘'를 가리킨다. 또한 '人家'는 화자 자신 즉, '나'를 가리키기도 한다. 이때의 '人家'는 친근한 어기를 나타내며, 젊은 여성들이 많이 쓴다. 예를 들면, 예문❹가 그러하다.

✓ C·h·e·c·k C·h·e·c·k

'人家'나 '别人'을 사용하여 밑줄 친 부분을 채우세요.

① _____都走了，你为什么不走？

② 他这个人很热心，_____的事就是他自己的事。

③ 他对我这么好，我要是不努力，怎么对得起_____呢？

④ _____张文不光学习好，身体也好。

⑤ 你慢一点行不行，_____跟不上嘛！

⑥ _____都急死了，你还有心思开玩笑！

unit_045 "咱们"과 "我们"

'咱们'과 '我们'은 '우리(들)'라는 뜻을 나타낸다. 그러나 때에 따라 그 의미가 서로 다르다는 것을 이해하자.

맥·잡·기·예·문

❶ 你明天有事吗？没事的话咱们一起去吧。 너 내일 일 있어? 한가하면 우리 함께 가자.
   → 你明天有事吗？没事的话我们一起去吧。

❷ 我们班的学生比他们班多。 우리 반 학생이 그들 반 학생보다 많다.
   → 咱们班的学生比他们班多。

❸ 你明天有事吗？有事的话我们俩一起去，你留在这儿。
  너 내일 일 있어? 일 있으면 우리 둘이 갈 테니, 너는 여기에 남아있어.
  ✕ 你明天有事吗？有事的话咱们俩一起去，你留在这儿。

❹ 我们班的学生比你们班多。 우리 반 학생이 너희 반 학생보다 많다.
  ✕ 咱们班的学生比你们班多。

문 '咱们'과 '我们'은 어떤 차이점이 있을까?

답 '咱们'과 '我们'은 의미상 다음과 같은 차이점을 지닌다.

'咱们'은 화자 및 화자와 대화하는 상대방을 포함하며, '他们'과 상대된다. 예문❶의 '咱们'은 화자인 '我'와 화자와 대화하는 상대방 '你'를 포함한다(그림1 참조).

그림 1

'我们'은 두 가지 의미를 나타낼 수 있다.
첫째, '咱们'과 마찬가지로 상대방을 포함한다. 예를 들면, 예문❷가 그러하다.
둘째, 대화하는 상대방을 포함하지 않으며, '你', '你们'과 상대된다. 예를 들면, 예문❸의 '我们'은 '你'를 포함하지 않고, 예문❹의 '我们'은 '你们'을 포함하지 않는다(그림2 참조).

그림 2

✓ Check Check

'咱们'이나 '我们'을 사용하여 밑줄 친 부분을 채우세요.

① 你今天晚上有空儿的话，_____一起去看电影吧。

② _____家有三口人，你们家呢?

③ 阿里，_____班得了第几名?

④ 你们两个在这儿看着行李，_____三个人去买票。

unit _ 046 "我穿的一双鞋"는 맞는 표현일까?

'这 / 那 + (수)량사'를 쓰는 경우와 '一 + (수)량사'를 쓰는 경우의 차이점에 대해 알아보자.

맥·잡·기·예·문

❶ 我穿的这双鞋是爸爸给我买的。 내가 신고 있는 이 신발은 아빠가 나에게 사 주신 것이다.

❷ 昨天我爸爸给我买了一双鞋。 어제 우리 아빠가 나에게 신발 한 켤레를 사 주셨다.

❸ 坐在最前面的那个人是我们经理。
가장 앞에 앉아 있는 저 사람이 우리 사장이다.

❹ 刚才坐在前面的一个人让我把这本书给你。
방금 앞에 앉아 있던 사람이 나더러 이 책을 너에게 주라고 했다.

❺ 上午我写了一封信。 오전에 나는 편지 한 통을 썼다.

❻ (那封)信写好了。 (그) 편지는 다 썼다.

문 '我穿的一双鞋'는 맞는 표현일까?

답 수사 '一'는 부정확한 지칭을 나타내고, 지시대명사 '这'와 '那'는 정확한 지칭을 나타낸다. 만약 **화자가 가리키는 사람이나 사물이 누구인지 또는 무엇인지를 청자가 알고 있으면**, 명사 앞에 '这 / 那 + (수)량사'를 써서 지시(指示)해야 한다. 그러나 **청자가 모르고 있는 경우에는** '一'를 쓴다.

예문❶에서 '我'는 아마 여러 켤레의 신발을 가지고 있을 것이다. 그러나 '내가 신고 있는' 신발이 어느 것인지 청자가 잘 알고 있기 때문에, 예문❶에는 가까운 것을 가리키는 지시대명사 '这'를 써야 한다. 그러나 예문❷에서는 아빠가 나에게 사 준 신발이 어느 것인지 청자가 모르고 있기 때문에 '一双鞋'라고 해야 한다. 마찬가지로 예문❸에서도 화자가 말하는 '앞에 앉아 있는 사람'이 누구인지 청자가 알고 있기 때문에 먼 것을 가리키는 지시대명사 '那'를 쓴 것이다. 그러나 예문❹의 경우에는 청자가 방금 화자가 말한 사람을 보지 못했고 그 사람이 누구인지 모르기 때문에 '一个人'이라고 하였다.

중국어에서는 때로 화자와 청자 모두가 지시하는 대상이 무엇인지 알고 있으면, 그 지시 대상에 '这'나 '那'를 붙이지 않고, 직접 명사를 사용하여 나타내기도 한다. 예를 들면, 예문❻의 경우 화자와 청자 모두가 편지 쓰는 일을 알고 있기 때문에, 바로 '信写好了'라고 할 수 있다.

✓ C·h·e·c·k C·h·e·c·k

다음 문장의 옳고 그름을 O X로 표시하고, 틀린 문장은 바르게 고치세요.

① 骂你的那个人你认识吗? (　　)

② 他是我在中国的一年认识的。(　　)

③ 你想要的一本书，我给你带来了。(　　)

④ 今天早上我看见一个人匆匆忙忙跑下楼去。(　　)

⑤ 一台录音机坏了，我只好去买新的了。(　　)

⑥ 门口的那棵树被风刮倒了。(　　)

unit _ 047 "这么"와 "那么"

'这么'와 '那么'는 각각 '이렇게', '그렇게'라는 뜻으로, 성질이나 상태, 방식, 정도 등을 나타낼 수 있다. 그러나 그 뜻과 쓰임이 때에 따라 서로 다르다는 것을 이해하자.

맥·잡·기·예·문

❶ 你哥哥有我这么高吗? 당신 오빠는 나만큼 이렇게 큽니까?

❷ 你哥哥有门口那个人那么高吗? 당신 오빠는 입구에 있는 저 사람만큼 그렇게 큽니까?

❸ 你就照我说的这么做，不会错的。 너 내가 말한 대로 이렇게 하면 틀릴 리가 없을 거야.

❹ 你就照昨天他教你的那么做吧。 너 어제 그가 너에게 가르쳐 준 대로 그렇게 해 봐.

❺ 去年夏天那么凉快，今年怎么这么热？ 작년 여름은 그렇게 시원하더니, 올해는 어째서 이렇게 덥지?

❻ 你都这么大岁数了，就别再干了。 당신은 이미 이렇게 나이가 많으니, 더 이상 하지 마세요.
  → 你都那么大岁数了，就别再干了。

❼ 这里的夜晚是那么宁静，听不到一点声音。 이곳의 밤은 아주 조용해서, 어떤 소리도 들을 수 없다.
  → 这里的夜晚是这么宁静，听不到一点声音。

문 '这么'와 '那么'는 어떤 차이점이 있을까?

답 '这么'와 '那么'는 모두 지시대명사이며, 이들의 의미나 역할, 문장에서의 위치는 대체로 같다('这么'의 의미와 용법에 관해서는 unit_048~049 참조).

그러나 이들 사이에는 다음과 같은 차이점이 있다. '这么'가 가리키는 사물은 **화자로부터 비교적 가까운 것**이고, '那么'가 가리키는 사물은 **화자로부터 비교적 먼 것**이라는 점이다.
예문❶에서 '这么'가 가리키는 것은 '我'의 키이고, 가까운 것을 가리키므로 '这么'를 썼다. 예문❷에서 '那么'가 가리키는 것은 '门口那个人'의 키이고, 먼 것을 가리키므로 '那么'를 썼다. 여기서 말하는 '먼 것'과 '가까운 것'은 거리상의 멀고 가까움 뿐 아니라 **시간상의 멀고 가까움까지도 포함한다**. 예문❺에서 '去年'은 시간적으로 멀기 때문에 '那么'를 썼고, '今年'은 시간적으로 가깝기 때문에 '这么'를 썼다.

일부 문장에서는 '这么'를 써도 되고 '那么'를 써도 된다. 예를 들면, 예문❻의 '你'는 나에게서 먼지 가까운지를 결정하기가 쉽지 않다. 또 예문❼의 '这么'나 '那么'는 구체적으로 어느 정도인지를 가리키는 것이 아니라 그 정도가 높음을 나타내며, 감탄의 어기를 지니고 있어 '多么'와 유사하다. 이와 같은 경우에는 '这么'와 '那么'를 서로 바꿔 쓸 수 있다.

✓ | 핵·심·콕·콕!!

일반적으로 '这么'는 화자로부터 공간적, 시간적으로 가까운 사물을 가리킬 때 쓰고, '那么'는 먼 사물을 가리킬 때 쓴다. 멀고 가까움을 결정하기 쉽지 않은 경우나 정도가 높음을 나타내는 경우에는 '这么'를 써도 되고, '那么'를 써도 된다.

✓ | C·h·e·c·k C·h·e·c·k

'这么'나 '那么'를 사용하여 밑줄 친 부분을 채우세요.

① 我的宿舍没有这间房_____大。

② 既然你_____喜欢它，就送给你吧。

③ 广州的秋天有北京_____美丽吗？（说话人在北京）

④ 你小的时候有现在_____胖吗?

⑤ 我没以前_____大的干劲了，现在就想轻松轻松。

⑥ 这只妖怪的胳膊有树干_____粗。

unit _ 048 "这么高"는 항상 '매우 높다/크다'라는 의미로 쓰일까?

'这么'는 '이렇게'라는 뜻으로, 정도를 나타낼 수 있다. '这么'의 쓰임에 대해 알아보자.

> **맥·잡·기·예·문**
>
> ❶ 哇，这么高! 와, 이렇게 높아!
>
> ❷ A: 有多高? 얼마나 크니?
>   B: 这么高。 이 정도로 커.
>
> ❸ 他有我这么高。 그는 나만큼 이렇게 크다.
>
> ❹ 他只有这么高。 그는 겨우 요만큼 크다.

문 '这么高'는 항상 '매우 높다/크다'라는 의미로 쓰일까?

답 '这么高'가 항상 '매우 높다/크다'라는 뜻을 나타내는 것은 아니다. '这么高'는 다음의 두 가지 상황에 쓰일 수 있다.

예문❶에서의 '这么'는 정도를 가리키며(그림1 참조), **'정도가 높다'라는 의미를 나타낸다.** 이때의 '这么'는 영어의 'so'와 같다. 이러한 용법은 중국어에서 광범위하게 쓰인다. 예를 들면, '这么大!(이렇게 커!)', '这么小!(이렇게 작아!)', '这么干净!(이렇게 깨끗해!)', '这么脏!(이렇게 지저분해!)', '这么漂亮的姑娘(이렇게 예쁜 아가씨)', '我不喜欢这么自私的人(나는 이렇게 이기적인 사람을 좋아하지 않는다)' 등이 그러하다.

그림 1   这么高

예문❷~예문❹의 '这么'는 '정도가 높다'라는 의미를 나타내는 것이 아니라, **어떤 양을 대신한다.** 이러한 양은 예문❷와 그림2처럼 손으로 나타낼 수도 있고, 앞에 비교하는 사물을 붙여서 나타낼 수도 있다. 예를 들면, 예문❸의 '我'는 키가 크지 않을 수도 있다. 이때의 '我'는 단지 비교의 용도로 쓰였을 뿐이다. 이 밖에 '有0.5米这么长(0.5미터 정도로 길다)'과 같이 직접 숫자를 써서 나타낼 수도 있다. 이를 통해 여기에서의 '这么'는 단지 '어느 정도 큰지' 또는 '어느 정도 긴지'를 알려주려는 것일 뿐, '매우 크다', '매우 길다'라는 의미를 나타내는 것이 아님을 알 수 있다. 예를 들어, 예문❹를 영어로 옮기면 'He is only this high.'라고 해야 한다. 이러한 용법을 가진 형용사는 많지 않다. 자주 접할 수 있는 것으로는 '高', '大', '长', '宽', '厚', '重' 등이 있다.

그림 2   这么高

unit_049 "这么"와 "这样"

'这么'와 '这样'은 '이렇게'라는 뜻으로, 성질이나 상태, 방식, 정도 등을 표시한다. 그러나 그 뜻과 쓰임이 때에 따라 서로 다르다는 것을 이해하자.

맥·잡·기·예·문

❶ 对，就这么做。 맞아, 바로 이렇게 하는 거야.
→ 对，就这样做。

❷ 你今天怎么这么高兴? 너 오늘 어째서 이렇게 기분이 좋은 거야?
→ 你今天怎么这样高兴?

❸ 她经常这样。 그녀는 항상 이래.
× 她经常这么。

문 '这么'와 '这样'은 그 뜻과 용법이 같을까?

답 '这么'와 '这样'은 그 뜻과 용법이 완전히 같지는 않다. 이 둘의 공통점과 차이점을 표로 나타내면 다음과 같다('~'는 '这么' 또는 '这样'을 가리킴).

		这么	这样
~ + 동사	'방식'을 가리킴	这个字应该这么写。 이 글자는 이렇게 써야 한다.	这个字应该这样写。 이 글자는 이렇게 써야 한다.
~ + 형용사 / 심리동사	'정도'를 가리킴	没想到天气这么冷。 날씨가 이렇게 추울 거라고는 생각하지 못했다. 他这么喜欢音乐…… 그가 이렇게 음악을 좋아해서……	没想到天气这样冷。 날씨가 이렇게 추울 거라고는 생각하지 못했다. 他这样喜欢音乐…… 그가 이렇게 음악을 좋아해서……
…… + ~	'상황'을 대신함	×	她经常这样。 그녀는 항상 이래. 看你，累得这样。 봐, 너 이렇게 피곤하면서.

~ + 명사	'성질'이나 '상태'를 가리킴	没想到他是这么一种人。 그가 이런 사람일 것이라고는 생각하지 못했다. × 没想到他是这么的人。 我不喜欢这么一股味道。 나는 이런 냄새를 싫어한다.	没想到他是这样的人。 그가 이런 사람일 것이라고는 생각하지 못했다. → 没想到他是这样一种人。 我不喜欢这样的味道。 나는 이런 냄새를 싫어한다。

✓ C·h·e·c·k C·h·e·c·k

1 '这么'나 '这样'을 사용하여 밑줄 친 부분을 채우세요.

① 他就是_____的人！

② _____好的姑娘谁不喜欢？

③ _____学下去，一定能成功！

④ 他总是_____，一看起球来什么都忘了。

⑤ 孩子哭成_____，还不看看是怎么回事？

2 다음 문장의 옳고 그름을 O X로 표시하고, 틀린 문장은 바르게 고치세요.

① 这么湿气大。（ ）

② 这样的情况并不少见。（ ）

unit_050 "很多"와 "多少"

'很多'의 부정형식 '没(有)多少'에 대해 알아보자.

맥·잡·기·예·문

❶ 不用着急，我们还有很多时间呢。 조급해하지 마, 우리 아직 시간이 많이 있어.

❷ 快点走吧，我们没有多少时间了。 얼른 가자, 우리 시간이 얼마 없어.
 × 快点走吧，我们没有很多时间了。

❸ 那天我一直都很担心，因为我身上带了很多钱。
그날 내가 줄곧 걱정을 한 것은 수중에 많은 돈을 가지고 있었기 때문이다.

❹ 那天我一点都不担心，因为我身上没带多少钱。
그날 내가 조금도 걱정을 하지 않은 것은 수중에 돈을 얼마 안 가지고 있었기 때문이다.
× 那天我一点都不担心，因为我身上没带很多钱。

❺ 这种水果很好吃，很多人都知道。 이 과일이 아주 맛있다는 것을 많은 사람들이 다 알고 있다.

❻ 这种水果很好吃，可惜没多少人知道。 이 과일이 아주 맛있다는 것을 아는 사람은 애석하게도 많지 않다.
× 这种水果很好吃，可惜没很多人知道。

문 '很多'의 부정형식은 '没有很多'일까?

답 '很多'의 부정형식은 '没有很多'가 아니라 '没(有)多少'이다.

예문❶, 예문❸, 예문❺는 모두 긍정문으로 '很多时间', '带了很多钱', '很多人都知道'와 같이 '很多'를 사용하였다. 만약 앞에 '没有'를 붙이면, 뒤의 '很多'는 모두 '多少'로 바꿔야 한다. 예를 들면 예문❷, 예문❹, 예문❻이 그러하다.

unit_051 "你想吃点什么？"와 "你要不要吃点什么？"

의문을 나타내는 '什么'와 불특정한 사람이나 사물을 가리키는 '什么'의 의미와 쓰임에 대해 알아보자.

맥·잡·기·예·문

❶ A: 你想吃点什么？ 너 뭐가 먹고 싶니?
  B: 来一碗米饭吧。 밥 한 그릇 주세요.

❷ A: 你要不要吃点什么？ 너 뭐 좀 먹을래?
  B: 不用了，我刚吃过饭。 됐어요. 저 방금 밥 먹었어요.

❸ A: 你喜欢看什么书？ 너 무슨 책 보는 걸 좋아하니?
  B: 我喜欢看故事书。 나는 이야기책 보는 걸 좋아해.

104

❹ A: 你站这儿快半天了，找到什么书没有? 너 여기에 서 있은 지 한참 되었는데, 무슨 책 좀 찾았니?
　B: 还没有呢。/ 找到一本。 아직 못 찾았어. / 한 권 찾았어.

❺ A: 窗户外边是什么声音? 창 밖에 무슨 소리지?
　B: 可能是汽车的声音吧。 아마 차 소리일 거야.

❻ 窗户外边好像有什么声音。 창 밖에서 무슨 소리가 나는 것 같다.

문 '你想吃点什么?'와 '你要不要吃点什么?'에 쓰인 '什么'는 그 뜻이 같을까?

답 '你想吃点什么?'의 '什么'는 의문을 나타낸다. 이때 '什么'는 '사람이나 사물' 또는 '사람이나 사물의 신분이나 성질' 등을 묻는 것이므로 대답을 할 때 '什么'에 맞춰서 해야 한다. 예를 들면, 예문❶의 '什么'는 사물 즉, '먹고 싶은 음식'을 묻는 것이므로 그에 맞춰 '米饭'이라고 대답한 것이고, 예문❸의 '什么'는 사물의 성질 즉, '어떤 종류의 책인지'를 묻는 것이므로 그것에 맞춰 '故事书'라고 대답한 것이다.

'你要不要吃点什么?'의 '什么'는 의문을 나타내지 않고, '확실하지 않은 사람이나 사물' 또는 '불특정한 사람이나 사물'을 나타낸다. 따라서 대답을 할 때 '什么'에 맞춰서 하지 않고 '要不要'에 맞춰서 해야 한다. 이것은 '什么'의 확장 용법이다.

❶ A: 你想吃点什么?
　B: 来一碗米饭吧。

❷ A: 你要不要吃点什么?
　B: 不用了，我刚吃过饭。

❸ A: 你喜欢看什么书?
　B: 我喜欢看故事书。

❹ A: 你……，找到什么书没有?
　B: 还没有呢! / 找到一本。

✓ C·h·e·c·k　C·h·e·c·k

다음 대화를 완성해 보세요.

① A　你喜欢什么工作?
　B _____。

② A　你来这么久了，找到什么工作没有?
　B _____。

③ A　他是你什么人?
　B _____。

④ A 看你的样子，是不是有什么人说你坏话了?
　B _____。

⑤ A 外边那么冷，你说我再穿点什么呢? 毛衣还是大衣?
　B _____。

⑥ A 外边那么冷，你不再多穿点什么?
　B _____。

unit_052 "什么"와 "怎么"

사물을 가리키는 '什么'와 동작의 방식을 가리키는 '怎么'의 의미와 쓰임에 대해 알아보자.

맥·잡·기·예·문

❶ 下一步我们该做什么? 다음에는 우리가 무엇을 해야 하죠?

❷ 下一步我们该怎么做? 다음에는 우리가 어떻게 해야 하죠?

❸ 随便你吃什么。 뭘 먹든 네 마음대로 해.

❹ 随便你怎么吃。 어떻게 먹든 네 마음대로 해.

문 '什么'와 '怎么'는 어떤 차이점이 있을까?

답 중국어에서 **사물을 물을 때는** '什么'를 쓰고 **동작의 방식을 물을 때는** '怎么'를 쓴다. 예를 들면, 예문❶은 무슨 일을 할지를 묻는 것이고, 예문❷는 어떤 방식(또는 방법)으로 할지를 묻는 것이다. 따라서 문장 속에서 이들은 그 위치가 다르다.

동사 + 什么　　　　怎么 + 동사

'什么'와 '怎么'는 의문문이 아닌 문장에도 쓰일 수 있으며, 이러한 경우에도 이 둘의 차이점은 위에서 말한 것과 같다. '什么'는 '사물'을 대신한다. 예문❸은 '什么'를 써서 '음식'을 대신하고 있다. 즉, 여러 가지 음식 중 어떤 것을 먹든 네 마음대로 하라는 뜻이다. '怎么'는 '동작의 방식'을 대신한다. 예문❹는 '怎么'로 '먹는 방식'을 대신하고 있다. 가령 만두를 먹을 때, 쪄서 먹을 수도 있고, 구워서 먹을 수도 있고, 튀겨서 먹을 수도 있는데, 이런 여러 가지 방법 중 어느 방법을 쓰든 네 마음대로 하라는 뜻이다.
'什么'와 '怎么'의 다른 여러 가지 용법에 대해서는 unit_051, unit_053, unit_054를 참조하기 바란다.

✓ **C·h·e·c·k C·h·e·c·k**

'什么'나 '怎么'를 사용하여 밑줄 친 부분을 채우세요.

① 你今天上街买了些_____?

② 对不起，你刚才说_____? 我没听清楚。

③ 能给我们介绍介绍经验，说说你是_____学的吗?

④ 请告诉我_____办才好呢?

⑤ 你喜欢_____颜色?

⑥ 不管我_____解释，他都不相信。

unit_053 "怎么"와 "怎样(怎么样)"

'怎么'와 '怎样(怎么样)'은 '어떻게'라는 뜻으로, 의문문에 주로 쓰인다. 그러나 그 뜻과 쓰임이 때에 따라 서로 다르다는 것을 이해하자.

맥·잡·기·예·문

❶ 你是怎么认识他的? 너 어떻게 그를 알게 된 거니?
  → 你是怎样认识他的?

❷ 大家都去了，你怎么不去? 모두들 갔는데, 너는 왜 안 가?
  × 大家都去了，你怎样不去?

문 예문❶의 '怎么'는 '怎样'으로 바꿔 쓸 수 있지만, 예문❷의 '怎么'는 '怎样'으로 바꿔 쓸 수 없는 이유는 무엇일까?

답 '怎么'와 '怎样'은 주로 의문문에 쓰인다. 이 둘은 의미와 용법에 있어 다음과 같은 공통점과 차이점을 지닌다.

	怎么	怎样 / 怎么样
방식, 방법을 물음	请问，到暨南大学怎么走? 말씀 좀 묻겠습니다. 지난대학교는 어떻게 갑니까? 这个汉字怎么写? 이 한자는 어떻게 씁니까?	请问，到暨南大学怎样走? 말씀 좀 묻겠습니다. 지난대학교는 어떻게 갑니까? 这个汉字怎样写? 이 한자는 어떻게 씁니까?
원인을 물음	他怎么不来? 그가 어째서 안 오는 거지? 怎么他不来? 어째서 그가 안 오는 거지?	× 他怎样不来? × 怎样他不来?
놀라거나 이상해서 물음	怎么，你今天就回去? 뭐, 너 오늘 돌아간다고?	× 怎样，你今天就回去?
성질이나 상황을 물음 (문장 내에서의 위치나 용법에 주의해야 함)	× 他的身体怎么? × 她学得怎么? 他是怎么(一)个人? 그는 어째서 혼자야? × 他是一个怎么的人? 怎么了? 왜 그래?	他的身体怎么样? 그의 건강은 어때요? 她学得怎么样? 그녀는 배우는 게 어때요? 他是怎样的(一个)人? 그는 어떤 사람입니까? 他是一个怎样的人? 그는 어떤 사람입니까?
상대방의 의견을 물음	× 我们一块去，怎么?	我们一块去，怎么样? 우리 함께 가는 거, 어때?
반어문에 쓰임	我怎么能不感谢你呢? 내가 어떻게 너에게 고맙지 않겠어?	× 我怎么样能不感谢你呢?
확장 용법	'不怎么'는 '不太(그다지 ~하지 않다)'의 의미를 나타냄 今天不怎么热。 오늘은 그다지 덥지 않다. 他不怎么会开车。 그는 차를 그다지 잘 몰지 못한다.	'不怎么样'은 '不太好(그다지 좋지 않다)'의 의미를 나타냄 他这个人不怎么样。 그 사람은 그다지 좋지 않다. 他唱得不怎么样。 그는 노래를 그다지 잘 부르지 않는다.

C·h·e·c·k C·h·e·c·k

1 예문❶의 '怎么'는 '怎样'으로 바꿔 쓸 수 있지만, 예문❷의 '怎么'는 '怎样'으로 바꿔 쓸 수 없는 이유를 설명해 보세요.

2 '怎么'나 '怎样 / 怎么样'을 사용하여 밑줄 친 부분을 채우세요.

① 你是_____练习汉语口语的?

② 你那儿的气候_____?

③ 这一句我_____总唱不好?

④ 这件事是他亲手办的, 他_____可能不了解情况?

⑤ 咱们一起去报名, _____?

⑥ _____, 他又离婚了?

⑦ 那家公司的产品质量不_____。

unit_054 "怎么"와 "为什么"

'원인'을 물을 때 쓰이는 '怎么'와 '为什么'의 쓰임에 대해 알아보자.

맥·잡·기·예·문

❶ 他们都去了, 你**怎么**不去? 그들은 모두 갔는데, 너는 어째서 안 가니?
→ 他们都去了, 你**为什么**不去?

❷ 他今天**怎么**这么高兴? 그는 오늘 어째서 이렇게 기분이 좋은 거야?
→ 他今天**为什么**这么高兴?

❸ 天空**为什么**是蓝色的? 하늘은 왜 파란색일까?

❹ 那片天空**怎么**是红色的? 저 쪽 하늘은 왜 빨간색이지?
→ 那片天空**为什么**是红色的?

❺ 你**为什么**打人? 당신 왜 사람을 때립니까?

❻ 你怎么打人呢? 당신 어째서 사람을 때리는 거지?
→ 你为什么打人呢?

❼ 你怎么不认得我了？我是李平啊。 너 어째서 나를 못 알아보는 거야? 나 리핑이야.

문 '怎么'는 때로 원인을 물을 때 쓰이는데, 이때의 '怎么'는 '为什么'와 어떤 차이점이 있을까?

답 '怎么'와 '为什么'는 모두 원인을 물을 때 쓸 수 있으며, 이때의 '怎么'는 대부분 '为什么'로 바꿔 쓸 수 있다. 그러나 구어에서 '怎么'는 화자가 이상하게 생각하거나 뜻밖이라 여기는 어기를 나타내어, 주로 화자가 **정상적이지 않다고 여기는 일에 대해 물을 때 사용한다.** 이때 '怎么'를 '为什么'로 바꿔 쓰면 이러한 어기가 없어지거나 약해진다. 예를 들면, 예문❶과 예문❷가 그러하다.

반대로 **정상적인 상황의 원인을 물을 때는 '为什么'만 쓸 수 있다.** 만약 대조나 비교의 의미를 갖지 않거나, 대답을 요하는 의문문에 쓰이지 않았거나, 또는 형용사 앞에 정도부사가 없을 경우에는 일반적으로 '为什么'를 단독으로 쓸 수 없다.
예문❸의 '天空是蓝色的'는 정상적인 현상이므로 '为什么'만 쓸 수 있지만, 예문❹의 '天空是红色的'는 정상적인 현상이 아니므로 '怎么'를 쓸 수 있다.

이 밖에 '为什么'는 질책을 나타낼 수도 있다. 예문❺는 경찰이 때린 사람을 질책하는 것이므로 '怎么'를 쓸 수 없다. 만약 '为什么'를 '怎么'로 바꿔 쓰면, 불만이나 책망의 어기를 나타내게 되며 어기도 약해진다. 예를 들면, 예문❻이 그러하다.

또한 일부 문장에서는 '怎么'가 원인을 묻는 것이 아니라, '좀 이상하다', '그럴 수가 없다'라는 어기를 나타내기도 한다. 이러한 경우에는 '怎么'만 쓸 수 있다. 예를 들면, 예문❼이 그러하다.

✓ **Check Check**

'怎么'나 '为什么'를 사용하여 밑줄 친 부분을 채우세요. 정답이 두 개인 경우에는 어떤 차이점이 있는지 생각해 보세요.

① 你_____不练练太极拳?

② 你_____要骗我?

③ 你这孩子，小小年纪_____骗人呢?

④ _____油总是浮在水面上?

⑤ 这么重要的东西，你_____能丢了呢?

⑥ 这玩具刚买回来几天就被你弄坏了，你_____这么不爱惜东西?

⑦ 你_____总是让着她？这样她还以为你怕她呢，更要欺负你了。

⑧ 炒这种菜_____要放糖？

unit_055 "多少", "几", "多"

수량을 물을 때 쓰이는 '多少', '几', '多'의 쓰임에 대해 알아보자.

맥·잡·기·예·문

❶ 你有几个弟弟？ 너는 남동생이 몇 명 있니?

❷ 去动物园坐几路车？ 동물원 갈 때 몇 번 버스를 타지?

❸ 你们学校有多少老师？ 너희 학교에는 선생님이 몇 분 계시니?

❹ 你的电话号码是多少？ 당신의 전화번호는 몇 번입니까?

❺ 你多高？ 당신은 키가 얼마나 됩니까?

❻ 这条鱼有多重？ 이 물고기는 무게가 얼마인가요?

❼ 那儿有几个人。 저쪽에 몇 사람이 있다.

❽ 在那儿有我多少美好的回忆。 그곳에는 나의 아름다운 추억들이 다소 있다.

❾ 你看这树多高啊！ 봐, 이 나무가 얼마나 큰지!

문 '多少', '几', '多'는 모두 수를 물을 때 쓰이는데, 이들 사이에는 어떤 차이점이 있을까?

답 '多少', '几', '多'는 모두 수량을 묻는 것으로 **수사 + 양사**를 써서 대답한다.

수량이 적은 것(일반적으로 1부터 9까지)은 '几'를 사용하여 묻고, **수량이 많은 것**(일반적으로 10이상의 수)은 '多少'를 사용하여 묻는다. '多少' 뒤에는 **양사가 없어도 되지만**, '几' 뒤에는 대개 양사가 붙는다. 예를 들면, 예문❶과 예문❸이 그러하다. 때로 10보다 큰 수임에도 불구하고 '几'로만 물어야 하는 경우가 있다. 예를 들면, '几点', '第几', '几月几号' 등이 그러하다. 또 몇 번째 숫자인지 물을 때에도 '几'만 쓸 수 있다. 예를 들면,

'几路车', '几楼' 등이 그러하며, 예문❷가 그러하다. 그러나 번호를 물을 때에는 '多少'를 써야 한다. 예를 들면, 예문❹가 그러하다.

'多'는 일반적으로 **높이, 길이, 크기, 중량, 연령** 등과 같은 구체적인 숫자를 물을 때 쓰이며, 이때 뒤에는 **단음절 형용사**가 온다. 예를 들면, 예문❺와 예문❻이 그러하다.

'多少', '几', '多'는 의문문에 쓰이지 않을 경우 그 뜻이 달라진다. 예문❼에서 '几'는 많지 않은 숫자를 나타내고, 예문❽에서 '多少'은 많다는 뜻을 나타내며, 예문❾에서 '多'는 '多么(얼마나)'라는 뜻으로 감탄을 표시한다.

✓ | 핵·심·콕·콕!!

几　：1~9의 수나 시간, 차례나 순서, 날짜 등을 물을 때 쓰인다.
多少：10 이상의 수, 번호 등을 물을 때 쓰인다.
多　：높이, 길이, 크기, 중량, 연령 등을 물을 때 쓰인다.

✓ | C·h·e·c·k　C·h·e·c·k

다음에 주어진 내용에 근거하여 '几', '多少', '多'를 써서 문장을 완성하세요.

① 你去买衣服，问衣服的价格。

　　→_____?

② 问朋友在哪个班学习。

　　→_____?

③ 问房间的大小。

　　→_____?

④ 问小孩子的年龄。

　　→_____?

⑤ 问同学的年龄。

　　→_____?

⑥ 问朋友在跑步比赛中的成绩。

　　→_____?

⑦ 问一个工厂每年生产的汽车的数量。

　　→_____?

⑧ 问同学从他家到学校的距离。

→ _____?

unit_056 "别的"와 "其他"

'别的'와 '其他'는 '다른', '기타'라는 뜻으로, 특정 범위 밖의 사물이나 사람을 가리킨다. 그러나 그 뜻과 쓰임이 때에 따라 서로 다르다는 것을 이해하자.

맥·잡·기·예·문

❶ 今天就谈到这儿,其他(的)事以后再谈。
→ 今天就谈到这儿,别的事以后再谈。
오늘은 여기까지만 이야기하고, 다른 일은 나중에 다시 이야기하자.

❷ 只有这两间房是空的,其他都住满了。
→ 只有这两间房是空的,别的都住满了。
이 두 방만 비었고, 다른 방은 모두 꽉 찼다.

❸ 我现在不想其他的,只想好好睡一觉。
→ 我现在不想别的,只想好好睡一觉。
나는 지금 다른 것은 생각하고 싶지 않고, 잠만 좀 푹 자고 싶을 뿐이다.

❹ 我没有别的,只有这一个箱子。 나는 다른 것은 없고, 오직 이 상자 하나만 있다.
✗ 我没有其他的,只有这一个箱子。

❺ 这几本书我拿走,其他几本留给你。 이 책 몇 권은 내가 가지고 가고, 나머지 몇 권은 너에게 남겨 줄게.
✗ 这几本书我拿走,别的几本留给你。

문 '别的'와 '其他'는 모두 영어의 'the other'에 해당되는데, 이들 사이에는 어떤 차이점이 있을까?

답 '别的'와 '其他'는 그 의미와 용법이 거의 비슷하지만, 다음과 같은 차이점을 지닌다.

1. **'别的'와 '其他'는 모두 명사 앞에 쓰인다.** 이때 '其他' 뒤에는 '的'를 붙여도 되고 안 붙여도 되지만, '别的' 뒤에는 '的'를 붙일 수 없다. 예를 들면, 예문❶이 그러하다.

2. '别的'와 '其他'는 문장에서 단독으로 주어나 목적어로 쓰일 수 있다. 그러나 목적어로 쓰일 경우 '其他'는 뒤에 보통 '的'를 붙인다. 예를 들면, 예문❷와 예문❸이 그러하다. 이 밖에 '有'나 '没有'의 뒤에서 목적어로 쓰일 때는 보통 '别的'를 쓴다. 예를 들면, 예문❹가 그러하다.

3. '其他' 뒤에는 수량사가 올 수 있지만, '别的' 뒤에는 수량사가 올 수 없다. 예를 들면, 예문❺가 그러하다.

✓ **C·h·e·c·k C·h·e·c·k**

'其他'나 '别的'를 사용하여 밑줄 친 부분을 채우세요(정답이 한 개인 문장과 뒤에 '的'를 붙여야 하는 경우에 주의).

① 家里_____人都去了国外，只有他一个人留在国内了。

② 我只信他一个人，_____任何人我都不信。

③ 兄弟里就他还在读书，_____三个早就工作了。

④ 把这个问题解决了，_____问题也就简单了。

⑤ 只有几个还能吃，_____都坏了。

⑥ 还有_____吗？如果你已经说完了，那我就走了。

unit_057 "其余"와 "其他"

'其余'와 '其他'는 '나머지', '기타'라는 뜻으로, 모두 어떤 범위 이외의 사람이나 사물을 가리킨다. 그러나 그 뜻과 쓰임이 때에 따라 서로 다르다는 것을 이해하자.

맥·잡·기·예·문

❶ 这几个大包我来提，其他小包你拿。 이 몇 개의 큰 가방은 내가 들 테니, 나머지 작은 가방은 네가 들어.
  → 这几个大包我来提，其余的小包你拿。

❷ 这几本书我拿走，其他几本留给你。 이 책 몇 권은 내가 가지고 가고, 나머지 몇 권은 너에게 남겨 줄게.
  → 这几本书我拿走，其余几本留给你。

❸ 来客中我只认识两位，其他都不认识。 오신 손님 중에 나는 두 분만 알고, 나머지는 다 모른다.
  → 来客中我只认识两位，其余都不认识。

❹ 我就想好好睡一觉，不想做其他的事。 나는 푹 잠만 좀 자고 싶을 뿐, 다른 일은 하고 싶지 않다.
  × 我就想好好睡一觉，不想做其余的事。

❺ 我同意他的建议，没有其他意见。 나는 그의 건의에 동의하며, 다른 의견은 없다.
　× 我同意他的建议，没有其余意见。

🔵문　위의 예문 중 어떤 것은 '其他'를 '其余'로 바꿔 쓸 수 있고, 어떤 것은 바꿔 쓸 수 없다. 그 이유는 무엇일까?

🔵답　'其他'는 다음과 같은 두 가지 의미를 지닌다.

1 _ '일정한 범위에서 일부를 빼고 남은 것'을 가리킨다.

이때는 '其他'를 '其余'로 바꿔 쓸 수 있다. 예문❶의 '其他小包'는 우리들의 가방 중에서 '这几个大包'를 빼고 남은 것을 가리킨다.

그러나 여기서 주의해야 할 점은 '其他'나 '其余'가 명사 앞에 놓일 때, '其他' 뒤에는 '的'를 써도 되고 안 써도 되지만, '其余' 뒤에는 반드시 '的'을 써야 한다는 점이다.

'其他'와 '其余'가 '일정한 범위에서 일부를 빼고 남은 것'을 의미할 경우, 이 두 단어의 용법은 동일하다. 예를 들면, 예문❷와 예문❸이 그러하다. 그러나 구어에서는 '其他'를 더 많이 쓴다.

2 _ '일정한 범위 없이, 언급한 범위 이외의 것'만을 가리킨다.

예문❹의 '其他的事'는 '睡觉' 이외의 일을 가리키는 것이지, 어떤 일 중에서 '睡觉'를 빼고 남은 일을 가리키는 것이 아니다. 따라서 이때는 '其他'를 '其余'로 바꿔 쓸 수 없다.

✓ C·h·e·c·k　C·h·e·c·k

'其他'를 '其余'로 바꿔 쓸 수 없는 문장을 고르고, 그 이유를 설명해 보세요.

① 只剩这么多了，其他的都卖完了。

② 他只有一个朋友在这里，其他朋友都在上海。

③ 我们不说这些了，说点其他的吧。

④ 他只关心钱，对其他一切都不在乎。

⑤ 这个办法行不通的话，我们再想其他办法。

unit_058 "其他"와 "另外"

'其他'는 '기타', '다른'이라는 뜻을 나타내고, '另外'는 '따로', '달리', '다른', '그 밖의'라는 뜻을 나타낸다. 혼동하기 쉬운 '其他'와 '另外'에 대해 정확히 이해할 수 있도록 그 차이점과 쓰임을 구분해 보자.

맥·잡·기·예·문

❶ 你们几个住这儿，其他人住隔壁。 너희 몇 사람은 여기에서 묵고, 나머지 사람은 옆방에 묵어라.
 → 你们几个住这儿，另外的人住隔壁。

❷ 我只用了一点，其他都在这儿。 나는 조금밖에 안 썼어. 나머지는 모두 여기에 있어.
 → 我只用了一点，另外的都在这儿。

❸ 他翻译了三章，另外三章你来翻吧。 그가 세 장(章)을 번역했으니, 나머지 세 장은 네가 번역해라.
 → 他翻译了三章，其他三章你来翻吧。

❹ 那是另外一个问题，我们现在不谈。 그것은 또 다른 문제여서, 우리는 지금 논하지 않는다.
 × 那是其他一个问题，我们现在不谈。

❺ 不要让他去了，我们另外再找人吧。 그를 보내지 말고, 우리 따로 다시 사람을 찾아보자.
 → 不要让他去了，我们再找另外的人吧。

❻ 今天我买了一件衣服，另外还买了一条裤子。
 오늘 나는 옷을 하나 샀고, 그 밖에 또 바지도 하나 샀다.

❼ 我想去看看他，另外，我自己也想出去散散心。
 나는 가서 그를 좀 보고도 싶고, 또 나가서 기분전환도 좀 하고 싶다.

문 '另外'와 '其他'는 의미가 거의 비슷하다. 이 둘 사이에는 어떤 차이점이 있을까?

답 '另外'와 '其他'는 용법상 다음과 같은 공통점과 차이점을 지닌다.

1. '另外'와 '其他'는 모두 **명사 앞**에 쓰일 수 있으며, 이때 뒤의 명사는 생략이 가능하다. 그러나 이러한 경우 예문❶, 예문❷처럼 '另外' 뒤에 반드시 '的'가 와야 한다. '另外的'는 종종 단독으로 주어로 쓰인다.

2. '另外'와 '其他'는 모두 뒤에 수량사가 올 수 있다. 그러나 예문❸, 예문❹와 같이 '其他'는 수사 '一' 앞에 쓰일 수 없다.

3. '另外'는 부사로 쓰여 **동사 앞에서 부사어 역할을 할 수도 있으며**, 종종 '还', '再', '又' 등의 부사와 함께 쓰인다. 이때 '另外'는 이들 부사의 앞에 놓일 수도 있고, 뒤에 놓일 수도 있다. 이러한 경우의 문장은 '另外的 + 명사'의 형식으로 바꿔 쓸 수 있으며, 바꿔 써도 문장의 뜻은 변하지 않는다. 예를 들면, 예문❺가 그러하다.

4. '另外'는 접속사로 쓰여 문장을 연결할 수도 있다. 이때는 '이(그) 밖에'라는 의미를 나타낸다. 즉, 한 가지 일에 대해 설명한 후, 다시 한 가지 일을 더 보충 설명할 때 쓰인다. 예를 들면 예문❻과 예문❼이 그러하다.

✓ Check Check

'其他'나 '另外'를 사용하여 밑줄 친 부분을 채우세요(뒤에 '的'를 붙여야 하는 경우에 주의).

① 你说的是_____问题，我们现在先不谈。

② 除了杭州，我还去了_____几个地方。

③ 我们不在一个学校，他在_____一个学校。

④ 这几件行李随身带，_____都托运走。

⑤ 我们除了要发展经济，_____还要重视对教育的投入。

⑥ 他不放心她一个人去，又_____找了个人陪她去。

unit_059 "每"와 "各"

'每'와 '各'는 '~마다'라는 뜻을 나타내며, 전체 중의 개체를 가리킨다. 그러나 강조하는 내용과 쓰임이 서로 다르다는 것을 이해하자.

맥·잡·기·예·문

❶ 每个学校都有人参加这次的会议。 학교마다 이번 회의에 참가하는 사람이 있다.
  → 各个学校都有人参加这次的会议。

❷ 请你把各年的产量都记录下来。 매년의 생산량을 모두 기록해 주시기를 부탁합니다.
  → 请你把每年的产量都记录下来。

❸ 我每年都要出去旅游。 나는 매년 여행을 간다.
  ✕ 我各年都要出去旅游。

❹ 我们学校有来自全国各省的学生。 우리 학교에는 전국 각 성(省)에서 온 학생들이 있다.
　　× 我们学校有来自全国每省的学生。

❺ 各参赛队的运动员都表现出很高的技术水平。
　　→ 每个参赛队的运动员都表现出很高的技术水平。
　　시합에 참가한 각 팀의 운동 선수들이 모두 뛰어난 기술 수준을 선보였다.

❻ 每两个人一本书，请不要多拿。 두 사람마다 한 권이니, 더 가져가지 마십시오.

❼ 他每写一个字，就停下来想一想。 그는 한 글자 쓸 때마다, 멈추고서 잠시 생각을 한다.

❽ 几种水果他各买了一斤。 그는 몇 종류의 과일을 각각 한 근씩 샀다.

문 '每'와 '各'는 의미가 거의 비슷하다. 이 둘 사이에는 어떤 차이점이 있을까?

답 '每'는 일정 범위 내의 어느 한 개체를 가리켜 **전체 또는 전부**를 대표하게 하며, 개체의 공통점을 강조한다. 또 '하나도 그렇지 않은 것이 없다'라는 의미를 나타내며, **항상 '都'와 함께 쓰인다.**
'各'는 일정 범위 내의 서로 다른 개체를 가리키며, **개체의 차이점을 강조**한다. 그러므로 때로 전부를 가리키지 않는 경우도 있다.

예문❶은 학교마다 모두 참가하는 사람이 있다는 뜻이다. 여기서의 '每个学校'는 '서로 다른 학교'라는 의미도 담고 있기 때문에, 이런 경우에는 '每'를 '各'로 바꿔 쓸 수 있다.
예문❷의 '各年'은 '서로 다른 해'를 가리키며, 여기에는 '모든 해'라는 의미도 담겨 있기 때문에, 이런 경우에는 '各'를 '每'로 바꿔 쓸 수 있다.
예문❸은 놀러가지 않은 해가 없다는 의미이지, '서로 다른 해'라는 의미를 나타내지는 않으므로, 이때는 '每'를 '各'로 바꿔 쓸 수 없다.
예문❹는 우리 학교의 학생들이 서로 다른 성에서 왔다는 의미이지, 모든 성의 학생이 다 있다는 의미를 나타내지는 않으므로, 이때는 '各'를 '每'로 바꿔 쓸 수 없다.

'每'의 뒤에 명사 ('人', '家', '天', '年' 등의 시간사는 제외)가 올 때는 일반적으로 중간에 **양사가 온다**. 즉, '每 + 양사 + 명사'의 형식으로 쓰인다. 경우에 따라서는 **양사 앞에 수사가 오기도 한다**. 즉, '每 + 수사 + 양사 + 명사'의 형식으로 쓰인다. 그러나 '各' 뒤에는 바로 **명사가 올 수 있다**. 이때의 명사는 주로 **단체나 조직을** 나타내는 명사들이다. 예를 들면, 예문❺가 그러하다.

'每'는 예문❻과 같이 두 개의 수량사가 출현하는 문장에 쓰일 수도 있으며, 이때는 평균적인 비율을 나타낸다. 그러나 '各'에는 이러한 용법이 없다.

이 밖에 '每'와 '各'는 모두 부사로 쓰여 동사 앞에 놓일 수 있다. 그러나 그 의미는 서로 다르다. '每'는 '每当', '每次'와 같이 '~할 때마다', '~할 때면 언제나', '매번'이라는 의미를 나타내지만, '各'는 '分别', '每一(个)'와 같이 '각각', '따로따로', '하나하나'라는 의미를 나타낸다. 예문❼은 '한 글자를 쓰고 나서 멈추고, 또 한 글자를 쓰고 나서 멈추다'라는 뜻이고, 예문❽은 '여러 가지 과일을 종류별로 한 근씩 샀다'라는 뜻이다.

✓ C·h·e·c·k C·h·e·c·k

'每'나 '各'를 사용하여 밑줄 친 부분을 채우세요.

① ＿＿一个认识他的人都喜欢他。

② 他们＿＿想了一个办法。

③ 参加这次会议的有＿＿民族的代表。

④ ＿＿十个人里面就有一个人得过这种病。

⑤ 我清楚地记得他说的＿＿句话。

⑥ 我们把＿＿个学生＿＿个学期的成绩都记录下来。

⑦ 他＿＿分钟可以打两百多个字。

⑧ 我们的展览受到了社会＿＿阶层的欢迎。

⑨ 我＿＿到一个地方，都要去了解一下这里的风土人情。

⑩ ＿＿国管理好＿＿国的事务，不要干涉别国的内政。

unit_060 반어문에 쓰인 "哪儿"과 "怎么"

반어문에 쓰인 '哪儿'과 '怎么'의 의미와 쓰임에 대해 알아보자.

맥·잡·기·예·문

❶ A: 小刘呢? 샤오리우는?
　 B: 我哪儿知道? 내가 어떻게 알아?
　 → 我怎么知道?

❷ 这么多菜怎么吃得完啊? 이렇게 많은 음식을 어떻게 다 먹어?
　 → 这么多菜哪儿吃得完啊?

❸ A: 我已经把书给你了。 나는 이미 책을 너한테 줬어.
　　B: 你哪儿给我了？ 네가 언제 나한테 줬어?
　　✗ 你怎么给我了？

❹ A: 他说你没告诉他，所以他不知道你要来。
　　　그는 네가 그에게 안 알려 줘서, 네가 오려는 걸 모른다고 하던데.
　　B: 我怎么没告诉他？ 내가 왜 그에게 안 알려 줬겠나?

문 '哪儿'과 '怎么'는 모두 반어문에 쓰여 '부정'을 나타낼 수 있다. 이 둘 사이에는 어떤 차이점이 있을까?

답 반어문에 쓰인 '哪儿'에는 다음의 두 가지 용법이 있다.

1. 예문❶　A: 小刘呢？ (A는 B가 샤오리우가 어디에 있는지를 알 거라고 생각한다.)
　　　　　　　　　　부정
　　　　　B: 我哪儿知道？

2. 예문❸　A: 我已经把书给你了。
　　　　　부정
　　　　　B: 你哪儿给我了？

예문❶에서 B가 부정하는 것은 '**A가 생각하고 있는 가능성**'에 대한 것이다. 예문❸에서 B는 '**A가 말한 상황**'에 대해 부정하고 있으며, 이때는 '哪儿啊，你根本没给我。(무슨 소리야, 너 아예 나한테 주지 않았어.)'라고 말할 수도 있다.

'怎么'에는 '哪儿'의 첫 번째 용법밖에 없다. 즉, 상대방이 생각하고 있는 **어떤 가능성**에 대해 부정한다. 따라서 이러한 경우에는 '怎么'와 '哪儿'을 서로 바꿔 쓸 수 있다. 예를 들면, 예문❶과 예문❷가 그러하다. 그러나 예문❸에는 '哪儿'만 쓸 수 있다.

부정형식의 반어문에는 예문❹와 같이 주로 '怎么'를 쓴다.

✓ 　핵·심·콕·콕!!

반어문에 쓰인 '哪儿'은 어떤 가능성이나 상황을 부정하지만, '怎么'는 어떤 가능성만을 부정한다. 부정형식의 반어문에는 주로 '怎么'를 쓴다.

C·h·e·c·k C·h·e·c·k

'怎么'나 '哪儿'을 사용하여 밑줄 친 부분을 채우세요.

① 让我一天把它写完，_____可能呢?

② A 我那本书放哪儿了?
　B 你的东西我_____知道在哪儿?

③ A 那电影真没意思!
　B _____?

④ A 我托你办的那件事你可别忘了。
　B 你放心，那么重要的事，我_____可能忘呢?

⑤ 你的婚礼我_____能不参加呢?

⑥ A 看你满头的汗，是不是又去打球了?
　B _____啊，是走路走得太急。

⑦ 像他那么自私的人，_____会替别人考虑啊?

⑧ A 你又在吹牛了，我才不信呢。
　B 我_____吹牛了，是真的。

★ 헐후어(歇后语) 한 마디

电线杆子当筷子，大材小用
전신주로 젓가락을 삼다, 큰 재목이 작은 일에 쓰인다
☞ 인사가 합리적이지 않거나 자기의 재능에 비해 하찮은 일을 하는 것을 비유한다.

这样简单的工作，只要会写几个阿拉伯数字，谁都干得了。派一个大学生去干，岂不是电线杆子当筷子，大材小用吗!

틀리기쉬운중국어어법201

품사

★ 명사
★ 수량사
★ 동사
★ 형용사
★ 대명사
★ 부사
★ 개사
★ 조사
★ 접속사

unit _ 061 "很"과 "太"

'很'과 '太'는 정도가 높음을 나타낸다. 그러나 그 뜻과 쓰임이 때에 따라 서로 다르다는 것을 이해하자.

맥·잡·기·예·문

❶ 这件衣服很红。 이 옷은 아주 빨갛다.

❷ 这件衣服太红了。 이 옷은 너무 빨갛다.

❸ 今天的比赛，马克跑得很快，得了第一名。 오늘 시합은 마이클이 아주 빨리 달려서 1등을 했다.

❹ 对不起，你说得太快，我听不懂。 죄송합니다만, 말씀이 너무 빨라서 제가 알아들을 수가 없네요.

❺ 他一直很感激你。 그는 줄곧 너에게 아주 감사한다.

❻ 实在太感激你了！ 정말이지 너무 감사드립니다!

문 '很'과 '太'는 용법상 어떤 차이점이 있을까?

답 부사 '很'과 '太'는 모두 정도를 나타낼 수 있다. 그러나 용법상 다음과 같은 차이점을 지닌다.

'很'은 '매우'라는 의미로 정도가 아주 높음을 나타낸다. 일반적으로 **객관적인 상황을 이야기할 때 사용한다**. 예문❶은 이 옷 색깔이 아주 빨갛다는 것이고, 예문❸은 마이클이 아주 빨리 달렸다는 것이며, 예문❺는 상대방에게 객관적인 상황을 알려주는 것이다.

'太'는 **화자의 주관적인 평가를 나타낼 때 사용한다**. 즉, 화자는 '太'를 써서 자신의 견해나 감정을 나타낸다. '太'에는 다음의 두 가지 용법이 있다.

1_ 화자가 생각하기에 정도가 지나침을 나타내며, 주로 불만을 나타낼 때 쓰인다.

예문❷의 경우, 동일한 빨간색 옷이지만 어떤 사람은 아주 좋아하고, 어떤 사람은 지나치게 빨갛다고 생각할 수 있다. 화자는 아마도 옅은 색상의 옷을 즐겨 입는 사람일 것이며, '这件衣服太红了'라고 말함으로써 그다지 만족스럽지 않음을 표현했다. 예문❹ 역시 화자의 불만을 나타내며, 상대방이 조금 천천히 말해주기를 바라고 있다.

2_ 감탄의 어기를 써서 화자의 생각이나 감정을 표현하며, 그 정도가 심함을 강조한다.

이러한 용법은 '太~了' 형식의 감탄문에 쓰인다. 경우에 따라 좋은 일에 쓸 수도 있고, 좋지 않은 일에 쓸 수도 있다. 예를 들면, 예문❻은 상대방에게 깊은 감사를 표현했다. 또 다른 예로 '太好了! (너무 좋다!)', '这儿

的环境真是太美了! (이곳의 환경은 너무 아름답다!)', '这个孩子太可怜了! (이 아이는 너무 가엾다!)' 등이 있다.

✓ | 핵·심·콕·콕!!

'很'은 객관적인 상황을 말할 때 사용하지만, '太'는 화자의 주관적인 생각이나 견해, 감정을 나타낼 때 쓰이며, 정도가 지나치거나 심함을 강조한다.

✓ | C·h·e·c·k C·h·e·c·k

다음 문장의 옳고 그름을 O X로 표시하고, 틀린 문장은 바르게 고치세요.

① 这么精彩的节目你没看到，很可惜了！(   )

② 他学习的条件太好，可是他的学习方法有问题。(   )

③ 鞋子太小，穿不进去。(   )

④ 他的心眼儿实在很坏了！(   )

⑤ 最近很少见到你，你在忙什么呢？(   )

⑥ 昨天因为太晚才回到宿舍，所以没去找你。(   )

⑦ 他嫌这些菜很咸了，所以没有吃。(   )

⑧ 你很相信别人，并不是所有的人都是可以相信的。今后可要注意。(   )

unit_062 "不大"와 "不太"

'不大'와 '不太'는 정도가 심하지 않음을 나타낸다. 그러나 그 뜻과 쓰임이 때에 따라 서로 다르다는 것을 이해하자.

맥·잡·기·예·문

❶ 我觉得这样做不太合适。 나는 이렇게 하는 것이 그다지 적합하지 않다고 생각한다.

  → 我觉得这样做不大合适。

❷ 这件衣服不太好看，再换一件吧。 이 옷은 그다지 예쁘지 않으니 다른 것으로 바꿔 주세요.
　→ 这件衣服不大好看，再换一件吧。

❸ A: 这件衣服是不是太难看了? 이 옷 너무 안 예쁜 거 아닌가요?
　B: 也不太难看。 그다지 안 예쁘지는 않은데.
　× 也不大难看。

❹ A: 这个地方太脏了，我们另换个地方吧。 이곳은 너무 지저분하니, 우리 다른 장소로 바꿉시다.
　B: 也不太脏。 그다지 지저분하지는 않은데.
　× 也不大脏。

문 '不大'와 '不太'는 어떤 차이점이 있을까? 때로 이 둘을 서로 바꿔 쓸 수 있는데, 그 이유는 무엇일까?

답 '不大'와 '不太'는 모두 형용사(여기서는 A로 표시함) 앞에 쓸 수 있지만, 의미상 다음과 같은 차이점을 지닌다.

不太A ⎰ 不太+A: '有些不A(일부는 A하지 않다)'의 의미　　= 不大A　　[예문❶, 예문❷ 참조]
　　　 ⎱ 不+太A: '不是太A(지나치게 A한 것은 아니다)'의 의미　≠ 不大A　　[예문❸, 예문❹ 참조]

여기서 주의해야 할 점은 '不太A'가 '不太+A'의 의미일 때, A는 주로 긍정적(적극적)인 의미의 형용사이거나 '大', '小', '高', '低' 등과 같은 형용사라는 것이다. 이때는 '不太A'를 '不大A'로 바꿔 쓸 수 있다.

不太方便 = 不大方便　그다지 편리하지 않다
不太认真 = 不大认真　그다지 진지하지 않다
不太安全 = 不大安全　그다지 안전하지 않다
不太正常 = 不大正常　그다지 정상적이지 않다
不太整齐 = 不大整齐　그다지 가지런하지 않다
不太聪明 = 不大聪明　그다지 똑똑하지 않다

그러나 '不太A'가 '不+太A'의 의미일 때, A는 주로 부정적(소극적)인 의미의 형용사이다. 이때는 '不太A'를 '不大A'로 바꿔 쓸 수 없다.

不太脏　그다지 더럽지 않다　× 不大脏
不太笨　그다지 어리석지 않다　× 不大笨
不太坏　그다지 악하지 않다　× 不大坏
不太乱　그다지 무질서하지 않다　× 不大乱

C·h·e·c·k　C·h·e·c·k

다음 문장에서 '不太'를 '不大'로 바꿔 쓸 수 있으면 O, 바꿔 쓸 수 없으면 X표를 하세요.

① 对不起，这张表您填得不太清楚，请您再填一张，好吗？（　）

② 我今年七十二岁，有人说我太老了，不能做这件事了，但是我觉得我还不太老。（　）

③ 他说的还不太具体，你再说一遍吧！（　）

④ 要想不花工夫就学好汉语，那可不太容易。（　）

⑤ A 这儿的水太苦了吧?
　　B 也不太苦。（　）

unit_063 "不大"와 "大不"

'不大'는 '그다지 ~하지 않다'라는 뜻으로, 정도가 심하지 않음을 나타내고, '大不'는 '매우 ~하지 않다'라는 뜻으로, 정도가 심함을 나타낸다. '不大'와 '大不'의 쓰임에 대해 알아보자.

맥·잡·기·예·문

❶ 这本书跟那本书大不一样。 이 책과 저 책은 아주 다르다.
　≠ 这本书跟那本书不大一样。

❷ 这本书跟那本书不大一样。 이 책과 저 책은 그다지 같지 않다.
　≠ 这本书跟那本书大不一样。

❸ 学和不学大不相同。 배우는 것과 배우지 않는 것은 아주 다르다.
　≠ 学和不学不大相同。 배우는 것과 배우지 않는 것은 그다지 같지 않다.

❹ 他这几天身体不大舒服。 그는 요 며칠 몸이 그다지 좋지 않다.
　✕ 他这几天身体大不舒服。

문 '不大'와 '大不'는 그 의미가 같을까?

답 '不大'와 '大不'는 의미상 다음과 같은 차이점을 지닌다.

'不大'는 unit_062에서 이미 설명하였다. '大不……'는 '非常不……', '很不……' 즉, '매우 ~하지 않다'라는 뜻이다. 예를 들면, 예문❶의 '大不一样'은 '非常不一样', '很不一样' 즉, '매우 다르다'라는 뜻이고, 예문❷의 '不大一样'은 '有些不一样', '有点儿不一样' 즉, '약간 다르다'라는 뜻이다.

이 밖에 주의를 기울여야 할 점은 '不大'는 다음과 같이 대부분의 형용사 앞에 쓸 수 있다는 것이다.

不大灵活　그다지 융통성이 있지 않다
不大舒服　그다지 편안하지 않다
不大明白　그다지 분명하지 않다
不大好看　그다지 예쁘지 않다
不大均匀　그다지 고르지 않다
不大干净　그다지 깨끗하지 않다

그러나 '大不'는 '相同', '一样', '高兴'과 같은 몇몇 단어의 앞에만 쓸 수 있다.

✓ Check Check

'不大'나 '大不'를 사용하여 밑줄 친 부분을 채우세요.

① A 他们两个人的性格相差太大了。
　 B 是啊，他们两个真是_____相同。

② A 听说你最近身体有点儿不舒服?
　 B 对，是_____舒服。

③ A 这道题怎么做你明白了吗?
　 B 我还是有点儿_____明白，你再给我讲一遍吧。

④ A 这件衣服看上去怎么脏兮兮的?
　 B 就是，我也觉得看上去_____干净。

⑤ A 这本书跟那本书有点儿不一样。
　 B 不是有点儿不一样，而是_____一样，差别太大啦!

unit_064 "不"와 "没"

'不'와 '没'는 동사나 형용사 앞에 쓰여 동작이나 성질, 상태를 부정한다. 일반적으로 현재와 미래의 일을 부정할 때는 '不'를, 과거의 일을 부정할 때는 '没'를 쓴다고 생각하기 쉬우나, 그 뜻과 쓰임이 때에 따라 서로 다르다는 것을 이해하자.

맥·잡·기·예·문

❶ 昨天我们都忙，都没去他那儿。 어제 우리는 모두 바빠서 그에게 가지 못했다.

❷ 昨天是他自己不去，不是我们不让他去。 어제 그가 안 간 것이지, 우리가 못 가게 한 것이 아니다.

❸ 我没收到他的信。 나는 그의 편지를 받지 못했다.

❹ 如果到下星期一还没收到他的信，你就给我来个电话。
만일 다음 주 월요일까지 그의 편지를 받지 못하면, 나한테 전화해라.

❺ 他不吸烟，也不喝酒。 그는 담배를 피우지 않고, 술도 마시지 않는다.

❻ 他刚才没吸烟。 그는 방금 담배를 피우지 않았다.

❼ 这些苹果不红。 이 사과들은 빨갛지 않다.

❽ 这些苹果还没红。 이 사과들은 아직 빨개지지 않았다.

문 '과거'를 나타내는 문장에는 '不'를 쓸 수 없고, '미래'를 나타내는 문장에는 '没'를 쓸 수 없을까?

답 '과거'를 나타내는 문장에 '不'를 쓸 수 없고, '미래'를 나타내는 문장에 '没'를 쓸 수 없는 것은 아니다. 부사 '不'와 '没'의 차이점은 '미래'에 쓰이느냐 '과거'에 쓰이느냐에 있지 않다. 예문❷처럼 '不'를 과거에 쓸 수도 있고, 예문❹처럼 '没'를 미래에 쓸 수도 있다('没'를 미래에 쓰는 경우는 비교적 드물며, 주로 가정문에 쓴다).

'不'와 '没'는 다음과 같은 차이점을 지닌다.

	不	没
동작, 행위 (동사)를 부정	A. 개인의 바람을 나타낸다. [예문❷ 참조] B. 규칙적이거나 습관적인 행위를 부정한다. [예문❺ 참조]	어떤 행위가 이미 발생했음을 객관적으로 서술하여 부정한다. [예문❶, 예문❸, 예문❻ 참조]

판단, 예측, 인지를 부정	不是, 不像 / 不会, 不应该 / 不知道 등의 형식으로 쓰인다.	×
성질, 상태 (형용사)를 부정	어떤 성질이나 상태를 지니고 있지 않음을 나타낸다. [예문❼ 참조]	성질이나 상태의 변화나 발생을 부정한다. [예문❽ 참조]

여기서 특히 주의해야 할 것은 예문❷에서의 '不'의 용법이다. '不'가 과거에 발생한 일에 쓰이면, 행위자 자신이 주관적으로 '~하고 싶어 하지 않다', '~하기를 원하지 않다'라는 뜻을 나타낸다. 다음 두 문장을 비교해 보자.

他这一段太忙了，昨晚的球赛他没看。
그는 요 며칠 너무 바빠서, 어제 저녁 구기 시합을 보지 못했다.

他不爱看球，昨晚的球赛大家都在看，就他不看。
그는 구기 시합을 즐겨 보지 않기 때문에, 어제 저녁에 다들 구기 시합을 봤는데, 그만 안 봤다.

✓ C·h·e·c·k C·h·e·c·k

'不'나 '没'를 사용하여 밑줄 친 부분을 채우세요.

① 她今天哭了一天，脸也___洗，饭也___吃，大家劝她，她都___听。

② 我们都觉得他太忙了，所以昨天的活动___请他。

③ 我___想到他能说一口流利的普通话。

④ 他从___说假话，大家都很信任他。

⑤ 我是故意___告诉他的。

⑥ 衣服还___干，还得继续晒晒。

⑦ 这个地方___干净，换个地方吧！

⑧ 谁都___知道他上哪儿去了。

unit_065　"又", "再", "还"

'又', '再', '还'는 동작이 중복되어 발생하거나 계속된다는 의미를 나타낸다. 그러나 그 뜻과 쓰임이 때에 따라 서로 다르다는 것을 이해하자.

맥·잡·기·예·문

❶ 他又唱了一首。 그는 또 한 곡을 불렀다.

❷ 好，我再唱一首。 좋아, 내가 한 곡 더 부를게.

❸ 叫他不要唱，他还在唱。 그에게 부르지 말라고 했는데, 그는 계속 부르고 있다.

❹ ✕ 他今天没又来。

❺ 他走了以后没再来。 그는 떠난 후 다시 오지 않았다.

❻ ✕ 他走了以后没还来。

❼ 他今天又没来。 그는 오늘 또 안 왔다.

❽ 他走了以后再没来过。 그는 떠난 후 다시 오지 않았었다.

❾ 他还没来。 그는 아직 안 왔다.

문 '又唱了一首', '再唱一首', '还在唱'은 어떤 차이점이 있을까?

답 '又'는 '**동일한 유형의 동작이나 상황이 중복하여 발생함**'을 나타낸다. 주로 이미 발생한 일에 쓰이며, 동사 뒤에 종종 '了'를 붙인다. 예를 들면, 예문❶은 그가 이미 노래를 한 곡 또는 몇 곡을 부른 상태에서, 다시 한 곡을 더 불렀음을 나타낸다.

'再'는 '**동일한 동작이나 상황을 추가함**'을 나타내며, 중복하여 발생한다는 의미를 내포하고 있다. 주로 장차 발생할 일에 쓰인다. 예를 들면, 예문❷는 내가 이미 노래를 한 곡 또는 몇 곡을 부른 상태에서, 추가로 다시 한 곡을 더 부르겠다는 것을 나타낸다.

'还'는 '**연속**'을 나타낸다. 예를 들면, 예문❸은 그가 계속해서 노래를 부르고 있으며, 멈추지 않음을 나타낸다.

예문❶, 예문❷, 예문❸의 의미를 도식화하면 다음과 같다.

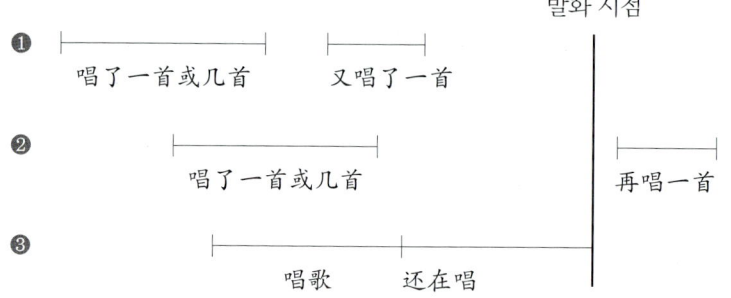

여기서 주의해야 할 점은 '又'는 이미 실현된 중복을 나타내고, '还'는 연속을 나타내기 때문에 부정형식이 없으며, '不'나 '没'는 이들의 뒤에만 올 수 있다는 것이다. 즉, '又', '再', '还'와 '不', '没'의 관계는 다음과 같다.

× 没 / 不 ＋ 又 [예문❹ 참조]   又 ＋ 没 / 不 [예문❼ 참조]
　 没 / 不 ＋ 再 [예문❺ 참조]   再 ＋ 没 / 不 [예문❽ 참조]
× 没 / 不 ＋ 还 [예문❻ 참조]   还 ＋ 没 / 不 [예문❾ 참조]

예문❺와 예문❽을 통해 '再'도 과거에 쓰일 수 있으며, 과거의 어떤 상황이 중복 출현하지 않았음을 나타낸다는 것을 알 수 있다. 예문❺는 떠난 후 또다시 오지 않았음을 나타내고, 예문❽은 떠난 후 줄곧 온 적이 없음을 나타낸다('不再'와 '再不'의 차이점은 unit_072 참조).

예문❼과 예문❾의 '又'와 '还'의 의미는 앞에서 설명한 것과 같다. 예문❼은 '他没来'라는 상황이 중복 출현했음을 나타내고, 예문❾는 '他没来'라는 상황이 계속 이어지고 있음을 나타낸다.

✓ C·h·e·c·k　C·h·e·c·k

'又', '再', '还'를 사용하여 밑줄 친 부분을 채우세요.

① 你的朋友这个星期来过一次，他下星期会不会＿＿来？

② 他今天＿＿迟到了。

③ 我们分别已经5年了，你＿＿在那间学校教书吗？

④ 你怎么＿＿不参加我们的活动？

⑤ 我说了一遍，他没听懂，我＿＿说了一遍，他＿＿是没听懂。

⑥ 那个地方我没＿＿去过，就去过那一回。

⑦ 自从大学毕业以后，我＿＿也没有见过他。

⑧ 你的病虽然好了，可是＿＿需要休息一段时间。

unit _066 "又"는 미래에 쓰일 수 있을까?

확실히 이루어질 수 있는 사실이나 새로운 상황이 곧 출현하려고 하는 경우에 쓰인 '又'의 의미와 쓰임에 대해 알아보자.

맥·잡·기·예·문

❶ 明天又是星期天了。 내일이면 또 일요일이다.

❷ 下个月又该放假了。 다음 달이면 또 방학이다.

❸ 你这样做，她又会生气的。 네가 이렇게 하면, 그녀는 또 화를 낼 것이다.

❹ 明天看来又要下大雨。 보아하니 내일 또 큰비가 내릴 것 같다.

❺ 她家里出了事，明天又要请假。 그녀는 집에 일이 생겨서, 내일 또 휴가를 신청하려고 한다.

❻ 听说他又要结婚了。 듣자하니 그가 또 결혼할 거라던데.

문 unit_065에서 '又'는 주로 이미 발생한 일에 쓰인다고 했는데, 장차 중복하여 발생할 일에는 쓸 수 없을까? 만약 쓸 수 있다면, '再'와는 어떤 차이점이 있을까? 또 미래에 쓰인 '还'와는 어떤 차이점이 있을까?

답 '又'도 다음과 같은 경우에는 미래에 쓰일 수 있다.

1_ 장차 틀림없이 나타날 중복을 나타낼 때 쓰인다.

예문❶에서 '일요일'은 틀림없이 중복 출현하는 것이며, 예문❷에서 '수업 – 방학 – 수업 – 방학'이라는 상황 또한 틀림없이 중복 출현하는 것이다. 이러한 용법의 '又'는 주로 '又是……了', '又该……了', '又要……了' 등의 형식으로 쓰인다.

2_ 장차 중복하여 출현할 어떤 상황에 대한 예측을 나타낼 때 쓰인다.

예문❸과 예문❹가 그러한 예이다. 이러한 용법의 '又' 뒤에는 종종 가능을 나타내는 '会'나 '要'가 출현한다.

3_ 객관적인 필요 또는 주관적인 바람에 의해 장차 어떤 상황이 중복하여 출현함을 나타낼 때 쓰인다.

예문❺는 객관적인 필요에 의해 또 휴가를 내는 것이고, 예문❻은 주관적인 계획이나 생각에 의해 또다시 결혼을 하는 것이다. 이러한 용법의 '又' 뒤에 항상 필요나 바람을 나타내는 '要'를 동반한다.

위의 세 가지 상황은 모두 '동일한 동작이나 상황을 추가함'을 나타내는 것이 아니므로 '再'를 쓸 수 없다.

이 밖에 '还'도 미래에 쓰일 수 있다. 미래에 쓰인 '又'와 '还'의 차이점을 다음 예문을 통해 비교해 보자.

a. 她家里出了事，明天**又**要请假。 그녀의 집에 일이 생겨서, 내일 또 휴가를 신청하려고 한다.
b. 他的病还没好，明天**还**要请假。 그의 병이 아직 안 나아서, 내일 휴가를 더 내야 한다.

a는 그녀가 이전에 다른 이유로 휴가를 낸 적이 있는데 내일 또 한 차례 휴가를 내려고 한다는 뜻이고, b는 그녀가 오늘 휴가를 냈는데 내일 또 계속해서 휴가를 내려고 한다는 뜻이다. 이는 '还'가 '연속'을 나타낸다는 점을 설명한다.

✓ | C·h·e·c·k C·h·e·c·k

다음에 주어진 상황에 근거하여 '又', '再', '还'를 사용한 문장으로 대답해 보세요.

① 你所在的学校，每个学期都要举行汉语水平比赛。这个学期的汉语水平比赛在下星期五举行，你会怎么说?

   →_____。

② 昨天那场球赛，你们队赢了。你估计明天这场球赛，你们队同样会赢。你会怎么说?

   →_____。

③ 你告诉大家任务没完成，明天要继续干。你可以怎么说?

   →_____。

④ 到中国留学后，她曾经回过国。下个月她姐姐结婚，她要回去一趟。我们可以怎么说?

   →_____。

⑤ 你明天要回国了，你希望以后能有第二次机会来中国。你可以怎么说?

   →_____。

unit_067 "又"와 "也"

'又'와 '也'는 '~도', '또'라는 뜻을 나타낸다. 의미를 혼동하기 쉬운 '又'와 '也'에 대해 정확히 이해할 수 있도록 그 차이점과 쓰임을 구분해 보자.

맥·잡·기·예·문

❶ 小王不久前来过，今天小王又来了。 샤오왕은 얼마 전에 왔었는데 오늘 또 왔다.

❷ 小李来了，小王也来了。 샤오리도 왔고, 샤오왕도 왔다.

❸ 晚会上，我们唱了歌，又跳了舞，非常快活。
저녁 파티에서 우리는 노래도 부르고 또 춤도 추며 아주 즐거웠다.

❹ 晚会上，他唱了一首歌，我也唱了一首歌。
저녁 파티에서 그는 노래 한 곡을 불렀고, 나도 한 곡을 불렀다.

❺ × 他去黄山，我也去桂林。

❻ 风小了，雨也停了，我们可以走了。 바람도 약해졌고, 비도 멈췄으니 우리는 가도 된다.

문 '又'와 '也'는 어떤 차이점이 있을까? 왜 예문❺는 틀린 문장이고 예문❻은 맞는 문장일까?

답 '又'는 동일한 유형의 동작이나 상황이 중복하여 발생함을 나타낸다.

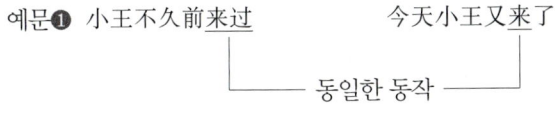

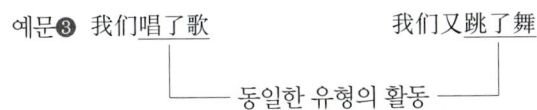

'也'는 상황이 유사함을 나타내며, 주로 서로 다른 사물 간의 공통점을 강조한다.

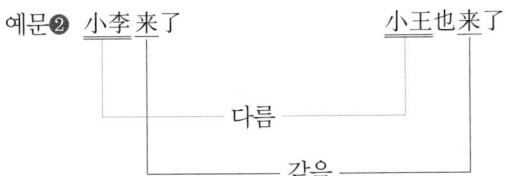

예문❹도 마찬가지이다.

예문❺가 틀린 이유는 '他'와 '我'가 다르고, '黃山'과 '桂林' 또한 다르기 때문이다. 앞뒤의 두 문장에 공통점이 없기 때문에 '也'를 쓸 수 없다.
예문❻의 '风小了'와 '雨停了'는 겉으로 보기에는 공통점이 없는 것 같지만, 사실상 둘 다 '날씨가 좋아졌다'라는 유사한 의미를 내포하고 있으므로 '也'를 쓸 수 있다.

✓ **C·h·e·c·k C·h·e·c·k**

'又'나 '也'를 사용하여 밑줄 친 부분을 채우세요.

① 玛丽爱打篮球，我＿＿爱打篮球。

② 她温柔＿＿善良，很多男孩子都喜欢她。

③ 他真不简单，昨天谈成了一笔生意，今天＿＿谈成了一笔生意。

④ 你＿＿听说了这个消息？

⑤ 海面起风了，天色＿＿暗淡下来了。

⑥ 都怪你，刚才叫你走，你不走，现在雨＿＿下起来了。

unit_068 "想再看一遍"과 "还想看一遍"

능원동사 '想'이나 '要'와 함께 쓰인 '再'와 '还'에 대해 알아보자.

맥·잡·기·예·문

❶ 这部电影太好了，我想再看一遍。 이 영화가 너무 좋아서, 나는 한 번 더 보고 싶다.

❷ 这部电影太好了，我还想看一遍。 이 영화가 너무 좋아서, 나는 한 번 더 보고 싶다.

❸ 那个城市真美，以后我要再去那儿旅游。
그 도시가 너무 아름다워서, 나중에 나는 그곳으로 다시 여행을 갈 거다.

❹ 那个城市真美，以后我还要(再)去那儿旅游。
그 도시가 너무 아름다워서, 나중에 나는 그곳으로 또 여행을 갈 거다.

🗨 문장에 개인의 바람을 나타내는 '想'이나 '要' 등의 단어가 출현할 때, '再'와 '还'의 위치가 다른 이유는 무엇일까?

🗨 문장에 개인의 바람을 나타내는 '想'이나 '要' 등의 단어가 출현할 때, '再'와 '还'의 위치는 다음과 같다.

| 想
要
会
打算 + 再 + 동사구 | 还 + 想
要
会
打算 + 동사구 |

'再'와 '还'의 위치가 다른 이유는 이 두 단어가 나타내는 의미가 다르기 때문이다. unit_065에서 설명했듯이 '再'는 동일한 동작을 추가함을 나타내고, '还'는 연속을 나타낸다. 즉, '再'를 쓰면 두 동작 사이에 휴지(休止)가 있음을 나타내지만, '还'를 쓰면 연속적이고 휴지가 없음을 강조한다.

'想', '要', '会', '打算'을 써서 개인의 바람(즉, 어떤 일을 하고 싶어함)을 나타낼 때, 개인이 가지는 생각이나 바람은 대부분 연속성을 띤다. 다시 말해, 어떤 도시로 여행을 가려는 생각을 가지고 있어야 그곳에 갈 것이고, 어떤 도시에 대해 만족을 느껴야 다시 한 번 가고 싶을 것이다. 이렇게 개인의 바람은 연속성을 지니고 있다. 따라서 '还'는 반드시 '想', '要', '会', '打算'의 앞에 놓이며, 이러한 바람이 계속 이어짐을 나타낸다. 그러나 '再'는 '想', '要', '会', '打算'의 뒤에 놓이며, 동작의 추가나 중복을 나타낸다. '还'와 '再'는 예문❹처럼 한 문장 안에서 동시에 쓰일 수도 있다.

물론, '再'도 '想' 등의 단어 앞에 쓰일 수 있으나, 그 뜻이 다르다. 예를 들면, '你再想想，你把它搁到哪儿去了？(너 다시 한번 잘 생각해 봐, 그걸 어디에 두었니?)'에서 '想'은 '어떤 일을 하고 싶어하다'라는 뜻이 아니라 '(문제를) 생각해 보다'라는 뜻이다. 이때 (문제를) 생각하는 것은 잠시 쉬었다가 다시 생각할 수 있으므로, '再'를 '想'의 앞에 놓을 수 있다.

✓ 핵·심·콕·콕!!

> 개인의 바람을 나타내는 '想'이나 '要' 등의 단어와 함께 쓰일 때, '再'는 이들의 뒤에 놓여 동일한 동작의 추가나 중복을 나타내고, '还'는 이들의 앞에 놓여 바람이 계속 이어짐을 나타낸다.

✓ C·h·e·c·k C·h·e·c·k

'再'나 '还'를 사용하여 밑줄 친 부분을 채우세요.

① 对不起，我要___向你请教一个问题。

② 他很想___多找一份工作。

③ 你___打算继续跟他交朋友吗？

④ 放心吧，我会___跟他联系的。

⑤ 遇到这么多的困难，他___会坚持下去吗？

⑥ 人家已经回绝他了，但他___不肯罢休。

unit_069 "再吃点儿"과 "洗干净了再吃"

'再'에는 동작이나 상태가 반복됨을 나타내는 '또', '다시', '더'라는 뜻과 어떤 동작이 어떤 상황하에서 행해질 것임을 나타내는 '~하고 나서', '~한 후에'라는 뜻이 있다. '再'의 쓰임에 대해 알아보자.

맥·잡·기·예·문

❶ 来，再吃点儿。 자, 더 먹어.

❷ 洗干净了再吃。 깨끗이 씻고 나서 먹어.

❸ 今天白跑了，不过没关系的，明天再去一趟。
오늘 헛고생했지만 괜찮아. 내일 다시 한 번 가지 뭐.

❹ 今天来不及了，明天再去。
오늘은 늦었으니 내일 가자.

문 '再吃点儿'과 '洗干净了再吃'의 '再吃'는 의미가 같을까?

답 '再吃点儿'과 '洗干净了再吃'의 '再吃'는 의미상 다음과 같은 차이점을 지닌다.

예문❶의 '再'는 동일한 동작을 추가하는 것을 나타낸다. 따라서 '再吃点儿'의 의미는 다음과 같이 도식화 할 수 있다.

已经吃了一些　　+　　再吃点儿
(이미 어느 정도 먹었다)　　　　(조금 더 먹다)

예문❷의 '再'는 동작을 어느 시점까지 연기했다가 하는 것을 나타낸다.

先洗干净 → 然后吃
(우선 깨끗하게 씻는다) (그리고 나서 먹는다)

예문❸과 예문❹도 마찬가지이다. 예문❸은 오늘 한 번 간 상태에서 내일 추가로, 반복하여 한 번 더 가는 것을 나타내고, 예문❹는 오늘은 시간이 이미 늦었으니 내일로 연기했다가 가자는 것을 나타낸다.

unit _ 070 "才"

'才'는 '비로소'라는 뜻으로 시간적으로 길거나 늦음을 나타내기도 하고, 양적으로 적음을 나타내기도 한다. '才'의 쓰임에 대해 알아보자.

맥·잡·기·예·문

❶ 小王昨晚才11点就睡了。 샤오왕은 어젯밤에 겨우 11시에 잤다.

❷ 小王昨晚11点才睡。 샤오왕은 어젯밤에 11시가 되어서야 잤다.

❸ 他才花了3个月就学会了。 그는 3개월 만에 마스터했다.

❹ 他花了3个月才学会。 그는 3개월이나 되어서야 마스터했다.

❺ 这回才去了8个人。 이번에는 겨우 8명이 갔다.

❻ 这回去8个人才够。 이번에는 8명은 가야 충분하다.

문 일반적으로 '才'는 시간이 늦거나 길다는 것을 나타내고, '就'는 시간이 이르거나 짧다는 것을 나타낸다고 하는데, 예문❶에서 '才'와 '就'가 동시에 출현한 이유는 무엇일까? 위의 예문에 쓰인 '才'는 모두 같은 의미를 나타낼까?

답 먼저 '昨晚小王是11点睡的觉(어젯밤에 샤오왕은 11시에 잤다)'라는 문장을 살펴보자. 이 문장은 화자가 상대방에게 실제의 상황을 말해 주는 것일 뿐, 샤오왕이 11시에 잔 것이 이르다고 생각하는지 늦다고 생각하는지는 말하고 있지 않다.
그러나 예문❶과 예문❷는 다르다. 예문❶에서는 화자가 샤오왕이 일찍 잤다고 **생각**하므로 '才'와 '就'가 동시에 출현하였다. 반대로 예문❷의 화자는 샤오왕이 늦게 잤다고 **생각**한다. 따라서 예문❶과 예문❷의 '才'는 그 의미가 서로 다르다.

이와 같이 '才'는 **화자의 견해**를 나타내므로, '才'를 썼다고 해서 무조건 시간이 늦거나 길다는 것을 나타낸다고는 할 수 없다.

예문❸~예문❻의 '才' 또한 화자의 견해를 나타낸다. 즉, 예문❸에서는 화자가 3개월의 시간이 짧다고 생각하고 있고, 예문❹에서는 길다고 생각하고 있다. 또 예문❺에서는 화자가 8명이라는 수가 적다고 생각하고 있고, 예문❻에서는 많다고 생각하고 있다.

이러한 차이를 보이는 이유는 무엇일까? 각 예문에서 '才'의 위치를 잘 살펴보면, '才'의 위치에 따라 그 의미가 달라진다는 것을 알 수 있다.

	〈화자의 견해〉		〈화자의 견해〉
小王昨晚才11点就睡了。	시간이 이르다	小王昨晚11点才睡。	시간이 늦다
他才花了3个月就学会了。	시간이 짧다	他花了3个月才学会。	시간이 길다
这回才去了8个人。	수량이 적다	这回去8个人才够。	수량이 많다

'才' + 시간 / 수량	시간 / 수량 + '才'
화자가 시간이 이르거나 수량이 적다고 생각할 때 쓴다.	화자가 시간이 늦거나 수량이 많다고 생각할 때 쓴다.

여기서 화자가 생각하는 내용에는 시간이나 수량 외에 범위의 크기나 조건의 정도도 있을 수 있다. 예를 들면, '现在，懂电脑才比较容易找工作(지금은 컴퓨터를 알아야 비교적 쉽게 일자리를 구한다)'라는 문장에서 화자는 '懂电脑'라는 조건이 좋다고 생각하고 있다.

✓ | 핵·심·콕·콕!!

'才'는 '겨우'라는 뜻으로 쓰여 시간적으로 짧거나 빠름, 양적으로 적음을 나타낼 때는 시간이나 수량 앞에 위치하지만, '비로소'라는 뜻으로 쓰여 시간적으로 길거나 늦음, 양적으로 많음을 나타낼 때는 시간이나 수량 뒤에 위치한다.

✓ | C·h·e·c·k C·h·e·c·k

다음에 주어진 상황에 근거하여, '才'를 써서 문장을 완성하세요.

① 他5月1日去北京。他4月1日买好了去北京的飞机票。

→ _____。

② 她38岁结婚。你觉得她这个年龄结婚太迟了。

→ _____。

③ 这次你们班有9个同学去桂林旅游。你觉得人数不够多。
　　→ _____。

④ 你这次听力考试考了90分，你对自己的成绩还感到不够满意。
　　→ _____。

⑤ 你认为学习汉语很不容易，条件很高，想学好必须努力。
　　→ _____。

⑥ 他们谈了几次把那个问题解决了。你觉得那个问题解决得太慢了。
　　→ _____。

unit_071 "再"와 "才"

'再'는 '~하고 나서', '~한 뒤에'라는 뜻을 나타내고, '才'는 '~해야만', '비로소~'라는 뜻을 나타낸다. '再'와 '才'에 대해 정확히 이해할 수 있도록 그 차이점과 쓰임을 구분해 보자.

맥·잡·기·예·문

❶ 他每天回到家洗了澡再吃饭。　그는 매일 집에 돌아와 목욕을 하고 나서 밥을 먹는다.

❷ 他每天回到家洗了澡才吃饭。　그는 매일 집에 돌아와 목욕을 하고서야 비로소 밥을 먹는다.

❸ 你先告诉我，我再告诉你。　네가 먼저 나에게 알려 줘. 그리고 나서 내가 너에게 알려 줄게.

❹ 你先告诉我，我才告诉你。　네가 먼저 나에게 알려 줘야만. 내가 너에게 알려 줄 거야.

문 위의 예문에서 '再'와 '才'는 어떤 차이점이 있을까?

답 '再'와 '才'는 모두 두 동작 사이에 쓰일 수 있지만, 의미상 다음과 같은 차이점을 지닌다.

'再'는 동작의 **선후 순서** 즉, 한 동작이 또 다른 동작의 뒤에 발생함을 나타내며, **자주 발생하는 일이나 아직 일어나지 않은 일에만 쓰인다.**
'才'는 앞의 동작이 뒤의 동작을 유발하는 **조건**이 됨을 나타낸다. '才'에는 시간상의 제한이 없다.

做了 A 再做 B　　　→　　先做 A, 然后做 B
A를 하고 나서 다시 B를 하다　　　　먼저 A를 한 후에 B를 하다

做了 A 才做 B　　　→　　如果做 A, 那么做 B; 如果没做 A, 就不做 B
A를 하고 나서야 비로소 B를 하다　　A를 하면 B를 하고, A를 하지 않으면 B를 하지 않는다

예문❶의 '他'는 집에 돌아온 후에 먼저 목욕을 하고, 그리고 나서 밥을 먹는다. 예문❷의 '他'는 목욕을 하지 않으면 밥을 먹지 않는다. 즉, 반드시 목욕을 해야만 밥을 먹는다는 뜻이다. 예문❸은 먼저 네가 말하고, 그리고 나서 내가 말하겠다는 뜻이다. 예문❹는 만약 네가 말해 주지 않으면, 나도 네게 말해 주지 않겠다는 뜻이다.

✓ C·h·e·c·k C·h·e·c·k

'再'나 '才'를 사용하여 밑줄 친 부분을 채우세요.

① 我现在要出去，我回来以后＿＿告诉你是怎么回事。

② 他一定要等到她的电话＿＿放心。

③ 写汉字的时候一般是先写横，＿＿写竖。

④ 你看了那本小说以后＿＿看这部电影，就更能理解电影的内容了。

⑤ 这个孩子见到他妈妈＿＿不哭了。

⑥ 我看了你的信＿＿知道你已经嫁人了。

unit_072 "不再"와 "再不"

'不再'와 '再不'는 '다시는 ~하지 않는다'라는 뜻으로, 동작이 다시 중복되거나 계속되지 않음을 나타낸다. 그러나 그 뜻과 쓰임이 때에 따라 서로 다르다는 것을 이해하자.

맥·잡·기·예·문

❶ 从那件事以后，他不再来了。
　그 일이 있은 후로 그는 더 이상 오지 않았다.

❷ 他被她骗了一次以后，就再不相信她了。
　그는 그녀에게 한 번 속은 후로 다시는 그녀를 믿지 않았다.

❸ 她现在老了，不再漂亮了。 그녀는 이제 늙어서, 다시는 예뻐질 수 없다.

❹ 以后我再不喝酒了。 이후로 나는 다시는 술을 마시지 않겠다.

문 '不再'와 '再不'는 어떤 차이점이 있을까?

답 '再不'와 '不再'는 모두 전에 있었던 어떤 상황이 정지됨을 나타내며, 문장 끝에 항상 '了'를 붙인다. 그러나 이들은 다음과 같은 차이점을 지닌다.

'再不'는 '영원히 ~하지 않다'라는 뜻이다. 즉, 어떤 상황이 **이후로는 영원히 발생할 리 없다**는 뜻으로, 주로 주관적인 결심이나 확신을 나타낸다. 뒤에 일어나는 변화된 상황은 **일반적으로 사람이 결정할 수 있는 일이다.** '**再不**'**는 어기가 강하기 때문에** 맹세를 할 때 자주 쓰인다. 예를 들면, 예문❷와 예문❹가 그러하다. 이때 '再不'를 '不再'로 바꿔 쓰면 어기가 차분해진다.

'不再'는 어떤 변화를 객관적으로 서술한다. 뒤에 일어나는 변화는 **사람이 결정할 수 있는 일일 수도 있고, 사람이 결정할 수 없는 일일 수도 있다.** 뒤에 일어나는 변화가 사람이 결정할 수 있는 일일 때는 '不再'를 '再不'로 바꿔 쓸 수 있다. 그러나 바꿔 쓰게 되면 어기가 강해진다. 반면 뒤에 일어나는 변화가 **사람이 결정할 수 없는 일일 때는** '不再'를 '再不'로 바꿔 쓸 수 없다.
예문❶에서 '来'와 '不来'는 '他'가 결정할 수 있는 일이므로 '不再'를 '再不'로 바꿔 쓸 수 있으며, 이때는 '他'가 '再不来' 하겠다고 결정했음을 나타낸다. 그러나 예문❸의 '漂亮'과 '不漂亮'은 '她'가 결정할 수 있는 일이 아니므로 '再不'로 바꿔 쓸 수 없다.

이 밖에 '不再'는 어떤 상황이 **잠시 정지되는 것**을 나타내기도 한다. 이때 정지되었던 상황은 이후에 다시 발생할 수 있다. 예를 들면, '母亲把孩子抱了起来，孩子才不再哭了(엄마가 아이를 안아 주자 아이는 더 이상 울지 않았다)'가 그러하다.

✓ 핵·심·콕·콕!!

再不 + 사람이 결정할 수 있는 일 + 了 : 주관적 결심, 맹세를 나타냄.
不再 + 사람이 결정할 수 있는 일 또는 결정할 수 없는 일 + 了 : 객관적 서술이나 전에 있던 상황이 잠시 정지됨을 나타냄.

✓ C·h·e·c·k C·h·e·c·k

'不再'나 '再不'를 사용하여 밑줄 친 부분을 채우세요.

① 我决心以后_____骗人了。

② 一直等到他回来，大家才_____担心了。

③ 他_____想让别人骂他"没出息"了。

④ 现在，眼前的这座小城_____有往日的喧闹和生气了。

⑤ 你如果_____改掉你的坏毛病，以后可有你苦头吃的。

⑥ 从此以后，你_____是我的朋友，咱们没任何交情。

unit_073 "(比……)再"와 "(比……)更"

비교문에 쓰인 '再'와 '更'은 정도가 심해짐을 나타낸다. 그러나 그 뜻과 쓰임이 때에 따라 서로 다르다는 것을 이해하자.

맥·잡·기·예·문

❶ 请你给我拿一件比这件再大一号的。 이것보다 한 치수 더 큰 것으로 주세요.

❷ 那件比这件更大。 저 옷이 이 옷보다 훨씬 더 크다.

❸ 请你开得再慢点儿。 좀 더 천천히 운전해 주세요.

❹ 汽车开得更慢了。 차가 훨씬 더 느려졌다.

문 비교문에 쓰인 '再'는 정도가 더 심함을 나타낸다. 그렇다면 '再'와 '更'은 어떤 차이점이 있을까?

답 'A比B)再X'를 쓰면, 화자가 'B가 아직 충분히 X하지 못하다'라고 생각함을 나타내기 때문에, '(比B)再X'하기를 **희망하거나 요구**한다. 그러나 '(A比B)更X'를 쓰면, 화자가 'B가 이미 매우 X하기는 하지만, (그래도) A가 더 X하다'라고 생각함을 나타낸다.

위의 예문에 대한 비교를 통해 다음과 같은 차이점이 있음을 알 수 있다.

예문❶	화자는 옷이 자신이 생각한 것보다 작다고 생각한다.	그래서 한 치수 더 큰 것을 **희망(요구)**하고 있다.
예문❷	화자는 이 옷도 이미 충분히 큰데 저 옷은 더 크다고 생각한다.	그래서 '저 옷이 이 옷보다 더 크다'라는 상황을 **객관적으로 서술**하고 있다.
예문❸	화자는 차의 주행 속도가 느리기는 하지만 자신이 바라는 만큼은 아니라고 생각한다.	그래서 좀 더 천천히 가기를 **희망(요구)**하고 있다.

예문❹	화자는 차의 주행 속도가 조금 전까지도 느렸지만 지금은 더 느려졌다고 생각한다.	그래서 '더 느려졌다'라는 사실을 **객관적으로 서술**하고 있다.

여기서 주의해야 할 점은 '再'를 쓸 때는 형용사 뒤에 반드시 '(一)点儿'이나 '(一)些' 또는 기타의 수량사를 붙여야 한다는 점이다. 그러나 '更'을 쓸 경우, 아직 발생하지 않은 일에는 형용사 뒤에 '一点'이나 '一些'를 붙일 수 있으나, 이미 발생한 일에는 다른 단어는 붙일 수 없고 조사 '了'만 붙일 수 있다.

✓ C·h·e·c·k　C·h·e·c·k

'再'나 '更'을 사용하여 밑줄 친 부분을 채우세요.

① 你试一下，看能不能唱得＿＿高一点儿。

② 到了九点他还没回来，大家＿＿担心了。

③ 这个月他的工作比上个月＿＿忙。

④ 这幅画挂得不正，＿＿往左一点儿就对了。

⑤ 对这件事，他比所有的人都＿＿生气。

⑥ 这篇文章的文字还得＿＿简练一点。

⑦ 你如果＿＿努力一点，你的成绩就不会像现在这样了。

⑧ 世界上没有比被朋友出卖＿＿让人伤心的事了。

unit_074 "并"과 "又"

'并'과 '又'는 부정부사 앞에 쓰여 부정의 어기를 강조한다. 그러나 그 뜻과 쓰임이 때에 따라 서로 다르다는 것을 이해하자.

맥·잡·기·예·문

❶ 原来学汉语并不像我原来想像的那么难。
알고 보니 중국어를 배우는 것은 결코 내가 원래 생각했던 것만큼 그렇게 어렵지는 않았다.

❷ A: 这事你告诉小红了吗? 너 이 일을 샤오홍에게 말했니?
B: 我没有告诉她，怕她知道后更难受。 말하지 않았어. 그녀가 알고 나서 더 힘들어할까 봐 걱정이 되서.
✕ 我并没有告诉她，怕她知道后更难受。

❸ A: 这事你为什么告诉小红？ 너 이 일을 왜 샤오홍에게 말했어?
   B: 我并没有告诉她呀！ 난 결코 그녀에게 말하지 않았어!

❹ A: 你真是的，这事叫你不要告诉小红，你为什么告诉她？
   너도 진짜, 내가 이 일을 샤오홍에게 말하지 말라고 했는데, 왜 말했어?
   B: 又不是我告诉小红的，你说我干啥？
   내가 샤오홍에게 말한 것도 아닌데, 왜 나한테 그래?

❺ 这次并不是他第一次上台。 그는 결코 이번에 처음 무대에 오른 것은 아니다.

❻ 你又不是第一次上台，何必那么紧张？ 처음 무대에 오르는 것도 아닌데, 뭘 그렇게 긴장을 해?

❼ A: 这么晚了，她还没回来。 이렇게 늦었는데, 그녀가 아직 안 돌아왔어요.
   B: 她又不是三岁的小孩。 세 살짜리 어린애도 아닌데 뭘 그래.

문 부사 '并'과 '又'는 부정부사 앞에 쓰일 때, 용법상 어떤 차이점이 있을까?

답 부사 '并'은 부정부사 '不', '没有', '非' 등의 앞에만 쓰일 수 있다.

예문❶과 예문❸을 통해서 '并'을 쓰는 문장은 다른 사람이나 자신이 '원래 ~하다고 생각했었다'라는 전제 조건을 담고 있음을 알 수 있다. 예를 들면, 예문❶의 '我'는 원래 중국어가 배우기 어렵다고 생각했고, 예문❸의 A는 원래 B가 샤오홍에게 '这事'를 말했다고 생각했었다.
문장에 '并'을 쓰면 이러한 전제 조건에 대한 부정의 의미가 더욱 강해진다. 즉, 어떤 **사실이나 견해가 기존에 생각했던, 또는 생각할 수 있었던 그런 것이 아님을 강조한다.** 예문❷에는 이러한 전제 조건이 없으므로 '并'을 쓸 수 없다.

'又' 또한 부정문에 쓰일 수 있으며, 어떤 전제 조건을 부정한다. 그러나 '并'과는 다르다. '并'은 한 가지만 부정하지만, '又'는 두 가지를 부정한다. 즉, **먼저 이유를 부정하고, 더 나아가 어떤 행동이나 심리 상태에 대한 부정을 강조한다.** 따라서 문장의 중점이 뒤에 있는 내용의 부정에 있다.
예문❹의 B는 먼저 '告诉了小红'을 부정하고, 그것을 이유로 삼아서 더 나아가 A의 행동을 부정함으로써, A가 자신을 탓하면 안 된다는 것을 강조하고 있다.
예문❼의 '她又不是三岁的小孩'는 겉으로 보기에는 한 가지만 부정하고 있는 것 같지만, 사실은 또 다른 더욱 중요한 부정(당신은 그녀 때문에 지나치게 걱정할 필요가 없다)을 함축하고 있다.
이 밖에 '又'를 쓰는 문장은 어기가 상대적으로 좀 더 강하다.

다음 도표를 통해 '并'과 '又'의 차이점을 살펴보자.

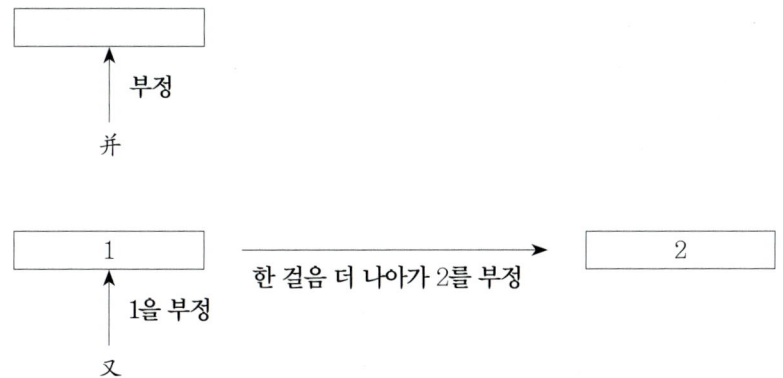

✓ C·h·e·c·k C·h·e·c·k

'并'이나 '又'를 사용하여 밑줄 친 부분을 채우세요(둘 다 답이 될 수 없는 경우에는 X를 표시).

① A 你怎么把我忘了？

　　B 我____没有忘了你，这些年我实在是因为太忙了，才一直没有给你写信。

② 听说那部电影拍得很好，可惜我____没有时间去看。

③ 吸烟____没有什么好处，你为什么就不肯戒掉它呢？

④ 他____不会吃人，你怕什么？

⑤ 我已经决定____不去那个公司工作了。

⑥ 他们说问题已经解决了，实际上____不是这样。

⑦ 事情是明摆着的，人家____不是没长眼睛，难道看不出来？

⑧ 被人看不起____不可怕。它能激发你自立的勇气，焕发你做人的尊严。

unit _075 "都"와 "全"

'都'와 '全'은 '모두', '전부', '예외 없이'라는 뜻으로, 총괄적인 범위를 나타낸다. 그러나 그 쓰임이 때에 따라 서로 다르다는 것을 이해하자.

맥·잡·기·예·문

❶ 这些东西我全喜欢。 이 물건들을 나는 전부 좋아한다.
　→ 这些东西我都喜欢。

❷ 这里的人几乎全是他的朋友。 여기 있는 사람은 거의 다 그의 친구이다.
　→ 这里的人几乎都是他的朋友。

❸ 谁都不想去那儿。 어느 누구도 그곳에 가고 싶어 하지 않는다.
　× 谁全不想去那儿。

❹ 人人都希望过着舒适的生活。 사람들은 다 편안한 생활을 하기를 바란다.
　× 人人全希望过着舒适的生活。

❺ 很多老年人都喜欢看京剧。 많은 노인들이 다 경극 보는 것을 좋아한다.
　× 很多老年人全喜欢看京剧。

❻ 在以前的学习中，我都没有遇到过这样的问题。
　지금까지 공부하면서 나는 이런 문제를 접한 적이 없다.
　× 在以前的学习中，我全没有遇到过这样的问题。

❼ 你都去过哪儿? 너 모두 어디 어디를 갔었니?
　× 你全去过哪儿?

문 '都'와 '全'은 모두 영어의 'all'에 해당하며, 대다수의 문장에서 이들 둘은 서로 바꿔 쓸 수 있다. 그러면 '都'와 '全'은 어떤 차이점이 있을까?

답 '都'와 '全'은 모두 영어 'all'로 번역할 수 있지만, 이들은 의미상 다음과 같은 차이점을 지닌다.
'全'은 '사물의 전체'를 강조하며, '全' 앞에는 반드시 사물의 명확한 범위가 있어야 한다.

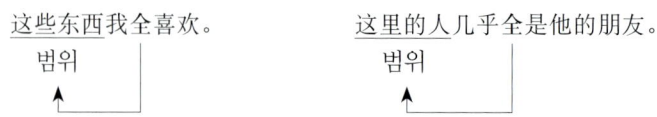

'都'는 '사물 사이의 공통점'을 강조한다. 따라서 다음과 같은 경우에는 '都'만 쓸 수 있다.

1. '每', '各', '任何'나 '谁', '什么', '哪儿' 또는 '명사나 양사의 중첩형'을 동반하는 경우. 예를 들면, 예문❸과 예문❹가 그러하다. 또 사물의 일부분을 가리키면서 '很多', '大部分', '一般' 등의 단어를 동반하는 경우. 예를 들면, 예문❺가 그러하다.
2. 서로 다른 시간, 장소, 조건에서의 동일한 상황을 가리키는 경우. 예를 들면, 예문❻이 그러하다.
3. 가리키는 사물의 명확한 범위가 없는 경우. 예를 들면, 예문❼이 그러하다.

✓ C·h·e·c·k C·h·e·c·k

다음 문장의 옳고 그름을 O X로 표시하세요.

① 他什么全不想吃。(　　)

② 他把我说的话全记下来了。(　　)

③ 我们问他问题时，他全会笑眯眯地回答我们。(　　)

④ 对这种现象，大部分人全感到非常不满。(　　)

⑤ 他说了些什么话，我全忘了。(　　)

⑥ 每个同学明天全要来。(　　)

⑦ 这些花，朵朵全是那么鲜艳。(　　)

unit_076 "全"과 "全部"

'全'과 '全部'가 형용사로 쓰이는 경우는 '전부의', '전체의'라는 뜻으로 예외가 없음을 나타내고, 부사로 쓰이는 경우는 '모두', '전부'라는 뜻으로 총괄의 의미를 나타낸다. 혼동하기 쉬운 '全'과 '全部'에 대해 정확히 이해할 수 있도록 그 차이점과 쓰임을 구분해 보자.

맥·잡·기·예·문

❶ 这些孩子全很健康。 이 아이들은 모두 아주 건강하다.

❷ 我把今天的工作全部都干完了。 나는 오늘의 업무를 전부 다 처리했다.

❸ 今天我们全校的老师都参加了会议。 오늘 우리 학교 전교 선생님들이 모두 회의에 참가했다.

❹ 我把今天的全部工作都干完了。 나는 오늘의 모든 업무를 다 처리했다.

❺ 车祸以后，他的一条腿全废了。 교통사고 후, 그의 한쪽 다리는 전혀 못 쓰게 되었다.

문 '全'과 '全部'는 어떤 차이점이 있을까?

답 '全'과 '全部'는 범위 전체를 가리키며, 용법상 많은 공통점을 가지고 있다.

'全'과 '全部'는 동사나 형용사의 앞에 쓰여 상어 역할을 할 수 있다. 이때는 '全'과 '全部'를 **바꿔 써도 된다**. '全部'는 주로 '都'와 함께 쓰이지만, '全'은 단독으로 쓰이기도 한다. 예를 들면, 예문❶과 예문❷가 그러하다.

또한 '全'과 '全部'는 명사 앞에 쓰여 정어 역할을 할 수 있다. 그러나 이때 '全' 뒤의 명사는 반드시 '**집합명사**'**여야 한다**. '全校', '全班', '全国', '全世界', '全公司' 등이 그러한 예로 쓰인다. 반면 '全部'는 개별적인 명사 앞에만 쓰일 수 있다. 예를 들면, 예문❹의 '工作'가 그러하다. 이때 뒤에 나오는 명사가 '**어떤 부류의 구성원**'을 나타내는 경우에는 '全体教师', '全体职员'과 같이 '**全体**'**를 써야 한다**.

이 밖에 '全'은 부사로 쓰일 때, '완전히'라는 의미를 지니며, 정도가 아주 심함을 나타낸다. 예문❺는 그의 한쪽 다리가 완전히 기능을 상실했다는 뜻이다. 이때는 '全部'를 쓸 수 없다.

✓ **C·h·e·c·k C·h·e·c·k**

'全'이나 '全部'를 사용하여 밑줄 친 부분을 채우세요.

① 学过的汉字我_____会写。

② 我们把办公桌上的_____纸张都变成了这种东西。

③ 你呀，就不要担心了，_____听我的，不会有错的。

④ 这些衣服还挺漂亮的，_____都不能穿了么?

⑤ 他_____身都湿了。

⑥ 今年他们村的_____收入达到了一千多万元。

⑦ 他们_____都满脸倦容，睡眼惺忪。

⑧ 实在没想到会搞成这样的局面，这_____是一场误会。

unit _077 "都"와 "净"

'都'와 '净'은 '모두', '전부'라는 뜻을 나타낸다. 혼동하기 쉬운 '都'와 '净'에 대해 정확히 이해할 수 있도록 그 차이점과 쓰임을 구분해 보자.

> 맥·잡·기·예·문
>
> ❶ 书架上都是小说。 책꽂이에는 모두 소설책이다.
>   → 书架上净是小说。
>
> ❷ 他说的都是废话。 그가 말하는 것은 모두 쓸데없는 소리다.
>   → 他说的净是废话。
>
> ❸ 这个班都是女同学。 이 반은 모두 여학생이다.
>   → 这个班净是女同学。
>
> ❹ 同学们都按时交了作业。 학우들은 모두 시간에 맞춰 과제를 제출했다.
>   ✕ 同学们净按时交了作业。
>
> ❺ 这方面人人都是天才。 이 방면에 있어서는 모두가 다 천재다.
>   ✕ 这方面人人净是天才。

문 '净'에는 '都'의 의미가 있다. 그런데 예문❶, 예문❷, 예문❸의 '都'는 '净'으로 바꿔 쓸 수 있지만, 예문❹, 예문❺의 '都'는 '净'으로 바꿔 쓸 수 없다. '净'과 '都'는 어떤 차이점이 있을까?

답 '净'은 구어의 성격이 강하며, 때에 따라 '都', '全', '总是', '老是', '只', '光' 등으로 해석할 수 있다. '净'이 '都'의 의미를 지닐 때, '净'과 '都'는 다음과 같은 차이점을 지닌다.

1 _ 의미상의 차이점

'都'는 사물의 공통점을 강조하고, '净'은 일정한 **범위 내의 사물이 가지는 성질이 단일하거나 일정 범위 내의 사물이 한 종류 뿐**이라는 점을 강조한다.

예문❶의 '都'는 책꽂이의 책들이 동일한 종류임을 강조하고, '净'은 책꽂이에 오직 같은 종류의 책(즉, 소설책)만 있음을 강조한다. 따라서 '净' 앞에는 반드시 범위가 있어야 하며, '净' 뒤에는 주로 '是'가 온다. 다시 말해, '净'이 쓰인 문장은 다음과 같이 나타낼 수 있다.

범위(장소 / 집단 / 동사 + '的') + '净是' + 사람이나 사물

이러한 문장은 어떤 장소나 어떤 집단 내에 존재하는 사람이나 사물이 모두 한 종류(즉, 같은 것)임을 나타낸다. 위와 같은 형식과 의미일 때만 '都'를 '净'으로 바꿔 쓸 수 있고, 기타의 경우에는 바꿔 쓸 수 없다(예문❹ 참조).

2 _ 용법상의 차이점

'净'을 쓸 때는 다음의 몇 가지 사항에 주의해야 한다.

1) '净' 앞부분은 일정 범위 내의 사람이나 사물이므로 '每', '各', '所有', '任何', '到处', '一切' 등의 단어나 '人人', '个个' 등과 같은 양사나 명사의 중첩형을 쓸 수 없다. 예를 들면, 예문❺가 그러하다.
2) 부정부사 '不'는 '净' 앞에만 쓸 수 있다. 예를 들면, '来的不净是学生(온 사람이 모두 학생은 아니다)'이 그러하다.

이 밖에 종종 '净'을 써서 불만이나 과장의 어기를 나타내는데, 이때 '净'을 '都'로 바꿔 쓰게 되면 이러한 어기가 없어지거나 약해진다. 또한 불만을 나타낼 때, '净'은 그 사용범위가 '都'보다 넓기 때문에, 다른 문장형식에도 쓸 수 있다.

你自己想一想, 你**都**干了些什么事啊! 너 스스로 한번 생각 좀 해 봐. 네가 무슨 일을 했는지! (어기가 약함)
→ 你自己想一想, 你**净**干了些什么事啊! 너 스스로 한 번 생각 좀 해 봐. 네가 무슨 일을 했는지! (어기가 강함)

他交往的**都**是些工人。 그가 교제하는 사람은 모두 노동자들이다. (일반)
→ 他交往的**净**是些工人。 그가 교제하는 사람은 죄다 노동자들뿐이다. (불만)

✓ | 핵·심·콕·콕!!

'净'은 '범위 + 净是 + 사람이나 사물'의 형태로 쓰여 일정 범위 내의 사람이나 사물이 모두 동일함을 강조하며, 이때는 '都'와 바꿔 쓸 수 있다. 또 종종 불만이나 과장의 어기를 나타낸다.

✓ | C·h·e·c·k C·h·e·c·k

다음 문장에서 '都'를 '净'으로 바꿔 쓸 수 있으면 O, 바꿔 쓸 수 없으면 X표를 하세요.

① 我什么办法都没想出来。(   )
② 车上的乘客都是本地人。(   )
③ 每个孩子都是父母的宝贝。(   )
④ 满屋子都是书。(   )
⑤ 他卖的都是广东特产。(   )
⑥ 他们都是我父亲的老朋友。(   )
⑦ 她两手都是粉笔末儿。(   )
⑧ 你都看些没用的东西。(   )

⑨ 这几天听你们所说所讲，都是爱国的大道理。（　）

⑩ 我不困，睡也睡不着，满脑子都是对未来的憧憬！（　）

unit_078 "都"와 "已经"

'都 / 已经……了'의 '都'와 '已经'은 '이미', '벌써'라는 뜻을 나타낸다. 그러나 그 뜻과 쓰임이 때에 따라 서로 다르다는 것을 이해하자.

맥·잡·기·예·문

❶ 他回来的时候，饭都凉了。 그가 돌아왔을 때는 밥이 이미 식었다.
　他回来的时候，饭已经凉了。 그가 돌아왔을 때는 밥이 이미 식었다.

❷ 学了三个月汉语以后，阿里都会念中文报纸了。
　중국어를 배운 지 3개월 만에, 아리는 벌써 중국어 신문을 읽을 수 있게 되었다.
　学了三个月汉语以后，阿里已经会念中文报纸了。
　중국어를 배운 지 3개월 만에, 아리는 벌써 중국어 신문을 읽을 수 있게 되었다.

❸ A: 咱们出去散散步吧。 우리 산책 갑시다.
　B: 都十点了。 벌써 열 시에요.
　→ 已经十点了。

❹ A: 几点了? 몇 시에요?
　B: 已经十点了。 벌써 열 시에요.
　× 都十点了。

❺ A: 你去找他了吗? 너 그 사람 찾아가 봤니?
　B: 已经去了。 벌써 가 봤어요.
　× 都去了。

❻ 她不想说下去，但是他已经明白她要说什么了。
　그녀는 더 이야기하고 싶어하지 않는다. 하지만 그는 이미 그녀가 무슨 이야기를 하려는지 알았다.
　× 她不想说下去，但是他都明白她要说什么了。

문 '都……了'의 '都'는 모두 '已经'으로 바꿔 쓸 수 있다. 그렇다면 이때의 '都'는 '已经'과 같을까? '都'와 '已经'은 어떤 차이점이 있을까?

답 위의 예문에 쓰인 '都'와 '已经'은 다르다. 이들은 다음과 같은 차이점을 지닌다.

'都'는 강조의 어기를 나타낸다. 즉, 어떤 상황이 일반적인 상황이 아님을 강조하며, 화자는 이러한 상황을 강조함으로써 또 다른 의미를 나타낸다.

예를 들면, 예문❶의 '都'는 화자가 '饭凉了'라는 상황이 일반적인 상황이 아니라고 생각함을 나타낸다. 즉, 이를 통해 '그가 나간 지 오래되었음'을 나타낸다. 그러나 '已经'을 쓰면 화자가 단순히 '饭凉了'라는 상황을 이야기하려는 것일 뿐 다른 의미는 내포하고 있지 않다.
예문❷의 '都'는 화자가 '阿里会念中文报纸了'라는 상황이 일반적인 상황이 아니라고 생각함을 나타낸다. 즉, 이를 통해 '아리가 빨리 배웠음'을 나타낸다. 그러나 '已经'을 쓰면 이러한 의미가 없어진다.

'已经'은 강조의 의미를 갖지 않으므로 **일반적인 서술에 쓸 수 있다**. 이때의 '已经'은 '都'로 바꿔 쓸 수 없다. 예를 들면, 예문❹의 '几点了?'에 대한 대답에서 화자는 '十点'이 이른지 늦은지에 대한 생각을 드러내지 않았고, 강조의 어기도 없기 때문에 '都'를 쓸 수 없다. 예문❺와 예문❻도 이와 마찬가지이다.

강조를 나타내는 '都'는 종종 '已经'과 바꿔 쓸 수 있다. 그러나 바꿔 쓰게 되면 강조의 어기가 없어지거나 불분명해진다. 또한 '都'는 '都已经'과 바꿔 쓸 수 있으며, 그 의미는 '都'와 같다. 예를 들면 예문❶은 '他回来的时候饭都已经凉了'라고 할 수 있다. 예문❸에서는 '都'를 써서 화자가 '十点'이 아주 늦은 시간이라고 생각하고 있음을 나타내며, 한걸음 더 나아가 '산책을 가지 말자'라는 의미까지 나타낸다. 이때는 '都'를 '已经'으로 바꿔 쓸 수 있지만, 어기가 약해진다.

✓ | 핵·심·콕·콕!!

'都……了'의 '都'는 일반적이지 않은 상황을 강조함으로써 또 다른 의미를 나타낼 때 쓰인다. 반면 일반적인 서술을 할 때는 '已经'을 쓴다.

✓ | C·h·e·c·k C·h·e·c·k

'都'나 '已经'을 써서 밑줄 친 부분을 채우세요. 만일 두 가지 모두 가능할 경우 어느 것을 쓰는 것이 더 나은지, 어기상의 차이점은 없는지도 판단해 보세요.

① 孩子_____两岁多了，怎么还不会说话？

② 我的手_____累得举不起来了，你还说我干得少！

③ 经过一年的苦干，现在他_____把账还了。

④ A 你的汉语说得很好啊！

B 我_____学了两年了。

⑤ 我们到那儿的时候，他_____在等我们了。

⑥ 为这事儿他很卖力气，各处都跑到了，_____凑足了需要的钱！

⑦ 这本应该是张年轻的脸，可是现在这张脸_____让人难以分辨年龄了。

⑧ 我_____说了你多少次了，你怎么还是没点儿长进。

unit_079 "只"와 "就"

'只'와 '就'는 '단지'라는 뜻으로, 범위를 한정한다. 혼동하기 쉬운 '只'와 '就'에 대해 정확히 이해할 수 있도록 그 차이점과 쓰임을 구분해 보자.

맥·잡·기·예·문

❶ 今天我们只谈学习问题。 오늘 우리는 학습문제만 논의한다.
→ 今天我们就谈学习问题。

❷ 她出去的时候，手里就拿了个包。 그녀는 나갈 때, 손에 지갑만 들고 갔다.
→ 她出去的时候，手里只拿了个包。

❸ 他只买了两斤(面)，怎么够呢？ 그가 국수를 두 근밖에 안 샀는데, 어떻게 충분하겠나？
→ 他就买了两斤(面)，怎么够呢？

❹ 我就这一本，你千万别弄丢了。 나한테 이 한 권밖에 없으니까, 절대로 잃어버리지 마라.
→ 我只有这一本，你千万别弄丢了。

❺ 今晚就我们(三个)去参加晚会。 오늘 밤에 우리 셋만 저녁파티에 참가한다.
→ 今晚只有我们(三个)去参加晚会。

❻ 就小张知道那地方，别人都不知道。 샤오장만 그곳을 알고 있고, 다른 사람은 다 모른다.
→ 只有小张知道那地方，别人都不知道。

문 '只'와 '就'는 모두 'only'로 번역할 수 있는데, 이 둘의 차이점은 무엇일까?

답 '只'와 '就'는 모두 범위를 한정할 때 쓴다. 이 둘의 용법상의 차이는 이들이 한정하는 내용과 관계가 있다.

동사의 목적어를 한정하는 경우에는 '只'를 써도 되고 '就'를 써도 된다.
예문❶의 '只'가 한정하는 것은 동사 '谈'의 목적어인 '学习问题'이다. 즉, 학습문제 외에 다른 것은 이야기하지 않음을 나타낸다. 마찬가지로 예문❷의 '就'가 한정하는 것은 '包'이며, 그녀가 지갑 외에 다른 것은 가져가지 않았음을 나타낸다. 따라서 예문❶과 예문❷에서는 '只'와 '就'를 바꿔 쓸 수 있다.

또한 목적어 위치에 있는 수량을 한정할 때도 '只'와 '就' 모두 쓸 수 있다.
예문❸의 '只'는 '两斤'을 한정하며, 그 이상 사지는 않았음을 나타낸다. 이때는 '只'를 '就'로 바꿔 쓸 수 있다.
예문❹의 '就'는 '这一本'을 한정하며, 그보다 더 많지 않음을 나타낸다. 이때는 '就'를 '只有'로 바꿔 쓸 수 있다.

주어의 범위를 한정할 때는 '就'나 '只有'만 쓸 수 있다. 이때 '就'와 '只有'는 예문❺, 예문❻과 같이 반드시 주어 앞에 놓아야 한다.

✓ Check Check

'只'나 '就'를 사용하여 다음 문장을 완성하세요.

① 在广州，我没去过别的地方，_____。

② _____，别的话我都不会说。

③ 他们家很穷，家里没有什么值钱的东西，_____。

④ 我_____汉语，所以说得还不太好。

⑤ 我们学校_____，你们如果弄坏了，大家都不能用电脑了。

⑥ 别人都吃了，也没说不好吃，_____。

unit_080 "马上"과 "立刻"

'马上'과 '立刻'는 '곧', '즉시'라는 뜻으로, 시간이 짧음을 나타낸다. 혼동하기 쉬운 '马上'과 '立刻'에 대해 정확히 이해할 수 있도록 그 차이점과 쓰임을 구분해 보자.

맥·잡·기·예·문

❶ 这件事我<u>马上</u>就去办！ 이 일은 내가 바로 가서 처리할게!

❷ 听他这么一说，小王<u>马上</u>就答应了。 그가 이렇게 말하는 것을 듣고, 샤오왕은 바로 허락했다.

❸ 派两个人，<u>立刻</u>把他找来！ 두 사람을 파견해서, 얼른 그를 찾아와라!

❹ 听到敲门声，他<u>立刻</u>跑过去开门。 문을 두드리는 소리를 듣고, 그는 바로 뛰어가서 문을 열었다.

❺ 冬天过去了，春天<u>马上</u>就到了。 겨울이 갔으니, 곧 봄이 올 것이다.
　× 冬天过去了，春天立刻就到了。

문 '马上'과 '立刻'는 어떤 차이점이 있을까?

답 '马上'과 '立刻'는 모두 어떤 상황이 머지않아 곧 발생할 것임을 나타내며, 시간이 아주 짧음을 강조한다. 예를 들면, 예문❶과 예문❸이 그러하다. 또 앞의 사건이 발생한 후에 뒤의 사건이 연이어 발생함을 나타내기도 한다. 예를 들면, 예문❷와 예문❹가 그러하다.

'立刻'가 어떤 상황이 머지않아 곧 발생할 것임을 나타낸다는 말은 어떤 상황이 발생하기 직전이란 뜻으로, 그 상황이 발생하기까지의 시간이 굉장히 짧음을 나타낸다. 그러나 '马上'이 강조하는 시간은 상대적인 것이어서, 경우에 따라 화자가 생각하기에 시간이 아주 짧은 것일 뿐 실제로는 결코 짧은 시간이 아닐 수도 있다. 예를 들면, 예문❺에서 '马上'이 강조하는 시간은 실제로는 '며칠' 또는 '몇십 일'일 것이다. 따라서 이때는 '马上'을 '立刻'로 바꿔 쓸 수 없다.

✓ C·h·e·c·k C·h·e·c·k

'马上'이나 '立刻'를 사용하여 밑줄 친 부분을 채우세요.

① 请你_____出去，我不想跟你说话！

② 他关了电视，屋里_____静了下来。

③ 主角出场了，全场_____起了雷鸣般的掌声。

④ 老王_____就六十了，孩子们准备给他过六十大寿。

⑤ 我_____要去德国了，临走前想请你吃顿饭。

⑥ _____是春天了，还买棉衣干什么?

unit_081 "一时"와 "一下子"

'一时'와 '一下子'는 어떤 상황이나 현상이 갑자기 발생하거나 출현했음을 나타낸다. 혼동하기 쉬운 '一时'와 '一下子'에 대해 정확히 이해할 수 있도록 그 차이점과 쓰임을 구분해 보자.

맥·잡·기·예·문

❶ 也许他只是一时想不明白，以后他会明白的。
아마도 그가 순간 이해를 못했을 뿐이지, 나중에는 알게 될 것이다.
✗ 也许他只是一下子想不明白，以后他会明白的。

❷ 这个问题一时还解决不了。 이 문제는 단시간에 해결할 수 없다.
✗ 这个问题一下子还解决不了。

❸ 听了他的话，她一下子全明白了。 그의 이야기를 듣자, 그녀는 단번에 이해했다.
✗ 听了他的话，她一时全明白了。

❹ 听到这个消息，她一下子就哭起来了。 이 소식을 듣자, 그녀는 갑자기 울기 시작했다.
✗ 听到这个消息，她一时就哭起来了。

❺ 一下子给他讲那么多，他可能接受不了。
한 번에 그에게 그렇게 많이 이야기하면, 그는 아마도 받아들일 수 없을 것이다.
✗ 一时给他讲那么多，他可能接受不了。

❻ 他一下子选了六门课。 그는 한 번에 여섯 과목을 선택했다.
✗ 他一时选了六门课。

문 '一时'와 '一下子'는 어떤 차이점이 있을까?

답 '一时'와 '一下子'는 다음과 같은 차이점을 지닌다.

'一时'는 짧은 시간 내의 어떤 상황을 나타낸다.
예문❶의 '一时想不明白'는 '그가 순간 이해하지 못했지만, 시간이 좀 지나면 이해하게 될 것이다'라는 뜻이다.
'一下子'는 동사 앞에 쓰여 **동작이나 상태의 변화가 아주 빠름을 나타낸다.**
예문❸의 '一下子全明白了'는 그녀가 이해하지 못했다가 전부 이해하게 되었는데, 그 변화가 아주 빨랐음을 나타낸다.

'一时'는 짧은 시간 내의 상황을 강조하고, '一下子'는 동작이나 상태의 변화가 아주 빠름을 강조한다. 따라서 예문❶~예문❹의 '一时'와 '一下子'는 서로 바꿔 쓸 수 없다.

'一下子'는 때로 예문❺나 예문❻에서처럼 '1회'라는 뜻을 나타내기도 한다. 이때에도 '一下子'는 '一时'로 바꿔 쓸 수 없다.

이 밖에 또 주의를 기울여야 할 점은 '一下子'는 동사 앞에 놓일 때와 동사 뒤에 놓일 때, 그 의미가 다르다는 것이다.

✓ 핵·심·콕·콕!!
'一时'는 짧은 시간 내의 어떤 상황을 나타낸다.
'一下子'는 동작이나 상태의 변화가 빠름, 시간이 짧음, '1회'라는 의미를 나타낸다.

✓ C·h·e·c·k C·h·e·c·k
'一时'나 '一下子'를 사용하여 밑줄 친 부분을 채우세요.

① 你不要着急，我觉得他没事，他可能只是_____想不开。

② 张文怔怔地望着刘明，_____没有说话。

③ 听了我的话，他呆呆地_____说不出话来。

④ 真奇怪，我找了那么久都没有找到，你怎么_____就找到了呢?

⑤ 你真是一个聪明人，_____就明白了我的意思。

⑥ 小林后来主动承认了错误，说那天是他_____着急，错怪了她。

unit_082 "马上","赶紧","连忙","一下子"

'马上'은 '즉시', '곧', '赶紧'은 '서둘러', '급히', '재빨리', '连忙'은 '급히', '얼른', '一下子'는 '갑자기', '단번에'라는 뜻으로, 시간적으로 신속함을 나타낸다. 혼동하기 쉬운 이들에 대해 정확히 이해할 수 있도록 그 차이점과 쓰임을 구분해 보자.

맥·잡·기·예·문

① 下课以后，他马上就去食堂吃饭了。 수업이 끝난 후, 그는 곧장 식당에 가서 밥을 먹었다.

② 他一讲，我马上就明白了。 그가 설명을 하자, 나는 바로 이해했다.

③ 请你马上到我办公室里来。 바로 제 사무실로 오세요.

④ 马上就是春天了，还买棉衣干什么？ 곧 봄인데, 솜옷은 사서 뭐하려고?

⑤ 听到爸爸回来了，她赶紧跑过去开门。
아버지가 돌아오신 것을 알고, 그녀는 얼른 뛰어가서 문을 열었다.

⑥ 下星期就要考试了，我得赶紧复习功课。
다음 주면 시험이라서, 나는 서둘러 복습을 해야 한다.

⑦ 听见妈妈喊他，东东连忙从屋子里跑了出来。
엄마가 그를 부르는 소리를 듣고, 똥똥은 재빨리 방에서 뛰어나왔다.

⑧ 听了爸爸的话，冬冬高兴得一下子跑了起来。
아빠의 말씀을 듣고, 똥똥은 기뻐서 갑자기 뛰기 시작했다.

문 부사 '马上', '赶紧', '连忙', '一下子'는 의미상 어떤 차이점이 있을까?

답 '马上', '赶紧', '连忙', '一下子'는 의미상 다음과 같은 차이점을 지닌다('马上'과 '一下子'의 의미는 unit_080, unit_081 참조).

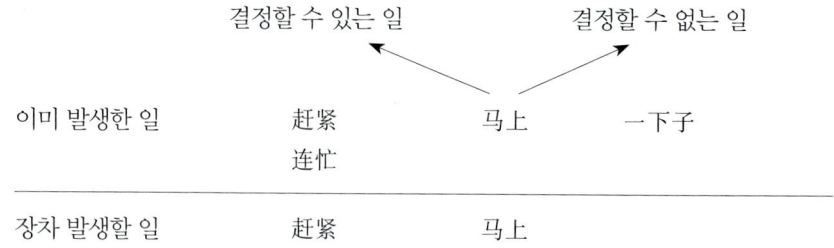

위의 도표에서 '결정할 수 있는 일'이란 '화자가 어떤 일을 할 것인지 말 것인지를 결정할 수 있는 일'을 가리킨다. 예를 들어, '去食堂吃饭(밥 먹으러 식당에 간다)'은 화자가 간다고 결정할 수도 있고, 가지 않는다고 결정할 수도 있다. 마찬가지로 '결정할 수 없는 일'이란 '화자가 어떤 일을 할 것인지 말 것인지를 결정할 수 없는 일'을 가리킨다. 예를 들어, '明白了(알았다)'는 화자 스스로 이해할지 못할지를 결정할 수 없다.

'马上'은 예문❶이나 예문❷와 같이 이미 발생한 일에 쓸 수도 있고, 예문❸이나 예문❹와 같이 장차 발생할 일에 쓸 수도 있다. 또한 예문❶이나 예문❸과 같이 결정할 수 있는 일에 쓸 수도 있고, 예문❷나 예문❹와 같이 결정할 수 없는 일에 쓸 수도 있다.

'赶紧'과 '连忙'은 '어떤 일을 아주 빨리 함'을 나타내며, 결정할 수 있는 일에만 쓸 수 있다. 한편 '赶紧'은 예문❺와 같이 이미 발생한 일에 쓸 수도 있고, 예문❻과 같이 장차 발생할 일에 쓸 수도 있다. 그러나 '连忙'은 예문❼과 같이 이미 발생한 일이나 결정할 수 있는 일에만 쓸 수 있다.

'一下子'는 예문❽과 같이 이미 발생한 일이나 결정할 수 없는 일에만 쓸 수 있다.

✓ C·h·e·c·k C·h·e·c·k

'马上', '赶紧', '连忙', '一下子'를 사용하여 밑줄 친 부분을 채우세요.

① _____就要下雨了，我得_____回去。

② 一听说要打扑克，他_____就来了兴趣。

③ 这么晚了他还没回来，我得_____去看看是怎么回事。

④ 老吴已经58岁了，_____就要退休了。

⑤ 他一看她的脸色，_____就明白是怎么回事了。

⑥ 你先别着急，这件事也不是_____就可以办得了的。

⑦ 要下雨了，_____把衣服拿下来！

⑧ A 妈，时间不早了，快睡吧！
　　B 好，我_____就睡。

⑨ 她们以为小王说的是真的，都让我讲一讲，我_____否认："别听他的，没那回事。"

⑩ 锅里的油烧热了，开始冒烟了，我_____把火关掉。

unit_083 "一时", "一旦", "一度"

'一时'는 '일시', '一旦'은 '일단', '어느 때', '一度'는 '한 때', '한 차례'라는 뜻을 나타낸다. 혼동하기 쉬운 이들에 대해 정확히 이해할 수 있도록 그 차이점과 쓰임을 구분해 보자.

맥·잡·기·예·문

❶ 他愣住了，一时没有答话。 그는 멍해져서 순간 대답하지 못했다.

❷ 这事一旦让她知道了，她会很伤心的。
이 일은 일단 그녀가 알게 되면, 매우 상심할 것이다.

❸ 他一旦下了决心，就会认真去做，决不后悔。
그는 일단 결심을 하면 열심히 해서 결코 후회하지 않는다.

❹ 大家一起生活了这么久，一旦离别，当然很舍不得。
모두들 이렇게 오랫동안 함께 생활했는데, 갑자기 헤어지게 되니 정말 너무 아쉽다.

❺ 他因生病曾一度休学，所以年龄比班上的同学大一些。
그는 병으로 한때 휴학을 했기 때문에, 같은 반 학우들보다 나이가 조금 많다.

❻ 这场球赛，我们队曾经一度领先。
이번 구기시합에서 우리 팀은 한동안 앞섰었다.

문 부사 '一时', '一旦', '一度'는 어떤 차이점이 있을까?

답 부사 '一时', '一旦', '一度'는 다음과 같은 차이점을 지닌다.

一时	짧은 시간 내의 어떤 상황을 나타낸다.	예문❶ 참조
一旦	만약 어느 날	예문❷, 예문❸ 참조
	어느 날 갑자기	예문❹ 참조
一度	어떤 상황이 과거의 어떤 시기에 발생한 적이 있음을 나타낸다. 종종 '曾经'과 함께 쓰인다.	예문❺, 예문❻ 참조

Check Check

'一时', '一旦', '一度'를 사용하여 밑줄 친 부분을 채우세요.

① 对不起，是我_____不小心，打碎了杯子，请原谅。

② 部队已经接到命令，_____情况紧急，马上炸掉大桥。

③ 这条河_____被污染，周围老百姓的生活就会受到影响。

④ 这个地方曾_____繁荣过，但后来不知怎么又衰落了。

⑤ 这个规定曾经_____遭到大家的强烈反对。

⑥ 这个商标_____注册，别人将无权使用它。

⑦ 她可以听见外边的那个人在高声地说话，但她_____听不出是在说什么。

⑧ 这个地方曾经_____以环境优美而闻名天下。

unit_084 "一下子"와 "忽然"

'一下子'와 '忽然'은 '갑자기'라는 뜻으로, 어떤 사건이 빠르게 발생하였음을 나타낸다. 혼동하기 쉬운 '一下子'와 '忽然'에 대해 정확히 이해할 수 있도록 그 차이점과 쓰임을 구분해 보자.

맥·잡·기·예·문

❶ 听到那个不幸的消息，她一下子哭了起来。
그 불행한 소식을 듣자, 그녀는 갑자기 울기 시작했다.

❷ 听说两天前丢的东西找到了，他的病一下子就好了。
이틀 전에 잃어버린 물건을 찾았다는 소식을 듣자, 그의 병이 갑자기 좋아졌다.

❸ 大家正在高兴地看电视，她忽然哭了起来。
모두들 즐겁게 텔레비전을 보고 있는데, 그녀가 갑자기 울기 시작했다.

❹ 也没吃什么药，他的病忽然就好了。
별다른 약을 먹지 않았는데도, 그의 병이 갑자기 좋아졌다.

❺ 这个脏小孩身上的烂泥，好像一下子就忽然不见了，忽然变成了一个可爱的小天使。
이 지저분한 아이 몸에 있던 진흙이 마치 순식간에 갑자기 사라지고, 돌연 귀여운 작은 천사로 변한 것 같다.

문 부사 '一下子'와 '忽然'은 어떤 차이점이 있을까?

답 부사 '一下子'와 '忽然'은 다음과 같은 차이점을 지닌다('一下子'의 의미는 unit_081 참조). '一下子'는 동작이나 상태의 변화가 아주 빠름을 강조하고, '忽然'은 동작이나 상태의 변화가 예상치 못한 것임을 강조한다. 따라서 '一下子'와 '忽然'은 서로 바꿔 쓸 수 없다. 예를 들면, 예문❶~예문❹가 그러하다. '一下子'는 변화가 빠름을 강조하기 때문에, 때로 '의외'라는 느낌을 주기도 한다. 따라서 때로 '忽然'과 함께 쓰인다. 예를 들면, 예문❺가 그러하다.

C·h·e·c·k C·h·e·c·k

'一下子'나 '忽然'을 사용하여 밑줄 친 부분을 채우세요.

① 一回到家，他_____就坐在了沙发上。

② 我们正在说着话，小刘_____进来了。

③ 他正要出去，_____下起大雨来了。

④ 不知怎么回事，他的肚子_____疼了起来，他_____坐在路边站不起来了。

⑤ 听到大家的表扬，他的烦恼_____都消失了。

⑥ 我走着走着，_____想起了一件事。

unit_085 시간을 나타내는 "一直"와 "总"

'一直'와 '总'은 '항상', '줄곧'이라는 뜻으로, 동작이나 상태가 지속, 불변함을 나타낸다. 혼동하기 쉬운 '一直'와 '总'에 대해 정확히 이해할 수 있도록 그 차이점과 쓰임을 구분해 보자.

맥·잡·기·예·문

❶ 上午他<u>一直</u>在写小说，没有休息过。 오전에 그는 줄곧 소설을 쓰느라 쉬지 못했다.
   × 上午他总在写小说，没有休息过。

❷ 这几年，他<u>一直</u>在家里写小说，很少出来。
   최근 몇 년간, 그는 줄곧 집에서 소설을 쓰느라 거의 나오지 않는다.

❸ 这几年，他<u>总</u>在家里写小说，很少出来。
   최근 몇 년간, 그는 줄곧 집에서 소설을 쓰느라 거의 나오지 않는다.

❹ 他一直骑车上班。 그는 항상 자전거를 타고 출근을 한다.

❺ 他总骑车上班。 그는 항상 자전거를 타고 출근을 한다.

문 시간을 나타내는 '一直'와 '总'은 어떤 차이점이 있을까? 때로 '一直'와 '总'을 바꿔 쓸 수 있는 이유는 무엇일까?

답 '一直'는 동작, 행위 또는 상태가 변하지 않고 지속됨을 나타낸다. 변하지 않고 지속된다는 것은 다음과 같이 세 가지 경우로 구분할 수 있다. 예문❶, 예문❷, 예문❹를 도식화해서 보자.

1. 예문❶

이때의 '一直'는 동작, 행위 또는 상태가 **중단 없이 지속됨**을 나타낸다. 만일 '一直'가 동작의 지속을 나타내면 비교적 짧은 시간에 쓸 수 있다. 예문❶의 '写小说'는 '上午'라는 비교적 짧은 시간 동안 쉬지 않고 계속 쓰는 것을 가리킨다. 그러나 만일 '一直'가 상태의 지속을 나타내면 비교적 긴 시간에 쓸 수 있다. 예를 들면, '我一直爱着他(나는 계속 그를 사랑하고 있다)'가 그러하다. 이때 '一直'를 '总'으로 바꿔서 '我总爱着他'라고 하면 틀린 표현이 된다. 이러한 경우에는 '一直'를 '总'으로 바꿔 쓸 수 없다.

2. 예문❷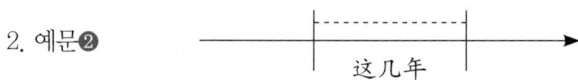

이때의 '一直'는 **중단이 있는 지속**을 나타낸다. 즉, **일정한 시간 동안 동일한 상황이 반복적으로 출현**하는 것을 나타낸다. 이러한 경우에는 '一直'를 '总'으로 바꿔 쓸 수 있다. '写小说'라는 동작은 몇 년 동안이나 쉬지 않고 끊임없이 계속할 수 있는 일이 아니다. 따라서 예문❷는 '写小说'라는 활동이 '这几年' 동안 지속적으로 반복해서 일어난 것임을 가리킨다. 그러나 중간에 몇 달을 쉬었을 경우에는 '一直'를 쓸 수 없다.

3. 예문❹

이때의 '一直'는 **동일한 조건에서 동일한 상황이 지속적이고도 반복적으로 출현함**을 나타낸다. 즉, 예문❹는 매번 출근할 때마다 자전거를 탄다는 의미이다.

다음으로 '总'에 대해 살펴보자.

예문❷와 예문❹의 '一直'는 모두 '总'으로 바꿔 쓸 수 있다. 이는 '总'이 '동작, 행위 또는 상태가 여러 차례 반복됨'을 나타내지 '중단 없이 지속됨'을 나타내지는 않음을 뜻한다. 다시 말해, '总'에는 '一直'의 두 번째 용법과 세 번째 용법만 있으며, 이때는 '总'과 '一直'를 서로 바꿔 쓸 수 있다. '一直'는 '지속됨'을 더 강조하고, '总'은 '여러 차례 반복됨'을 더 강조한다.

이 밖에 사람이나 사물에 대한 감정, 태도를 나타낼 때는 '一直'만 쓸 수 있다. 따라서 '我一直很喜欢这份工作'라고는 할 수 있으나, '我总很喜欢这份工作'라고는 할 수 없다. 그러나 사물에 대한 견해를 나타낼 때는 '总'을 쓸 수 있다.

a. 他总认为我干这份工作不太合适。 그는 늘 내가 이 업무를 하는 것이 적합하지 않다고 생각한다.
b. 他总怀疑小红不是真心爱他。 그는 늘 샤오홍이 그를 진심으로 사랑하지 않는다고 의심한다.

이는 사람이나 사물에 대한 감정은 대개 비교적 긴 시간동안 중단 없이 지속되는 상태이지만, 견해는 반복적으로 여러 차례 출현할 수 있기 때문이다.

✓ 핵·심·콕·콕!!

'一直'와 '总'이 시간을 나타낼 때, '一直'는 동작, 행위 또는 상태의 '지속'을 강조하지만, '总'은 동작, 행위 또는 상태의 '반복'을 더 강조한다.

✓ C·h·e·c·k C·h·e·c·k

'一直'나 '总'을 사용하여 밑줄 친 부분을 채우세요.

① 她刚才_____在花园里散步。

② 在学校那几年，她_____关心我。

③ 他_____是天不亮就爬起来锻炼。

④ 她不知发生了什么事，整个晚上_____哭个不停。

⑤ 这几天，我_____在想这件事。

⑥ 睡觉前，他_____要听听音乐。

⑦ 我_____很讨厌这种行为。

⑧ 这些天，他_____想起他的女朋友。

unit_086 또 다른 용법의 "一直"와 "总"

'一直'와 '总'은 동작이나 상태가 지속, 불변함을 나타내는 경우 외에는 완전히 다른 의미를 나타낸다.
'一直'와 '总'의 또 다른 쓰임에 대해 알아보자.

맥·잡·기·예·문

❶ 一直往东走，就是邮局。 동쪽으로 쭉 가면, 바로 우체국이다.
　× 总往东走，就是邮局。

❷ 从校长一直到学生都关心这件事。 총장에서 학생에 이르기까지 모두 이 일에 관심이 있다.
　× 从校长总到学生都关心这件事。

❸ 努力下去，总会获得成功的。 노력해 나가면, 결국 성공할 것이다.
　× 努力下去，一直会获得成功的。

❹ 孩子总是孩子，不能对他们要求太高。
　아이는 어쨌든 아이니까. 그들에 대한 요구가 지나치게 높아서는 안 된다.
　× 孩子一直是孩子，不能对他们要求太高。

❺ 她看样子总有60岁了。 그녀는 대략 60세 정도 되어 보인다.
　× 她看样子一直有60岁了。

문 unit_085에서 설명한 것 외에, '一直'와 '总'은 또 어떤 차이점이 있을까?

답 '一直'와 '总'은 일부 시간을 나타내는 문장에서 바꿔 쓸 수 있는 경우를 제외하고는 그 용법이 완전히 다르다.

'一直'에는 다음의 두 가지 용법이 더 있다.

1_ 동작의 방향이 바뀌지 않고 한 방향으로 이루어짐을 강조한다.
예문❶은 방향을 바꾸지 않고 동쪽 방향으로 쭉 걸어감을 강조한다. 또 다른 예로 '从窗口一直望出去，远处是一个湖(창문에서 쭉 내다보면, 멀리 호수 하나가 있다)'가 있다.

2_ 범위를 강조한다.
예문❷는 총장부터 학장, 학과장, 선생님, 학생까지 모두 포함한다.

총장
학장
학과장   총장에서 학생에 이르기까지
선생님
학생

만약 총장과 학장, 학생들만 관심을 가지고 있으면 '一直'를 쓸 수 없으며, 이러한 용법에는 주로 '从……到……都/全……'의 형식을 쓴다. 또 다른 예로 '会场里, 座位上、过道上、一直到门口, 全挤满了听众 (회의장 안은 좌석, 통로, 입구까지 모두 청중으로 꽉 찼다)'이 있다.

'总'에도 다음의 세 가지 용법이 더 있다.

1 _ 결국에는 분명 그렇게 될 것임을 강조한다.

예문❸은 결국에는 분명 성공할 것임을 강조한다. 또 다른 예로 '时间长了, 他总会理解你的(시간이 지나면, 그가 분명 너를 이해할 것이다)'가 있다.

2 _ 상황이 어떻든 결론은 이렇다는 것을 강조한다.

예문❹는 아이가 어떤 일을 하든, 설사 그것이 그릇된 일이라 하더라도 아이는 어쨌든 아이라는 것을 강조한다. 또 다른 예로 '遇到问题, 大家总得商量一下(문제에 봉착하면, 다들 어쨌든 상의를 좀 해야 한다)'가 있다.

3 _ 추측이나 짐작을 나타내며, '大约(대략)', '至少(최소한)'의 의미가 있다.

예문❺는 그녀가 대략 60세 정도일 것이라는 짐작을 나타낸다. 또 다른 예로 '这件行李总有20来公斤(이 짐은 대략 20킬로그램 정도 된다)'이 있다.

✓ C·h·e·c·k C·h·e·c·k

'一直'나 '总'을 사용하여 밑줄 친 부분을 채우세요.

① 别担心, 问题_____会得到解决的。

② 飞机_____向广州飞去。

③ 现在_____有十二点了吧?

④ 挣钱多少无所谓, 人_____不能闲着没事干。

⑤ 从数学、物理、化学_____到外语, 他的成绩都不错。

⑥ 事实_____是事实, 谁也歪曲不了。

unit _087 "一直"와 "从来"

'一直'는 '줄곧', '계속해서', '똑바로'라는 뜻을 나타내고, '从来'는 '여태껏', '지금까지'라는 뜻을 나타낸다. 혼동하기 쉬운 이들에 대해 정확히 이해할 수 있도록 그 차이점과 쓰임을 구분해 보자.

맥·잡·기·예·문

❶ 他从来不愿意麻烦别人。 그는 지금까지 다른 사람을 번거롭게 해 본 적이 없다.

❷ 你们必须坚持下去，一直到最后胜利。
너희들은 최후에 승리할 때까지, 반드시 버텨야 한다.
× 你们必须坚持下去，从来到最后胜利。

❸ 我们已经等了两天了，一直没听到他的消息。
우리는 벌써 이틀째 기다리고 있으나, 내내 그의 소식을 듣지 못했다.
× 我们已经等了两天了，从来没听到他的消息。

❹ 她一直从事教学工作。 그녀는 줄곧 교직에 종사했다.
× 她从来从事教学工作。

❺ 她从来就喜欢当老师。 그녀는 예전부터 선생님이 되는 것을 좋아했다.

❻ 她一直没有晚来早走过。 그녀는 지금까지 늦게 왔다 일찍 간 적이 없다.

❼ 她从来没有晚来早走过。 그녀는 지금까지 늦게 왔다 일찍 간 적이 없다.

문 '一直'와 '从来'는 어떤 차이점이 있을까?

답 '一直'에 관해서는 이미 unit_085과 unit_086에서 설명하였다.
'从来'는 '과거부터 현재까지 줄곧 그러했음'을 나타낸다. 예문❶은 '그는 과거부터 현재까지 쭉 다른 사람을 번거롭게 하는 것을 원하지 않았다'라는 뜻을 나타낸다.
'从来'는 '一直'의 의미를 포함하고 있으나, 용법상 다음과 같은 차이점을 지닌다('~'는 '一直' 또는 '从来'를 가리킴).

	一直	从来
방향이 바뀌지 않음을 강조	○	×

			一直	从来
범위를 강조			○	×
시간을 강조	1.	과거와 현재에 쓰임	○	○ (과거에서 현재까지를 나타냄)
		미래에 쓰임	○	× [예문❷ 참조]
	2.	일정한 시간에 쓰임	○	× [예문❸ 참조]
	3.	'~ + 긍정형'으로 쓰임	○	이렇게 쓰이는 경우는 매우 드물며, 일반적으로 '就'나 '也'와 함께 쓰임 [예문❹, 예문❺ 참조]
		'~ + 부정형'으로 쓰임	○	○
	4.	어기	'从来'보다 약함	'一直'보다 강함 [예문❼의 어기가 예문❻보다 강함]

여기서 주의해야 할 점은 '从来 + 没有 + 형용사/심리동사 + 过'와 '从来 + 没有 + 这么/那么 + 형용사/심리동사 + 过'는 의미상 차이가 있다는 점이다. 다음 예문을 살펴보자.

这个地方从来没有干净过。 이곳은 지금까지 깨끗했던 적이 없다.
→ 과거부터 현재까지 줄곧 지저분했음을 나타냄
这个地方从来没有这么干净过。 이곳은 지금까지 이렇게 깨끗했던 적이 없다.
→ 지금이 과거 어느 때보다도 깨끗하다는 것을 나타냄

✓ | C·h·e·c·k　C·h·e·c·k

1 '一直'나 '从来'를 사용하여 밑줄 친 부분을 채우세요.

① 他_____不喜欢喝牛奶。

② 这种事情，我_____没有听说过。

③ 这几天，我身体_____不太舒服。

④ 他夫妻俩感情很好，_____没有吵过架。

⑤ 这次的产品展销会_____要开到下星期五。

⑥ 她_____也不因为自己是残疾人而自卑。

2 밑줄 친 부분에 들어갈 알맞은 답을 고르세요.

① 听说这家饭馆开张以来_____，下周就要关闭了。
    A 生意没有好过　　　　　　B 生意没有这么好过

② 她最近心情好极了，她对自己现在干的这份工作_____。
    A 从来没有满意过　　　　　B 从来没有这么满意过

unit_088 "一向", "一贯", "一直", "从来"

'一向'은 '줄곧', '내내', '一贯'은 '일관된', '一直'는 '줄곧', '계속해서', '똑바로', '从来'는 '여태껏', '지금까지'라는 뜻을 나타낸다. 혼동하기 쉬운 이들에 대해 정확히 이해할 수 있도록 그 차이점과 쓰임을 구분해 보자.

맥·잡·기·예·문

❶ 听了这个笑话，小红一直笑个不停。
이 우스갯소리를 듣고, 샤오홍은 내내 웃음을 멈추지 않았다.
× 听了这个笑话，小红一向笑个不停。
× 听了这个笑话，小红一贯笑个不停。

❷ 小红一向/一贯爱笑。 샤오홍은 원래 잘 웃는다.

❸ 她一向/一贯爱干净。 그녀는 내내 깔끔을 떤다.
→ 她从来就爱干净。

❹ 这种事我从来没听说过。 이런 일을 나는 지금까지 들어 본 적이 없다.

❺ 先人后己，这是他一贯的做法。
자기보다 남을 먼저 생각하는 것, 이것은 그의 일관된 일처리 방식이다.
× 先人后己，这是他一向的做法。
× 先人后己，这是他从来的做法。

❻ 这一向她身体不太好，我们找个时间去看看她吧。
　요즘 그녀의 건강이 그다지 좋지 않으니, 우리 시간을 내서 그녀를 보러 가자.
　✕ 这一贯她身体不太好，我们找个时间去看看她吧。
　✕ 这从来她身体不太好，我们找个时间去看看她吧。

문 '一向', '一贯', '一直', '从来'는 어떤 차이점이 있을까?

답 부사 '一向', '一贯', '从来'는 시간을 나타내며, '과거부터 현재까지 줄곧 이러함'을 강조한다. 이들은 시간 외에 방향과 범위까지 나타내는 '一直'와는 차이가 있다(unit_086의 '一直' 참조).

'一向', '一贯'과 '一直'는 다음과 같은 차이점을 지닌다.

一直: 연속성을 강조하며, 주로 동작, 활동이나 상태에 쓰인다.
一向 / 一贯: 안정성을 강조하며, 주로 습관, 품행, 취미, 사고방식 등에 쓰인다.

예를 들면, 예문❶의 '笑'는 구체적인 동작이며, '一直笑'는 연속해서 웃는 동작을 강조한다. 예문❷의 '爱笑'는 일종의 습관이며, '一向爱笑'는 줄곧 이런 습관을 지니고 있었음을 강조한다. 또 다른 예로 다음의 두 문장을 들 수 있다.

刚才买东西的过程中，售货员对我们的态度一直很好。
방금 물건을 사는 과정에서, 점원이 우리를 대하는 태도는 줄곧 아주 좋았다.
这家商店的售货员对顾客的态度一向很好。
이 상점의 점원은 고객을 대하는 태도가 줄곧 아주 좋다.

'一向', '一贯', '从来'의 차이점은 다음과 같다.

	一向	一贯	从来	참조 예문
부사 (과거부터 현재까지 줄곧 그러함을 나타냄)	○	○	○ (주로 부정문에 쓰임)	예문❸ 예문❹
형용사 (일관됨을 나타냄)	✕	○	✕	예문❺
명사 (과거나 최근의 일정 시간을 가리킴)	○	✕	✕	예문❻

형용사 '一贯'과 함께 쓰이는 명사로는 '做法', '想法', '思想', '作风', '政策' 등이 있다.

✓ Check Check

'一向', '一贯', '一直', '从来'를 사용하여 밑줄 친 부분을 채우세요.

① 他_____乐于帮助别人。

② 昨晚，他屋里的灯_____亮着。

③ 他这一辈子_____没有出过国。

④ _____不爱运动的老王这回也积极锻炼起身体来了。

⑤ 他在病中_____坚持工作。

⑥ 这个篮球队在全国比赛中得了冠军，他们_____没有获得过这么高的名次。

⑦ 这_____大家都忙，没有什么时间见面。

⑧ 尊重少数民族的习惯是中国_____的政策。

unit_089 "根本"과 "始终"

'根本'은 '처음부터 끝까지', '전혀', '아예'라는 뜻을 나타내고, '始终'은 '언제나', '늘', '처음부터 끝까지 변함없이'라는 뜻을 나타낸다. 혼동하기 쉬운 이들에 대해 정확히 이해할 수 있도록 그 차이점과 쓰임을 구분해 보자.

맥·잡·기·예·문

❶ 他根本不认识我。 그는 나를 전혀 알지 못한다.
  ≠ 他始终不认识我。 그는 끝까지 나를 알아보지 못했다.

❷ A: 你什么时候结婚? 언제 결혼해요?
   B: 什么? 结什么婚? 我根本就没有女朋友。
   뭐라고요? 무슨 결혼을 해요? 나는 아예 여자친구도 없는데.

❸ 这个问题我问过他好多次，但他始终没有告诉我。
   이 문제에 대해 내가 여러 차례 그에게 물었으나, 그는 끝내 나에게 알려주지 않았다.

문 '根本'과 '始终'은 그 뜻이 같을까?

답 예문❶과 같이 일부 문장에는 '根本'과 '始终'을 모두 쓸 수 있으나, 그 뜻에는 차이가 있다.

'根本'과 '始终'은 일반적으로 다음과 같이 쓰인다.

根本
- A: 你什么时候结婚?
  A의 말 속에는 '너는 지금 여자친구가 있다'라는 전제 조건이 깔려 있다.
- B: 什么? 结什么婚? 我**根本**就没有女朋友。
  A가 전제한 것과 다르게 B는 여자 친구가 없고, 일반적으로 여자 친구가 없으면 결혼도 할 수 없기 때문에 B는 A가 한 말을 이해하지 못하는 것이다.

始终
- 这个问题我问过他好多次。
  화자의 말 속에는 '처음에는 그가 알려주지 않을 수도 있으나, 이치상 분명 그가 나에게 알려줄 것이다'라는 기대가 담겨 있다.
- 但他**始终**没有告诉我。
  그러나 그는 처음부터 끝까지(끝내) 나에게 알려 주지 않았다.

여기서 주의해야 할 점은 '根本'은 '始终'보다 어기가 강하며, 주로 부정문에 쓰인다는 점이다.

✓ 핵·심·콕·콕!!

'根本'은 전제한 것이 틀렸거나, 근본적으로 그러한 상황이 없었음을 나타낼 때 쓰인다. '始终'보다 어기가 강하며 주로 부정문에 쓰인다.
'始终'은 어떤 기대를 가지고 있었지만 끝내 기대한 것처럼 되지 않았거나, 상황이나 태도, 생각이 시종 변함없음을 나타낼 때 쓰인다.

✓ C·h·e·c·k C·h·e·c·k

'根本'이나 '始终'을 사용하여 밑줄 친 부분을 채우세요.

① A 听说你哥哥要去美国了。
   B 什么呀，你听谁说的，我_____就没有哥哥。

② 看他们那生气的样子，我以为会吵起来，但他_____都没说一句话。

③ 他在她公司门口等了很久，希望能见她一面，但_____也没有见到她。

④ A 上星期我看见你在街上骑自行车。
   B 什么? 我骑自行车? 告诉你，我_____不会骑自行车。

⑤ A 你的车票呢? 是不是丢了?

　B 没丢，我_____就没买到车票!

⑥ 尽管他拼命地追赶，但_____也没有追上他们。

unit_090 "本来"와 "原来"

'本来'와 '原来'는 '원래'라는 뜻을 나타낸다. 그러나 그 뜻과 쓰임이 때에 따라 서로 다르다는 것을 이해하자.

맥·잡·기·예·문

❶ 他本来姓张，后来才改姓李的。 그는 원래 장씨였는데, 후에 성을 이씨로 바꿨다.
　→ 他原来姓张，后来才改姓李的。

❷ 这里原来有一排旧房子，现在都拆掉了。
　→ 这里本来有一排旧房子，现在都拆掉了。
　여기에는 원래 낡은 집들이 있었는데, 지금은 모두 헐렸다.

❸ 这本书本来昨天就该还给你，拖到现在，真不好意思。
　이 책은 당연히 어제 너에게 돌려줬어야 했는데, 지금까지 미루게 되서 정말 미안하다.

❹ A: 看来这孩子还真的有点儿不懂事。 보아하니 이 아이 정말 좀 철이 없는 것 같아.
　B: 本来嘛，一个孩子，懂什么事。 당연하지 뭘. 어린애가 무슨 철이 있겠어.

❺ 我还以为是谁呢，原来是你啊! 난 또 누구라고, 알고 보니 너였구나!

문 부사 '本来'와 '原来'는 어떤 차이점이 있을까?

답 '本来'와 '原来'는 다음과 같은 차이점을 지닌다.

本来	原来
이전의 어떤 한 시기에는 그랬으나, 현재는 이미 그렇지 않음을 나타낸다. [예문❶, 예문❷ 참조]	○

'이치상 마땅히 이렇게 해야 한다'라는 뜻을 나타낸다. [예문❸, 예문❹ 참조]	×
×	이전의 상황에 대해 알게 되었거나, 문득 깨우치게 되었음을 나타낸다. [예문❺ 참조]

C·h·e·c·k C·h·e·c·k

'本来'나 '原来'를 사용하여 밑줄 친 부분을 채우세요.

① _____我不住在这里，一个星期前才搬过来。

② 昨天我_____要去看冬冬的，后来有事就没去成。

③ 这孩子_____可以考一个好大学的，因为有病给耽误了。

④ _____我早就应该告诉你，只是怕你伤心，才没说，请你原谅。

⑤ 开始的时候，我以为这个事情很简单，_____还这么复杂！

⑥ 他_____是个工人，去年才考上大学。

⑦ _____这是塑料花，我还以为这是鲜花呢。

⑧ A 没想到这门课学起来这么难！
　　B _____嘛，学习知识就得下工夫。

unit_091 "比较"와 "稍微"

'比较'는 '비교적'이라는 뜻으로 정도가 그다지 높지 않음을 나타내고, '稍微'는 '약간', '다소'라는 뜻으로 수량이 많지 않거나 정도가 심하지 않음을 나타낸다. 이들은 모두 정도를 나타낼 수 있으나, 때에 따라 그 쓰임이 서로 다르다는 것을 이해하자.

맥·잡·기·예·문

❶ 他比较瘦。 그는 비교적 말랐다.

❷ 两个人相比他稍微瘦一些。 두 사람을 서로 비교해 보면 그가 다소 말랐다.

문 예문❶과 예문❷는 그 의미가 똑같을까?

답 부사 '比较'와 '稍微'는 모두 정도를 나타낸다. 그러나 이들은 용법상 다음과 같은 차이점을 지닌다. 다음 그림을 통해 이들의 차이점을 비교해 보자.

그림1의 A를 보고 우리는 'A比较胖(A는 비교적 뚱뚱하다)'이라고 하지 않고, 'A比较瘦(A는 비교적 말랐다)'라고 할 것이다. 그러면 그림2의 B를 보고도 'B比较瘦(B는 비교적 말랐다)'라고 할 수 있을까? 그렇지 않다. 이때는 'B稍微瘦一些(B는 다소 말랐다)'라고 해야 할 것이다. 이렇게 말하는 이유는 무엇일까?

그 이유는 누구나 마음속에 대략적인 기준을 가지고 있어서, 어느 정도면 비교적 뚱뚱한 것이고 어느 정도면 비교적 마른 것인지를 알기 때문이다. 다시 말해, 'A比较瘦'라고 말할 때는 A를 꼭 다른 사람과 비교할 필요가 없다.

그러나 '稍微'를 사용하면 이야기가 달라진다. 'B稍微瘦一些'라는 말은 B 자체가 비교적 말랐다는 것을 나타내는 것이 아니라, B와 C 두 사람을 비교한 결과(즉, B를 C와 비교했을 때 상대적으로 다소 말랐음)를 나타낸다. 이때 '稍微' 뒤에는 '一些'나 '一点儿' 등과 같이 비교의 결과를 나타내는 단어가 와야 한다. 만일 B를 다른 사람과 비교하는 경우가 아니라면 '稍微'를 쓸 수 없다.

이상과 같은 차이점을 통해 중국어에서 정도를 나타내는 부사는 다음의 두 종류로 구분할 수 있음을 알 수 있다.

정도를 나타내는 부사
{
  단독으로 정도를 나타내는 부사
  (不大, 不太, 有点, 有些, 比较, 很, 非常, 相当, 太)

  비교를 통해 정도를 나타내는 부사
  (稍微, 稍略, 还, 更, 最)
}

이때 주의해야 할 점은 '稍微', '稍略', '还', '更', '最' 등의 단어를 사용할 때는 반드시 비교의 범위가 출현해야 한다는 점이다. 예를 들어 예문❷의 경우 '两个人'이 비교의 범위에 해당된다. 또 다른 예로, '这些花中这

朵最漂亮(이 꽃들 중에서 이 꽃이 제일 예쁘다)'의 경우 '这些花'가 비교의 범위에 해당된다.

✓ **핵·심·콕·콕!!**

'比较'는 다른 사람과 비교할 필요없이 어떠하다는 뜻을 나타내지만, '稍微'는 비교한 결과 상대적으로 어떠하다는 뜻을 나타낸다. '稍微' 앞에는 비교의 범위가, 뒤에는 정도를 나타내는 '一些'나 '一点儿' 등이 와야 한다.

✓ **C·h·e·c·k C·h·e·c·k**

다음 문장의 옳고 그름을 O X로 표시하세요.

① 那家商店的东西稍微便宜。(　　)

② 小明最聪明。(　　)

③ 那个地方冬天相当冷。(　　)

④ 这家公司比那家公司办得比较好。(　　)

⑤ 比起班上其他同学，他的汉语很好。(　　)

unit_092 "有点儿"과 "一点儿"

'有点儿'과 '一点儿'은 '조금'이라는 뜻으로, 정도가 심하지 않음을 나타낸다. 그러나 그 뜻과 쓰임이 때에 따라 서로 다르다는 것을 이해하자.

맥·잡·기·예·문

❶ 这件衣服有点儿贵，我不想买了。 이 옷은 좀 비싸서, 나는 안 살 거다.
　→ 这件衣服贵了(一)点儿，我不想买了。

❷ 他走得有点儿慢。 그는 좀 천천히 걷는다.

❸ 这件衣服比那件衣服贵(一)点儿。 이 옷은 저 옷보다 약간 비싸다.

❹ 请你走慢(一)点儿。 조금만 천천히 걸으세요.

❺ 现在已经三点了，这只表慢了点儿。 벌써 3시인데, 이 시계는 조금 느리다.
　→ 现在已经三点了，这只表有点儿慢。

❻ 这只表总是走得很快，我把它调了一下，它才慢了(一)点儿。
이 시계는 항상 빨리 가기 때문에, 내가 좀 조정을 해야 약간 느려진다.

❼ 他有点儿不喜欢她了。 그는 그녀가 좀 싫어졌다.

❽ 他今天喝了一点儿酒。 그는 오늘 술을 조금 마셨다.

문 '有点儿'과 '一点儿'은 어떤 차이점이 있을까?

답 '有点儿'과 '一点儿'은 모두 정도가 심하지 않음을 나타낸다. 그러나 이 둘은 문장에서의 위치와 의미에 있어 다음과 같은 차이점을 지닌다.

1. '有点儿'은 **형용사 앞에 오고**, '一点儿'은 **형용사 뒤에 온다**.

有点儿 + 형용사   [예문❶, 예문❷ 참조]
        형용사 + 一点儿   [예문❸, 예문❹ 참조]

2. '有点儿'은 자신의 느낌, 그중에서도 주로 **좋지 않은 느낌**을 나타낼 때 쓰인다. 예를 들면, 예문❶의 화자는 옷이 좀 비싸다고 생각한다.
'一点儿'은 **비교할 때** 쓰인다. 예문❸과 같이 **비교문에 쓰여** 두 가지 사물을 비교할 수도 있고, 예문❹와 같이 두 가지 상황을 비교할 수도 있다. 예문❹는 자신이 바라는 상황과 실제의 상황을 비교하여, 지금보다 속도를 조금 늦추기를 희망함을 나타낸다. 따라서 주로 명령문에서 '형용사 + 一点儿'을 써서 **자신의 희망이나 요구를 제시**한다.

'형용사 + 一点儿'을 사용한 문장에 '了'가 있을 경우 즉, '**형용사 + 了 + 一点儿**'의 의미는 다음과 같다.
① **어떤 상황이 요구나 기준에 부합되지 않음을 나타낸다**. 이때는 '有点儿 + 형용사'가 비교에 쓰인 경우와 그 의미가 비슷하다. 예를 들면, 예문❺가 그러하다.
② **원래의 상황과 비교되는 변화를 나타낸다**. 예를 들면, 예문❻이 그러하다.

3. '有点儿'은 심리동사 앞에 쓰일 수 있다. 예를 들면, 예문❼이 그러하다.
'一点儿'은 명사 앞에서 수량사 역할을 할 수 있다. 예를 들면, 예문❽이 그러하다.
'有点儿'이 명사 앞에 쓰일 경우, '有'는 동사로 쓰인 것이고, '点儿'은 '一点儿'의 '一'가 생략된 것이다.

4. '有点儿' 뒤에는 부정사 '不'가 올 수 있다. 예를 들면, 예문❼이 그러하다. 그러나 '一点儿' 앞의 형용사에는 '不'를 붙일 수 없다.

Check Check

'有点儿'이나 '一点儿'을 사용하여 밑줄 친 부분을 채우세요.

① 这件衣服_____大了，麻烦你给我拿件小_____的。

② 我现在开始_____不相信他了。

③ 我前两天_____感冒，现在好_____了。

④ 你说得_____不清楚，请你再说清楚_____。

⑤ 她这个人别的都好，就是脾气急了_____。

⑥ 一说起过去的辛酸往事，她总是_____控制不住自己的情绪。

unit_093 "正"과 "在"

'正'과 '在'는 '(마침) ~하는 중'이라는 뜻으로 동작이 진행 중이거나 상태가 지속 중임을 나타낸다. 그러나 그 쓰임이 때에 따라 서로 다르다는 것을 이해하자.

맥·잡·기·예·문

❶ 回头一看，他正拿起书包要走。
고개를 돌려보니, 그가 마침 책가방을 들고 가려고 하고 있다.

❷ 昨天小王来的时候，他正和小李说话呢。
어제 샤오왕이 왔을 때, 그는 마침 샤오리와 이야기를 하고 있었다.

❸ 正说着，忽然听到外面有人敲门。
한창 이야기를 하고 있는데, 갑자기 밖에서 누군가 문을 두드리는 소리가 들렸다.

❹ A: 你在干什么? 너 뭐 하고 있어?
B: 我在给家里写信。 나 집에 편지 쓰고 있어.

❺ 这几天我一直在复习功课。 요 며칠 나는 줄곧 학과목을 복습하고 있다.

❻ 去年他就开始学开车了，现在还在学。 그는 작년부터 운전을 배우기 시작했는데, 아직도 배우고 있다.

문 부사 '正'과 '在'는 어떤 차이점이 있을까?

180

답 '正'과 '在'는 다음과 같은 차이점을 지닌다.

'正'은 주로 A라는 동작이 발생하거나 진행될 때, B라는 동작이 이르지도 늦지도 않게 마침 동시에 발생하거나 진행됨을 강조한다. 예문❶은 A동작 '回头看'이 발생했을 때, 마침 B동작 '拿起书包要走'가 동시에 발생했음을 나타낸다. 이를 도식화하면 다음과 같다.

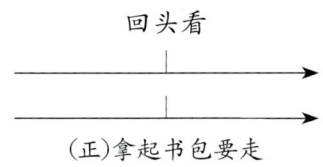

'在'는 주로 동작이나 행위가 언제 발생하고 진행되었는지 또는 얼마 동안 지속되었는지를 강조한다. 예문❹의 '写信'은 질문을 던진 사람이 질문을 할 때(즉, 현재) 진행된 동작이고, 예문❺의 '复习功课'는 '这几天'이라는 일정한 시간 동안 지속된 동작이며, 예문❻의 '学开车'는 '从去年到现在'라는 일정한 시간 동안 지속된 동작(이 동작은 미래에까지 지속될 수도 있음)이다. 이를 도식화하면 다음과 같다.

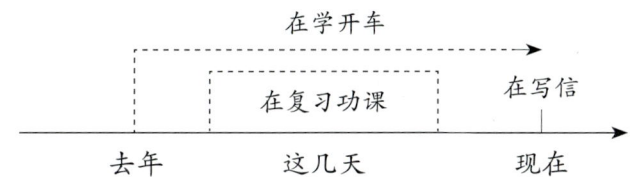

✓ C·h·e·c·k C·h·e·c·k

'正'이나 '在'를 사용하여 밑줄 친 부분을 채우세요.

① A 王大夫呢?

　B ＿＿＿给病人看病。

② 我走进屋一看，冬冬＿＿＿和明明一起做作业呢。

③ 夜深了，王老师还＿＿＿备课。

④ 他大学毕业以后，一直＿＿＿研究开发电子产品。

⑤ 大家＿＿＿说要找他，他自己从楼上跑了下来。

⑥ 我＿＿＿担心找不着你，你倒来了!

unit_094　"一定"과 "必须"

'一定'은 '반드시', '꼭'이라는 뜻을 나타내고, '必须'는 '반드시', '꼭', '기필코'라는 뜻을 나타낸다. 혼동하기 쉬운 '一定'과 '必须'에 대해 정확히 이해할 수 있도록 그 차이점과 쓰임을 구분해 보자.

맥·잡·기·예·문

❶ 你们放心，到学校以后，我一定常给你们写信。
　 걱정 마. 학교에 도착하면 내가 반드시 너희들에게 자주 편지를 쓸 테니.

❷ 这件事他不想找别人帮忙，一定要自己解决。
　 그는 다른 사람을 찾아가 이 일을 도와달라고 하지 않고, 반드시 스스로 해결하려고 한다.

❸ 明天我们等你，你一定要来。　내일 우리가 너를 기다릴 테니까. 너 꼭 와야 해.
　→ 明天我们等你，你必须要来。

❹ 这件事没有人能帮他，他必须自己解决。
　→ 这件事没有人能帮他，他一定要自己解决。
　 이 일은 그를 도울 수 있는 사람이 없기 때문에, 반드시 그 스스로 해결해야 한다.

❺ 要想身体好，就一定得坚持锻炼。　건강하고 싶다면, 반드시 계속 단련해야 한다.
　→ 要想身体好，就必须坚持锻炼。

❻ 他一定听见我们的谈话了。　그는 틀림없이 우리 이야기를 들었을 것이다.

💬 '一定'과 '必须'는 모두 영어의 'must'에 해당한다. 이 둘 사이에는 어떤 차이점이 있을까?

💡 '一定'과 '必须'의 차이점은 다음과 같다('必须'에 관해서는 unit_028 참조). ('~'는 '一定'을 가리킴)

	一定	必须
주관적인 확답	○ [예문❶ 참조]	×
주관적인 결심	○ [예문❷ 참조]	×
다른 사람에 대한 주관적인 요구	○ [예문❸ 참조]	○ (어기 강조)

주관적인 예측	○ [예문❻ 참조]	×
객관적인 요구	○ '~ + 要 / 得'의 형식으로 쓰임 [예문❺ 참조]	○ [예문❹ 참조]

✓ | 핵·심·콕·콕!!

주관적인 확답, 결심, 예측을 나타낼 때는 '一定'을 쓰고, 다른 사람에 대한 주관적인 요구나 객관적인 요구를 나타낼 때는 '一定'과 '必须'를 모두 쓸 수 있다.

✓ | C·h·e·c·k   C·h·e·c·k

'一定'과 '必须'를 서로 바꾸어 쓸 수 있는지 판단하고, 바꾸어 쓸 수 있는 경우 다른 조건이나 의미상의 차이점은 없는지 생각해 보세요.

① 如果想学好一种语言，就必须多听，多说。

② 我不让他去，可他一定要去，我只好让他去了。

③ 他不想去，可是会议很重要，他必须去。

④ 在法庭上，你必须说实话。

⑤ 他说他今天一定来。

⑥ 从明天开始，我们必须加快速度。

⑦ 你放心，我一定会尽全力帮你的。

⑧ 在上飞机前，旅客的行李必须通过检查。

⑨ 我发誓一定要考上大学。

⑩ 我的书一定是忘在教室里了。

unit_095 "不必"와 "不是必须"

'不必'는 '~할 필요 없다'라는 뜻을 나타내고, '不是必须'는 '반드시 ~한 것은 아니다'라는 뜻을 나타낸다. '不必'와 '不是必须'의 쓰임에 대해 알아보자.

맥·잡·기·예·문

① 我已经去找过他们了，你不必去了。 내가 이미 그들을 찾아가 봤으니, 너는 갈 필요 없다.

② 这件事我也能帮你，你不必求他。 이 일은 나도 도와줄 수 있으니까 그에게 부탁할 필요 없다.

③ A: 六月在北京的会议我们必须去参加吗?
　 6월에 베이징에서 하는 회의에 우리가 꼭 참가해야 합니까?
　 B: 也不是必须去，想去就去，不去也行。
　 반드시 가야 하는 건 아닙니다. 가고 싶으면 가고, 안 가도 그만입니다.

④ 也不是必须到英语国家才能学好英语。
　 반드시 영어권 국가에 가야만 영어를 마스터 할 수 있는 것은 아니다.

문 '必须'의 부정형으로 '不必' 외의 다른 것은 쓸 수 없을까?

답 몇몇 어법책에서 '必须'의 부정형을 '不必'라고 설명하는데, 이는 정확한 설명은 아니다. 정확히 말하면, '必须'의 부정형에는 다음의 두 가지가 있다.

'不必'의 의미는 '不用'과 같으며, '~할 필요 없다' 또는 '필요하지 않다'라는 뜻을 나타낸다. 예를 들면, 예문 ①의 '내가 갔다 왔으니까, 너는 갈 필요 없다'라는 말은 사실 청자더러 '가지 말라'고 하는 것이고, 예문 ②는 청자더러 '그에게 부탁하지 말라'고 하는 것이다.

'不是必须'는 '반드시 이렇게 해야 하는 것은 아니기 때문에, 이렇게 해도 되고, 이렇게 하지 않아도 된다'라는 뜻을 나타내며, 그 앞에 종종 '也'나 '又'가 온다('必须'에 관해서는 unit_094 참조). 예를 들면, 예문 ③에서는 A가 '반드시 가야 하는지 아니면 안 가도 되는지'를 묻자, B가 '不是必须'를 써서 '가도 되고, 안 가도 된다'라는 의미를 나타낸다. 예문 ④는 '영어권 국가에 가도 영어를 마스터 할 수 있고, 가지 않아도 마스터 할 수 있다'라는 의미를 나타낸다. 구어에서는 주로 '不是非得'를 사용해서 '不是必须'의 의미를 나타낸다.

✓ C·h·e·c·k C·h·e·c·k

'不必'나 '不是必须'를 사용하여 밑줄 친 부분을 채우세요.

① A 等会儿我去找小李把你那本书要回来。
　B 你_____去了，刚才他已经把书还来了。

② 年轻人结婚，_____经过父母同意。

③ A 真是谢谢你了。
　B _____客气，大家都是朋友，帮这点忙是应该的。

④ 身高不到一米的儿童进公园_____买票。

⑤ 又_____现在买，你干嘛不等到降价以后再买。

⑥ 你就拿我的熨斗去用吧，_____买了。

⑦ 这几门都是选修课，_____学的。

⑧ 他一定会在开车前赶来的，你_____着急。

unit_096 "肯定"과 "一定"

'肯定'과 '一定'은 '반드시', '틀림없이'라는 뜻으로, 필연적이고 의심할 여지없이 확정적임을 나타낸다. 그러나 때에 따라 그 쓰임이 다르다는 것을 이해하자.

맥·잡·기·예·문

❶ 这个房间一定有人进来过。 이 방에 틀림없이 누군가 들어왔었다.
　→ 这个房间肯定有人进来过。

❷ 今天肯定要下雨。 오늘 틀림없이 비가 내릴 것이다.
　→ 今天一定会下雨。

❸ 他肯定会来。 그는 틀림없이 올 것이다.
　→ 他一定会来。

❹ 我一定帮你找到他。 내가 반드시 너를 도와서 그를 찾아 줄게.
　✕ 我肯定帮你找到他。

❺ 他不让别人去，一定要自己去。 그는 다른 사람은 못 가게 하고, 꼭 자기가 가려고 한다.
　✕ 他不让别人去，肯定要自己去。

❻ 感冒以后一定要多喝水。 감기에 걸리면 반드시 물을 많이 마셔야 한다.
　✕ 感冒以后肯定要多喝水。

문 '肯定'과 '一定'은 어떤 차이점이 있을까?

답 '肯定'은 부사로 쓰여 추단(推斷; 미루어 판단함)이나 추측 즉, **화자가 '어떤 일이나 상황이 어떠어떠하다는 것에 대해 의심할 여지가 없다'고 생각함**을 나타낸다. 이때는 일반적으로 '肯定'을 '一定'으로 바꿔 쓸 수 있다. 한편 미래의 상황에 대한 추측을 나타낼 경우, '肯定' 뒤에는 '要'가 올 수도 있고 '会'가 올 수도 있지만, '一定' 뒤에는 '会'만 올 수 있다. 예를 들면, 예문❷와 예문❸이 그러하다.
'一定'이 부사로 쓰이면 이 밖에도 여러 가지 용법을 가진다(unit_094 참조). 그러나 이때는 '一定'을 '肯定'으로 바꿔 쓸 수 없다.

✓ **C·h·e·c·k　C·h·e·c·k**

'肯定'이나 '一定'을 사용하여 밑줄 친 부분을 채우세요.

① 你_____要赶快回来。

② 如果他知道了这件事，_____要生气。

③ 在英语中，一句话的第一个字母_____要大写。

④ 如果有什么问题，我们_____马上通知你。

⑤ 看你成天这么快乐，就知道你_____过得很幸福。

⑥ 只要你在中国生活过一段时间，你就_____能感受到中国老百姓的善良。

unit_097 "反而"과 "居然"

'反而'은 '오히려'라는 뜻으로 어떤 일이 예상 밖의 상반된 결과를 가져옴을 나타내고, '居然'은 '뜻밖에'라는 뜻으로 어떤 일이 뜻밖에 일어남을 나타낸다. 혼동하기 쉬운 '反而'과 '居然'에 대해 정확히 이해할 수 있도록 그 차이점과 쓰임을 구분해 보자.

맥·잡·기·예·문

❶ 小刘给女朋友买了一束鲜花，以为女朋友一定会高兴，没想到她不但不高兴，反而把他批评了一顿。
  샤오리우는 여자 친구에게 꽃 한 다발을 사주면서 여자 친구가 틀림없이 기뻐할 거라고 생각했는데, 뜻밖에도 그녀는 기뻐하지 않았을 뿐만 아니라, 오히려 한바탕 그를 나무랐다.

❷ 他感冒了，吃了药应该会好些的，没想到感冒不仅没好，反而更厉害了。
  그는 감기에 걸려서 약을 먹으면 좋아질 거라고 생각했는데, 뜻밖에도 감기가 낫기는커녕 오히려 더 심해졌다.

❸ 作为家长，就应该好好教育孩子，可他居然让孩子去做这种坏事，太不像话了！
  학부형으로서 자녀를 잘 교육해야 하거늘, 그는 오히려 아이에게 이런 나쁜 짓을 시키다니, 정말 말도 안 된다!

❹ 他小小年纪，居然能记住这么长的诗，真是了不起！
  그는 어린 나이인데, 뜻밖에도 이렇게 긴 시를 기억할 수 있다니, 정말 대단하다!

문 '反而'과 '居然'은 그 의미가 같을까?

답 '反而'과 '居然'의 의미는 다음의 몇 단계로 이루어져 있다.

反而 {
  A. 어떤 일이 이치대로라면 (당연히) '甲'이라는 결과가 생겨야 한다.
  B. 뜻밖에도 '甲'이라는 결과가 생기지 않았다.
  C. '甲'이라는 결과와 상반되는 '乙'이라는 결과가 생겼다.
  D. 화자가 '乙'이라는 결과가 나타난 것에 대해 평가를 한다.
} 居然

'反而'에는 A, B, C 3가지의 의미가 포함되어 있고, '居然'에는 A, B, C, D 4가지의 의미가 포함되어 있다. '反而'은 문장 속에서 '甲'이라는 결과와 상반되는 '乙'이라는 결과를 이끄는 역할을 한다. 그러나 '居然'은 '乙'이라는 결과를 이끄는 역할 외에, '乙'이라는 결과에 대한 화자의 견해를 밝히는 역할까지 한다. 따라서 예문❶과 예문❸은 다음과 같이 분석할 수 있다.

❶ 小刘给女朋友买了一束鲜花，以为女朋友一定会高兴，没想到她不但不高兴，反而把他批评了一顿。
            A   B   C

❸作为家长，就应该好好教育孩子，可他居然让孩子去做这种坏事，太不像话了！
　　　　A　　　　　　　　　　　　　　　C　　　　　　　　　D

예문❸과 같이 '居然'이 쓰인 문장에는 종종 B가 출현하지 않는다.

✓ | 핵·심·콕·콕!!

'反而'은 예상했던 결과인 '甲'과 상반되는 '乙'이라는 결과를 이끄는 역할을 하지만, '居然'은 거기에서 더 나아가 '乙'에 대한 화자의 견해를 밝히는 역할까지 한다.

✓ | C·h·e·c·k　C·h·e·c·k

다음에 주어진 내용에 근거하여, '居然'이나 '反而'을 써서 문장을 완성하세요.

① 冬天到了，天气应该越来越冷了。
　这几天一点也不冷。
　这几天更暖和了。
　(……，可是……不仅……，反而……。)
　→ _____。

② 真是奇怪！
　猫当然是不怕老鼠的。
　这只猫怕老鼠。
　(……，可是……居然……，真……！)
　→ _____！

③ 他吃了减肥药，按说会瘦一些。
　他没有瘦。
　他比原来更胖了。
　(……，可……不但……，反而……。)
　→ _____。

④ 妈妈对他那么好。
　他不感谢妈妈。
　他说妈妈不关心他。
　太不像话了！
　(……，不仅……，居然还……，太……！)
　→ _____！

unit _098 "相反"과 "反而"

'相反'은 '반대로', '오히려'라는 뜻을 나타내고, '反而'은 '오히려'라는 뜻을 나타낸다. 혼동하기 쉬운 '相反'과 '反而'에 대해 정확히 이해할 수 있도록 그 차이점과 쓰임을 구분해 보자.

맥·잡·기·예·문

❶ 这次考试我考得不好，爸爸不但没批评我，相反还给了我不少鼓励。
  → 这次考试我考得不好，爸爸不但没批评我，反而还给了我不少鼓励。
   내가 이번 시험을 망쳤는데도 아빠는 나를 꾸짖지 않으셨을 뿐 아니라, 오히려 나에게 많은 격려를 해 주셨다.

❷ 我们厂生产的产品获了大奖，厂长不但没有因获奖而高兴，相反却有了很多担忧。
   우리 공장에서 생산한 제품이 대상을 받았는데도 공장장은 수상을 기뻐하지 않고, 오히려 크게 걱정을 했다.
  × 我们厂生产的产品获了大奖，厂长不但没有因获奖而高兴，反而却有了很多担忧。

❸ 没在山区生活过的人觉得这里的山路很难走，相反，对那些从小就生活在山区的人来说，走山路跟走在平地上一样容易。
   산간지역에서 생활해 본 적 없는 사람은 이곳의 산길이 걷기 힘들다고 느끼지만, 반대로 어려서부터 산간지역에서 생활한 사람에게는 산길을 걷는 것은 평지를 걷는 것과 같이 쉽다.

❹ 我要告诉大家，他是个好人，相反，他是个大坏蛋。
   나는 모두에게 그가 좋은 사람이라고 말하려고 했는데, 반대로 그는 아주 나쁜 사람이었다.

문 '相反'과 '反而'은 어떤 차이점이 있을까?

답 '相反'은 예상한 결과나 생각이 실제 상황과 서로 대립됨을 나타내기도 하고, 앞뒤의 두 상황 또는 한 상황의 두 가지 측면이 서로 대립됨을 나타내기도 한다('反而'의 의미는 unit_097 참조). '相反'과 '反而'의 차이점은 다음과 같다.

1_ 의미상의 차이점

相反
- a. 예상한 결과나 생각이 실제 상황과 서로 대립됨을 나타낸다.
  = 反而 [예문❶ 참조]
- b. 앞뒤의 두 사물이나 한 사물의 두 가지 측면이 서로 대립됨을 나타낸다.
  ≠ 反而 [예문❸, 예문❹ 참조]

2 _ 위치상의 차이점

	相反	反而	참조 예문
절의 첫머리에 올 수 있다.	○	○	예문❶
'却'와 연용하여 쓸 수 있다.	○	×	예문❷
단독으로 쓸 수 있다.	○	○	예문❸, 예문❹

✓ C·h·e·c·k C·h·e·c·k

'相反'이나 '反而'을 사용하여 밑줄 친 부분을 채우세요.

① 经过这次大的不幸，他不但没有消沉，_____(他)更加坚强起来了。

② 经过这次大的不幸，他不但没有消沉，_____，更加坚强起来了。

③ 老刘住得最远，_____先到了。

④ 这些活动不会影响我们的学习，_____，能很好地促进我们的学习。

⑤ 他本来想在假期好好休息一下的，没想到假期_____更忙了。

⑥ 在考试过程中，对看上去比较简单的试题不可轻视，_____，应该更加重视，只有这样才能取得好的成绩。

⑦ 错过了好机会，就可能找不到好工作，_____，抓住一个好机会，就可能找到一个非常让人满意的工作。

---

unit _ 099 "倒"와 "但"

'倒'는 '오히려', '하지만'이라는 뜻을 나타내고, '但(是)'는 '그러나', '하지만'이라는 뜻을 나타낸다. 혼동하기 쉬운 '倒'와 '但'에 대해 정확히 이해할 수 있도록 그 차이점과 쓰임을 구분해 보자.

맥·잡·기·예·문

❶ 房间不大，但收拾得挺干净的。 방이 크지는 않지만, 깨끗하게 정리되어 있다.
  → 房间不大，收拾得倒挺干净的。

❷ 这篇文章内容一般，但语言很生动。 이 글은 내용은 보통이지만, 언어는 아주 생동감이 있다.
  → 这篇文章内容一般，语言倒很生动。

❸ 玛丽昨天不舒服，但还是坚持来上课。
　　메리는 어제 몸이 아팠으나, 그래도 끝까지 수업하러 왔다.
　　× 玛丽昨天不舒服，倒还是坚持来上课。

❹ 我知道这条路并不平坦，但我还是要走下去。
　　나는 이 길이 평탄하지 않다는 것을 알지만, 그래도 계속해서 걸어갈 것이다.
　　× 我知道这条路并不平坦，我倒还是要走下去。

❺ 新建的居民小区住房条件倒还好，但是交通不太方便。
　　새로 지은 주택지구는 주거조건은 그런대로 괜찮은데, 교통이 그다지 편리하지 않다.

❻ 这双旅游鞋质量倒挺好，就是价钱贵了点儿。
　　이 여행용 신발은 품질은 좋은데, 가격이 조금 비싸다.

❼ 姐姐倒比妹妹显得年轻。 언니가 오히려 여동생보다 젊어 보인다.

문 　부사 '倒'와 접속사 '但(是)'는 모두 '전환'의 의미를 나타낸다. 그렇다면 '但'이 쓰인 모든 문장의 '但'은 '倒'로 바꿔 쓸 수 있을까?

답 　부사 '倒'가 '전환'을 나타낸다는 말은 그다지 정확한 설명은 아니다. 예문❶과 예문❷에는 '但'을 써도 되고 '倒'를 써도 되지만, 예문❸과 예문❹에는 '但'은 쓸 수 있지만 '倒'는 쓸 수 없다. 또한 예문❺는 앞절에 '倒'를 쓰고, 뒷절에 '但是'를 써서 전환을 나타내고 있다. 이러한 예들은 '倒'의 기본의미가 '전환'이 아니라는 것을 설명해 준다.

위의 예문들을 통해 '倒'의 기본의미가 **대비**임을 알 수 있다.
예를 들면, 예문❶은 방을 두 가지 측면(즉, 만족스러운 측면과 만족스럽지 않은 측면)에서 대비하고 있다. 예문❷는 글의 내용과 언어를 대비하고 있으며, 예문❻은 신발의 품질과 가격을 대비하고 있다. 물론 '대비'에는 어느 정도 '전환'의 의미가 담겨 있다. 따라서 '倒'가 뒷절에 출현할 경우에는 '但'으로 바꿔 쓸 수 있지만, '倒'가 앞절에 출현할 경우에는 '但'으로 바꿔 쓸 수 없다. '但'은 오직 뒷절에만 올 수 있다. 예문❼은 자매의 상황을 일반적인 상황과 대비하고 있으며, 이때의 '倒'는 '反而'로 바꿔 쓸 수 있다.

예문❸ '玛丽昨天不舒服，但还是坚持来上课'의 뒷절은 의미상 전환을 나타내지만, 앞절과 뒷절 사이에 대비의 의미는 없다. 따라서 이때는 '倒'를 쓸 수 없다. 만일 이 문장을 '玛丽平时常常缺课，昨天她不舒服，倒来上课了(메리는 평소 자주 결석을 하는데, 어제는 몸이 불편했음에도 오히려 수업을 하러 왔다)'로 바꾸면, 그녀의 어제 상황과 평상시의 상황을 대비하는 것이 되므로 문장이 성립된다.

여기서 주의해야 할 점은 '倒'는 주로 서로 다른 상황이나 서로 다른 측면을 대비하는 데 중점을 두지만, '这个房间比那个房间干净(이 방이 저 방보다 깨끗하다)'처럼 '比'를 사용하는 비교문은 서로 다른 사물의 동일한 측면을 비교하는 데 중점을 둔다는 점이다.

✓ 핵·심·콕·콕!!

'倒'는 '전환'의 의미가 담긴 '대비'의 뜻을 가진다. 앞절에 위치한 '倒'는 '但'으로 바꿔 쓸 수 없으며, '但'은 뒷절에만 올 수 있다. 또 뒷절이 의미상 전환을 나타낸다고 해도 앞절과 뒷절 사이에 대비의 의미가 없으면 '倒'를 쓸 수 없다.

✓ C·h·e·c·k C·h·e·c·k

다음 문장의 옳고 그름을 O X로 표시하고, 틀린 문장은 바르게 고치세요.

① 她长相一般，性格倒挺好的。(   )

② 这个寒假我很想去北京旅游，我倒没有那么多的钱，所以没办法去。(   )

③ 你说得倒容易，做起来就不那么简单了。(   )

④ 你可以去那儿，倒别告诉他。(   )

⑤ 这份工作倒挺有意思的，就是工资低了点儿。(   )

⑥ 他是法国人，说起汉语来倒比不少中国人还要纯正。(   )

unit_100 "却"와 "但"

'却'는 '오히려', '도리어', '~이지만'이라는 뜻을 나타내고, '但'은 '그러나', '하지만'이라는 뜻을 나타낸다. 혼동하기 쉬운 '却'와 '但'에 대해 정확히 이해할 수 있도록 그 차이점과 쓰임을 구분해 보자.

맥·잡·기·예·문

❶ 老师对你这么好，你却这样对待他!
  선생님이 너에게 이렇게 잘해 주는데, 너는 오히려 선생님을 이렇게 대하는구나!

❷ ✕ 老师对你这么好，但你这样对待他!

❸ 我没给大家做什么，大家却给我这么大的帮助。
  나는 여러분들에게 해 준 게 없는데, 여러분들은 오히려 나에게 이렇게 큰 도움을 주는군요.

❹ ✕ 我没给大家做什么，但大家给我这么大的帮助。

❺ 你是赢了，但也不能骄傲啊! 네가 이기기는 했지만, 그래도 교만해서는 안 돼!

⑥ ✕ 你是赢了，却也不能骄傲啊！

⑦ 你可以去，但你不能告诉他。 네가 가도 되지만, 그에게 알려서는 안 된다.

⑧ ✕ 你可以去，你却不能告诉他。

문 '却'와 '但'은 모두 전환을 나타내며, 이 둘의 차이점은 '문장 안에서의 위치('却'는 부사이므로 주어 뒤에 오고, '但'은 접속사이므로 주어의 앞에 온다)'에 있다고 하는 견해가 있다. 이러한 견해는 타당한 것일까?

답 위의 견해가 반드시 옳은 것은 아니다. 말 그대로 '却'와 '但'은 품사가 다르며, 주어가 있는 문장에서 그 위치 또한 다르다. 그러나 주어가 있는 문장 중에 예문❷와 예문❹처럼 주어 앞에 '但'이 올 수 없는 경우도 있다. 또 주어가 없는 문장 중에 예문❻처럼 '但'은 쓸 수 있지만, '却'는 쓸 수 없는 경우도 있다. 이를 통해서 '却'와 '但'의 주요한 차이가 위치에 있지 않다는 것을 알 수 있다.

'却'과 '但'의 주요한 차이점은 다음과 같다.

{ '却'는 대비 관계를 나타내며, 주관적인 평가에 중점을 두고, 모종의 어기를 나타낸다.
'但'은 전환 관계를 나타내며, 객관적인 서술에 중점을 둔다.

예문❶은 '老师'와 '你'를 대비하고 있으며, '你'의 태도에 대한 평가를 나타낸다. 예문❸은 '我'와 '大家'를 대비하고 있으며, 화자의 감격적인 어기를 나타낸다. 이 두 문장에 쓰인 '却'를 '但'으로 바꿔 쓰면, 문장이 아직 끝나지 않은 듯한 느낌을 준다.

예문❺와 예문❼은 일반적인 전환을 나타낼 뿐, 대비의 의미는 포함하고 있지 않다. 이때는 '但'을 써야지 '却'를 쓸 수 없다.

그러나 '我有很多话要说，但一时却说不上来(나는 할 말이 많았으나, 순간 오히려 말을 할 수 없었다)'와 같이 대비의 성격을 띤 전환을 나타내는 문장에서는 '但'과 '却'를 동시에 쓸 수 있다.

✓ **C·h·e·c·k   C·h·e·c·k**

다음 문장의 옳고 그름을 O X로 표시하고, 틀린 문장은 바르게 고치세요.

① 大家高高兴兴地为你庆祝生日，但你说这样的话！（   ）

② 他的家庭很困难，但朋友们给了他很大的帮助。（   ）

③ 我相信你们，这件事却不能这样干。（   ）

④ 老王爱看球赛，他妻子却喜欢听音乐，夫妻俩爱好不一样。（   ）

unit _ 101 "反正"

'反正'은 '어차피', '결국'이라는 뜻으로 어떤 상황에서도 결론이나 결과가 바뀌지 않음을 나타낸다. '反正'에 대해 정확히 이해할 수 있도록 그 쓰임에 대해 알아보자.

맥·잡·기·예·문

❶ 不管你穿不穿，反正我不穿。 네가 입든 말든, 어쨌든 난 안 입을 거야.

❷ 无论是便宜还是贵，反正我不买。 싸든 비싸든, 어쨌든 난 안 살 거야.

❸ 反正他不知道，我们再多拿一个吃。 어차피 그가 모를 테니, 우리 하나 더 갖다 먹자.

❹ 这本书你反正都要买，就早点儿买吧。 어차피 이 책을 살 거라면, 일찍 사버려.

문 '反正'의 의미는 무엇일까?

답 '反正'은 상황은 다르지만, 그 결과는 같거나 변하지 않는 것을 나타낸다. 예문❶을 분석해 보자.

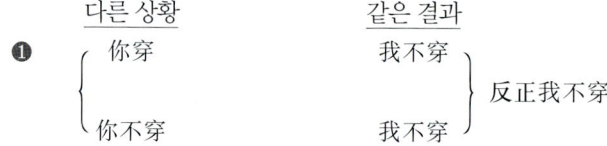

예문❶과 예문❷에서 화자는 결과를 강조하고 있으며, 어찌 되었든 간에 그 결과는 같거나 변함이 없다는 것을 말한다. 그러나 예문❸과 예문❹에서는 화자와 청자 모두 결과가 변하지 않는다는 것을 알고 있기 때문에 화자는 결과를 강조하지 않고, 그 결과를 가지고 어떤 일을 할지 안 할지 결정하는 이유로 삼고 있다. 예문❸을 분석해 보자.

```
        다른 상황         같은 결과        이유              ~을 하다
❸  ┌ 我们多拿一个吃    他不知道
   │                              反正他不知道    (所以)我们多拿一个吃
   └ 我们少拿一个吃    他不知道
```

✓ C·h·e·c·k C·h·e·c·k

다음에 주어진 내용에 근거하여, '反正'을 써서 문장을 완성하세요.

① 明天刮风　　　我一定要去
　 明天下雨　　　我一定要去
　 → _____。(无论……, 反正……。)

② 你喝　　　　　我不喝了
　 你不喝　　　　我不喝了
　 → _____。(不管……, 我反正……。)

③ 去修理　　　　修不好
　 不去修理　　　修不好
　 → _____。(反正……, 就……了吧。)

④ 我去找他　　　他不同意
　 我不去找他　　他不同意
　 → _____。(反正……, 我就……了。)

unit_102 "最后"와 "终于"

'最后'는 '최후', '맨 마지막'이라는 뜻을 나타내고, '终于'는 '마침내', '결국', '드디어'라는 뜻을 나타낸다. 혼동하기 쉬운 '最后'와 '终于'에 대해 정확히 이해할 수 있도록 그 차이점과 쓰임을 구분해 보자.

맥·잡·기·예·문

❶ 他首先向大家介绍了学校的情况，接着带领大家参观了一下校园，最后跟大家一起观看了学生们的节目表演。
   그는 먼저 사람들에게 학교의 상황을 소개하고, 이어서 사람들을 안내해 캠퍼스를 둘러본 다음 마지막으로 다함께 학생들이 공연하는 프로그램을 보았다.

❷ 在他们宿舍的四个人当中，他总是第一个睡，最后一个醒。
   그들 기숙사의 네 명 중, 그는 언제나 제일 먼저 자고 가장 늦게 일어난다.

❸ 经过几年的刻苦努力，他终于实现了自己的理想。
   몇 년간의 각고의 노력을 거쳐, 그는 마침내 자신의 이상을 실현했다.

❹ 在大家的帮助下，这个问题终于得到了解决。
모두의 도움으로 이 문제는 마침내 해결되었다.

🔵 문 '最后'와 '终于'는 어떤 차이점이 있을까?

🔵 답 '最后'는 일이 전개되는 과정의 가장 마지막 단계나 순서를 의미한다.
예문❶을 시간적으로 볼 때, '그'가 일을 하는 과정 속에서 가장 마지막 단계가 바로 '最后'이다. 예문❷는 누가 먼저 일어나고 늦게 일어나는지의 순서가 정해져 있는 경우로, 그 순서의 마지막이 바로 '最后'이다.

'终于'는 긴 과정을 거친 후, 가장 마지막에 어떠한 결과가 나타남을 의미하며, 이때의 결과는 종종 화자가 나타나기를 희망하는 것이거나 나타날 거라고 예상한 것이다.
예문❸의 '몇 년간의 각고의 노력'은 하나의 긴 과정으로, 맨 마지막에 '자신의 이상을 실현했다'라는 화자가 바라던 결과가 나타났다.

✓ **C·h·e·c·k C·h·e·c·k**

'最后'나 '终于'를 사용하여 밑줄 친 부분을 채우세요.

① 刚开始他不同意，经过大家的劝说，_____他_____同意了我的要求。

② 昨天下午最先回家的是冬冬，_____走的是明明。

③ 我盼了这么久，今天_____把你盼来了。

④ 第四题非常难做，我想了很久都没有想出来，_____是老师帮我解决了这个难题。

⑤ 放假了，我_____可以回家了。

unit_103 "幸亏"와 "多亏"

'幸亏'와 '多亏'는 '다행히', '운 좋게'라는 뜻을 나타낸다. 그러나 때에 따라 그 쓰임이 서로 다르다는 것을 이해하자.

맥·잡·기·예·문

❶ 幸亏你提醒了我，不然我就忘了。
→ 多亏你提醒了我，不然我就忘了。
다행히도 네가 일깨워 주었으니 망정이지, 그렇지 않았으면 난 잊어버렸을 거야.

❷ 刚才我差点摔一跤，**幸亏**他及时拉了我一把。
　→ 刚才我差点摔一跤，**多亏**他及时拉了我一把。
　방금 나는 하마터면 넘어질 뻔 했는데, 다행히도 그가 제때에 나를 잡아 주었다.

❸ 天突然下起了大雨，**幸亏**前面有个小木屋。
　갑자기 큰비가 내렸는데, 운이 좋게도 앞에 작은 통나무집이 있다.
　✕ 天突然下起了大雨，多亏前面有个小木屋。

❹ 他被车子撞伤了，**幸亏**伤得不厉害。
　그는 차에 치었는데, 운이 좋게도 심하게 다치지는 않았다.
　✕ 他被车子撞伤了，多亏伤得不厉害。

❺ **多亏**他一直给我补课，这次我才能考得这么好。
　그가 줄곧 보충수업을 해 준 덕택에, 나는 이번에 시험을 이렇게 잘 볼 수 있었다.
　✕ 幸亏他一直给我补课，这次我才能考得这么好

❻ 我们能度过这个难关，**多亏**了他们的帮助。
　우리가 이 난관을 극복할 수 있었던 것은 그들의 도움 덕택이다.
　✕ 我们能度过这个难关，幸亏了他们的帮助。

❼ 这次**多亏**了你，不然我就麻烦了。
　이번 건은 다 네 덕택이야, 그렇지 않았으면 난 골치를 썩었을 거야.
　✕ 这次幸亏了你，不然我就麻烦了。

문 '幸亏'와 '多亏'는 어떤 차이점이 있을까?

답 '幸亏'와 '多亏'는 모두 **다른 사람의 도움으로 좋지 않은 결과를 피할 수 있었다**는 것을 나타낼 때 쓰인다. 이때는 예문❶과 예문❷처럼 '幸亏'와 '多亏'를 서로 바꾸어 쓸 수 있다.

그러나 '多亏'와 '幸亏'는 다음과 같은 차이점도 지니고 있다.
'幸亏'는 **'매우 운이 좋다'라는 어감**을 띠며, **우연적이고 객관적인 원인으로 인해** 좋지 않은 결과를 피할 수 있었음을 나타낸다. 이러한 경우에는 '幸亏'를 '多亏'로 바꿔 쓸 수 없다. 예를 들면, 예문❸에서 '앞에 작은 통나무집이 있는 것'은 우연적이고 객관적인 상황이지 다른 사람의 도움이 아니다.
'多亏'는 감격의 어감을 띠며, **좋은 국면이나 좋은 결과가 나타난 것**은 다른 사람의 적극적인 도움 때문이라는 것을 설명할 때 쓰인다. 따라서 이러한 경우에는 '多亏'를 '幸亏'로 바꿔 쓸 수 없다. 예를 들면, 예문❺에서 '내가 이렇게 시험을 잘 볼 수 있었던 것'은 '그가 줄곧 나에게 보충수업을 해주었기' 때문으로, 이때의 '多亏'는 화자의 강한 감격의 어기를 나타내고 있다.

이 밖에 '幸亏'와 '多亏'는 품사도 다르다.
'幸亏'는 어기부사로 주로 절의 시작 부분에 쓰이며, 뒤에 '了'나 명사, 대명사를 수반할 수 없다.
그러나 '多亏'는 동사로 예문❺와 같이 절이 뒤에 올 수 있다. 또한 예문❻, 예문❼과 같이 뒤에 명사구, 대명사,

명사 또는 '了'를 수반할 수 있다.

✓ | 핵·심·콕·콕!!

'幸亏'는 우연적, 객관적 원인으로 좋지 않은 결과를 피했으니 '운이 좋다'는 어감을 나타내며, '多亏'는 다른 사람의 도움으로 좋은 상황이나 결과가 생겼다는 감격의 어감을 나타낸다.

✓ | C·h·e·c·k C·h·e·c·k

'幸亏'나 '多亏'를 사용하여 밑줄 친 부분을 채우세요.

① 我们_____走这条路，才没碰上洪水。

② _____有人从这里经过，救了她。

③ 你这次病能好得这么快，_____她的照顾。

④ _____发现得早，火才没烧起来。

⑤ _____大家通力合作，公司这两年才会发展得这么好。

⑥ 这次真是_____了你，谢谢你了！

⑦ _____她找人帮我们买到了票，不然我们还不知道要等到什么时候。

⑧ _____这次经济危机对我们国内的市场影响不大，不然我们的损失就大了。

틀리기쉬운중국어어법201

품사

- 명사
- 수량사
- 동사
- 형용사
- 대명사
- 부사
- 개사
- 조사
- 접속사

unit_104 "向", "朝", "往"

'向', '朝', '往'은 '~로 향하여'라는 뜻으로, 동작이나 행위의 방향을 나타낸다. 혼동하기 쉬운 이들에 대해 정확히 이해할 수 있도록 그 차이점과 쓰임을 구분해 보자.

맥·잡·기·예·문

❶ 向山顶走去
   산 정상을 향해 걸어가다
   朝山顶走去
   往山顶走去

❷ 飞向北京
   베이징으로 날아가다
   ×飞朝北京
   飞往北京

❸ 向她摆了摆手
   그녀를 향해 손을 흔들다
   朝她摆了摆手
   ×往她摆了摆手

❹ 向他学习
   그에게서 배우다
   ×朝他学习
   ×往他学习

문 '向', '朝', '往'은 용법상 어떤 차이점이 있을까?

답 '向', '朝', '往'은 모두 동작의 방향과 대상을 나타내지만 용법상 큰 차이점을 지닌다. 아래의 표('~'는 '向/朝/往 + 방향, 처소를 나타내는 단어'를 나타냄)를 보자.

	방향을 나타냄		대상을 나타냄	
	~ + 동사	동사 + ~	신체동작 등을 나타내는 구체적인 동사	추상적인 의미의 동사
向	向前看	通向果园	向他点头	向他学习
朝	朝前看	×	朝他点头	×
往	往前看	通往果园	×	×

'向', '朝', '往'이 동작의 방향을 나타낼 때는 일반적으로 뒤에 '前', '后', '上边', '右边', '屋子里', '教学楼', '北京' 등과 같은 방위나 처소를 나타내는 단어가 온다.
여기서 주의해야 할 것은 위의 표에 나열된 '동사 + ~'에는 조건이 있어, 일부 동사만 '向'이나 '往'이 구성하는 개사구의 앞에 놓일 수 있다는 점이다. 예를 들면, 看向前(×)과 走往上(×)이 그러하다.
'동사 + 往……'과 '동사 + 向……'의 조건은 다음과 같다.

'동사 + 往……'에서 동사는 주로 '开', '送', '寄', '运', '飞', '赶', '通', '迁', '带', '派', '逃' 등으로 제한되며, '往' 뒤의 단어는 반드시 동작이 도달한 최후의 목적지를 나타내는 것이어야 한다.
'동사 + 向……'에서 '向' 뒤의 단어는 일반적으로 목표 혹은 도착지를 나타내는 것이어야 한다. 예를 들면 '走向胜利', '奔向未来', '飞向蓝天', '流向大海' 등이 그러하다.

'向', '朝'가 동작의 대상을 나타낼 때는 일반적으로 뒤에 '我', '你', '他们', '王老师', '小刘', '学院', '图书馆', '公司' 등과 같은 인칭대명사나 사람이나 단체를 나타내는 명사가 온다.

위의 표에서 언급한 '추상적인 의미의 동사'는 다음의 두 종류를 가리킨다.

1 _ 学习, 请教, 打听, 借, 要, 请假 등의 동사
이들은 주로 '(~로부터) ~을 얻다'라는 의미를 지니고 있다.

2 _ 说, 表示(感谢), 解释, 汇报 등의 동사
이들은 '~을 표하다'라는 의미를 나타내고 있으며, '向'을 써서 '~을 표하는 대상'을 이끌어 낸다.

✓ | 핵·심·콕·콕!!

1. 동작의 방향을 나타낼 때: '向 / 朝 / 往 + 방위나 처소를 나타내는 단어 + 동사' 또는 '동사 + 向 / 往 + 방위나 처소를 나타내는 단어'
2. 동작의 대상을 나타낼 때: '向 / 朝 + 인칭대명사 또는 사람이나 단체를 나타내는 명사 + 신체동작 등을 나타내는 구체적인 동사' 또는 '向 + 인칭대명사 또는 사람이나 단체를 나타내는 명사 + 추상적인 의미의 동사'

✓ | C·h·e·c·k C·h·e·c·k

다음 문장의 옳고 그름을 O X로 표시하고, 틀린 문장은 바르게 고치세요.

① 他回头答应了一声，继续朝学校走去。(   )

② 大家一齐向洞里跑去。(   )

③ 这列火车开朝北京。(   )

④ 我向他挥了挥手，他朝我点了点头。(   )

⑤ 我们做工作应该朝人民负责。(   )

⑥ 快把那本书还给他吧，他上午朝我要了。(   )

⑦ 医生向病人家属索取钱财是不对的。(   )

⑧ 我往他笑了笑。(   )

unit_105 "对"와 "向"

'对'와 '向'은 '~에게'라는 뜻으로, 동작의 대상을 이끈다. 혼동하기 쉬운 이들에 대해 정확히 이해할 수 있도록 그 차이점과 쓰임을 구분해 보자.

맥·잡·기·예·문

❶ 张老师向小明点了点头。 장 선생님은 샤오밍을 향해 고개를 끄덕였다.
 → 张老师对小明点了点头。

❷ 我们要向他表示感谢。 우리는 그에게 고마움을 표시해야 한다.
 → 我们要对他表示感谢。

❸ 前天我向老师借了一本书。 그저께 나는 선생님께 책 한 권을 빌렸다.
 × 前天我对老师借了一本书。

❹ 他对我很热情。 그는 나에게 아주 친절하다.
 × 他向我很热情。

문 예문❶과 예문❷의 '向'은 '对'로 바꿔 쓸 수 있으나, 예문❸과 예문❹의 '向'과 '对'는 서로 바꿔 쓸 수 없다. 그 이유는 무엇일까?

답 '向'과 '对'는 모두 동작의 대상을 나타낸다. '向'의 용법에 대해서는 unit_104에서 설명하였다.

'对'가 동작의 대상을 나타낼 때는 '向'과 다음과 같은 공통점을 갖는다.
1. 뒤에 신체동작 등을 나타내는 구체적인 동사가 온다. 예문❶이 그러하다.
2. 뒤에 오는 동사는 '~을 표하다'라는 의미를 지니며, '~을 표하는 대상'을 이끌어 낸다. 예문❷가 그러하다.
이상과 같은 두 가지 상황에서는 '向'과 '对'를 서로 바꿔 쓸 수 있다.

그러나 '对'에는 '向'이 지닌 '~로부터 (~을 얻다)'라는 뜻을 나타내는 용법은 없다. 예를 들면, 예문❸이 그러하다.
이 밖에 '对'에는 '(상)대하다'라는 뜻이 있어, 사람과 사람, 사람과 단체, 사람과 사물 사이의 관계를 나타내지만 '向'에는 이러한 용법이 없다. 예를 들면, 예문❹는 '他'와 '我'의 관계를 나타내므로 이때는 '对'를 '向'으로 바꿔 쓸 수 없다.

	방향을 나타냄	대상을 나타냄			(상)대함을 나타냄
		신체동작	~로부터	~을 표하다	
向	○	○	○	○	×
对	×	○	×	○	○

✓ 핵·심·콕·콕!!

'对'에는 방향을 나타내는 용법이나 '~로부터 (~을 얻다)'라는 뜻이 없고, '向'에는 '(상)대하다'라는 뜻이 없다.

✓ C·h·e·c·k C·h·e·c·k

'向'이나 '对'를 사용하여 밑줄 친 부분을 채우세요.

① 他是一个很好的同学，我们要___他学习。

② 他___我招了招手，叫我过去。

③ 小王___我说起学校要开运动会的事儿。

④ 他___画画儿很感兴趣。

⑤ 他___我吐了吐舌头，做了个鬼脸。

⑥ 孩子们___老师很有礼貌。

unit_106 "给"

'给'는 '~에게'라는 뜻으로, 동작의 대상을 이끈다. 여러 가지 용법을 지닌 '给'에 대해 정확히 이해할 수 있도록 그 쓰임을 구분해 보자.

| 맥·잡·기·예·문

❶ 他给校长写了一封信。 그는 교장 선생님께 편지 한 통을 썼다.
　→ 他写了一封信给校长。

❷ 老师给我解释了那个句子。 선생님은 나에게 그 문장을 해석해 주셨다.
　× 老师解释了那个句子给我。

❸ 把你的想法给大家说说。 너의 생각을 모두에게 말해 봐라.
　× 把你的想法说说给大家。

❹ 电影票他给你弄丢了。 그가 네 영화표를 잃어버렸다.
　× 电影票他弄丢了给你。

❺ 小偷给警察抓走了。 도둑이 경찰에게 잡혀 갔다.
　× 小偷抓走了给警察。

❻ 他给王明寄了一封信。 그는 왕밍에게 편지 한 통을 부쳤다. / 그는 왕밍을 위해 편지 한 통을 부쳤다.

문 개사 '给'는 몇 가지 의미를 가지며, 어떤 경우에 '给+명사'를 문장 맨 뒤에 쓸 수 있을까?

답 개사 '给'는 동작의 대상이나 동작의 주체를 소개하거나 이끄는 역할을 하며, 다음과 같은 여러 가지 용법을 가진다.

1. 동작의 접수자를 이끈다. 예문❶에서 접수자는 편지를 받는 '校长'이다.
2. 동작의 수혜자를 이끈다. 예문❷에서 수혜자는 '我'이다. 이 경우에는 '老师为我解释了那个句子'와 같이 '给'를 '为'로 바꿔 쓸 수 있다.
3. 동작의 표현 대상을 이끈다. 예문❸에서 '大家'는 청중으로, 말을 하는 대상이 된다. 이 경우에는 '把你的想法向(对)大家说说'와 같이 '给'를 '向'이나 '对'로 바꿔 쓸 수 있다.
4. 동작의 피해자를 이끈다. 예문❹에서 표를 잃어버린 것은 '他'이지만, 표의 주인은 '你'이므로, 표를 잃어버려서 피해를 본 사람은 '你'가 된다. 따라서 '给'를 사용하여 피해자 '你'를 이끈 것이다.
5. 동작의 행위자를 이끈다. 예문❺에서 잡는 동작을 행한 것은 '警察'이다. 이때는 '小偷被警察抓走了'와 같이 '给'를 '被'로 바꿔 쓸 수 있다.

이상의 예문을 통해 '给'가 첫 번째 용법(동작의 접수자를 이끄는 경우)으로 쓰였을 때에만 '给+명사'를 문장의 맨 뒤에 쓸 수 있음을 알 수 있다.

우리는 여기에서 예문❻이 사실상 두 가지 의미를 지닌다는 점에 주의를 기울여야 한다.

❻-A 他寄了一封信，信是寄给王明的。 그는 편지 한 통을 부쳤는데, (그) 편지는 왕밍에게 보낸 것이다.
❻-B 他为王明寄了一封信，信是王明写的。 그는 왕밍을 위해 편지 한 통을 부쳤는데, (그) 편지는 왕밍이 쓴 것이다.

❻-A는 첫 번째 용법에 해당하므로 '他寄了一封信给王明'과 같이 '给王明'을 문장 맨 뒤에 쓸 수 있지만,
❻-B는 두 번째 용법에 해당하므로 '他寄了一封信给王明'으로 바꿔 쓸 수 없다.

✓ 핵·심·콕·콕!!

개사 '给'는 동작의 접수자, 수혜자, 표현 대상, 피해자, 행위자를 이끈다. 동작의 접수자를 이끌 때에만 '给 + 명사'를 문장 맨 뒤에 쓸 수 있다.

✓ C·h·e·c·k C·h·e·c·k

1 다음 문장의 옳고 그름을 O X로 표시하고, 틀린 문장은 바르게 고치세요.

① 这个菜是专门做给你的。(   )

② 她端来一杯水给我。(   )

③ 今天他又骗了给人。(   )

④ 那位演员唱了几首歌给我们。(   )

⑤ 我鞠了一个躬给他。(   )

⑥ 公司发了两套工作服给我。(   )

2 다음 문장 속 '给'와 바꿔 쓸 수 있는 다른 단어가 있으면 괄호 안에 써 넣고, 바꿔 쓸 수 있는 단어가 없으면 X 표를 하세요.

① 护士给病人打了针。(   )

② 孩子刚睡着，就给汽车的喇叭声吵醒了。(   )

③ 这道题，你给我算错了。(   )

④ 老师借了两本书给我，让我好好看一看。(   )

⑤ 张师傅给我修好了那辆自行车。(   )

⑥ 他给我使了个眼色。(   )

unit _ 107 "对于"와 "关于"

'对于'와 '关于'는 '~에 대해서', '~에 관하여'라는 뜻으로, 동작과 관계된 사람, 사물, 상황 등을 나타낸다. 혼동하기 쉬운 이들에 대해 정확히 이해할 수 있도록 그 차이점과 쓰임을 구분해 보자.

맥·잡·기·예·문

❶ 对于我们的学习方法，老师很满意。
  우리들의 공부방법에 대해 선생님은 만족하신다.
  × 关于我们的学习方法，老师很满意。

❷ 关于我们的学习方法，老师说有很多毛病。
  우리들의 공부방법에 관해 선생님은 문제가 많다고 말씀하셨다.
  × 对于我们的学习方法，老师说有很多毛病。

❸ 她对于这件礼物非常珍惜。 그녀는 이 선물을 아주 소중히 여긴다.
  × 她关于这件礼物非常珍惜。

❹ 关于这件礼物，有一个感人的故事。 이 선물에는 감동적인 이야기가 담겨 있다.
  × 对于这件礼物，有一个感人的故事。

❺ 对于这个问题，你们还有什么意见？ 이 문제에 대해서, 여러분은 무슨 의견이 있습니까？

❻ 关于这个问题，你们还有什么意见？ 이 문제에 관해서, 여러분은 무슨 의견이 있습니까？

❼ 对于那个人我并不了解。 그 사람에 대해서 나는 결코 이해하지 못한다.

문 '对于'와 '关于'는 어떤 차이점이 있으며, 어떤 경우에 서로 바꾸어 쓸 수 있을까?

답 '对于'는 주로 **대상을 강조**하며, 이때의 대상은 당사자가 어떤 태도를 취하는 대상을 가리키기도 하고, 당사자가 처해 있는 어떤 상황 속에서 설명하고 있는 대상을 가리키기도 한다.
예를 들면, 예문❶에서 선생님이 취한 태도는 '很满意'이고, 선생님이 만족해하는 대상은 '我们的学习方法'이다. 또 예문❼ '对于那个人我并不了解'에서 '我'는 누군가를 이해하지 못하는 상황에 처해 있으며, 내가 이해하지 못하는 대상은 '那个人'이다.
'关于'는 주로 **범위를 강조**하며, 관계된 사물을 소개한다.
예를 들면, 예문❷는 선생님의 태도에 대해 이야기하는 것이 아니라, '有毛病(문제가 있음)'을 지적하고 있다. 그러나 어느 방면에 문제가 있는지를 모르기 때문에 '有毛病'이라고 말하는 것만으로는 부족하다. 즉, 반드시 범위를 정해서 이야기해야 하기 때문에 '关于'로 그 범위를 이끌어 내어, 문제가 있는 것은 다른 측면이 아닌 '我们的学习方法'라고 설명하고 있다.

그렇다면 왜 예문❺와 예문❻에서는 '对于'와 '关于' 둘 다 써도 되는 것일까?
왜냐하면 '有意见'은 일종의 태도인 동시에 어느 방면에 의견이 있는지 즉, 그 범위를 지적해 주고 있기 때문이다. 한 문장이 이러한 두 가지 상황을 모두 포함하고 있을 때에는 '对于'와 '关于' 중 어느 것을 써도 무방하다.

여기서 한 가지 더 주의해야 할 점은 상어로 쓰일 때, '对于……'는 예문❶과 예문❺에서처럼 주어 앞에 놓을 수도 있고, 예문❸에서처럼 주어 뒤에 놓을 수도 있지만, '关于……'는 예문❷와 예문❻에서처럼 반드시 주어 앞에 놓아야 한다는 점이다.

이 밖에 '关于'는 '我爱看关于中国文化的书(나는 중국 문화에 관한 책을 즐겨 본다)'에서처럼 정어로 쓰일 수도 있고, 《关于中国妇女问题》처럼 단독으로 서명이나 문장 제목으로 쓰일 수도 있다. 그러나 '对于'에는 이러한 용법이 없기 때문에 《对于中国妇女问题》라고 할 수 없다.

✓ C·h·e·c·k C·h·e·c·k

'对于'나 '关于'를 사용하여 밑줄 친 부분을 채우세요.

① 阿里_____中国书法很感兴趣。

② _____时间，他抓得很紧。

③ _____这一方面的情况，你可以到网上去查查资料。

④ 他最近看了一些_____中国经济问题的文章。

⑤ _____这个问题，你要认真地考虑一下。

⑥ _____这个问题的重要性，我就说到这里。

⑦ _____股票方面的知识，我了解得不多。

⑧ 中国人民_____加入WTO这个问题都非常关心。

unit_108 "对"와 "对于"

'对'와 '对于'는 '～에 대하여'라는 뜻으로, 동작이나 행위의 대상을 이끌어 내는 역할을 한다. 혼동하기 쉬운 이들에 대해 정확히 이해할 수 있도록 그 차이점과 쓰임을 구분해 보자.

맥·잡·기·예·문

❶ 对工作，他一向非常认真。 일에 대해 그는 줄곧 아주 열심이다.
   → 对于工作，他一向非常认真。

❷ 他们都对我很好。 그들은 모두 나에게 잘한다.
   ✕ 他们都对于我很好。

❸ 对小孩，他不够耐心。 아이에 대해서 그는 참을성이 부족하다.
   ✕ 对于小孩，他不够耐心。

❹ 她对我笑了笑，没说话。 그녀는 나를 향해 웃기만 하고, 말은 하지 않았다.
   ✕ 她对于我笑了笑，没说话。

❺ 作为医生，应该对病人负责。 의사로서 환자에 대해 책임을 져야 한다.
   ✕ 作为医生，应该对于病人负责。

문 '对'와 '对于'는 그 뜻과 용법이 같을까?

답 '对'와 '对于'는 그 뜻과 용법이 완전히 같지는 않다. '对于'(unit_107 참조)는 모두 '对'로 바꿔 쓸 수 있지만, '对'에 있는 용법이 '对于'에는 없는 경우가 있다.

1. 사람과 사람 간의 관계에는 '对'를 쓴다. 예를 들면, 예문❷와 예문❸이 그러하다.
2. '向'의 용법 중 하나인 동작의 지향점(대상)을 나타내는 경우에는 '对'를 쓴다. 예를 들면, 예문❹와 예문❺가 그러하다.

이 밖에 '对'와 '对于'는 문장에서의 위치에 있어서도 차이점을 지닌다.

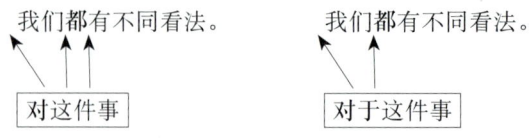

문장에 '会', '能', '应该' 등의 능원동사나 '都', '也', '必须' 등의 부사가 있을 때는 그 뒤에 '对于'를 쓸 수 없다.

✓ **Check Check**

'对'나 '对于'를 사용하여 밑줄 친 부분을 채우세요.

① 这家饭店的服务员_____顾客十分热情。

② 她高兴地_____我说："我妈妈明天要到中国来旅游。"

③ 这种气体_____人体有害。

④ 放心吧，他一定会_____你们提出的这些问题作出答复的。

⑤ 大家都_____这项活动不太感兴趣。

⑥ 现在人们_____居住环境越来越重视了。

unit_109 "在……看来"와 "对……来说"

'在……看来'와 '对……来说'는 형식은 비슷하지만, 그 뜻과 쓰임이 서로 다르다는 것을 이해하자.

맥·잡·기·예·문

❶ 在年轻人看来，目前最重要的是要学好文化知识。
  젊은 사람들이 볼 때, 현재 가장 중요한 것은 문화 지식을 잘 배우는 것이다.

❷ 在三班的同学看来，阿里是一个很乐观的人。
  3반 학생들이 볼 때, 아리는 아주 낙관적인 사람이다.

❸ 对年轻人来说，目前最重要的是要学好文化知识。
  젊은 사람들에게 있어서, 현재 가장 중요한 것은 문화 지식을 잘 배우는 것이다.

❹ 对听力不太好的同学来说，多听是一个很有效的方法。
  듣기 실력이 그다지 좋지 않은 학생들에게 있어서, 많이 듣는 것이 효과적인 방법이다.

문 '在……看来'와 '对……来说'는 그 뜻이 같을까?

답 '在……看来'는 주로 뒤에 나오는 주관적인 견해가 누구의 견해인지를 강조할 때 쓰인다. 예문❶은 '目

前最重要的是要学好文化知识'가 바로 '年轻人'의 견해라는 것을 강조한다.

'对……来说'는 주로 **설명하고 있는 상황이나 견해와 관계있는 사람 또는 사물을 강조할 때** 쓰인다. 예문❸은 '目前最重要的是要学好文化知识'라는 상황이 기타의 다른 사람, 즉 어린이나 노인과 관계있는 것이 아니라 바로 '年轻人'과 관계있다는 것을 강조한다. 여기서 주의해야 할 것은 비록 그러한 상황이 '年轻人'과 관계는 있지만, 그것이 꼭 젊은이들의 견해는 아니라는 점이다. 예를 들면, '我认为，对年轻人来说，目前最重要的是要学好文化知识。(나는 젊은이들에게 있어서 현재 가장 중요한 것은 문화 지식을 잘 배우는 것이라고 생각한다.)'에서 밝히고 있는 것은 '我'의 견해이다.

✓ C·h·e·c·k C·h·e·c·k

'对……来说'나 '在……看来'를 사용하여 밑줄 친 부분을 채우세요.

① 阿里认为，这样的同学老师应该表扬。
 _____, 这样的同学老师应该表扬。

② 把基础课学好是阿里目前最重要的事情。
 _____, 目前最重要的事情是把基础课学好。

③ 小王认为三班是他们学校最好的班级。
 _____, 三班是他们学校最好的班级。

④ 他觉得这本书里的故事没有意思。
 _____, 这本书里的故事没有意思。

⑤ 老年人保持身体健康的有效方法之一是多散步。
 _____, 多散步是保持身体健康的有效方法之一。

unit_110 "关于"와 "至于"

'关于'와 '至于'는 '~에 대해서', '~에 관하여'라는 뜻으로, 동작과 관계된 사람, 사물, 상황 등을 나타낸다. 혼동하기 쉬운 이들에 대해 정확히 이해할 수 있도록 그 차이점과 쓰임을 구분해 보자.

맥·잡·기·예·문

❶ **关于**去北京旅游的事情，我们就讨论到这里了，大家还有没有不同的意见？
베이징으로 여행 가는 일에 관해서 여기까지 토론하겠습니다. 여러분들 또 다른 의견이 있습니까？

❷ 去北京旅游的事就这样定了，至于出发的时间，我们下回再商量。
베이징으로 여행 가는 일은 이렇게 정하기로 하고, 출발 시간에 대해서는 우리 다음에 다시 상의합시다.

❸ 小李到上海谈一笔生意去了，至于小王，我就不清楚了。
샤오리는 상하이에 사업차 갔는데, 샤오왕에 대해서는 난 잘 모른다.

문 '关于'와 '至于'는 어떤 차이점이 있을까?

답 '关于'를 사용한 문장은 **한 가지 화제(话题)**에 대해서만 이야기한다. 예문❶에서 말하고 있는 것은 '去北京旅游的事情'으로, 화자는 사람들에게 다른 의견이 있는지 묻고 있다. 즉 베이징으로 여행을 갈 건지 안 갈 건지에 대해 묻고 있으며 화제를 바꾸지 않았다.

'至于'를 사용한 문장은 다른 화제에 대해서도 이야기하며, 이때 앞뒤의 **두 화제**는 서로 **일정한 연관 관계가 있어야** 한다. 다시 말해, 한 가지 화제에 대해 이야기를 끝낸 후, 그 화제와 관계있는 두 번째 화제를 꺼낼 때, 두 번째 화제 앞에 '至于'를 놓는다. 예를 들면, 예문❷에는 '去不去'와 '出发的时间' 두 가지 화제가 있으며, 두 화제 모두 여행에 관한 것이다. 예문❸의 '小李'와 '小王' 역시 두 가지 화제로, 그 두 사람이 어디로 갔는지에 대해 이야기하고 있다. 따라서 '至于'는 모두 두 번째 화제인 '出发的时间'과 '小王'의 앞에 놓는다.

✓ **C·h·e·c·k　C·h·e·c·k**

'关于'나 '至于'를 사용하여 밑줄 친 부분을 채우세요.

① 他已经决定报考研究生，_____报哪个学校，还没有仔细考虑。

② 他的那部小说获奖了，写的是_____反腐败的题材。

③ 我可以告诉你们，我已经有女朋友了，_____她是谁，还要暂时保密。

④ 放心吧，_____经费不够的问题，他们会想办法解决的。

unit_111 "为"와 "为了"

'为'와 '为了'는 '~을 위해서'라는 뜻으로, 동작이나 행위의 목적, 동기를 나타낼 수 있다. 혼동하기 쉬운 이들에 대해 정확히 이해할 수 있도록 그 차이점과 쓰임을 구분해 보자.

맥·잡·기·예·문

❶ 朋友们为阿里办了一个生日晚会。 친구들은 아리를 위해 생일 파티를 열었다.

❷ 这项研究为治疗癌症找到了新的途径。 이 연구는 암 치료를 위해 새로운 길을 열었다.

❸ 大家都为这件事高兴。 모두들 이 일로 기뻐하고 있다.

❹ 为了这件事，他跟我生了好几天的气。 이 일로 그는 나한테 며칠간 화를 냈다.

❺ 为了避免差错，我们最好再检查一遍。 실수를 피하기 위해, 우리가 다시 한 번 검사하는 것이 가장 좋다.
  → 为避免差错，我们最好再检查一遍。

❻ 为了大家的安全，请大家赶快离开这里。 모두의 안전을 위해, 모두들 어서 이곳을 피하십시오.

❼ 为安全起见，他们把钱全存入了银行。 안전을 위해서 그들은 돈을 모두 은행에 넣었다.

❽ 我们应该为实现自己的理想而努力奋斗。
  우리들은 자신의 이상을 실현하기 위해 힘을 다해 노력해야 한다.

문 '为'와 '为了'는 어떤 차이점이 있을까?

답 '为'와 '为了'의 차이점은 다음과 같다.

	수익자(受益者)를 이끎 (서비스의 대상이나 이익을 얻는 측면)	원인을 이끎	목적을 이끎
为	○ [예문❶, 예문❷ 참조]	○ (주로 주어 뒤에 위치함) [예문❸ 참조]	잘 쓰이지 않음(종종 뒤에 '而'이나 '起见'을 대동함) [예문❺, 예문❼, 예문❽ 참조]
为了	×	잘 쓰이지 않음 [예문❹ 참조]	○ (주어 앞에 위치함) [예문❺, 예문❻ 참조]

핵·심·콕·콕!!

'为'는 수익자를 이끄는 역할을 하며, 주어 뒤에 놓여 원인을 이끌기도 하고, 뒤에 '而'이나 '起见'을 대동하여 목적을 이끌기도 한다. '为了'는 주로 주어 앞에 놓여 목적을 이끄는 역할을 하며, 때로 원인을 이끌기도 한다.

C·h·e·c·k C·h·e·c·k

'为了'나 '为'를 사용하여 밑줄 친 부분을 채우세요.

① 政府应该_____人民服务。

② 一直到现在，我还在_____那件事感到内疚。

③ _____多挣一些钱，他从早到晚地干活。

④ _____孩子的工作，他找了很多熟人。

⑤ 请你_____我们画一幅画，好吗?

⑥ _____达到自己的目的，他甚至采取了不可告人的手段。

⑦ 你也要_____自己的将来做打算。

⑧ 改革开放_____中国的经济发展带来了巨大的活力。

⑨ 她_____他的无情伤透了心。

unit_112 "从"과 "自从"

'从'과 '自从'은 '~부터'라는 뜻으로, 기점을 표시한다. 그러나 그 뜻과 쓰임이 때에 따라 서로 다르다는 것을 이해하자.

맥·잡·기·예·문

❶ 从明天开始，我要锻炼身体。 내일부터 나는 체력을 단련하려고 한다.

❷ 从去年八月以后，我就没见过他。 작년 8월 이후로 나는 그를 보지 못했다.
 → 自从去年八月(以后)，我就没见过他。

❸ 从有了孩子以后，他就变得忙起来了。 아이가 생긴 후부터 그는 바빠지기 시작했다.
 → 自从有了孩子(以后)，他就变得忙起来了。

❹ 他**从**桌子上拿起书。 그는 탁자 위에서 책을 집어 들었다.

❺ **从**学生到老师都参加了这次活动。 학생에서 선생님에 이르기까지 모두 이번 행사에 참가했다.

❻ 过了一年，他已经**从**外行变成了内行。 1년이 지나자 그는 문외한에서 전문가로 변했다.

문 '从'과 '自从'은 모두 개사로 기점(起点)을 나타내는데, 이들 사이에는 어떤 차이점이 있을까?

답 '从'과 '自从'은 모두 기점을 나타낸다. 그러나 이들 뒤에 따르는 단어와 용법에는 다음과 같은 차이점이 있다.

1. '从' 뒤에는 **시간, 지점, 범위** 또는 **발전, 변화의 기점**이 올 수 있다. 예문❹, 예문❺, 예문❻이 그러하다. 그러나 '自从' 뒤에는 시간만 올 수 있다.

2. '从' 뒤의 시간은 **미래**일 수도 있고(예문❶), **과거**일 수도 있다. 그러나 '自从' 뒤에는 예문❷와 예문❸처럼 **과거**만 올 수 있다.

3. '从'과 '自从' 뒤에서 과거의 시간을 나타내는 것으로는 명사나 동사구, 절 등이 올 수 있다. 이때 '从'은 '以后', '以来', '开始', '起' 등의 단어를 동반해야 하지만, '自从'은 뒤에 명사가 오는 경우를 제외하고는 이러한 단어들이 있어도 되고 없어도 된다. 예를 들면, 예문❷와 예문❸이 그러하다. 그러나 '到'나 '至'와 함께 쓰일 때에는 일반적으로 '自从'보다는 '从'을 쓴다. 예를 들면, '从90年到94年，他一直在广州工作(90년에서 94년까지 그는 줄곧 광저우에서 일했다)'가 그러하다.

4. '从'은 통과하는 지점을 나타내기도 한다. 예를 들면, '我看见他从大门出去了(나는 그가 큰문으로 나가는 것을 보았다)'가 그러하다.

✓ | C·h·e·c·k C·h·e·c·k

'从'이나 '自从'을 사용하여 밑줄 친 부분을 채우세요.

① 她_____朋友那儿借了一笔钱。

② _____跟他认识以后，她变了很多。

③ _____他离开香港，我就再也没见过他。

④ 这两天气温将_____二十多度下降到十几度。

⑤ 他们的计划_____一年前就开始实施了。

⑥ _____这条路可以一直走到市中心。

⑦ _____五月到九月，他一直在忙于复习。

⑧ _____明年八月以后，这种纸币就作废了。

unit _ 113 "由"와 "被"

'由'와 '被'는 모두 '~가(이)'라는 뜻으로, 동작의 행위자를 이끈다. 혼동하기 쉬운 이들에 대해 정확히 이해할 수 있도록 그 차이점과 쓰임을 구분해 보자.

맥·잡·기·예·문

① 水果由阿里来买。 과일은 아리가 산다.

② 由阿里来买水果。 아리가 과일을 산다.

③ 买水果这件事由阿里来办。 과일 사는 일은 아리가 한다.

④ 杯子被小明打碎了。 컵은 샤오밍이 깨뜨렸다.

⑤ 自行车被人偷走了。 자전거는 남에게 도둑맞았다.

⑥ 他被大家选为学校的优秀学生。 그는 모두에 의해 학교의 우수 학생으로 뽑혔다.

문 '由'를 사용하는 문장과 '被'를 사용하는 문장이 나타내는 의미가 같을까?

답 '由'를 사용하는 문장과 '被'를 사용하는 문장이 나타내는 의미는 같지 않다. 다음 표를 보자.

	'由'를 사용하는 문장	'被'를 사용하는 문장
의미	어떤 일의 책임자가 누구인지를 설명한다.	어떤 대상이 어떤 동작의 영향을 받아 어떤 결과를 초래했는지를 설명한다.
동작의 목적성	목적성이 강하다.	목적성이 강하지 않다.

예문❶은 '과일 사는 일'을 책임지고 있는 사람이 다른 사람이 아닌 바로 '阿里'라는 것을 설명한다. 누가 그 일을 할지를 일부러 안배한 것이기 때문에 목적성이 강하다.
예문❹는 '컵'이 '打'라는 동작의 영향을 받아 '碎了'라는 결과를 초래했음을 설명한다. '打碎杯子'는 누군가가 일부러 안배한 것이 아니기 때문에 목적성이 강하지 않다.

여기서 주의해야 할 점은 '被'를 사용한 문장은 구어에서 주로 뜻대로 되지 않는 일이나 유쾌하지 않은 일에 쓰인다는 점이다. 예문❹와 예문❺가 그러하다. 그러나 예문❻에서와 같이 서면어에서는 때로 뜻대로 되거나 유쾌한 일을 나타내기도 한다.

Check Check

다음 문장을 '由'나 '被'를 사용한 문장으로 바꾸어 써 보세요.

① 昨天老师批评了他一顿。
   → _____。

② 小明，明天的晚会你负责吧。
   → _____。

③ 他不认真工作，所以公司开除了他。
   → _____。

④ 今天忘记带伞了，衣服都淋湿了。
   → _____。

⑤ 他们很勇敢，困难吓不倒他们。
   → _____。

⑥ 我们商量好了，后天小王负责提意见，我跟小刘负责写申请。
   → _____。

unit _ 114 "通过"와 "经过"

'通过'와 '经过'는 '~을 통해서'라는 뜻으로, 어떤 사람, 일, 활동을 통해서 어떤 목적에 도달한다는 의미를 나타낸다. 혼동하기 쉬운 이들에 대해 정확히 이해할 수 있도록 그 차이점과 쓰임을 구분해 보자.

맥·잡·기·예·문

❶ 我们通过谈话来增进互相之间的了解。 우리는 대화를 통해서 서로 간의 이해를 증진시킨다.

❷ 通过电视，我们看到了外面的世界。 텔레비전을 통해서 우리는 바깥세상을 보았다.

❸ 我通过他的母亲增加了对他的了解。 나는 그의 어머니를 통해서 그에 대한 이해를 증진시켰다.

❹ 经过认真考虑以后，他提出了自己的建议。 진지하게 고려한 후, 그는 자신의 의견을 내놓았다.

❺ 通过谈话，我们增进了互相之间的了解。 대화를 통해서 우리는 서로 간의 이해를 증진시켰다.
　→ 经过谈话，我们增进了互相之间的了解。

❻ 经过大家的帮助，他的汉语有了很大的进步。 모두의 도움으로 그의 중국어 실력은 많이 향상되었다.
　→ 通过大家的帮助，他的汉语有了很大的进步。

문 '通过'와 '经过'는 모두 개사로 문장 속에서 서로 바꿔 쓸 수 있고, 뜻도 거의 비슷하다. 그러면 이들 사이에는 어떤 차이점이 있을까?

답 '通过'와 '经过'의 차이점은 다음과 같이 간단하게 나타낼 수 있다.

　　　　　　　　　　　　┌ 활동　　　　　　　　[예문❶ 참조]
　　通过(by, with) + 매개 ┤ 사물 → 결과 / 목적　　[예문❷ 참조]
　　　　　　　　　　　　└ 사람　　　　　　　　[예문❸ 참조]

　　经过(after)　 + 과정　　→ 결과 / 변화　　　[예문❹ 참조]

'通过' 뒤의 내용이 어떠한 활동을 나타내는 경우에만 '经过'와 바꿔 쓸 수 있으며, 이 경우 반드시 다음의 두 조건을 충족시켜야 한다. 첫째, '通过'와 '经过' 뒤의 단어는 방식, 수단인 동시에 과정을 나타내는 것이어야 한다. 둘째, '通过'와 '经过' 뒤의 동사가 결과를 나타내야 한다. 예를 들면, 예문❺와 예문❻이 그러하다. 예문❺에서 '我们增进互相之间的了解'는 결과를 나타낸다. 그렇다면 어떤 방법으로 이러한 결과가 도출된 것인가? 바로 '通过谈话'이다. 여기서 '谈话'는 일종의 방식, 수단인 동시에 하나의 과정이기도 하므로, 예문❺의 '通过'는 '经过'로 바꿔 쓸 수 있다. 그러나 바꿔 쓴 후에는 그 뜻이 조금 달라진다. 즉, '谈话'라는 과정을 거친 후에, '我们增进互相之间的了解'라는 결과가 생겼다는 뜻이 된다.

예문❶은 뒤의 동사가 결과가 아닌 목적을 나타내기 때문에 '通过'만 쓸 수 있고, 예문❹는 '经过' 뒤의 단어가 하나의 과정일 뿐 수단이나 방식을 나타내지 않으므로 '通过'로 바꿔 쓸 수 없다.

✓ | 핵·심·콕·콕!!

'通过'는 매개를 통해 결과나 목적이 나타나는 경우에 쓰고, '经过'는 과정을 통해 결과나 변화가 나타나는 경우에 쓴다. 이 둘 뒤의 단어가 방식, 수단이자 과정인 어떤 '활동'을 나타내면서 동시에 이들 뒤의 동사가 '결과'를 나타내는 경우에만 서로 바꿔 쓸 수 있다.

✓ | C·h·e·c·k C·h·e·c·k

'通过'나 '经过'를 사용하여 밑줄 친 부분을 채우세요.

① 她们只能_____写信联系。

② _____学习，我们掌握了很多知识。

③ _____老师的反复讲解，我终于弄明白了这个问题。

④ 她_____其他同学终于找到了他。

⑤ _____一年的努力，他们的企业有了显著的发展。

⑥ _____这些手续后就可以出境了。

⑦ _____仔细调查，我们终于发现了事情的真相。

⑧ _____显微镜，我们可以看到肉眼看不到的微生物。

unit_115 "按照"와 "根据"

'按照'와 '根据'는 '~에 근거하여'라는 뜻을 나타낸다. 혼동하기 쉬운 이들에 대해 정확히 이해할 수 있도록 그 차이점과 쓰임을 구분해 보자.

맥·잡·기·예·문

❶ **按照**我教你的去做，肯定不会错。
내가 가르친 대로 하면 분명 틀리지 않을 것이다.

❷ **按照**一般情况，这种问题我们是不处理的。
일반적인 상황대로라면 우리는 이런 문제를 처리하지 않는다.

❸ 这个电影是**根据**一个民间故事改编的。
이 영화는 민담에 근거하여 각색한 것이다.

❹ **根据**我们(的)了解，这件事与他无关。
우리들이 알기로 이 일은 그와 관계가 없다.

❺ **根据**我国法律规定，私人不允许携带枪支。
→ **按照**我国法律规定，私人不允许携带枪支。
중국의 법 규정에 의하면, 개인은 총을 휴대할 수 없다.

❻ **根据**我的经验，你们这样做根本解决不了问题。
→ **按照**我的经验，你们这样做根本解决不了问题。
나의 경험에 의하면, 너희들 이렇게 하면 절대 문제를 해결할 수 없다.

문 '按照'와 '根据'는 어떤 차이점이 있을까?

답 '按照'와 '根据'는 개사로 쓰이지만, 그 뜻에 있어서 차이점을 지닌다.

'按照'는 어떤 기준을 따르는 것을 나타낸다. 다시 말해, '按照A'는 'A를 기준으로 삼아서 하다'라는 뜻으로, 바꾸지 않고 A를 따라서 하는 것을 말한다.
'根据'는 결론의 전제 또는 말과 행동의 기초를 나타낸다. 다시 말해, '根据A'는 'A를 기초로 삼다'라는 뜻으로, A의 기초 위에서 다시 어떤 일을 하거나 어떤 결론을 얻는 것을 말한다.

예문❶의 '按照我教你的去做'는 '我教你的'를 기준으로 삼는다는 말이다. 예문❷의 '按照一般情况' 뒤에는 동사가 생략되었으며, '一般情况'을 기준으로 삼는다는 말이다.
반면 예문❸의 '根据一个民间故事改编'은 영화가 민담을 기초로 하여 각색한 것이라는 뜻이고, 예문❹의 '这件事与他无关'이라는 결론은 '我们了解'를 기초로 하여 얻어진 것이다.

여기서 주의해야 할 점은 예문❺와 예문❻의 뒷부분 또한 결론을 나타내지만, 이때는 '根据'를 써도 되고 '按照'를 써도 된다는 것이다. 하지만 예문❹에는 '根据'만 쓸 수 있다. 그렇다면 '按照'와 '根据'는 언제 호환하여 쓸 수 있는 것일까? 그 조건은 다음과 같다.

문장이 하나의 결론을 나타낼 때, '根据' 뒤의 단어가 '法律', '经验', '规定' 등과 같은 경험이나 규율의 의미를 지닌 단어이면 '根据'를 '按照'로 바꿔 쓸 수 있다. 그러나 '根据' 뒤의 단어가 행위의 의미를 지닌 단어이면, 즉 결론이 어떤 행위를 하고 나서 얻어진 것이면, '根据'를 '按照'로 바꿔 쓸 수 없다.

✓ Check Check

'根据'나 '按照'를 사용하여 밑줄 친 부분을 채우세요.

① 我们的计划还要_____大家的意见进行修改。

② _____现在的速度，我们三点以前可以到达。

③ _____国家统计局统计，今年国民总收入比去年同期增长百分之六。

④ 在这次活动中，我们把队员_____年龄分了组。

⑤ 时间还没定，大家先_____明天一早出发做准备。

⑥ 校领导_____学校现状做出了以下决定。

⑦ _____我们的调查，一些高档家电开始进入了普通老百姓的家庭。

⑧ 请你们严格地_____图纸施工。

⑨ 警察_____人们提供的线索，找到了那个人。

틀리기쉬운중국어어법201

품사

- 명사
- 수량사
- 동사
- 형용사
- 대명사
- 부사
- 개사
- **조사**
- 접속사

unit_116 "的", "地", "得"

'的', '地', '得'는 모두 구조조사이고, 'de'라고 읽는다. 그러나 그 쓰임에 차이가 있다는 것을 이해하자.

맥·잡·기·예·문

❶ 我们班的同学学习都很努力。 우리 반 학우들은 모두 공부를 열심히 한다.

❷ 上课了，他急急忙忙地走进了教室。 수업이 시작되자 그는 서둘러 교실로 걸어 들어갔다.

❸ 他汉语说得很流利。 그는 중국어를 유창하게 한다.

❹ 他的到来给大家带来了希望。 그의 출현은 모두에게 희망을 가져다 주었다.

❺ 她吃不了这样的苦。 그녀는 이런 고통을 이겨 내지 못한다.

문 조사 '的', '地', '得'는 어떤 차이점이 있을까?

답 일반적으로 조사 '的', '地', '得'의 차이점은 다음과 같이 구분할 수 있다.

的 : 정어의 표지 　　[정어　　　＋ 的 ＋ 명사]　　美好的春天　　아름다운 봄
地 : 상어의 표지 　　[상어　　　＋ 地 ＋ 동사]　　高兴地喊起来　기뻐하며 고함치다
得 : 보어의 표지 　　[동사/형용사 ＋ 得 ＋ 보어]　　跑得飞快　　　날듯이 달리다

여기서 주의해야 할 점은 동사 또는 형용사가 주어나 목적어로 쓰이고, 그 앞에 정어가 있을 때는 반드시 '的'를 써야 한다는 점이다.

정어 ＋ 的 ＋ 동사/형용사 ＋ 술어 ＋ 목적어　　[예문❹ 참조]
　　　　　(주어)

주어 ＋ 술어 ＋ 정어 ＋ 的 ＋ 동사/형용사　　[예문❺ 참조]
　　　　　　　　　(목적어)

이와 같은 경우의 예를 더 들면 다음과 같다.

一年的努力　일 년간의 노력　　巨大的变化　　거대한 변화　　冬冬的天真　　동동의 천진함
他的批评　　그의 비평　　　　年轻人的热情　젊은이의 열정　同学们的真诚　학우들의 진실함

✓ Check Check

'的', '地', '得'를 사용하여 밑줄 친 부분을 채우세요.

① 寒冷____冬天到了，大家都穿上了棉衣。

② 仔细____研究是很有必要的。

③ 你应该仔细____研究一下这个问题。

④ 他的汉字写____比我好。

⑤ "太好了！"她激动____跳了起来。

⑥ 呼呼____大风卷起地上____沙土，直吹____我睁不开眼睛。

⑦ 他____电视机比你这台好____多。

⑧ 一年____努力终于换来了丰硕的成果。

⑨ 他看到了反动政府____黑暗和腐败。

unit_117 "的"

'的'는 일반적으로 정어의 표지로 쓰인다. '的'의 사용조건에 대해 알아보자.

맥·잡·기·예·문

❶ 世界地图   세계지도   ×世界的地图

❷ 男朋友   남자 친구   ×男的朋友

❸ ×玛丽地图   玛丽的地图   메리의 지도

❹ ×老师哥哥   老师的哥哥   선생님의 형

❺ ×真诚朋友   真诚的朋友   진실한 친구

❻ ×明亮眼睛   明亮的眼睛   반짝이는 눈

문 언제 '的'를 쓰고, 언제 '的'를 쓰지 않을까?

답 unit_116에서 이미 '정어 + 的 + 명사'의 형식으로 쓰이는 '的'의 용법에 대해 설명하였다. 그렇다면 어떤 정어에는 '的'를 붙여야 하고, 어떤 정어에는 '的'를 붙일 필요가 없는 것일까? 일반적으로 다음과 같이 정리할 수 있다.

```
              정어
성질을 나타내는 경우(什么)              + 명사
종속을 나타내는 경우(谁的)              + (的) + 명사(unit_118 참조)
                                    + 的 + 명사
묘사, 설명을 나타내는 경우(怎么样的)     + 的 + 명사
```

예문❶은 무슨(什么) 지도인지를 강조한다. 즉, 중국 지도가 아닌 세계 지도라는 것이다. 예문❸은 누구의(谁的) 지도인지를 강조한다. 즉, 다른 사람의 지도가 아닌 메리의 지도라는 것이다. 따라서 예문❶에는 '的'를 쓸 수 없고, 예문❸에는 반드시 '的'를 써야 한다.

예문❺는 어떤(怎么样的) 친구인지를 강조한다. 즉, 진실한 친구를 가리키므로 반드시 '的'를 써야 한다. 만약 무슨(什么) 친구인지를 묻는다면 예문❷에서처럼 '的'를 쓸 수 없다. 또 다른 예로 '老年朋友(옛 친구)', '泰国朋友(태국 친구)' 등이 있다. 이때 주의할 점은 '泰国朋友'와 '泰国的朋友'는 다르다는 것이다. '泰国朋友'는 그 친구가 어느 나라 사람인지를 물었을 때 그에 대한 대답이 되고, '泰国的朋友'는 '中国是泰国的朋友'에서처럼 그 친구가 누구의 친구인지를 물었을 때 그에 대한 대답이 된다.

여기서는 일반적인 상황에 대해 간단히 설명하였다. 자세한 설명은 unit_118을 참조하기 바란다.

✓ **핵·심·콕·콕!!**

'정어 + 的 + 명사'의 형식에서 정어가 성질(什么)을 나타낼 때는 '的'를 붙이지 않고, 종속(谁的)이나 묘사, 설명(怎么样的)을 나타낼 때는 '的'를 붙인다.

✓ **C·h·e·c·k C·h·e·c·k**

다음 중 '的'가 필요한 곳에는 '的'를 써넣고, '的'가 필요하지 않은 곳에는 X표를 하세요.

① 他买了一本汉语____词典。

② 她是一位善良____姑娘。

③ 请谈谈你____看法。

④ 他在做电脑____生意。

⑤ 他是一位医术非常高明____外科____医生。

⑥ 中国人民____生活____水平有了很大的提高。

unit_118 "她姐姐"와 "小红的姐姐"

'的'는 정어와 중심어(명사)의 관계를 나타내는 구조조사로 일반적으로 정어의 뒤, 명사의 앞에 쓰인다. '的'의 사용조건에 대해 알아보자.

맥·잡·기·예·문

① 她的姐姐　　그녀의 언니　　＝ 她姐姐
② 小红的姐姐　샤오홍의 언니　≠ 小红姐姐
③ 小红的钱包　샤오홍의 지갑　× 小红钱包

④ 他们的公司　그들의 회사　　＝ 他们公司
⑤ 他们的产品　그들의 생산품　× 他们产品
⑥ 老师的词典　선생님의 사전　× 老师词典

문 unit_117에서 '누구의(谁的)'를 나타낼 때는 일반적으로 '的'를 붙인다고 했다. 그러나 '的'를 붙이지 않아도 되는 경우와 대체로 '的'를 붙이지 않는 경우도 있다. 그렇다면 언제 '的'를 붙이지 않을까?

답 위의 예문들을 통해 '누구의(谁的)' 뒤에는 대체로 '的'를 쓴다는 것을 알 수 있다. 예를 들면, 예문②, 예문③, 예문⑤, 예문⑥이 그러하다. '的'를 붙이지 않아도 되거나 대체로 '的'를 붙이지 않는 경우는 주로 '대명사 + 자신과 관계있는 사람이나 단체'의 형식으로 쓰인 경우이다.

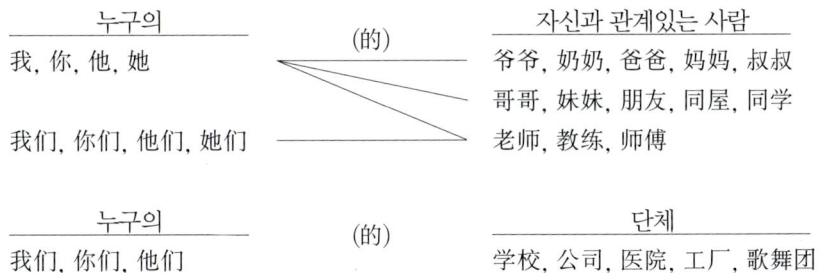

누구의		자신과 관계있는 사람
我, 你, 他, 她	(的)	爷爷, 奶奶, 爸爸, 妈妈, 叔叔
		哥哥, 妹妹, 朋友, 同屋, 同学
我们, 你们, 他们, 她们		老师, 教练, 师傅

누구의		단체
我们, 你们, 他们	(的)	学校, 公司, 医院, 工厂, 歌舞团

예문② '小红的姐姐'에서 '姐姐'는 '小红' 자신과 관계있는 사람이기는 하지만, '小红'이 대명사가 아니기 때문에 반드시 '的'를 써야 한다. '小红姐姐'는 이름이 '小红'인 '姐姐'를 가리킨다.

C·h·e·c·k C·h·e·c·k

다음 문장의 옳고 그름을 O X로 표시하고, 틀린 문장은 바르게 고치세요.

① 她准备报考你们学校。(   )

② 我理想是做一个律师。(   )

③ 我们教练认为这场球打得很好。(   )

④ 王老师今天收到一封信，信封上写着"王林的老师收"。(   )

⑤ 我汉语的老师表扬了我。(   )

⑥ 丁力到飞机场接他女朋友去了。(   )

⑦ 你知道我们的下次表演地方吗? (   )

unit_119 "开车的人"과 "开车的时间"

'정어 + 的 + 중심어'구조에서 중심어인 '的' 뒤의 명사를 생략할 수 있는 조건에 대해 알아보자.

맥·잡·기·예·문

❶ 开车的人 → 开车的　　　开车的是他哥哥。
　 차를 운전하는 사람　　　차를 운전하는 사람은 그의 형이다.

❷ 他开的车 → 他开的　　　他开的是奔驰。
　 그가 운전하는 차　　　　그가 운전하는 차는 벤츠이다.

❸ 开车的时间 차를 운전하는 시간 ≠ 开车的 차를 운전하는 사람
　 开车的时间是明天早上8点。 차를 운전하는 시간은 내일 아침 8시이다.
　 × 开车的是明天早上8点。

❹ 他开车的技术 그가 차를 운전하는 기술 ≠ 他开的 그가 운전하는 차
　 他开车的技术很好。 그는 차를 모는 기술이 뛰어나다.
　 × 他开车的很好。

문 예문❶과 예문❷의 '的' 뒤의 명사 '人'과 '车'는 생략할 수 있지만, 예문❸과 예문❹의 '的' 뒤의 명사 '时间'과 '技术'는 생략할 수 없는 이유는 무엇일까?

답 일반적으로 동사가 나타내는 동작은 반드시 그것과 관련이 있는 명사성분을 가지고 있다. '休息'와 같은 동사는 하나의 명사성분(휴식을 취하는 사람)을 필요로 하고, '开车'의 '开'와 같은 동사는 차를 운전하는 사람과 운전하는 차, 두 개의 명사성분을 필요로 한다. 이때 차를 운전하는 기술이 어떠한지와 차를 운전하는 시간, 차를 운전하는 장소 등은 꼭 필요한 것은 아니다. 다음 도표를 보자.

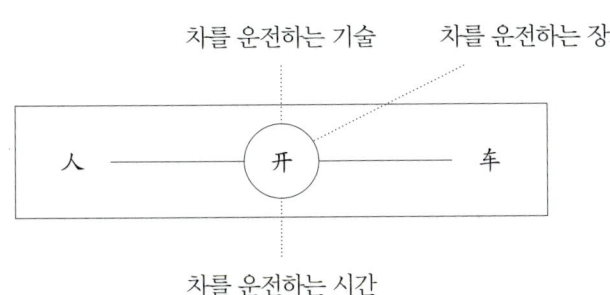

이러한 차이가 '的' 뒤의 명사를 생략할 수 있는지의 여부를 결정한다. 만약 '的' 뒤의 명사가 전자에 해당하면, '的' 뒤의 명사를 생략할 수 있다. 예를 들면 '开车的人'은 '开车的'라고 할 수 있고, '他开的车'는 '他开的'라고 할 수 있다. 그러나 '的' 뒤의 명사가 만약 후자에 해당하면, '的' 뒤의 명사를 생략할 수 없다. 예를 들면 '开车的时间'은 '开车的'라고 할 수 없고, '他开车的技术'는 '他开的'라고 할 수 없다.

✓ Check Check

다음 문장의 옳고 그름을 O X로 표시하고, 틀린 문장은 바르게 고치세요.

① 她学汉语的是暨南大学。(　)

② 他买的是英语词典，不是法语词典。(　)

③ 去的请举手。(　)

④ 他娶的是一位印尼姑娘。(　)

⑤ 他踢足球的很好。(　)

⑥ 收购这家公司的是一家跨国大公司。(　)

unit_120 "她穿着运动服"와 "她正在穿运动服"

'着'는 동작이나 상태의 지속을 나타내고, '正在'는 동작의 진행이나 상태의 지속을 나타낸다. 혼동하기 쉬운 '着'와 '正在'에 대해 정확히 이해할 수 있도록 그 차이점과 쓰임을 구분해 보자.

맥·잡·기·예·문

❶ 导游手中拿着一面旗。 가이드는 손에 깃발을 들고 있다.

❷ 毕业后，我们一直保持着联系。 졸업 후, 우리는 계속 연락을 유지하고 있다.

❸ 她穿着一套运动服。 그녀는 운동복을 입고 있다.

❹ 花瓶里插着鲜花。 꽃병에는 생화가 꽂혀 있다.

❺ ✗ 小红跳着舞。 → 小红正在跳舞。 샤오훙은 춤을 추고 있다.

❻ ✗ 他们上着课。 → 他们在上课(呢)。 그들은 수업을 하고 있다.

❼ 外面正下着雨呢。 밖에는 비가 내리고 있다.

문 중국어의 'V+着'는 영어의 'V+ing'와 같을까? '她穿着运动服'와 '她正在穿运动服'는 모두 동작이 진행 중임을 나타낼까?

답 중국어의 'V+着'와 영어의 'V+ing'는 다르다.
영어의 'V+ing'는 동작이 진행 중임을 나타낸다. 예를 들면, 'They are dancing.'이나 'She was reading an English magazine when I came in.' 등이 그러하다.
그러나 중국어의 'V+着'는 '지속(the continuous aspect)'을 나타낸다. 구체적으로 다음 몇 가지로 구분할 수 있다.

1_ 동작, 행위나 상황이 지속 상태에 있음을 나타낸다.

예문❶과 예문❷는 동작, 행위가 진행 중임을 강조하는 것이 아니라, '들다'라는 동작과 '연락을 유지하다'라는 상황이 끝나지 않고 지속되고 있음을 나타낸다.

2_ 동작, 행위가 끝난 후에 나타난 상태가 지속되고 있음을 나타낸다.

예문❸의 '她穿着一套运动服'는 '她正在穿运动服'와 다르다. '穿着运动服'는 '입는' 동작은 이미 끝나고, '운동복이 그녀의 몸에 입혀져 있는' 상태가 지속되고 있음을 나타낸다. 동일한 예로 예문❹도 '꽃을 꽂는' 동작은 이미 끝나고, '꽃이 꽃병에 꽂혀 있는' 상태가 지속되고 있음을 나타낸다.
이를 통해 'V+着'는 동작, 행위가 현재 진행 중임을 나타내지 않는다는 것을 알 수 있다.

그렇다면, 중국어에서 동작, 행위가 진행 중임을 표현하려면 어떤 단어나 문장형식을 써야 할까? 이때는 예문❺, 예문❻, 예문❼에서와 같이 '正在', '正', '在' 또는 '正(在)……呢', '在……呢', '呢'를 써야 한다. 이 가운데 예문❼에는 '正……呢'와 '着'가 동시에 쓰였는데, 이때 '正……呢'는 '마침 ~하고 있음'을 나타내고, '着'는 '비가 계속 내리고 있는 상황'을 강조한다.

✓ C·h·e·c·k C·h·e·c·k

다음 문장의 옳고 그름을 O X로 표시하고, 틀린 문장은 바르게 고치세요.

① 他正在找着那本汉英词典。(　　)

② 她听到这个消息，马上流着眼泪。(　　)

③ 墙上一直在挂一幅世界地图。(　　)

④ 他们慢慢地在操场上走着。(　　)

⑤ 医生对病人说：" 躺，别动，我要给你做检查。"(　　)

⑥ 我们盼望着你的到来。(　　)

unit_121 "笑着点头"와 "笑了笑，然后点了点头"

동작이나 상태의 지속을 나타내는 '着'가 쓰인 'V₁ + 着 + V₂' 형식과 동작, 행위, 상황의 완성이나 실현을 나타내는 '了'가 쓰인 'V₁了V₁，然后V₂了V₂' 형식에 대해 정확히 이해할 수 있도록 그 차이점과 쓰임을 구분해 보자.

맥·잡·기·예·문

❶ 她笑着点头。 그녀는 웃으면서 고개를 끄덕인다.

❷ 她笑了笑，然后点了点头。 그녀는 웃고 나서 고개를 끄덕였다.

❸ 他唱着歌走进来。 그는 노래를 부르면서 걸어 들어온다.

❹ 别躺着看电视！ 누워서 TV보지 마!

🔵 문 '她笑着点头'와 '她笑了笑，然后点了点头'의 의미는 어떻게 다를까?

🔵 답 예문❶과 예문❷는 그 의미가 다르다.

예문❶의 '她笑着点头'는 '그녀는 웃으면서 고개를 끄덕인다'라는 뜻이다. 즉, 그녀가 고개를 끄덕이는 과정 속에서 줄곧 웃고 있다는 뜻이다. 이것을 그림으로 나타내면 다음과 같다.

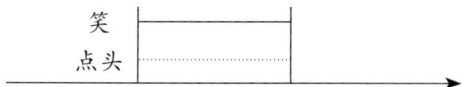

예문❷의 '她笑了笑，然后点了点头'는 '그녀는 웃고 나서 고개를 끄덕였다'라는 뜻이다. 이것을 그림으로 나타내면 다음과 같다.

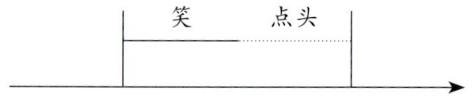

만약 아래 그림과 같은 상황이라면 '笑着点头'라고 말할 수 없다.

이는 'V₁ + 着 + V₂'의 '着'가 unit_120의 '着'와 같이 '지속'을 나타낸다는 것을 설명한다. 이러한 문장형식에는 두 개의 동사가 있는데, 앞의 'V₁ + 着'는 뒤에 나오는 V₂의 상태나 방식을 나타내거나, 뒤에 나오는 동작이 수반하는 상태를 가리킨다.

✓ C·h·e·c·k C·h·e·c·k

다음 문장의 옳고 그름을 O X로 표시하고, 틀린 문장은 바르게 고치세요.

① 他常常在床上躺看着书。（   ）

② 她走着路去买水果。（   ）

③ 我们带着鲜花去医院看住院的朋友。（   ）

④ 王老师今天不舒服，只好上课坐。（   ）

⑤ 交谈中，她一直微笑看我。（   ）

unit_122 "过着愉快的日子"와 "过了一段愉快的日子"

'着'는 동사 뒤에 쓰여 동작이나 상태의 지속을 나타내고, '了'는 동사 뒤에 쓰여 동작, 행위, 상황의 완성이나 실현을 나타낸다. '着'와 '了'에 대해 정확히 이해할 수 있도록 그 차이점과 쓰임을 구분해 보자.

맥·잡·기·예·문

❶ 在这儿我们过着愉快的日子。 이곳에서 우리는 유쾌한 나날을 보내고 있다.

❷ 在那儿我们过了一段愉快的日子。 그곳에서 우리는 유쾌한 나날을 보냈다.

❸ 今天上午一直下着大雨，我只好不出门了。
오늘 오전에 계속 큰비가 내려서, 나는 할 수 없이 외출하지 않았다.

❹ 今天上午下了一场大雨，现在凉快一些了。
오늘 오전에 큰비가 내려서, 지금은 약간 시원해졌다.

문 '过着愉快的日子'와 '过了一段愉快的日子'의 의미는 어떻게 다를까?

답 unit_120에서 이미 '着'는 '**지속**'을 **나타낸다**고 설명하였다. 예문❶도 마찬가지로 '우리'가 보내는 이런 유쾌한 나날은 이미 일정 기간 동안 지속되었고, 발화 시점까지도 여전히 그러하다는 것을 나타낸다.

그러나 예문❷의 동사 뒤에 붙은 '了'는 그 뜻이 다르다. 예문❷는 그곳에서 보낸 그 유쾌한 나날들이 이미 끝났음을 나타낸다. 다시 말해, 'V+了+(O)'의 '了'는 **동작, 행위나 어떤 상황의 완성을 나타낸다.**

예문❸과 예문❹의 '着'와 '了'도 의미상 다음과 같은 차이점이 있다. '下着大雨'는 큰 비가 내리는 상황이 계속 지속되고 있음을 의미하고, '下了大雨'는 발화 시점에 이미 비가 그쳤음을 의미한다.

✓ C·h·e·c·k C·h·e·c·k

'着'나 '了'를 사용하여 밑줄 친 부분을 채우세요.

① 我们拼命招手，汽车停____下来。

② 我紧紧地握____他的手，说："太谢谢你了!"

③ 笔就在你手中拿____，你还找什么?

④ 这次汉语表演比赛，我们班拿____第1名。

⑤ 这星期我们做成___几笔大生意。

unit_123 "了"는 과거에만 쓰일까?

'V + 了 + (O)'의 '了'와 시제와의 관계에 대해 알아보자.

맥·잡·기·예·문

❶ 王老师去北京。 왕 선생님은 베이징에 가신다.

❷ 王老师去了北京。 왕 선생님은 베이징에 가셨다.

❸ 昨天下班后我去看了一位朋友。 어제 퇴근 후에 나는 친구를 보러 갔다.

❹ 明天下了班我就去找你。 내일 퇴근하고 내가 너를 찾아 갈게.

❺ 他下了课就到操场去了, 你到那儿去找他吧!
그는 수업 끝나고 운동장으로 갔으니, 거기 가서 그를 찾아봐!

❻ 下午下了课我就到操场去, 咱们操场上见!
오후에 수업 끝나고 운동장으로 갈 거니까, 우리 운동장에서 보자!

문 'V + 了 + (O)'의 '了'는 과거에만 쓰일까?

답 'V + 了 + (O)'의 '了'는 주로 과거에 쓰인다. 특히 문장에 분명한 시간사가 없을 때, '了'를 써서 과거의 일임을 나타낼 수 있다. 예를 들어 예문❶의 '王老师去北京'은 왕 선생님이 곧 베이징에 가신다는 것을 나타내지만, 예문❷에서처럼 '了'를 붙이면 왕 선생님이 베이징에 가시는 일이 이미 발생했음을 나타내게 된다. 그렇다고 해서 '了'가 다 과거를 나타내는 것은 아니다. 위의 예문을 보면 알 수 있듯이 예문❸과 예문❺에서는 '了'가 과거에 쓰였지만, 예문❹와 예문❻에서는 미래에 쓰였다.

'了'가 미래에 쓰이는 경우에는 일반적으로 문장에 두 가지 동작이 출현하며, '了'는 첫 번째 동작의 뒤에 놓여, 첫 번째 동작이 완성된 후에 두 번째 동작을 하게 됨을 나타낸다. 예문❹는 다음과 같이 도식화할 수 있다.

이상의 내용을 통해 '了'는 **'완성'을 나타낸다**는 것을 알 수 있다. 이미 완성된 동작은 보통 이미 발생한 동작이기 때문에 '了'는 과거의 시간과 관계를 형성하지만, 이것이 결코 '了'가 과거에만 쓰인다는 의미는 아니다. '了'는 과거에 쓰일 수도 있고, 미래에 쓰일 수도 있다.

unit_124 과거의 사건이나 상황에는 항상 "了"를 써야 하는 걸까?

과거의 사건이나 상황을 나타내는 문장에 '了'를 쓰는 사용조건에 대해 알아보자.

맥·잡·기·예·문

① 这次期中考试，马克得了第1名。 이번 중간고사에서 마이클이 일 등을 했다.

② 上学期，每次考试马克都得到第1名。 지난 학기에 매 시험마다 마이클이 일 등을 했다.
  × 上学期，每次考试马克都得了第1名。

③ 他昨天下午打了一场网球。 그는 어제 오후에 테니스를 쳤다.

④ 他天天下午5点到6点都打网球。 그는 매일 오후 5시에서 6시까지 테니스를 친다.
  × 他天天下午5点到6点都打了网球。

⑤ 她站起来，走过去，打开门，冲了出去。 그녀는 일어서더니, 걸어가서, 문을 열고, 뛰쳐나갔다.

⑥ 昨天的运动会，我们班不少同学踊跃参加，阿里跑100米，马克跳远，约翰跳高……。
  어제 운동회에 우리 반의 많은 학우들이 앞을 다투어 참가했는데, 아리는 100미터 달리기를 했고, 마이클은 멀리뛰기를 했고, 존은 높이뛰기를 했고, …….

문 unit_122에서 'V + 了 + (O)'의 '了'는 완성을 나타내며 과거에 쓰인다고 했다. 그렇다면 과거의 사건이나 상황에는 모두 '了'를 써야 할까?

답 unit_122에서 'V + 了 + (O)'의 '了'는 완성을 나타내며 과거에 쓰이지만, '了' 자체가 결코 과거를 의미하는 것은 아니라고 했다. 그러므로 과거의 사건이나 상황에 항상 '了'를 써야 하는 것은 아니다. 쓰면 안 되는 경우도 있고, 일반적으로 쓰지 않는 경우도 있으며, 또 쓰지 않아도 되는 경우도 있다. 구체적인 예를 보면 다음과 같다.

1. 과거의 상황을 서술하는 문장(unit_123의 '下了班就去找你'와 같은 문장은 제외)에 '每次', '天天', '经常', '一直' 등의 단어가 있으면 '了'를 쓸 수 없다. 예문❷와 예문❹가 그러한 예인데, 이는 '了'가 어떤 동작, 행위나 상황의 완성을 나타내기 때문이다. 즉, '每次', '天天'을 쓰면, 과거의 일정한 기간에 늘 발생했던 동작이나 상황을 나타내게 되어 '了'의 용법에 부합되지 않는다.

2. 몇 가지 동작이 연속적으로 발생했을 경우, 모든 동작이 이미 완성되었다 하더라도 일반적으로 각 동작마다 '了'를 붙이지는 않는다. 대개 가장 마지막 동작에만 '了'를 붙인다. 예를 들면, 예문❺가 그러하다.

3. 만약 화자가 예문❻처럼 이미 완성된 동작에 대해서 동작의 완성을 강조하기보다 그 상황을 설명하고, 소개하는 데 중점을 두고자 한다면 일반적으로 '了'를 쓰지 않는다.

✓ **C·h·e·c·k C·h·e·c·k**

다음 문장의 옳고 그름을 O X를 표시하고, 틀린 문장은 바르게 고치세요.

① 我的祖父从出生到去世，一直在家乡生活了。(   )

② 上星期的汉语表演比赛，A班合唱，B班演小话剧，C班朗诵诗歌……，节目丰富多彩。(   )

③ 昨天他家来了很多客人。(   )

④ 小时候，我常常听了妈妈讲故事。(   )

⑤ 她走进屋里，打开提包，拿出选票，把票投进了选举箱。(   )

unit_125 왜 "了"가 놓이는 위치가 다를까?

'V_1 + 了 + (O) + V_2 + (O)'와 'V_1 + (O) + V_2 + 了'의 차이점에 대해 알아보자.

맥·잡·기·예·문

❶ 他去了书店买词典，这会儿不在家。 그는 사전을 사러 서점에 가서, 지금 집에 없다.

❷ 他去书店买了一本词典。 그는 서점에 가서 사전을 샀다.

❸ 他进了中国银行取钱。 그는 돈을 찾으러 중국은행에 갔다.

❹ 他进中国银行取了一笔钱。 그는 중국은행에 가서 돈을 찾았다.

문 예문❶과 예문❷에는 각각 두 가지 동작이 출현하는데, 어째서 예문❶의 '了'는 첫 번째 동작 뒤에 놓이고, 예문❷의 '了'는 두 번째 동작 뒤에 놓이는 것일까?

답 예문❶과 예문❷에는 각각 두 가지 동작이 출현하지만, unit_123의 '下了班就去找你'와는 다르다. '下了班就去找你'의 두 동작 '下班'과 '找人'은 서로 연관이 없으며, '了'를 써서 첫 번째 동작이 완성되면 두 번째 동작을 한다는 것을 나타낸다.
그러나 예문❶과 예문❷의 두 동작 '去书店'과 '买词典'은 서로 연관이 있다. '去书店'의 목적이 '买词典'인 것이다. '了'의 위치가 달라지면 그 뜻도 달라진다.
예문❶의 '他去了书店买词典'의 '了'는 첫 번째 동작 '去' 뒤에 놓여, 그가 서점에 '가는' 일이 완성되었음을 나타내며, '买词典'은 '去书店'의 목적이 된다. 이때 사전을 샀는지 안 샀는지에 대해서는 이 문장에서 말하고 있지 않다.
예문❷의 '他去书店买了一本词典'의 '了'는 두 번째 동작 '买' 뒤에 놓여, 사전을 '사는' 동작이 완성되었음 즉, 목적이 실현되었음을 나타낸다.
예문❸과 예문❹의 차이점도 위의 두 문장과 같다.
이를 통해 구체적인 상황에 따라 '了'의 위치가 달라진다는 것을 알 수 있다.

unit_126 "他不回国"와 "他不回国了"

문장 끝에 '了'를 쓰는 경우와 쓰지 않는 경우의 차이점에 대해 알아보자.

맥·잡·기·예·문

❶ 这个暑假，他不回国。 이번 여름방학에 그는 귀국하지 않는다.

❷ 这个暑假，他不回国了。 이번 여름방학에 그는 귀국하지 않기로 했다.

❸ 玛丽爱喝咖啡。 메리는 커피를 즐겨 마신다.

❹ 玛丽爱喝咖啡了。 메리는 커피를 즐겨 마시게 되었다.

❺ 刚才下了一场雨，地上很滑，走路要小心！ 방금 비가 내려 땅이 미끄러우니 걸을 때 조심해라!

⑥ 下雨了! 비가 내린다!

문 '他不回国'와 '他不回国了'의 의미는 어떻게 다르고, 여기서 '了'는 무엇을 나타낼까?

답 예문❶의 '他不回国'는 이번 방학 때 그의 계획 즉, 그가 귀국하지 않을 것임을 나타낸다. 예문❷의 '他不回国了'는 그가 원래는 귀국하려고 했으나, 현재 상황에 변화가 생겨, 생각을 바꿔 귀국하지 않기로 했음을 나타낸다.

예문❸과 예문❹의 경우도 마찬가지이다. '玛丽爱喝咖啡'는 메리가 커피를 즐겨 마시는 기호를 갖고 있음을 나타내고, '玛丽爱喝咖啡了'는 메리의 기호가 바뀌었다는 것 즉, 메리가 원래는 커피 마시는 것을 좋아하지 않았는데 지금은 좋아하게 되었다는 것을 나타낸다.

예문❺의 '下了一场雨'는 비가 이미 그쳤음을 나타낸다. 예문❻의 '下雨了'는 날씨에 변화가 생겼다는 것 즉, 비가 안 내리다가 내리는 새로운 상황이 출현했음을 나타낸다.

이상의 설명을 통해 문장 끝에 놓인 '了'는 **변화나 새로운 상황의 출현**을 나타낸다는 것을 알 수 있다.

이때의 '了'는 문장에서의 위치가 unit_122의 '了'와 다르다.

unit_122의 '了'는 동사 뒤(즉, V + 了 + O)에 놓여 '완성'을 나타내지만, 본 unit의 '了'는 문장의 끝(즉, V + O + 了)에 놓여 '변화'를 나타낸다. (문장 끝에 놓인 '了'의 또 다른 용법에 대해서는 unit_128을 참조하기 바람)

중국어를 배우는 외국인의 입장에서 문장 끝에 놓인 변화를 나타내는 '了'를 이해하기란 쉽지 않으니 평상시에 더욱 주의를 기울여야 한다. 또한 'V+了'가 문장 끝에 놓이는 경우가 있는데, 이때의 '了'가 꼭 '변화'를 나타내는 것은 아니라는 것도 기억해야 한다.

✓ Check Check

다음 중에서 옳은 문장을 고르세요.

① A 我是头一次到广州，我觉得广州的冬天不太冷。
   B 我是头一次到广州，我觉得广州的冬天不太冷了。

② A 小王: 你怎么不去参加比赛?
     小李: 昨晚受了凉，今天头痛得厉害，只好不去。
   B 小王: 你怎么不去参加比赛?
     小李: 昨晚受了凉，今天头痛得厉害，只好不去了。

③ A 放心吧，她的病已经没有什么问题。
   B 放心吧，她的病已经没有什么问题了。

④ A 这次车祸给了我很大的教训。
   B 这次车祸给我很大的教训了。

⑤ A 他大声说了一句：＂请安静！＂大家都不说话。
　B 他大声说了一句：＂请安静！＂大家都不说话了。

⑥ A 经过这一次，我不再相信他。
　B 经过这一次，我不再相信他了。

unit_127 "得了第1名"과 "得了第1名了"

'V + 了 + O'와 'V + 了 + O + 了'의 차이점에 대해 알아보자.

맥·잡·기·예·문

❶ 爸爸，我得了第1名！ 아빠, 저 일 등 했어요!

❷ 爸爸，我得了第1名了！ 아빠, 저 일 등 했어요!

❸ 他跑了3圈。 그는 세 바퀴를 뛰었다.

❹ 他跑了3圈了。 그는 세 바퀴를 뛰었다.

문 '得了第1名'과 '得了第1名了'의 의미는 어떻게 다를까? '得了第1名了'에서는 왜 '了'를 두 번 쓴 것일까?

답 예문❶과 예문❷는 전제 조건과 배경 상황이 다르다.
예문❶은 아마 다음과 같은 상황에서 한 말일 것이다. 즉, 아이가 학교에서 돌아오자 아버지가 이번에 성적이 어땠느냐고 물었을 것이고, 아이는 기뻐하며 아버지에게 "저 일 등 했어요!"라고 했을 것이다.
예문❷는 전제 조건이 예문❶과 다르다. 화자인 아이는 아마 일 등을 해 본 적이 없거나, 일정 기간 동안 성적이 떨어졌을 것이다. 그러한 상황에서 아버지가 아이에게 일 등을 하면 상을 주겠다고 했거나, 어쩌면 아이 스스로 꼭 일 등을 하겠다고 마음 먹었을 것이고, 결국 아이는 일 등을 하게 되어 기쁜 마음에 아버지에게 "저 일 등 했어요!"라고 했을 것이다.

예문❷에는 두 개의 '了'가 동시에 출현하는데, 이들은 각각 그 역할이 다르다. 동사 뒤의 '了'는 '완성'을 나타내며, 문장 끝에 놓인 '了'는 변화나 새로운 상황의 출현 즉, 일 등을 했다는 새로운 상황이 출현했음을 나타낸다. 이때 화자는 문장 끝의 '了'를 사용해서 '得了第1名'이라는 새로운 상황을 청자에게 알려줌과 동시에 '저와 한 약속 꼭 지켜야 해요.' 또는 '보세요, 제가 결국 해냈죠!'라는 또 다른 의미를 전달하고 있다.

마찬가지로 예문❸의 '他跑了3圈'은 단지 그가 몇 바퀴 뛰었는지를 알려줄 뿐이다. 그러나 예문❹의 '他跑了3圈了'에는 '他跑了3圈'이라는 새로운 상황에 청자가 주의를 기울이기를 바라는 의미가 담겨 있다. 여기서 화자가 전달하고자 하는 또 다른 함의에는 여러 가지가 있을 수 있다. 그 구체적인 전제 조건에 따라 '규정은 두 바퀴인데, 그는 이미 규정을 초과했다'라는 의미를 나타낼 수도 있고, '규정이 네 바퀴인데, 그는 곧 임무를 완성할 것이다' 또는 '그는 오늘 다리가 좀 아픈데도 열심히 뛰어서 이미 세 바퀴를 뛰었으니 정말 대단하다' 등의 의미를 나타낼 수도 있다.

✓ C·h·e·c·k C·h·e·c·k

다음 중에서 옳은 문장을 고르세요.

① A 你什么时候请我们吃糖？我们等了好几天。
   B 你什么时候请我们吃糖？我们等了好几年了。

② 你最近出版的那本小说写得真好！写了多长时间？
   A 写了3个月。
   B 写了3个月了。

③ (情景：王明学了两年英语，还不会说。小李对他这种情况不太满意，下面是小李跟小张说的话。)
   A 王明学了两年英语。
   B 王明学了两年英语了。

④ (时间：下午7点   地点：经理办公室)
   A 经理，7点。
   B 经理，7点了。

unit _ 128 문장 끝의 "了"에는 어떤 용법이 있을까?

문장 끝에 쓰인 '了'는 '변화'의 의미를 나타내는 것 외에도 다양한 용법을 가진다. 그 다양한 쓰임에 대해 알아보자.

맥·잡·기·예·문

❶ 他不当演员了。 그는 배우를 하지 않게 되었다.

❷ 玛丽愿意独唱了。 메리는 독창하기를 원한다.

❸ 李明早就结婚了！ 리밍은 이미 결혼했잖아!

❹ 我念小学就认识他了。 나는 초등학교 다닐 때 그를 알았다.

❺ 这里的东西太贵了！ 이곳의 물건은 너무 비싸다!

❻ 这场球赛太精彩了！ 이번 시합은 아주 훌륭했다!

문 문장 끝의 '了'에는 어떤 용법이 있을까?

답 문장 끝의 '了'에는 주로 다음의 세 가지 용법이 있다.

1 _ 변화 또는 새로운 상황의 출현을 나타낸다.
이 용법에 대해서는 unit_126에서 설명하였다. 본 unit의 예문❶과 예문❷가 이에 해당한다.

2 _ 어떤 사실을 확신하는 어기를 나타낸다.
예문❸의 '李明早就结婚了!'는 청자에게 리밍의 신상에 어떤 변화나 새로운 상황이 생겼음을 알리는 것이 아니라, 확신에 찬 어기로 리밍이 이미 오래 전에 결혼했음을 알리는 것이다.

3 _ 감탄의 어기를 나타낸다.
예문❺와 예문❻은 모두 화자의 강렬한 감탄의 어기를 나타낸다. 이러한 용법에는 일반적으로 '太……了' 형식을 쓴다.

unit_129 "他结了婚"과 "他结过婚"

동작, 행위, 상황의 완성이나 실현을 나타내는 '了'와 경험을 나타내는 '过'의 쓰임에 대해 알아보자.

맥·잡·기·예·문

❶ 听说他结了婚。 그가 결혼했다고 들었다.

❷ 听说他结过婚。 그가 결혼했었다고 들었다.

❸ 他十年前去了美国。 그는 10년 전에 미국에 갔다.

❹ 他十年前去过美国。 그는 10년 전에 미국에 갔었다.

❺ 来中国以后，我认识了很多朋友。 중국에 온 후에 나는 많은 친구를 알았다.
　✕ 来中国以后，我认识过很多朋友。

문 과거에 발생한 일에 쓰이는 '了'와 '过'는 어떤 차이점이 있을까?

답 '了'는 과거에 **어떤 일이 이미 발생했음**을 나타내며(이는 일반적인 경우의 쓰임을 뜻하며, 자세한 것은 unit_122~unit_124를 참조하기 바람), 그 일은 통상 최근에 발생했거나 현재까지도 영향력이 있는 일이다.

'过'는 전에 **어떤 일이 있었다는 것**을 알려주며, 그 일은 **이미 끝난 일**이다. 즉, 발화 시점과 일정 정도의 시간적 격차가 있는 일종의 경험을 의미한다.

예문❶의 '他结婚'이라는 상황은 과거에 발생한 것으로, 현재 그에게 아내가 있음을 의미한다. 예문❷에 쓰인 '过'는 그가 전에 결혼을 했었다는 상황과 그러한 상황이 이미 끝났음을 의미한다. 그는 후에 틀림없이 이혼을 했을 것이며, 현재는 혼자일 수도 있고, 재혼을 했을 수도 있다.
예문❸에서는 '了'를 사용해서 10년 전에 '他去美国'라는 상황이 발생했음을 나타낸다. 이때 뒤에 아무런 부연 설명이 없으면 그가 현재까지 미국에 있음을 의미한다. 그러나 예문❹에 쓰인 '过'는 그가 10년 전에 '去美国'한 경험은 있지만, 현재는 미국에 있지 않다는 것을 의미한다.
예문❺에는 '了'만 쓸 수 있다. '认识'라는 동작은 일반적으로 '끝이 나는 것'이 불가능하여, 일정 기간 동안 알고 지내다가 다시 모르게 될 수 없기 때문이다.

이 밖에 '过'를 부정할 때는 '没……过'를 쓰고, '了'를 부정할 때는 '没'를 쓴다.

✓ C·h·e·c·k　C·h·e·c·k

'了'나 '过'를 사용하여 밑줄 친 부분을 채우세요.

① 你借我的那本书我看＿＿，挺有意思的。

② 你借我的那本书我看＿＿，不想再看一遍了。

③ 这个人我好像在什么地方见＿＿。

④ 我昨天去商店买＿＿几件衣服。

⑤ 我小的时候在那儿生活＿＿，所以对那儿很熟悉。

⑥ 我从来没见＿＿那么热闹的场面。

unit _ 130 "哪儿上车"와 "哪儿上的车"

'哪儿上车'와 '是……的' 강조구문 '(是)哪儿上车的'의 변형식인 '(是)哪儿上的车'의 의미와 쓰임에 대해 자세히 알아보자.

맥·잡·기·예·문

❶ A: 我想去北京路，请问在哪儿上车？ 베이징로에 가려고 하는데 어디서 차를 타야 하나요?

　B: 在前面车站坐3路车就可以了。 앞쪽 정거장에서 3번 버스를 타면 됩니다.

❷ A: 哎，小李，怎么这么巧，在车上遇到你。
　　야, 샤오리, 어쩌면 이렇게 공교롭게도 차에서 너를 다 만나냐!

　B: 是啊，真巧，你们(是)在哪儿上的车？
　　그러게, 정말 그러네. 너희들 어디에서 탔니?

　A: 前面一站刚上的。 앞 정거장에서 방금 탔어.

❸ A: 听说你要去上海开会，什么时候走？ 회의하러 상하이에 가신다고 들었는데, 언제 가세요?

　B: 明天。 내일 가요.

　A: 你一个人去吗？ 혼자 가세요?

❹ A: 小李不在，他去上海开会去了。 샤오리 없어요. 회의하러 상하이에 갔어요.

　B: 什么时候走的？ 他(是)一个人去的吗？ 언제 갔죠? 혼자 갔나요?

문 위의 예문에서 동사 뒤에 '的'가 있는 경우와 없는 경우는 어떤 차이가 있을까?

답 동사 뒤에 '的'가 없는 경우는 화자가 질문하는 **상황이 아직 발생하지 않은 경우**이다.
예문❶은 A가 버스를 타고 가려고 하는데 어디에서 차를 타야 하는지 몰라 B에게 질문을 한 것이다. 예문❸은 B가 아직 상하이에 가지 않은 상태에서 A가 B에게 계획을 물은 것이다.

동사 뒤에 '的'가 있는 경우는 화자가 **어떤 일이 이미 발생했거나 끝났음을 알고 있는 상태**에서, 한걸음 더 나아가 그 일에 대한 구체적인 상황 즉, 누가, 언제, 어디서, 어떻게 한 것인지를 묻는 것이다.
예문❷는 이미 A가 차에 탄 것을 본 상태에서 B가 질문을 한 것이고, 예문❹는 샤오리가 상하이에 간 사실을 알고 있는 상태에서 B가 그 구체적인 상황에 대해 물은 것이다. 문장의 구조를 보면 다음과 같다.

(是) + { 시간(언제) / 장소(어디에서) / 방식(어떻게) / 인물(누가) } + 동사 + 的 (+ 명사)

> ✓ Check Check

다음 대화를 완성하세요.

① A 你一直都说要买一台新电视，_____?
　 B 下个星期吧。

② A 你这电视真不错，_____?
　 B 上个月。

③ A 小张他们_____?
　 B 听说明天就回来了。

④ A 这次进的这批货销路很不错。
　 B _____(谁进货)?
　 A 小王。
　 B _____(从哪儿)?
　 A 好像是深圳。

unit_131 "他昨天来了"와 "他昨天来的"

문장 끝에 쓰인 'V + 了'와 'V + 的'의 차이점에 대해 알아보자.

> 맥·잡·기·예·문

❶ A: 这两天好像没见到小王啊? 요 며칠 샤오왕을 못 본 것 같은데?
　 B: 他昨天来了, 你正好不在。 샤오왕 어제 왔는데, 네가 마침 없었어.

❷ A: 小王把书还来了。 샤오왕이 책을 돌려줬어.
　 B: 他(是)什么时候来的? 언제 왔었는데?
　 　× 他什么时候来了?
　 A: 他(是)昨天来的。 어제 왔었어.

❸ A: 你飞机票买了吗? 너 비행기표 샀니?
　 B: 我今天上午去买了, 可是没买上。 오늘 오전에 사러 갔었는데 못 샀어.

❹ A: 现在飞机票真难买！ 요즘 비행기표 사기 정말 어려워!

B: 不会吧？前两天我还听人说现在飞机票挺好买的。
그럴 리가? 내가 이틀 전에 요즘 비행기표 사기 쉽다는 얘기를 들었는데.

A: 我(是)今天上午去买的，怎么会错？ 내가 오늘 오전에 사러 갔었는데, 그럴 리가?

문 위의 예문에서 '的'와 '了'는 모두 이미 발생한 일에 쓰였다. 이들 사이에는 어떤 차이점이 있을까?

답 '了'를 쓰는 경우는 화자가 다른 사람에게 **어떤 일**에 대해 알려주는 것으로 의미의 **핵심이 동사에 있다**. '的'를 쓰는 경우는 화자가 다른 사람에게 **어떤 일에 대한 구체적인 상황** 즉, **시간, 장소 및 누가, 어떻게 한 것인지** 등에 대해 알려주는 것으로 의미의 핵심이 동사에 있지 않다(unit_130 참조).

예문❶에서 B가 A에게 말하고자 하는 것은 '小王来了(샤오왕이 왔다)'라는 사실이고, 예문❷에서 A가 B에게 말하고자 하는 것은 '小王来的时间是昨天(샤오왕이 온 시간은 어제이다)'이다. 또 예문❸에서 B가 말하고자 하는 것은 '我去买了(나는 사러 갔었다)'라는 사실이고, 예문❹에서 A가 말하고자 하는 것은 '我去的时间是今天上午(내가 간 시간은 오늘 오전이다)'이다.

따라서 **어떤 일이 이미 발생했다는 사실을 알고 있는 상태에서 그 일과 관련된 시간, 장소, 방식 등을 묻고자 할 경우에는 '的'를 써야 한다**. 예를 들면, 예문❷의 경우가 그러하다. 그러나 '你把这事告诉谁了？(너 이 일을 누구에게 알렸니?)'의 경우처럼 동사의 목적어를 물을 때는 '了'를 써야 한다.

✓ 핵·심·콕·콕!!

문장 끝에 'V + 了'를 쓴 경우는 의미의 핵심이 동사에 있지만, 'V + 的'를 쓴 경우는 의미의 핵심이 어떤 일이 일어난 시간, 장소, 방식 등의 구체적인 상황에 있다.

✓ C·h·e·c·k C·h·e·c·k

다음 대화를 완성하세요.

① A 小张上午来找过你。

B 我知道了。_____(我刚才见到他)。

② A _____(你从哪儿来)?

B 从美国。

A 你来中国多长时间了？

B 我_____(今年三月来中国)。现在已经半年多了。

③ A 哎，小张，你旅游回来啦，_____(什么时候回来)?

B _____(昨天回来)。

④ A 我_____(昨天丢钱包)。

　　B _____(在哪儿丢)？

　　A 不清楚，可能_____(在车上丢)。

unit_132 "坐了一小时"와 "坐了一小时了"

'V + 了 + 시간/수량 (+ 명사)'과 'V + 了 + 시간/수량 (+ 명사) + 了'의 차이점에 대해 알아보자.

맥·잡·기·예·문

❶ 昨天我去他家，坐了一小时车。
어제 나는 그의 집에 갈 때, 차를 한 시간이나 탔다.

❷ 我们已经坐了一小时车了，怎么还没到？
우리 이미 차를 한 시간이나 탔는데, 왜 아직 도착하지 않는 거지?

❸ 上学期我们学了三千多个汉字。
지난 학기에 우리는 3000여 자의 한자를 배웠다.

❹ 我去年九月开始学习汉语，现在学了三千多个汉字了。
나는 작년 9월부터 중국어를 배우기 시작해서 지금까지 3000여 자의 한자를 배웠다.

문 위의 예문에서 문장 끝에 '了'가 있는 경우와 없는 경우에 어떤 차이점이 있을까?

답 위의 예문은 다음과 같이 두 가지 형식으로 정리할 수 있다.

A. V + 了 + 시간/수량 (+ 명사)　　　[예문❶, 예문❸ 참조]
B. V + 了 + 시간/수량 (+ 명사) + 了　[예문❷, 예문❹ 참조]

위의 두 형식은 모두 어떤 과정 속의 시간을 나타내지만, 그 의미는 서로 다르다.
A형식은 **과거에 어떤 과정이 시작된 때부터 끝난 때까지**의 시간을 나타내고, B형식은 **어떤 과정이 시작된 때부터 현재까지**의 시간을 나타낸다. 이를 도식화하면 다음과 같다.

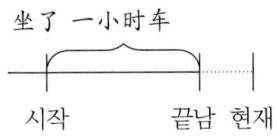 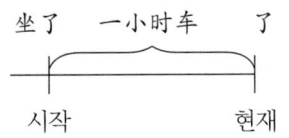

여기서 주의해야 할 점은 이 두 형식에서 목적어가 대명사인 경우에는 목적어를 시간이나 수량을 나타내는 말 앞에 놓아야 한다는 것이다. 예를 들면 다음과 같다.

昨天我去找了他三次，他都不在。 어제 내가 그를 세 번 찾아 갔는데, 그는 모두 없었다.
你怎么才来？我等了你半个小时了。 너 어째서 이제야 오는 거야? 내가 널 30분 기다렸어.

✓ C·h·e·c·k C·h·e·c·k

괄호 안에 주어진 어휘를 사용하여 다음 문장을 완성하세요.

① 你该起床了，_____。(睡，10个小时)

② _____，你怎么还相信他？(骗你，很多次)

③ 上个月我去杭州_____。(开会，3天)

④ 就几件衣服，你_____(洗，半天)，怎么还没洗完？

⑤ 我1962年开始工作，现在_____。(当老师，30多年)

⑥ 他读研究生期间，先后_____。(发表文章，5篇)

unit _ 133 "吗"，"吧"，"啊"

문장 끝에 놓여 각종 어기를 나타내는 '吗', '吧', '啊'의 차이점에 대해 알아보자.

맥·잡·기·예·문

❶ 你说的是这个字吗？ 네가 말한 게 이 글자니?

❷ 你说的是这个字吧？ 네가 말한 게 이 글자지?

❸ 你说的是这个字啊? 네가 말한 게 이 글자라고?

문 문장 끝에 놓이는 '吗', '吧', '啊'는 그 의미가 같을까?

답 '吗', '吧', '啊'는 모두 문장의 끝에 놓여 의문의 어기를 나타낸다. 이들은 의미상 다음과 같은 차이점을 지닌다.

'吗'를 쓰는 의문문은 청자에게 긍정 또는 부정의 대답을 요구한다. 예를 들면, 예문❶은 '你说的是不是这个字? (네가 말한 게 이 글자니 아니니?)'라는 의미로 청자에게 '是' 또는 '不是'의 대답을 요구한다.

'吧'를 쓰는 의문문은 화자 자신이 던진 질문에 대해 화자 본인이 이미 어떤 예측, 추측 또는 판단을 하고 있지만, 확신을 할 수 없는 상황이므로 상대방에게 확실한 답변을 요구한다. 예를 들면, 예문❷는 '你说的是这个字，对不对? (네가 말한 게 이 글자 맞지?)'라는 의미이다.

'啊'를 쓰는 의문문은 '뜻밖이어서 놀랍다'라는 의미를 내포한다. 예를 들면, 예문❸은 '我还以为你说的是那个字呢，原来是这个? (나는 네가 말한 게 저 글자인줄 알았는데, 이 글자였어?)'라는 의미이다.

✓ C·h·e·c·k   C·h·e·c·k

'吗', '吧', '啊'를 사용하여 밑줄 친 부분을 채우세요.

① 请问，这儿有公用电话___?
② 这房子看上去挺新的，是刚盖的___?
③ 你买的是这种花___? 我还以为是那种呢。
④ 看把你高兴的，考得不错___?
⑤ 你说的就是这条路___? 我还以为是北京路呢。

unit _ 134　"不……吗"와 "不……吧"

'吗'와 '吧'는 일반적으로 판단의문문에 쓰인다. '不……吗'와 '不……吧'에 대해 정확히 이해할 수 있도록 그 차이점과 쓰임을 구분해 보자.

맥·잡·기·예·문

❶ 你去吗? 너 가니?

❷ 你不去吗? 너 안 가?

❸ 这本小说好看吧? 이 소설 재미있지?

❹ 这本小说不好看吧? 이 소설 재미없지?

❺ 你不认识他吗? 너 그를 몰라?

❻ 你不认识他吧? 너 그를 모르지?

문 '不……吗'와 '不……吧'는 의미상 어떤 차이점이 있을까?

답 '不……吗'와 '不……吧'는 의미상 다음과 같은 차이점을 지닌다.

먼저 예문❶과 예문❷를 보자. 예문❶은 일반적인 의문문으로, '你去不去? (너 갈래 안 갈래?)'라는 의미이며, 긍정의 '去' 또는 부정의 '不去'로 대답한다. 예문❷는 뜻밖임을 나타내며, '我还以为你去呢(난 또 네가 가는 줄 알았지)'라는 의미이다.

다시 예문❸과 예문❹를 보자. 예문❸과 예문❹는 모두 화자 자신이 던진 질문에 대해 화자 본인이 이미 어떤 예측, 추측 또는 판단을 하고 있지만, 확신을 할 수 없는 상황이므로 상대방에게 확실한 답변을 요구한다. 예문❸은 긍정적인 추측을 나타내고, 예문❹는 부정적인 추측을 나타낸다. 예문❸은 '这本小说好看，对不对? (이 소설 재미있지, 그렇지?)'라는 의미이고, 예문❹는 '这本小说不好看，对不对? (이 소설 재미없지, 그렇지?)'라는 의미이다.

이로써 '不……吗'는 뜻밖임을 나타내고, '不……吧'는 부정적인 추측을 나타낸다는 것을 알 수 있다. 이와 같은 논리로 예문❺와 예문❻의 차이점도 유추할 수 있다.

✓ C·h·e·c·k C·h·e·c·k

'吗'나 '吧'를 사용하여 밑줄 친 부분을 채우세요.

① 走了这么远的路，你不累＿＿？

② 你看他满脸不高兴的样子，昨天的事情没办好＿＿？

③ 他对你那么凶，你不生气＿＿？

④ 下这么大的雪，路上不好走＿＿？

⑤ 都这么晚了，你不回家＿＿？

⑥ 现在他肯定在休息，我去找他不太好＿＿？

---

unit_135 "不是……吗"

'不是……吗'가 나타내는 여러 가지 의미에 대해 알아보자.

맥·잡·기·예·문

❶ A: 你找我有事？ 저에게 무슨 볼일이 있습니까?
   B: 今天晚上开晚会，请你去参加。 오늘 저녁에 파티가 열리는데 참석해 주시길 바랍니다.
   A: 哎，不对呀，不是明天晚上开吗？ 어, 아니에요. 내일 저녁에 열리는 것 아닌가요?

❷ A: 快去找个年轻人帮帮我。 얼른 가서 젊은이를 찾아와 나를 좀 도와주게.
   B: 我不是年轻人吗？ 제가 젊은이잖아요?

문 예문❶과 예문❷에 쓰인 '不是……吗'는 그 의미가 같을까?

답 예문❶과 예문❷에 쓰인 '不是……吗'는 그 의미가 서로 다르다.

예문❶의 '不是……吗'는 '놀랍다', '뜻밖이다'라는 의미를 내포하고 있다. A는 원래 '내일 저녁에 파티가 열린다'고 알고 있었는데, B가 '오늘 저녁에 파티가 열린다'고 하자 놀라면서 뜻밖임을 표하고 있다.

예문❷의 '不是……吗'는 반문을 나타내며, 화자의 불만, 책망, 변명 등을 드러낸다. 예문❷의 B는 자신이

젊다고 생각하고 있는데, A가 B를 젊은이로 간주하지 않고, 가서 젊은이를 찾아 오라고 하자 불만을 표하고 있다.

✓ 핵·심·콕·콕!!

'不是……吗'는 놀라움이나 뜻밖임을 나타낼 수도 있고, 반문을 나타낼 수도 있다.

✓ C·h·e·c·k C·h·e·c·k

다음 대화 속의 '不是……吗'가 어떤 의미를 나타내는지 설명해 보세요.

① A 你到哪儿去了？叫你早点儿回来，你就是不听！
　 B 好啦，别说了，我不是回来了吗？

② A 我去买个练习本，我的练习本用完了。
　 B 买练习本？那边桌子上不是有个练习本吗？

③ A 你的自行车呢？
　 B 哎，怪了，我刚才不是把车放在这儿了吗？怎么没有了？

④ A 以后你要注意一点儿，不要总是迟到。
　 B 我迟到？你昨天不是也迟到了吗？

★ 헐후어(歇后语) 한 마디

泥菩萨过河，自身难保
진흙으로 만든 보살이 강을 건너다, 제 자신도 보전하기 힘들다
☞ 자신조차도 보전하기 힘들어 다른 사람을 보살필 겨를이 없다는 것을 비유한다.

这事情非得你办不可，老实告诉你吧，我已是泥菩萨过河，自身难保，顾不上帮你了。

틀리기쉬운중국어어법201

품사

* 접속사
* 조사
* 개사
* 부사
* 대명사
* 형용사
* 동사
* 수량사
* 명사

unit_136 "和", "而", "并"

'和', '而', '并'은 모두 단어와 구를 연결할 수 있다. 그러나 때에 따라 그 쓰임이 서로 다르다는 것을 이해하자.

맥·잡·기·예·문

❶ 长江和黄河是中国最大的两条河。 창장과 황허는 중국에서 가장 큰 두 강이다.

❷ 他和我都去了。 그와 나 모두 갔다.

❸ 长而空的文章没人想看。 길고 내용이 없는 글은 보고자 하는 사람이 없다

❹ 战士们机智而勇敢，很好地完成了任务。 전사들은 기지가 넘치고 용감해서 임무를 잘 완성했다.

❺ 代表们讨论并通过了这个决议。 대표들은 이 결의를 토론해서 통과시켰다.

❻ 我们已经搜集并整理了这些资料。 우리는 이미 이 자료들을 수집해서 정리했다.

❼ 游泳和滑冰都是很有意思的运动。 수영과 스케이트는 모두 재미있는 운동이다.

❽ 他喜欢干净和整洁。 나는 깨끗하고 깔끔한 것을 좋아한다.

문 접속사 '和', '而', '并'은 모두 단어와 구를 연결할 수 있다. 그렇다면 이들 사이에는 어떤 차이점이 있을까?

답 접속사 '和', '而', '并'이 연결할 수 있는 단어나 구의 종류가 서로 다르다.

[명사/대명사 + 和 + 명사/대명사]   报纸和杂志 신문과 잡지
[형용사   + 而 + 형용사]   温柔而美丽 온화하고 아름답다
[동사   + 并 + 동사]   继承并发扬 계승하고 발양하다

'和', '而', '并'을 쓸 때는 다음과 같은 점에 주의해야 한다.
1. '并'이 연결하는 동사는 예문❺와 예문❻에서처럼 점층 관계에 있거나, 시간상의 전후 관계에 있다.
2. 두 개 이상의 동사나 형용사가 병렬하여 주어 또는 목적어로 쓰일 때는 중간에 '和'를 써서 연결한다. 예를 들면, 예문❼은 다음과 같이 도식화 할 수 있다.

$$\left.\begin{array}{l}\boxed{형용사 + 和 + 형용사}\ (주어)\\ \\ \boxed{동사 + 和 + 동사}\ (주어)\end{array}\right\} + 술어 + 목적어$$

예문❽은 다음과 같이 도식화 할 수 있다.

$$주어 + 술어 + \left\{\begin{array}{l}\boxed{형용사 + 和 + 형용사}\ (목적어)\\ \\ \boxed{동사 + 和 + 동사}\ (목적어)\end{array}\right.$$

✓ | 핵·심·콕·콕!!

'和'는 명사(대명사)와 명사(대명사), '而'은 형용사와 형용사, '并'은 점층 관계나 시간상 전후 관계에 있는 동사와 동사를 연결한다. 그러나 주어나 목적어로 쓰이는 두 개 이상의 동사나 형용사는 반드시 '和'로 연결해야 한다.

✓ | C·h·e·c·k C·h·e·c·k

다음 문장을 바르게 고치세요.

① 孩子们天真和活泼，非常可爱。

② 这些资料都已经整理过和分了类。

③ 他的聪明而勤奋都是大家公认的。

④ 张文喜欢唱歌并跳舞。

⑤ 他聪明和能干，是一个好孩子。

⑥ 我们的生活快乐并幸福。

⑦ 我们解决并研究了这个难题。

unit_137 "她和我都想去"와 "她和我说她想去"

'和'는 접속사로도 쓰이고 개사로도 쓰이며, '~와 (함께)', '~에게', '~와' 등 여러 가지 의미를 나타낸다. '和'에 대해 정확히 이해할 수 있도록 그 쓰임에 대해 알아보자.

맥·잡·기·예·문

1. 她**和**我都想去。 그녀와 나 모두 가고 싶어한다.

2. 她**和**我说她想去。 그녀는 나에게 가고 싶다고 말했다.

3. 她要**和**我一起去。 그녀는 나와 함께 가기를 원한다.

4. 他**跟**我都爱旅游。 그와 나는 모두 여행을 좋아한다.

5. 他经常**跟**我借钱。 그는 늘 나에게 돈을 빌린다.

문 예문❶, 예문❷, 예문❸에 쓰인 '和'는 그 뜻이 모두 같을까?

답 예문❶의 '和'는 예문❷, 예문❸의 '和'와 다르다.

예문❶ '她和我都想去'에 쓰인 '和'는 접속사로, 영어의 'and'와 같다. '그녀와 나 두 사람 모두 가고 싶어한다'라는 뜻으로, 이때 '她'와 '和' 사이에는 어떤 단어도 삽입할 수 없다.

예문❷ '她和我说她想去'에 쓰인 '和'는 개사로, '对'와 같은 역할을 한다. 즉, '她对我说'와 같다. 예문❸ '她要和我一起去'에 쓰인 '和' 역시 개사로, '同'과 같은 역할을 한다. 즉, '她要同我一起去'와 같다. 이때에는 '她'와 '和' 사이에 다른 단어를 삽입할 수 있다.

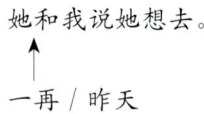

예문❹와 예문❺의 차이점 역시 마찬가지이다.
예문❹의 '跟'은 접속사로 '和'와 같은 의미를 나타낸다.
예문❺의 '跟'은 개사로 '向'과 같은 의미를 나타내며, '他'와 '跟' 사이에 '经常'을 넣을 수 있다.

✓ C·h·e·c·k C·h·e·c·k

밑줄 친 부분에 들어갈 알맞은 답을 고르세요.

① "关于这个问题，我要跟他解释一下。"解释这个问题的是____。
   A 我和他　　　　　B 我　　　　　　　C 他

② "小王和小张今天都没来。"今天没来的人是____。
   A 小王和小张　　　B 小王　　　　　　C 小张

③ "我和他说了半天，他还是不明白。"说话的人是____。
   A 我和他　　　　　B 我　　　　　　　C 他

④ "他跟我讲了他们国家许多有趣的故事。"讲故事的人是____。
   A 我和他　　　　　B 我　　　　　　　C 他

unit_138 "和"와 "及"

'和'는 '~와'라는 뜻을 나타내고, '及'는 '~및', '~과', '~와'라는 뜻을 나타낸다. 혼동하기 쉬운 '和'와 '及'에 대해 정확히 이해할 수 있도록 그 차이점과 쓰임을 구분해 보자.

맥·잡·기·예·문

❶ 你和阿里都分到了中级上(1)班。 너와 아리는 모두 중급 상(1)반에 배정되었다.
   ✕ 你及阿里都分到了中级上(1)班。

❷ 联合全市的医护人员及社会各界人士，为孤残儿童献爱心。
   → 联合全市的医护人员和社会各界人士，为孤残儿童献爱心。
   전 도시의 의료인들과 사회 각계 인사들을 연합해서 고아와 장애아동들을 위해 사랑의 마음을 전했다.

❸ 集邮和插花都是很好的业余活动。 우표 수집과 꽃꽂이는 모두 좋은 여가 활동이다.
   ✕ 集邮及插花都是很好的业余活动。

❹ 我喜欢她的温柔和善良。 나는 그녀의 온화함과 선량함을 좋아한다.
   ✕ 我喜欢她的温柔及善良。

❺ 学校及其周围贴出了申办奥运会的宣传画。
  학교와 그 주변에 올림픽을 개최한다는 선전 포스터를 붙였다.
  ✕ 学校和其周围贴出了申办奥运会的宣传画。

문 '和'와 '及'는 용법상 어떤 차이점이 있을까?

답 '和'와 '及'는 다음과 같은 차이점을 지닌다.

1. '和'와 '及'는 명사나 명사구를 연결할 수 있다. 그러나 '和'는 구어와 서면어에 모두 쓰이는 반면, '及'는 서면어에만 쓰인다. 예문❶은 구어체의 문장이므로 '和'만 쓸 수 있고, 예문❷는 서면어체의 문장이므로 '和'와 '及' 모두 쓸 수 있다.

2. '及'는 명사나 명사구만 연결하지만, '和'에는 이러한 제한이 없다. 동사나 형용사가 문장에서 주어나 목적어로 쓰일 때는 반드시 '和'로 연결해야 한다.

예문❸ <u>集邮和插花</u>都是很好的业余活动。('集邮'와 '插花'는 모두 동사이다)
        　　주어

예문❹ 我喜欢她的<u>温柔和善良</u>。('温柔'와 '善良'은 모두 형용사이다)
        　　　　　　목적어

3. '及'는 대명사 '其'와 함께 쓸 수 있으며, 그 의미는 '和他(们)的(~와 그(들)의)' 또는 '和它(们)的(~와 그것(들)의)'와 같다. 예를 들면, 예문❺가 그러하다. 하지만 '和'에는 이러한 용법이 없다.

✓ Check Check

'和'나 '及'를 사용하여 밑줄 친 부분을 채우세요.

① 王厂长＿＿＿张经理都到了。

② 学校对优秀学生给予了表扬＿＿＿奖励。

③ 我永远也忘不了她的坦率＿＿＿热情。

④ 要通过办旅游业，吸引更多的港澳同胞、海外同胞＿＿＿外国朋友来观光。

⑤ 你了解该公司新开发的产品＿＿＿其销售情况吗?

⑥ 残疾人越来越受到人们的尊重＿＿＿关心。

unit_139 "及"와 "以及"

'及'는 '~및', '~과', '~와'라는 뜻을 나타내고, '以及'는 '~및', '그리고', '아울러'라는 뜻을 나타낸다. 혼동하기 쉬운 '及'와 '以及'에 대해 정확히 이해할 수 있도록 그 차이점과 쓰임을 구분해 보자.

맥·잡·기·예·문

❶ 她患病以后，校长、老师及同学们都很关心她。
  → 她患病以后，校长、老师以及同学们都很关心她。
  그녀가 병에 걸린 후, 교장 선생님, 선생님 및 학생들이 모두 그녀에게 관심을 가졌다.

❷ 他是什么时候走的以及他怎么回来的都没有对我说过。
  그가 언제 갔는지 그리고 어떻게 돌아왔는지 나에게 말한 적이 없다.
  ✕ 他是什么时候走的及他怎么回来的都没有对我说过。

❸ 这件事她是怎么知道的，以及她告诉过谁，我都不清楚。
  이 일을 그녀가 어떻게 알았는지 그리고 누구에게 말했는지 나는 잘 모른다.
  ✕ 这件事她是怎么知道的，及她告诉过谁，我都不清楚。

❹ 他问了我很多问题：在那里生活习惯不习惯，工作忙不忙，以及那里的气候怎么样，等等。
  그는 나에게 그곳에서의 생활은 익숙한지, 일은 바쁜지, 그리고 그곳의 날씨는 어떤지 등등 많은 것을 물었다.
  ✕ 他问了我很多问题：在那里生活习惯不习惯，工作忙不忙，及那里的气候怎么样，等等。

❺ 鸡、鸭、鱼、肉、蛋以及糖果、糕点等商品应有尽有。
  닭, 오리, 생선, 고기, 계란 그리고 사탕, 케이크 등의 상품은 뭐든지 다 있다.

문 '及'와 '以及'는 용법상 어떤 차이점이 있을까?

답 '及'와 '以及' 모두 병렬 관계를 나타내는 접속사이지만, 다음과 같은 차이점을 지닌다.

1. '及'는 명사나 명사구만 연결한다. 예를 들면, 예문❶이 그러하다. '以及'는 병렬의 절을 연결할 수도 있다. 이때 '以及'가 연결하는 절은 문장 전체의 주어 역할을 한다. 예를 들면, 예문❷와 예문❸이 그러하다. 그러나 '及'에는 이러한 용법이 없다. 예문❷를 도식화하면 다음과 같다.

他是什么时候走的？(문장)　他怎么回来的？(문장)
　　　　↓　　　　　　　　↓
他是什么时候走的 + 以及 + 他怎么回来的 都没有对我说过。
　　　　주어　　　　　　　　　　　　　술어 부분

'以及'가 연결하는 절은 때로 목적어 역할을 하기도 한다. 예문❹를 보자.

他 问 了 我 很 多 问 题： 生活习惯不习惯, 工作忙不忙, 以及 那里的气候怎么样, 等等。

그러나 두 개의 문장으로 이루어진 복문의 경우에는 '以及'를 사용해서 연결할 수 없다.

海面起风了，天色也暗淡下来了。 해면 위로 바람이 일자, 어두워지기 시작했다.

　　　　　　以及

2. '以及'로 연결된 단어는 때에 따라 분류의 역할을 하기도 한다. 그러나 '及'에는 이러한 용법이 없다. 예를 들면, 예문❺가 그러하다.

鸡、鸭、鱼、肉、蛋以及糖果、糕点等商品应有尽有。
　　한 종류　　　　　다른 한 종류

✓ **C·h·e·c·k　C·h·e·c·k**

밑줄 친 부분에 들어갈 알맞은 답을 고르세요.

A. 及　　　　　　　　　　　　B. 以及
C. '以及'와 '及' 둘 다 쓸 수 없음　　D. '以及'와 '及' 둘 다 쓸 수 있음

① 他的性格怎么样，为人如何___他爱好什么，都需要作进一步的了解。

② 那儿风景优美，___气候温和。

③ 本店经销电视机、收音机、录音机___各种零件。

④ 问题是如何产生的，___最后该如何解决，都要调查研究。

틀리기쉬운중국어어법201

문장의 구조와 유형

★ 복문
★ 강조의 방법
★ 비교의 방법
★ 특수문형
★ 어순
★ 문장성분

unit _ 140 "来客人了"와 "客人来了"

사람이나 사물이 주어 위치에 놓일 때와 목적어 위치에 놓일 때, 어떤 차이점이 있는지 알아보자.

맥·잡·기·예·문

❶ 妈妈，来客人了! 엄마, 손님 오셨어요!

❷ 妈妈，客人来了! 엄마, 손님 오셨어요!

❸ 我去买汉英词典。 나는 한영사전을 사러 간다.

❹ 咦，汉英词典到哪儿去了? 어! 한영사전이 어디 갔지?

문 예문❶과 예문❷의 '客人'이 가리키는 내용이 같을까?

답 화자의 입장에서 볼 때 예문❶과 예문❷의 '客人'은 똑같이 '손님'이지만, 가리키는 내용에 차이가 있다. 예문❶의 '客人'은 화자가 예상치 못한 손님 즉, 갑작스럽게 방문한 손님이다. 이때는 '客人'을 목적어의 위치에 놓는다. 만약 이때 '客人'을 동사 앞에 놓으려면 '客人' 앞에 '有'를 넣어 '有一位客人来了'라고 해야 한다. 예문❷의 '客人'은 화자가 이미 알고 있는 손님 즉, 기다리고 있던 손님이다. 따라서 예문❷는 '妈妈，那位客人来了!'로 바꿔 쓸 수 있다. 이때는 '客人'을 주어의 위치에 놓는다.
마찬가지로 예문❸의 '汉英词典'은 특정한 사전이 아니다. 그러나 예문❹의 '汉英词典'은 화자가 이미 알고 있는 특정한 사전이다.

중국어에서는 종종 주어가 특정한 것 즉, 화자와 청자 모두가 알고 있는 사람이나 사물을 나타낸다. 그러나 목적어는 불특정한 사람이나 사물로 새로운 정보를 나타내기 때문에 동사 뒤에 놓인다.

✓ 핵·심·콕·콕!!

주어 위치에는 화자와 청자 모두가 알고 있는 특정한 사람이나 사물이 오며, 목적어 위치에는 불특정한 사람이나 사물이 온다.

✓ C·h·e·c·k C·h·e·c·k

다음 문장의 옳고 그름을 O X로 표시하고, 틀린 문장은 바르게 고치세요.

① 门外走进来张老师。(   )

② 一本小说我已经看完了。（　）

③ 我出去一看，一个人正在那里哭。（　）

④ A 前面出了什么事？
　　B 汽车轧死了一个人。（　）

unit_141 "好文章"과 "写好文章了"

형용사 '好'가 정어로 쓰이는 경우와 결과보어로 쓰이는 경우의 차이점에 대해 알아보자.

맥·잡·기·예·문

❶ 他写了一篇好文章。 그는 좋은 글 한 편을 썼다.

❷ 他已经写好文章了。 그는 이미 글을 다 썼다.

❸ 我学了游泳。 나는 수영을 배웠다.

❹ 我学会了游泳。 나는 수영을 마스터했다.

❺ 他们打扫干净了教室。 그들은 교실을 깨끗이 청소했다.

문 예문❶과 예문❷에 쓰인 '好'는 그 뜻이 같을까?

답 예문❶과 예문❷에 쓰인 '好'는 그 뜻이 다를 뿐 아니라, 문장에서의 쓰임 또한 다르다.

예문❶의 '好'는 'good'을 뜻하며, 정어로 쓰여 '文章'을 수식한다.
예문❷의 '好'는 '완성'을 뜻하며, 보어로 쓰여 '写'의 결과를 보충 설명한다.

他又写了一篇好文章。　他已经写好文章了。

보어는 중국어가 지닌 특징 중의 하나이다. 중국어에는 여러 가지 보어가 있는데, 예문❷의 '好'는 결과보어이다. **결과보어는 동작이 완성된 후에 생긴 구체적인 결과를 나타낸다.** 결과보어를 써서 작문을 하려면 동작,

행위의 결과를 술어동사 바로 뒤에 놓으면 된다. 예를 들면,

예문❹   我学游泳   ⟶   (결과) 学会了

예문❺   他们打扫教室   ⟶   (결과) 教室干净了

일반적으로 자주 쓰이는 형용사들은 보어 역할을 할 수 있다. 그러나 보어 역할을 할 수 있는 동사는 그 수가 많지 않다. 그중 주요한 것으로 '到', '着(zháo)', '见', '住', '掉', '完', '光', '倒', '懂', '会', '成', '走' 등이 있다.

✓ C·h·e·c·k C·h·e·c·k

1 다음 문장의 옳고 그름을 O X로 표시하고, 틀린 문장은 바르게 고치세요.

① 他这个月的钱用了，只好向别人借。(　)

② 我实在吃不下了，已经吃了。(　)

③ 这个问题非得他来解决不可，你一定要找他。(　)

④ 他正在找到那支笔。(　)

⑤ 我两个星期前办200电话的手续好了。(　)

2 다음 문장을 결과보어를 사용한 문장으로 바꾸어 써 보세요.

① 他解释那个问题，解释清楚了。
　　⟶ _____。

② 我听他讲中文故事，我懂了。
　　⟶ _____。

③ 我们队打了这一场球，我们队赢了。
　　⟶ _____。

④ 医生抢救那个病人，那个病人活了。
　　⟶ _____。

unit_142 "看见"과 "见着"

결과보어로 쓰인 '见'과 '着(zháo)'의 의미와 쓰임에 대해 알아보자.

맥·잡·기·예·문

① 我没看他。 나는 그를 보지 않았다.

② 我没看见他。 나는 그를 보지 못했다.

③ 我没见着他。 나는 그를 만나 보지 못했다.

문 '看见'과 '见着(zháo)'는 어떤 차이점이 있을까? 위의 세 문장은 의미상 어떻게 다를까?

답 '看见'의 '见'과 '见着'의 '着'는 모두 결과보어이다(unit_141 참조).

예문❷에서 '看见'의 '见'은 결과보어로 쓰여 '보았을 뿐 아니라 그 결과가 있음' 즉, '看到'의 의미를 나타낸다. 여기서 주의해야 할 점은 본다고 해서 반드시 '看见' 할 수 있는 것은 아니고, 듣는다고 해서 반드시 '听见' 할 수 있는 것은 아니라는 점이다. 따라서 예문❶과 예문❷는 그 뜻이 다르다. 예문❶ '我没看他'는 '그를 보는' 동작을 하지 않았다는 뜻이고, 예문❷ '我没看见他'는 동작의 결과가 없었다는 말로, '그를 보지 못했다' 즉, '我没看到他'의 뜻이다. 예문❷의 '看'은 무의식적으로 보는 동작일 수도 있다.

예문❸의 '着'는 결과보어로 쓰여 '목적을 이루었음'을 나타낸다. 예문❸의 '见'은 '(일부러 가서) 만나다'라는 뜻으로, 일반적인 '看见'의 의미와는 다르다. '일부러 가서 만나다'라는 것은 목적이 달성되기를 바라는 것이므로 '着'를 사용해서 '목적을 달성했음'을 나타낼 수 있다. 따라서 예문❸은 '내가 그를 만나러 갔으나, 만나보지 못했다'라는 뜻이다.
이 밖에 '着'는 결과보어로 쓰이는 경우 '동작이나 상황에 좋지 않은 결과가 생겼음'을 나타내기도 한다. 예를 들면, '吓着了', '累着了', '冻着了', '烫着了', '切着手' 등이 그러하다.

✓ **C·h·e·c·k C·h·e·c·k**

1 '我没看他', '我没看见他', '我没见着他'를 사용하여 밑줄 친 부분을 채우세요.

① A 小王呢？他不是到办公室来过吗？
　　B _____ 呀。

② （玩游戏时）

A 我让你们转过脸去，不准看他，你怎么不听？
B ＿＿＿＿＿＿呀。

③ A 你不是到花园酒店去了吗？怎么这么快就回来了？
B 唉，我的朋友临时有急事走了，＿＿＿＿＿＿。

2 다음 문장의 옳고 그름을 O X로 표시하고, 틀린 문장은 바르게 고치세요.

① 我昨晚梦我妈妈。（　）

② 阿里每天早上都听中文广播。（　）

③ 开始的时候，看那么多人骑自行车，我很紧张，但我很快就习惯了。（　）

④ 小心点儿，别切手。（　）

⑤ 他在路上遇着一位老同学。（　）

unit_143 "叫住我们"과 "叫我们"

결과보어로 쓰인 '住'의 의미와 쓰임에 대해 알아보자.

맥·잡·기·예·문

❶ 服务员小姐叫住我们。 종업원 아가씨가 우리를 불러 세웠다.

❷ 服务员小姐叫我们。 종업원 아가씨가 우리를 부른다.

❸ 抓住绳子，别松手！ 밧줄을 꽉 잡아, 손을 놓지 말고!

❹ 他被问住了。 그는 물음에 말문이 막혔다.

문 '叫住我们'과 '叫我们'은 어떤 차이가 있을까? 예문❶의 '住'는 무엇을 나타낼까?

답 위의 예문에 쓰인 '住'는 모두 결과보어이다(unit_141 참조). '住'는 동사 뒤에 놓여 **사람이나 사물이 일정한 위치에 고정되었음**을 나타낸다.

예를 들면, 예문❷는 종업원이 우리를 불렀지만, 우리가 꼭 멈춰 선 것은 아님을 나타낸다. 그러나 예문❶은 종업원이 우리를 불러서 우리가 멈춰 섰음을 나타낸다. 예문❸도 밧줄을 꽉 잡아 손에 고정시키는 것을 나타낸다.

예문❹는 '다른 사람이 그에게 물었으나, 그가 대답을 하지 못했다'라는 뜻이다. 이때의 '住'는 예문❶과 예문❸에 쓰인 '住'의 용법에서 파생된 것으로, 사람이나 사물 자체가 어느 한 곳에 고정되는 것을 의미하는 것이 아니라, 사람의 의식 활동이 제약을 받는 것을 의미한다. 즉, 사람의 생각이 거기에 머문다는 뜻을 나타낸다.

✓ Check Check

다음 문장의 옳고 그름을 O X로 표시하고, 틀린 문장은 바르게 고치세요.

① 昨天学的生词都记了吗?（   ）

② 真可惜，我传给他的球他没接，又丢了一分。（   ）

③ 看(kān)行李，别让小偷拿走了。（   ）

④ 我们终于把他劝住了。（   ）

⑤ 大家抓这个机会教训了他一顿。（   ）

unit_144 "来"와 "去"

동사나 방향보어로 쓰여 사람이나 사물의 이동을 나타내는 '来'와 '去'의 쓰임에 대해 알아보자.

맥·잡·기·예·문

❶ A: 我能进来吗? 제가 들어가도 될까요?
B: 请进来。 들어오세요.

❷ 我马上到你那儿去。 제가 얼른 당신한테로 갈게요.

❸ 我马上到你那儿来。 제가 얼른 당신한테로 갈게요.

문 왜 예문❶의 A, B 두 사람은 모두 '进来'를 썼을까? A는 방 밖에 있는데 '进来'라고 말할 수 있을까?

답 중국어에서 '来'나 '去'를 써서 사람이나 사물의 이동을 나타낼 때, 보통 화자의 위치를 기준점으로 삼는다. 만약 그림1처럼 사람이나 사물이 화자가 있는 쪽으로 이동하면 '来'를 쓰고, 그림2처럼 사람이나 사물이 화자로부터 멀어지면 '去'를 쓴다.

그림 1   她走过来了。

그림 2   她走过去了。

그러나 만일 이동의 주체가 화자 자신이라면, 다음의 두 가지 방법으로 표현할 수 있다.

1 _ 화자 자신이 기준점이 된다.
예문❷는 화자인 '我'가 청자인 '你'가 있는 그곳으로 가는 것이므로 '去'를 썼다.

2 _ 청자를 기준점으로 삼는다.
예문❸은 청자의 입장에서 봤을 때, 화자인 '我'가 청자를 향해 오는 것이므로 '来'를 쓸 수 있다. 일상생활에서 이렇게 청자를 기준점으로 삼아 화자의 이동을 표현하면, 청자를 존중하고, 예의를 표하는 것이 된다.
예문❶에서 A는 B에게 자신이 방에 들어가도 되는지를 묻고 있으며, 예의를 표하기 위해 청자를 기준점으로 삼아 '来'를 썼다.

✓ 핵·심·콕·콕!!

'来'와 '去'를 써서 사람이나 사물의 이동을 표현할 때는 보통 화자의 위치를 기준으로 한다. 그러나 화자 자신의 이동을 표현할 때는 화자 자신을 기준으로 하기도 하고, 청자를 기준으로 하기도 한다.

✓ C·h·e·c·k C·h·e·c·k

다음 문장에서 '来'와 '去'의 쓰임이 옳은지 그른지를 O X로 표시하세요.

① 我等了很久，他才从楼上走下来。(　)

② 他从我这儿借来了几本书。(　)

③ (经理在3楼办公室，小王在2楼。)
经理: 小王，你马上到我办公室来一趟。
小王: 好，我马上就上来。(　)

④ (在经理办公室里)
经理: 小王，你把这份文件送到人事科去。
小王: 好，我这就来。(　)

unit_145 "说起来", "说下去", "说出来", "说出去"

방향보어로 쓰인 '起来', '下去', '出来', '出去'의 의미와 쓰임에 대해 알아보자.

맥·잡·기·예·문

❶ 大家一听到这个消息，就七嘴八舌地说起来了。
　 모두들 이 소식을 듣자 왁자지껄 떠들썩하게 이야기하기 시작했다.

❷ 这事儿说起来容易，做起来难。
　 이 일은 말하기는 쉽지만 해 보면 어렵다.

❸ 对不起，打断了你的话，请说下去。 미안합니다. 당신의 말을 끊었네요. 계속 말씀하세요.

❹ 你有什么困难可以说出来。 무슨 어려움이 있으면 말씀하세요.

❺ 这件事任何人都不能说出去！ 이 일은 어느 누구도 말해서는 안 된다!

문 예문❶과 예문❷의 '说起来'는 그 의미가 같을까? '说下去'와 '说出来'는 어떤 차이가 있을까?

답 위 예문의 '起来', '下去', '出来', '出去'는 모두 방향동사로 문장 안에서 방향보어로 쓰였다. 이 방향보어들은 각각 기본적인 의미를 지니고 있다. 예를 들면, '起来'는 '낮은 곳에서 높은 곳으로의 이동'을 나타내고, '下去'는 '높은 곳에서 낮은 곳으로의 이동'을 나타낸다. '出来'는 '안쪽에서 바깥쪽으로의 이동'을 나타내며 기준점이 바깥에 있고(unit_144 참조), '出去'는 '안쪽에서 바깥쪽으로의 이동'을 나타내며 기준점이 안쪽에 있다. 이들이 위의 예문에서 나타내는 의미는 모두 그 기본적인 의미에서 파생된 것이다.

예문❶의 '起来'는 **시작과 계속됨**을 나타낸다. 이와 유사한 예로, '笑起来了(웃기 시작했다)', '唱起来了(노래 부르기 시작했다)', '雨又下起来了(비가 또 내리기 시작했다)', '天气热起来了(날씨가 더워지기 시작했다)' 등이 있다.

예문❷의 '起来'는 **어떤 측면에서 사람이나 사물을 평가하는 것**을 나타낸다. 예문❷에서는 '말하는 것'과 '해 보는 것' 두 가지 측면에서 '这件事'에 대해 논하고 있다. 이와 유사한 예로, '这苹果看起来不怎么样，吃起来却很甜(이 사과는 보기에는 별로지만, 먹어 보면 아주 달다)'가 있다.

예문❸의 '下去'는 **계속 진행하거나 유지해 나가는 것**을 나타낸다. 예문❸은 상대방이 계속 이야기하기를 바라는 것이다. 이와 유사한 예로, '写下去(써 내려가다)', '干下去(해 나가다)', '坚持下去(버텨 나가다)' 등이 있다.

예문❹의 '出来'는 **가려져 있다가 드러남**을 나타낸다. 즉, 원래는 보이지 않던 것이 보이게 되거나 알려지게 되는 것을 나타낸다. 예문❹는 청자의 어려움을 이야기해 주기를 바라는 것이다. 이와 유사한 예로, '他的论文已经写出来了(그의 논문은 이미 다 쓰여졌다)'가 있다.

예문❺의 '出去'는 **밖으로 전이되거나 확산됨**을 나타낸다. 예문❺는 '这件事'가 밖으로 전해지는 것을 원하지 않는 것이다. 이와 유사한 예로, '这种事闹出去对谁都没有好处(이 일이 시끄러워지면 누구에게도 좋을 것이 없다)'가 있다.

✓ C·h·e·c·k C·h·e·c·k

1 '起来', '下去', '出来', '出去'를 사용하여 밑줄 친 부분을 채우세요.

① 让他讲_____，讲完以后再问问题。

② 他怎么这么快就把我们的计划宣布_____了?

③ 马上就要轮到我面试了，我的心不由得紧张_____。

④ 有什么意见，欢迎你们全都提_____。

⑤ 你再这样懒_____，将来做任何事情都不可能成功的。

⑥ 这种自行车骑_____很轻快。

2 다음 문장의 옳고 그름을 O X로 표시하고, 틀린 문장은 바르게 고치세요.

① 这个问题不要再讨论起来了，就这样决定了吧。（　）

② 他向我们介绍起来了这个学校的情况。（　）

③ 她笑起来很好看。（　）

unit_146 "想出(来)","想起(来)","想"

방향보어로 쓰인 '出(来)'와 '起(来)'의 의미에 대해 알아보자.

맥·잡·기·예·문

❶ 他没**想**办法。 그는 방법을 생각하지 않았다.

❷ 他没**想出**办法。 그는 방법을 생각해 내지 못했다.

❸ 他没**想起**曾经用过这个办法。 그는 전에 이 방법을 썼던 것을 떠올리지 못했다.

문 위 예문의 '没想', '没想出', '没想起'는 어떤 차이점이 있을까?

답 예문❶의 '没想办法'는 '他'가 생각조차 해 보지 않았음을 나타낸다.

예문❷의 '没想出办法'는 '他'가 생각은 해 보았으나 끝내 생각해 내지 못했음 즉, 결과가 없음을 나타낸다. 이때 '想出(来)'는 생각한 것이 원래 존재하지 않는 것이거나 모르는 것임을 나타낸다. 다른 예로 '该怎么做，你们要拿出注意来(어떻게 해야 할지, 너희들이 의견을 제시해야 한다)'가 있다.

예문❸의 '没想起这个办法'는 그가 전에는 이 방법을 알았거나 사용한 적이 있는데, 이번에는 머릿속에 떠오르지 않는다는 것을 나타낸다. 다른 예로, '他又回忆起他们第一次见面的情景来了(그는 또 그들이 처음 만났던 상황을 회상했다)'가 있다.

본 unit의 '出'와 '起'는 모두 방향보어로, 위의 예문들을 통해 중국어의 방향보어는 사실상 일종의 '결과'를 나타낸다는 것을 알 수 있다.

✓ Check Check

'出(来)'나 '起(来)'를 사용하여 밑줄 친 부분을 채우세요.

① 哦，我想_____了，他叫张明。

② 我已经想_____办法了，下一步看我的吧！

③ 每当看到这本书，我都会想_____她。

unit_147 "起来"와 "下来"

형용사 뒤에 쓰여 방향보어 역할을 하는 '起来'와 '下来'의 의미와 쓰임에 대해 알아보자.

맥·잡·기·예·문

❶ 下课了，同学们都到操场上去活动，校园里热闹起来了。
수업이 끝나고 학생들이 운동장에 가서 운동을 하자 캠퍼스가 시끌벅적해졌다.

❷ 铃声一响，整个考场马上安静下来了。
종소리가 울리자 전 시험장이 바로 조용해졌다.

❸ 天气热/冷起来了。 날씨가 더워지기/추워지기 시작했다.

❹ 天气冷下来了。 날씨가 추워졌다.

❺ ✕ 天气热下来了。

문 '起来'와 '下来'가 상태를 나타낼 때, 이들 사이에 어떤 차이점이 있을까?

답 '起来'와 '下来'는 모두 형용사 뒤에 놓여 상태를 나타낼 수 있지만, 용법상 다음과 같은 차이점이 있다.

1. '起来'는 변화(주로 정태(靜態)에서 동태(動態)로의 변화)의 시작을 나타내고, '下来'는 변화의 시작에서 끝남(주로 동태에서 정태로의 변화)까지를 나타낸다. 예문❶의 '热闹起来'는 시끌벅적해지기 시작했음(정태에서 동태로의 변화)을 의미하고, 예문❷의 '安静下来'는 이미 조용해졌음(동태에서 정태로의 변화)을 의미한다.

2. '起来'와 '下来'는 함께 쓰이는 형용사가 다르다.

A. ↑ 多, 高, 胖, 亮, 好, 长, 热, 快
　　贵, 激动, 热闹, 活泼, 热情 } + 起来(× 下来)

B. ↓ 少, 矮, 瘦, 暗, 松, 冷, 凉, 慢
　　便宜, 冷静, 安静, 平静, 镇静 } + 下来(일부 형용사는 '起来'와도 함께 쓰임)

A그룹에 속한 형용사는 '下来'와 함께 쓸 수 없으므로, 예문❺는 틀린 문장이다.
B그룹에 속한 형용사는 대부분 '下来'와 함께 쓰이지만, 경우에 따라 '起来'와 함께 쓰이는 경우도 있다. 그러나 '起来'와 함께 쓰이면 의미가 달라진다. 예문❸의 '冷起来了'는 '추워지기 시작했다'라는 뜻이고, '冷下来了'는 '온도가 내려간 지 한참 되어 이미 추워졌다'라는 뜻이다.

✓ **Check Check**

'起来'나 '下来'를 사용하여 밑줄 친 부분을 채우세요.

① 天亮了，路上的行人多_____了。

② 今天你该冷静_____，我们好好谈一谈。

③ 前面出了交通事故，来往的汽车都慢_____了。

unit_148 "起来"와 "开始"

동작이나 상황의 '시작'을 나타내는 방향보어 '起来'와 '시작하다'라는 뜻을 나타내는 동사 '开始'의 차이점과 쓰임에 대해 알아보자.

> **맥·잡·기·예·문**
>
> ❶ 大家听他这样一说，都忍不住笑起来了。
> 모두들 그가 이렇게 말하는 것을 듣고, 참지 못하고 웃기 시작했다.
> ✕ 大家听他这样一说，都忍不住笑开始了。
>
> ❷ 她吓了一跳，不由得叫了起来。
> 그녀는 놀라서 자기도 모르게 소리를 지르기 시작했다.
> ✕ 她吓了一跳，不由得叫了开始。
>
> ❸ 那家银行上午8点开始营业。
> 저 은행은 오전 8시에 업무를 시작한다.
> ✕ 那家银行上午8点起来营业。
>
> ❹ 电视台明晚7点开始直播这场歌舞晚会。
> 텔레비전 방송국은 내일 밤 7시에 이번 가무 연회를 생중계한다.
> ✕ 电视台明晚7点起来直播这场歌舞晚会。
>
> ❺ 天阴了，雨又开始下起来了。 날씨가 흐려지고, 비가 또 다시 내리기 시작했다.

문 방향보어 '起来'는 '시작'을 나타낸다고 했다(unit_147 참조). 그렇다면 '起来'와 '开始'는 어떤 차이점이 있을까?

답 '起来'와 '开始'는 모두 동작이나 상황이 진행되기 시작했음을 나타낸다. 그러나 이들은 용법상 다음과 같은 차이점이 있다.

'开始+V'는 주로 **예정된 일** 즉, **이미 계획되어 있는 일**에 쓰인다. 예문❸의 은행이 문을 여는 시간과 예문❹의 텔레비전 방송국이 언제 어떤 프로그램을 방송할 것인지는 이미 정해져 있는 일이다. 따라서 '开始'는 예문❸과 같이 규칙적인 일에 쓰이거나, 예문❹와 같이 장차 진행될 동작이나 활동에 쓰인다. 이때는 '起来'를 쓸 수 없다.

'V+起来'는 주로 **사전에 계획되어 있지 않은 동작이나 상황**에 쓰인다. 예문❶과 예문❷의 '笑'와 '叫'는 모두 갑자기 일어난 일이다. 이때는 보통 '开始笑', '开始叫'라고 하지 않는다.

물론 예문❺와 같이 '开始'와 '起来'가 함께 쓰이는 경우도 있다.

✓ **C·h·e·c·k C·h·e·c·k**

다음 문장을 '起来'나 '开始'를 사용한 문장으로 바꾸어 써 보세요.

① 明天下午训练的时间是3点到5点。
   →_____。

② 听到这个不幸的消息，她哭了。
   →_____。

③ 秋天来了，天气凉快了。
   →_____。

unit_149 "下来"와 "下去"

방향보어로 쓰인 '下来'와 '下去'의 의미에 대해 알아보자.

맥·잡·기·예·문

❶ 我想在广州住下来。 나는 광저우에서 살고 싶다.

❷ 我想在广州住下去。 나는 광저우에서 계속 살고 싶다.

❸ A: 你真不错，自学中碰到这么多困难都坚持下来了。
   정말 대단하십니다. 독학하면서 이렇게 많은 어려움을 겪었는데도 끝까지 버텨 왔다니.
   B: 谢谢你的鼓励，我还会坚持下去的。
   격려 고맙습니다. 전 더 버텨 낼 수 있어요.

문 위의 예문에서 '下来'와 '下去'는 서로 바꿔 쓸 수 있을까?

답 '下来'와 '下去'는 서로 바꿔 쓸 수 없으며, 이들은 다음과 같은 차이점을 지닌다.

1. 예문❶의 '下来'는 고정(固定)을 나타낸다. 즉, '我'가 원래는 광저우에 살지 않았으나, 이제는 광저우에 정착해서 살고 싶다는 뜻이다. 반면 예문❷의 '下去'는 계속됨을 나타낸다. '我'가 원래부터 광저우에 살았고, 앞으로도 계속 광저우에 살고 싶다는 뜻이다.

2. 예문❸의 '下来'는 과거부터 현재까지 계속됨을 나타내고, '下去'는 현재부터 미래까지 계속됨을 나타낸다. 예문❸은 '我'가 독학하는 과정에서 많은 어려움을 겪었지만 지금까지 포기하지 않고 잘 버텨 왔다는 의미에서 '坚持下来了'라고 하였고, 앞으로도 계속해서 독학을 할 생각이라는 의미에서 '坚持下去'라고 하였다. 이들의 차이점을 도식화하면 다음과 같다.

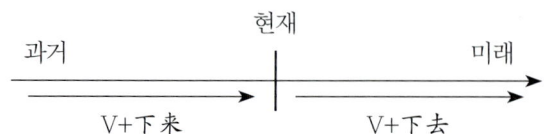

C·h·e·c·k C·h·e·c·k

'下来'나 '下去'를 사용하여 밑줄 친 부분을 채우세요.

① 对不起，打断了你的话，请说_____。

② 他原来准备去年结婚的，可是因为太忙了，这事也就拖了_____。

③ 这种气我已经受够了，不能再忍_____了。

④ 要把这种好的精神继承_____，并传_____。

unit_150 "过来"와 "过去"

방향보어로 쓰인 '过来'와 '过去'의 의미에 대해 알아보자.

맥·잡·기·예·문

❶ 经过医生的抢救，病人醒过来了。 의사의 응급조치로 환자가 깨어났다.

❷ 病人一句话没说完就昏过去了。 환자는 한 마디 말도 못하고 의식을 잃었다.

문 위 예문의 '过来'와 '过去'는 어떤 차이점이 있을까?

답 예문❶의 '过来'는 회복 또는 정상적인 상태로 돌아옴을 나타낸다. 즉, 환자가 원래의 정상적인 상태로 돌아왔음을 의미한다.

```
정상 → 비정상 → 정상
            醒, 缓, 活
            抢救, 改, 明白  } 过来
```

예문❷의 '过去'는 정상적인 상태에서 비정상적인 상태로 돌입함을 나타낸다. 즉, 환자가 원래의 정상적인 상태에서 혼수 상태에 들어갔음을 의미한다.

```
정상 → 비정상
      昏, 晕
      死, 昏迷  } 过去
```

✓ C·h·e·c·k C·h·e·c·k

'过来'나 '过去'를 사용하여 밑줄 친 부분을 채우세요.

① 老师把我文章中的错字都改_____了。

② 听到这个消息，她几乎要晕_____了。

③ 他终于明白_____了，有了金钱不等于就有了幸福。

④ 经过治疗，他的记忆力恢复_____了。

unit_151 "好好打"와 "打得很好"

형용사가 '형용사 + 동사' 형식에 쓰여 상어 역할을 하는 경우와 '동사 + 得 + 부사 + 형용사' 형식에 쓰여 정도보어 역할을 하는 경우의 차이점과 쓰임에 대해 알아보자.

맥·잡·기·예·문

❶ 这场球赛，你们一定要好好打！ 이번 경기에서 너희들 반드시 잘 해야 한다!

❷ 这场球赛，你们打得很好！ 이번 경기에서 너희들 훌륭했다!

❸ 老奶奶，刚下过雨，路上很滑，你要慢慢走。
할머니, 방금 비가 내려서 길이 미끄러우니 천천히 걸으셔야 해요.

❹ 老奶奶年纪大了，走路走得很慢。
할머니는 연세가 많으셔서 천천히 걸으신다.

문 '好好打'와 '打得很好'는 어떤 차이점이 있을까?

답 예문❶과 예문❸의 '好好打', '慢慢走'는 '형용사 + 동사'의 형식이다. 여기서 형용사는 상어 역할을 하며 **동작을 할 때의 상태**를 나타낸다. 이때의 동작은 '王医生认真地给病人做了检查(닥터 왕은 성의껏 환자를 검사해 주었다)'처럼 이미 발생한 것일 수도 있고, 예문❶에서 경기가 시작되지 않은 것처럼 아직 발생하지 않은 것일 수도 있다.

예문❷와 예문❹의 '打得很好', '走得很慢'은 '동사 + 得 + 부사 + 형용사(이때 부사로는 주로 '很', '十分', '非常', '真', '比较', '不太', '不' 등이 쓰인다)'의 형식이다. 여기서 '부사 + 형용사'는 **정도보어** 역할을 하며 **동작에 대한 평가나 묘사**를 나타낸다. 예문❷의 '很好'는 이번 경기를 한 선수들에 대한 평가이고, 예문❹의 '很慢'은 할머니가 길을 걷는 모습에 대한 묘사이다. 여기서 주의해야 할 점은 이러한 용법에서 평가하거나 묘사하는 동작은 반드시 이미 발생한 것이어야 한다는 점이다. 만약 동작이 아직 발생하지 않았을 경우에는 이러한 형식을 쓸 수 없다.

✓ **C·h·e·c·k C·h·e·c·k**

다음 문장의 옳고 그름을 O X로 표시하고, 틀린 문장은 바르게 고치세요.

① 妈妈要求我学习得很努力。(   )

② 这篇文章写得真好。(   )

③ 这个句子他解释得不够清楚。(   )

④ 你赶快地跑，去哪儿？(   )

unit _ 152 "能进去吗"와 "进得去吗"

가능을 나타내는 능원동사 '能'과 가능보어의 차이점과 쓰임에 대해 알아보자.

맥·잡·기·예·문

❶ 老师讲的故事我能听懂。 선생님께서 해 주신 이야기를 나는 알아들을 수 있다.
　→ 老师讲的故事我听得懂。

❷ 他能进去吗? 그가 들어가도 됩니까?

❸ ≠ 他进得去吗? 그가 들어갈 수 있습니까?

❹ 他不能进去。 그는 들어갈 수 없습니다.

❺ ≠ 他进不去。 그는 들어갈 수 없다.

문 예문❶의 '能'은 '得'로 바꿔 쓸 수 있지만, 예문❷의 '能'은 '得'로 바꿔 쓸 수 없다. 그 이유는 무엇일까?

답 일반적으로 중국어에서 가능을 나타낼 때는 예문❶과 같이 '能'을 쓸 수도 있고, '得'를 붙인 가능보어를 쓸 수도 있고, '能'과 '得'를 같이 쓸 수도 있다. 예를 들어 예문❶은 '我能听得懂'이라고 할 수 있고, '他能来'는 '他来得了', '他能来得了'라고 할 수 있다. 그러나 이들은 용법상 다음과 같은 차이점을 지닌다.

예문❷ '他能进去吗'는 그가 들어가도 되는지 안 되는지를 묻는 것이고, 예문❸ '他进得去吗'는 그가 들어갈 방법이 있는지 없는지를 묻는 것이다. 만약 당신이 친구와 함께 경기장에 시합을 보러 가려고 하는데 친구에게 표가 없다면 검표원에게 뭐라고 물어야 할까? 당연히 예문❷처럼 물어야 한다.

예문❹ '他不能进去'는 화자가 그가 들어오는 것에 동의하지 않음을 나타내고, 예문❺ '他进不去'는 그가 들어갈 방법이 없음을 나타낸다. 설령 검표원이 그에게 들어가라고 했더라도 사람이 너무 많아서 도저히 그가 장내로 들어갈 방법이 없을 때에는 예문❺처럼 말해야 한다.

이상의 설명을 통해서 우리는 다음과 같은 사실을 알 수 있다.

1 _ 상대방에게 동의를 구할 때에는 '能'을 써야 하고, 동의하지 않거나 허락하지 않음을 나타낼 때에는 '不能'을 써야 한다.

2 _ 어떤 결과를 실현할 방법이 있는지 없는지를 나타낼 때에는 '得'나 '不'를 붙이는 가능보어를 써야 한다.

이러한 형식은 긍정문에는 거의 쓰이지 않고, 주로 부정문이나 의문문에 쓰인다. 예를 들면, '东西太多了, 带不回去(물건이 너무 많아서 가져갈 수 없다)', '我也不会, 帮得了你吗? (나도 못하는데 너를 도울 수 있겠니?)' 등이 있다.

Check Check

다음 문장의 옳고 그름을 O X로 표시하고, 틀린 문장은 바르게 고치세요.

① 这个字很难写, 我总也不能记住。( )

② 昨晚没复习好, 今天老师提出的问题我不能回答。( )

③ 我借得了你的笔用一用吗? ( )

④ 今天天气不好, 还照得了相吗? ( )

⑤ 考试的时候决不能偷看别人的答案! ( )

⑥ 我昨天晚上睡得太晚了, 今天早上不能起床。( )

⑦ 这些文件, 你们只能在这里看, 拿走不了。( )

⑧ 有的父母不能教育自己的孩子, 就把孩子送到学校去住, 让老师管他们。( )

unit_153 "吃不了"는 몇 가지 의미를 가질까?

'了(liǎo)'가 보어로 쓰여 '완료', '끝냄'의 의미를 나타내는 경우와 '동작의 실현 가능성'을 나타내는 경우의 차이점과 쓰임에 대해 알아보자.

맥·잡·기·예·문

❶ 这么多水果, 我一个人吃不了。
  이렇게 많은 과일을 나 혼자서는 다 먹을 수 없다.

❷ 今晚朋友请客, 可是经理要我马上去出差, 这顿饭我是吃不了了。
  오늘 저녁 친구가 식사초대를 했는데 사장님이 당장 출장을 떠나라고 해서, 이번 식사는 먹을 수 없게 되었다.

❸ A: 她看得懂中文报纸吗? 그녀는 중국신문을 보고 이해할 수 있습니까?
　B: 她刚来，还看不懂。 그녀는 이제 막 와서 아직은 보고 이해할 수 없습니다.

❹ A: 她眼睛刚做完手术，看得了报纸吗? 그녀가 방금 눈 수술을 했는데 신문을 볼 수 있을까?
　B: 看不了。 볼 수 없지.

문 예문❶과 예문❷의 '吃不了'는 그 의미가 같을까?

답 예문❶과 예문❷의 '吃不了(liǎo)'는 모두 어떤 가능성을 부정한다. 그러나 부정하는 내용과 의미에 차이가 있다.

我 一 个 人 吃 不 了。　　　这 顿 饭 我 是 吃 不 了 了。

예문❶의 '吃不了'는 '안 먹는다'라는 뜻이 아니라 '다 먹을 수 없다'라는 뜻이다. 이때 '不'가 부정하는 것은 뒤에 있는 '了'이다. 즉, **어떤 결과가 생길 가능성을 부정**하는 것이다. 예문❸의 '不'도 마찬가지로 뒤에 있는 '懂'을 부정한다.

예문❷의 '吃不了'는 출장을 가야 하기 때문에 가서 먹을 수 없다는 뜻이다. 이때 '不'가 부정하는 것은 앞에 있는 '吃'이다. 즉, **이러한 동작이나 상황이 생길 가능성을 부정**하는 것이다. 예문❹의 '不'도 마찬가지로 앞에 있는 '看'을 부정한다.

그렇다면, 위의 두 가지 용법은 어떻게 구별할 수 있을까? 이 두 용법은 형식상 다음과 같은 차이점을 지닌다.

1. 동사 + 得/不 + 결과보어/방향보어 ('완결'의 의미를 나타내는 '了' 포함) [예문❶, 예문❸ 참조]
2. 동사 + 得/不 + 了　[예문❷, 예문❹ 참조]

이때 '得'나 '不' 뒤의 '了(liǎo)'가 '완결'의 의미를 나타내는 '了'인지, 아니면 두 번째 용법에 해당하는 '了'인지를 구별할 수 있어야 한다.

✓ 핵·심·콕·콕!!

'동사 + 得/不 + 결과보어/방향보어('완결'의 의미를 나타내는 了 포함)'는 동작의 결과가 생길 가능성을 긍정하거나 부정하며, '동사 + 得/不 + 행위에 대한 실현 가능성을 나타내는 了'는 동작이나 상황 자체가 생길 가능성을 긍정하거나 부정한다.

✓ **C·h·e·c·k C·h·e·c·k**

다음 문장이 위에서 설명한 두 가지 용법 중 어느 것에 해당하는지 구분해 보세요(첫 번째 용법으로 쓰였으면 A, 두 번째 용법으로 쓰였으면 B로 표기).

① 他不小心丢失了护照，暂时去不了香港。（　）

② 我的水平还不够高，一天翻译不了3篇文章。（　）

③ 这么高的山，你爬得上去吗？（　）

④ 他的腿扭伤了，今天这场比赛他参加不了了。（　）

⑤ 他们太强了，我看我们是赢不了他们的。（　）

⑥ 衣服沾上了这么多油，我看是洗不干净的了。（　）

unit_154 "写不清楚"와 "写得不清楚"

가능보어의 부정형과 정도보어의 부정형이 나타내는 의미와 쓰임에 대해 알아보자.

맥·잡·기·예·문

❶ 他才学了几个月的汉语，你要他用汉语写信，他写不清楚。
그는 이제 겨우 몇 개월 중국어를 배워서, 네가 중국어로 편지를 쓰라고 하면, 정확하게 쓸 수 없을 거야.

❷ 这几个字写得不清楚，我看不懂是什么意思。
이 몇 글자는 정확하게 쓰지 않아서, 무슨 뜻인지 모르겠다.

❸ 你们推荐玛丽参加下星期的卡拉OK比赛，她唱得好唱不好？
너희들이 메리를 다음 주 노래자랑에 참가하라고 추천했는데, 메리가 노래를 잘 할 수 있을까?

❹ 昨天的卡拉OK比赛，玛丽唱得好不好？
어제 노래자랑에서 메리는 잘 불렀니?

문 '写不清楚'와 '写得不清楚'는 어떤 차이점이 있을까?

답 예문❶의 '写不清楚'에서 '不清楚'는 가능보어이다(unit_152 참조). 이때 '写'라는 동작은 **아직 발생하지 않은 것**으로, 예문❶은 정확하게 쓸 수 있는 가능성이 없음을 나타낸다.
예문❷의 '写得不清楚'에는 '得'가 추가되었으며, '不清楚'는 정도보어로 쓰였다(unit_151 참조). 이때 '写'라는 동작은 **이미 발생한 것**으로, 예문❷는 글씨를 정확히 썼는지 아닌지에 대한 **평가**를 나타낸다.

'가능'을 나타내는 보어와 '정도'를 나타내는 보어는 구조상 다음과 같은 차이점을 지닌다.

	긍정	부정	정반의문문
'가능'을 나타내는 보어	唱得好	唱不好	唱得好　唱不好
'정도'를 나타내는 보어	唱得很好	唱得不好	唱得好不好

✓ C·h·e·c·k　C·h·e·c·k

다음에 주어진 상황에 근거하여, '가능'을 나타내는 보어나 '정도'를 나타내는 보어를 써서 문장을 완성하세요.

① 你看到一幅画，觉得这幅画很漂亮，你赞扬这幅画。
　　→_____!

② 别人请你弹一首曲子，你觉得这首曲子很难弹，你告诉他你没有弹好这首曲子的可能。
　　→_____。

③ 你没空去看一个展览，你向看过这个展览的人了解这个展览的情况。
　　→_____?

④ 你的衣服染到了墨水，你问洗衣店的店员，这件衣服有没有洗干净的可能。
　　→_____?

⑤ 你对别人翻译的一篇文章不太满意，你怎么评价它?
　　→_____。

unit_155 "学了一年汉语"와 "来中国一年了"

지속성이 있는 동사 즉, 지속 동사 '学' 뒤에 시량보어가 오는 경우와 지속성이 없는 동사 즉, 비지속 동사 '来' 뒤에 시량보어가 오는 경우의 의미와 쓰임에 대해 알아보자.

맥·잡·기·예·문

❶ 我学了一年(的)汉语。 나는 일 년간 중국어를 배웠다.
  → 我学汉语学了一年。

❷ 我来中国一年了。 내가 중국에 온 지 일 년 되었다.

❸ 我们吃了两个小时(的)饭。 우리는 두 시간 동안 식사를 했다.
  → 我们吃饭吃了两个小时。

❹ 我们吃完饭两个小时了。 내가 식사를 한 지 두 시간 되었다.

문 한 문장에 목적어와 시량보어가 동시에 있을 경우, 시량보어는 목적어 앞에 놓아야 할까 아니면 뒤에 놓아야 할까?

답 시량보어는 목적어 앞에 올 수도 있고, 목적어 뒤에 올 수도 있다. 그러나 이때 시간이 무엇을 의미하는지를 잘 살펴보아야 한다.

만약 하나의 **과정 속의 시간**(즉, **시작에서부터 끝날 때까지의 시간**)을 의미하면, 'V 了 + 시량 + (的)N'의 형식을 써야 한다. 그러나 **한 동작이 완성된 때부터 현재까지**의 시간을 의미하면 'V N + 시량 + 了'의 형식을 써야 한다.

예문❶의 '我学习汉语'는 하나의 과정으로, 시작에서부터 끝날 때까지의 시간이 일 년이라는 말이다. 그러나 예문❷의 '来中国'라는 동작은 내가 중국에 도착했을 때 이미 완성된 것으로, 동작이 완성된 때부터 현재까지의 시간이 일 년이라는 말이다. 이를 도식화하면 다음과 같다.

이 밖에 'V 了 + 시량 + (的)N'의 형식은 예문❶, 예문❸과 같이 'V N + V 了 + 시량' 형식으로 바꿔 쓸 수 있다.

✓ C·h·e·c·k C·h·e·c·k

다음 문장을 시량보어를 사용하여 바꾸어 써 보세요.

① 昨天我们去他们家，坐车的时间是两个小时。
　→ _____。

② 从我们上车到现在已经两个小时了，还没开车。
　→ _____。

③ 下午他去打篮球，从六点打到八点。
　→ _____。

④ 现在是四月，他去年七月回了国。
　→ _____。

⑤ 他十点起的床，现在是十点半，可他还没吃早饭。
　→ _____。

⑥ 他昨天晚上十一点睡的觉，今天早上六点起的床。
　→ _____。

⑦ 我三年前认识了他。
　→ _____。

⑧ 他从二十岁开始拍电视剧，一直到他六十岁才不拍了。
　→ _____。

★ **헐후어(歇后语) 한 마디**

太平洋的警察，管得宽
태평양의 경찰, 관리하는 지역이 넓다
☞ 참견하지 않아야 할 일이나 관여할 일이 아닌데 참견하는 오지랖 넓은 사람을 묘사한다.

这是我个人的私事，用得着你来管吗？我看你倒成了太平洋的警察，管得太宽了吧。

틀리기쉬운중국어어법201

문장의 구조와 유형

★ 복문
★ 강조의 방법
★ 비교의 방법
★ 특수문형
★ 어순
★ 문장성분

unit_156 "他那件新羊皮大衣"

'他那件新羊皮大衣'에서 명사 '大衣'는 중심어이고, '大衣' 앞의 '他', '那件', '新', '羊皮'는 모두 '大衣'를 수식하는 정어이다. 이들 정어의 배열 순서에 대해 알아보자.

맥·잡·기·예·문

❶ 他那件新羊皮大衣不见了。 그의 그 새 양가죽 코트가 사라졌다.

❷ 这是一双质量非常好的牛皮鞋。 이것은 품질이 아주 좋은 소가죽 신발이다.

❸ 我们学校的两位三十多岁的优秀语文老师去上海开会了。
우리 학교의 30여 세 되신 우수한 국어 선생님 두 분이 상하이에 회의하러 가셨다.

문 명사 앞에 여러 종류의 정어가 있을 경우, 어떻게 배열해야 할까?

답 명사 앞에 여러 종류의 정어가 있을 경우, 그들 사이에는 일정한 배열 순서가 있다.

일반적으로 정어는 다음과 같은 순서로 배열한다.

누구의 / 어디의 + (이 / 저) 수량 + 어떤 + 무슨 + 명사
     ①   ②   ③   ④

다음 예문을 분석해 보자.

예문❶ 他 那件 新 羊皮 大衣
     ①   ② ③   ④

예문❷ 一双 质量非常好的 牛皮 鞋
     ②   ③   ④

예문❸ 我们学校的 两位 三十多岁的 优秀 语文 老师
     ①   ②   ③   ③   ④

일반적인 문장에서는 명사 앞에 위에서 제시한 정어가 모두 출현하지는 않고, 하나 또는 몇 가지만 출현한다. 예를 들면, 예문❷에서는 세 종류의 정어가 출현하였다.

C·h·e·c·k C·h·e·c·k

다음에 주어진 어휘를 알맞게 배열하여 문장을 완성해 보세요.

예) 我 一本 英文 小说 买了 非常有意思的
→ 我买了一本非常有意思的英文小说。

① 我家 小 活泼可爱的 花猫 那只 不见了
→ _____。

② 学校的 我们 两位 老师 数学 比赛 参加了
→ _____。

③ 给我们 是 非常有名的 作报告的 中文系 一位 老教授 昨天
→ _____。

④ 我 非常漂亮的 丝绸 一件 衬衫 有
→ _____。

⑤ 我们厂 很多 塑料 生产了 优质的 产品
→ _____。

⑥ 桌子上 两盒 奶油 放着 我最爱吃的 蛋糕
→ _____。

unit_157 "他大概已经很久没给她打电话了"

'他大概已经很久没给她打电话了'에서 동사 '打'는 중심어이고, '打' 앞의 '大概', '已经', '很久', '没 给她'는 모두 '打'를 수식하는 상어이다. 이들 상어의 배열 순서에 대해 알아보자.

맥·잡·기·예·문

❶ 他大概已经很久没给她打电话了。 그는 아마도 이미 꽤 오랫동안 그녀에게 전화를 걸지 않았을 것이다.

❷ 我进去一看，果然李明正在办公室里认真地修改那个计划。
내가 들어가 보았더니, 역시 리밍은 사무실에서 열심히 그 계획을 수정하고 있었다.

❸ 刚才他在屋子里轻轻地叫了一声。 방금 그가 방 안에서 작게 소리를 질렀다.

❹ 昨天晚上你到底去哪儿了？ 어제 저녁에 너 도대체 어디 갔었니?

문 동사 앞에 여러 종류의 상어가 있을 경우, 어떻게 배열해야 할까?

답 동사 앞에 여러 종류의 상어가 있을 경우, 그들 사이에는 일정한 배열 순서가 있다.

일반적으로 상어는 다음과 같은 순서로 배열한다.

어기부사 + 시간 + 장소 + 대상 + 어떻게 + 동사
　　①　　　②　　③　　④　　⑤

다음 예문을 분석해 보자.

예문❶　他　大概　已经　很久　没给她　打电话　了。
　　　　　　①　　②　　②　　④

예문❷　果然　李明　正　在办公室里　认真地　修改那个计划。
　　　　①　　　　②　　③　　　　　⑤

일반적인 문장에서는 동사 앞에 위에서 제시한 상어가 모두 출현하지는 않고, 하나 또는 몇 가지만 출현한다. 예를 들면, 예문❶에서는 세 종류의 상어가 출현하였다.

여기서 주의해야 할 점은 위의 배열 순서는 경우에 따라 변동이 가능하다는 점이다. 예문❹를 보면 '到底'는 어기부사임에도 불구하고 시간을 나타내는 '昨天晚上' 앞에 놓이지 않고 뒤에 놓였다.

✓ Check Check

다음에 주어진 어휘를 알맞게 배열하여 문장을 완성해 보세요.

[예]　幸亏　我　打了个招呼　昨天　给他　在门口
　→ 幸亏我昨天在门口给他打了个招呼。

① 今天晚上　这件事儿　千万　你　给他　不要　讲
　→ _____。

② 冬冬　哭了起来　在椅子上　大声地
　→ _____。

③ 老师说完　他　马上　以后　从书包里　拿出了　课本　,
　→ _____。

④ 居然　他　溜走了　从后门　悄悄地　真不像话　,
→ _____。

⑤ 现在　正在　他　给小明　在教室里　辅导功课呢　也许
→ _____。

unit_158 "我现在已经没有钱了"

'我现在已经没有钱了'에서 '现在', '已经'은 모두 시간을 나타내는 상어이다. 이들 시간을 나타내는 상어의 배열 순서에 대해 알아보자.

맥·잡·기·예·문

❶ 我**现在已经**没有钱了。 나는 지금은 이미 돈이 없다.

❷ **今天早上**我**从八点起就**开始做作业。 오늘 아침 나는 8시부터 숙제를 하기 시작했다.

❸ **当时已经快**到中午了。 그때는 이미 정오 무렵이었다.

❹ 我们**已经三年**没见了。 우리는 벌써 삼 년간 만나지 못했다.

문 동사 앞에 여러 개의 시간을 나타내는 상어가 있을 경우, 어떻게 배열해야 할까?

답 동사 앞에 여러 개의 시간을 나타내는 상어가 있을 경우, 그들의 배열 순서는 대체로 다음과 같다.

시간사 ＋ (시간을 나타내는)개사구 ＋ 시간부사 ＋ 동사
　①　　　　　　②　　　　　　　③

다음 예문을 분석해 보자.

예문❶　我　现在　已经　没有钱了。
　　　　　　①　　③

예문❷　今天早上　我　从八点起　就　开始做作业。
　　　　　①　　　　　②　　　③

여기서 주의해야 할 점은 만약 시간사가 한 단락의 시간을 나타내면, 시간부사 뒤에 놓인다는 점이다. 예문 ❹의 '三年'은 한 단락의 시간을 나타내기 때문에 시간부사 '已经'의 뒤에 놓였다.

✓ Check Check

다음 문장의 옳고 그름을 O X로 표시하고, 틀린 문장은 바르게 고치세요.

① 昨天晚上他一直从8点到11点在家里看书。(   )

② 下班以后你马上去银行取钱。(   )

③ 我才后来明白过来是怎么回事。(   )

④ 他常常来这儿看书以前。(   )

⑤ 我从明天起就不来这儿上班了。(   )

unit_159 "都不"와 "不都"

부정부사 '不'나 '没'가 '都'의 앞에 놓이는 경우와 뒤에 놓이는 경우의 차이점에 대해 알아보자.

맥·잡·기·예·문

❶ 我们班的同学都不喜欢打篮球。 우리 반 친구들은 모두 농구하는 것을 좋아하지 않는다.

❷ 我们班的同学不都喜欢打篮球。 우리 반 친구들이 모두 농구하는 것을 좋아하는 것은 아니다.

❸ 明天我们都不去北京。 내일 우리는 모두 베이징에 가지 않는다.

❹ 明天我们不都去北京，有几个人要去上海。
내일 우리들이 다 베이징에 가는 것은 아니고, 몇 사람은 상하이에 갈 것이다.

❺ 昨天他们都没来听报告。 어제 그들은 모두 브리핑을 들으러 오지 않았다.

❻ 昨天他们没都来听报告。 어제 그들이 모두 브리핑을 들으러 온 것은 아니다.

문 '都不'와 '不都'는 뜻이 같을까?

답 예문❶의 '都不喜欢'은 '모두 좋아하지 않는다' 즉, '아무도 좋아하는 사람이 없다'라는 뜻이다. 예문❷의 '不都喜欢'은 '어떤 사람은 좋아하고, 어떤 사람은 좋아하지 않는다'라는 뜻이다. 예문❸과 예문❹도 마찬가지이다.

'都没'와 '没都'의 차이점은 '都不'와 '不都'의 차이점과 같다. 예문❺의 '都没来'는 '한 명도 오지 않았다'라는 뜻이고, 예문❻의 '没都来'는 '어떤 사람은 왔고, 어떤 사람은 오지 않았다'라는 뜻이다.

✓ **핵·심·콕·콕!!**

'都不……'는 '모두 ~하지 않는다'라는 뜻이고, '不都……'는 '모두 다 ~한 것은 아니다'라는 뜻이다.

✓ **C·h·e·c·k C·h·e·c·k**

'都不(没)'나 '不(没)都'를 사용하여 밑줄 친 부분을 채우세요.

① A 你们班的同学都去了吗?
   B _____去，有的同学有事没去。

② A 你们都是从日本来的吗?
   B _____是，有几个是从美国来的。

③ A 昨天你们班的同学怎么没参加乒乓球比赛?
   B 我们班的同学_____喜欢打乒乓球，都喜欢打排球。

④ A 你喜欢吃麦当劳还是喜欢吃肯德基?
   B _____喜欢，我喜欢吃中餐。

⑤ A 都是他不好，害得我没考好试。
   B 也_____是他的错，你也有做得不对的地方。

⑥ A 怎么到现在了他们还不来?
   B 你还不知道啊，他们俩_____来了，你再另找别人吧。

unit_160 "都明天去"와 "明天都去"

'都明天去'와 '明天都去'의 '都'는 강조하는 내용이 다르다. '都'의 위치에 따른 강조 범위에 대해 알아보자.

맥·잡·기·예·문

❶ A: 你们都什么时候去啊？ 너희들 모두 언제 가니?
   B: 我们都明天去。 우리들은 모두 내일 갑니다.

❷ A: 你们明天都去吗？（有没有不去的？） 너희들 내일 다 가니? (안 가는 사람이 있니?)
   B: 我们明天都去。（没有不去的。） 우리는 내일 다 갑니다. (안 가는 사람이 없어요.)

문 '都明天去'와 '明天都去'는 그 뜻이 같을까?

답 unit_075에서 이미 '都'에 대해 설명하였다. '都明天去'와 '明天都去'는 강조하는 내용이 다르다.

'我们都明天去'는 '우리들 각자가 가는 시간이 같다'라는 것을 강조한다.

都什么时候去 — 都明天去(没有人在后天去)。
모두들 언제 가니? — 모두들 내일 간다(모레 가는 사람은 없다).

'我们明天都去'는 '내일 우리들 각자가 하는 일이 같다'라는 것을 강조한다.

都去还是不都去 — 都去(没有不去的)。
모두 가니 아니면 그렇지 않니? — 모두 간다(안 가는 사람은 없다).

我们 都 明天 去   我们 明天 都 去

✓ 핵·심·콕·콕!!

'我们都明天去'의 '都'는 '明天'을 강조하고, '我们明天都去'의 '都'는 '去'를 강조한다.

✓ **C·h·e·c·k C·h·e·c·k**

부사 '都'가 들어갈 알맞은 위치를 고르세요.

① 我们 A 今天 B 去，就阿里明天去。

② 我们 A 明天 B 去，就阿里不去。

③ 同学们 A 在操场上 B 打排球，只有小王一个人在图书馆学习。

④ 同学们 A 在操场上 B 打排球，没有一个人打篮球。

⑤ 我们 A 是从正门 B 出去的，没有一个人走小门。

⑥ 我们 A 从正门 B 出去了，没有一个人落下。

unit_161 "可以不……"와 "不可以……"

부정부사 '不'가 '可以'의 앞에 놓이는 경우와 뒤에 놓이는 경우의 차이점에 대해 알아보자.

맥·잡·기·예·문

❶ 我不是非得要你说，你可以不说。
내가 너더러 꼭 이야기하라고 하는 것은 아니니까, 말하지 않아도 돼.

❷ 这把锁太旧了，任何人都可以不用钥匙，一扭就开。
이 자물쇠는 너무 오래되서, 누구든 열쇠를 사용하지 않아도 한번 비틀기만 하면 열 수 있다.

❸ 考试的时候不可以随便说话。 시험 볼 때는 마음대로 말하면 안 된다.

❹ A: 请问，这张图我可以拿走吗? 말씀 좀 묻겠습니다. 이 그림 제가 가져가도 되나요?
   B: 不可以，我们还要用。 안 됩니다. 저희들이 또 써야 하거든요.

문 '可以不……'와 '不可以……'는 뜻이 같을까?

답 '可以不……'와 '不可以……'는 뜻이 다르다.

'可以不……'는 '可以+不……'의 의미로, 허가 또는 어떤 능력을 나타낸다.
예문❶은 허가를 나타내며, '네가 말하지 않는 것을 허락한다'라는 뜻이다. 예문❷는 능력을 나타내며, '누구든 열쇠를 쓰지 않고도 자물쇠를 비틀어 열 수 있다'라는 뜻이다.

'不可以……'는 어떤 일을 할 수 없거나, 해서는 안 되거나, 하는 것을 허락하지 않음을 나타낸다. 예문❸은 마음대로 말할 수 없음을 나타내고, 예문❹는 그림을 가져가는 것을 허락하지 않음을 나타낸다.

✓ C·h·e·c·k C·h·e·c·k

'可以不'나 '不可以'를 사용하여 밑줄 친 부분을 채우세요.

① 下午的会议也不是很重要, 你可以去, 也_____去。

② 在这种情况下, 绝对_____这样做, 否则就会有危险。

③ 办公室里的东西, 你可以随便用, 但_____带走。

④ A 明天的比赛我_____来吗?

　　B _____, 每个人都必须参加, 不能不来。

⑤ 你可以批评我, 但_____侮辱我。

⑥ 这些饭菜你_____吃, 但_____浪费。

unit_162 "下午又看电影"과 "又下午看电影"

'下午又看电影'과 '又下午看电影'의 '又'는 강조하는 내용이 다르다. '又'의 위치에 따른 강조 범위에 대해 알아보자.

맥·잡·기·예·문

❶ 你上午看了一场电影了, 怎么下午又看电影?
　 너 오전에 영화 봐 놓고, 어째서 오후에 또 영화를 보는 거야?

❷ 叫你不要下午看电影, 你怎么又下午看电影?
　 오후에 영화 보지 말라고 했는데, 너 왜 또 오후에 영화를 보는 거야?

❸ 他昨天中午打了一中午球, 怎么今天中午又打球?
　 그는 어제 점심에 공놀이를 해 놓고, 어째서 오늘 점심에 또 하는 거지?

❹ 他经常中午打球，很影响休息，怎么今天又中午打球?
그는 늘 점심때 공놀이를 하면 휴식에 영향을 받으면서 왜 오늘 또 점심에 공놀이를 하는 거지?

문 '下午又看电影'과 '又下午看电影'은 뜻이 같을까?

답 '下午又看电影'과 '又下午看电影'은 뜻이 다르다.
다음 도표를 통해 이들의 차이점을 살펴보자.

✓ 핵·심·콕·콕!!

'下午又看电影'은 '오후에 또 영화를 본다'라는 뜻으로, 영화 보는 일을 반복함을 나타낸다. '又下午看电影'은 '또 오후에 영화를 본다'라는 뜻으로, 영화를 보는 시간대가 동일함을 나타낸다.

✓ C·h·e·c·k　C·h·e·c·k

부사 '又'가 들어갈 알맞은 위치를 고르세요.

① 他上个星期天已经去了一次上海了，怎么 A 这个星期天 B 去上海?

② 我不是告诉你那家公司星期六不办公吗? 你怎么 A 星期天 B 去那儿?

③ 这种药只能在早上吃，晚上吃对身体不好，你怎么 A 晚上 B 吃?

④ 我今天早上吃了一片药，A 晚上 B 吃了一片。

⑤ 我昨天给姐姐买了一本书，今天 A 给妹妹 B 买了一本书。

⑥ 刚才一连从南面发起了进攻，现在 A 从北面 B 发起了进攻。

unit _ 163 "他竟然来了"와 "竟然是他来了"

'他竟然来了'와 '竟然是他来了'의 '竟然'은 강조하는 내용이 다르다. '竟然'의 위치에 따른 강조 범위에 대해 알아보자.

맥·잡·기·예·문

❶ 下这么大雨，大家都以为他不来了，没想到他竟然来了。
　이렇게 큰비가 내려서 모두 그가 오지 않을 거라고 생각했는데, 그가 뜻밖에도 왔다.

❷ 大家都以为这次肯定是小刘来，没想到竟然是他来了。
　모두들 이번에 틀림없이 샤오리우가 올 거라고 생각했는데, 뜻밖에도 그가 왔다.

❸ 阿里以为这次考试会不及格，没想到竟然考了80多分。
　아리는 이번 시험에 합격하지 못할 거라고 생각했는데, 뜻밖에도 80여 점을 받았다.

❹ 同学们都以为这次考试安娜会得第一名，没想到竟然是阿里得了第一名。
　학우들 모두 이번 시험에서 안나가 일 등을 할 거라고 생각했는데, 뜻밖에도 아리가 일 등을 했다.

문 '他竟然来了'와 '竟然是他来了'는 그 뜻이 같을까?

답 '他竟然来了'와 '竟然是他来了'는 그 뜻이 다르다.
다음 도표를 통해 이들의 차이점을 살펴보자.

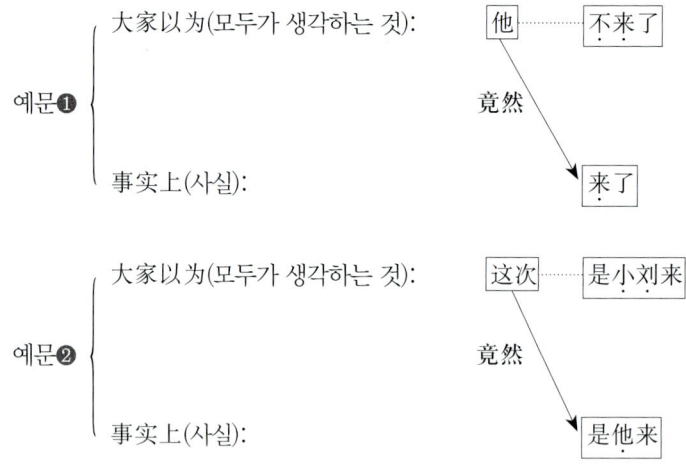

296

✓ 핵·심·콕·콕!!

'他竟然来了'의 '竟然'은 그가 안 올 줄 알았는데 '왔다'는 사실을 강조하고, '竟然是他来了'의 '竟然'은 다른 사람이 올 줄 알았는데 '그'가 왔다는 사실을 강조한다.

✓ C·h·e·c·k C·h·e·c·k

부사 '竟然'이 들어갈 알맞은 위치를 고르세요.

① 我只是说了他几句，没想到 A 他 B 那么生气。

② 大家都以为他考不上大学，没想到 A 他 B 考上了。

③ 我们都以为是冬冬得了奖，没想到 A 是明明 B 得了奖。

④ 我早就告诉过他，要他去参加比赛，没想到 A 他 B 没去。

⑤ 同学们都以为这次肯定是三班赢，没想到 A 是一班 B 赢了。

⑥ 老师以为他今天又要迟到，可 A 他 B 按时到了。

unit_164 "在墙上挂地图"와 "地图挂在墙上"

장소를 나타내는 '在墙上'이 동사 앞에 놓이는 경우와 동사 뒤에 놓이는 경우의 의미와 쓰임에 대해 알아보자.

맥·잡·기·예·문

❶ 他们在墙上挂地图。 그들은 벽에 지도를 건다.

❷ 地图挂在墙上。 지도는 벽에 걸려 있다.

❸ 她在花瓶里插花。 그녀는 화병에 꽃을 꽂는다.

❹ 花插在花瓶里。 꽃은 화병에 꽂혀 있다.

❺ 他们在教室里唱歌。 그들은 교실에서 노래를 부른다.
　　× 他们唱歌在教室里。

❻ 手表掉在地上。 손목시계가 땅에 떨어졌다.
　　× 在地上掉手表。

문 '在墙上挂地图'와 '地图挂在墙上'은 어떤 차이가 있을까? 중국어에서 장소를 나타내는 말은 동사 앞에 와야 할까 아니면 뒤에 와야 할까?

답 중국어에서는 시간의 순서에 따라 문장을 만든다. 따라서 장소를 나타내는 말은 동사 **앞**에 놓이기도 하고 동사 **뒤**에 놓이기도 한다. 그러나 위치가 달라지면 그 의미 또한 달라진다.

장소를 나타내는 말이 동사 앞에 오면 **동작이 행해진 장소**를 나타낸다. 예문❶의 '墙上'은 지도를 거는 장소이고, 예문❸의 '花瓶'은 꽃을 꽂는 장소이다.
장소를 나타내는 말이 동사 뒤에 오면 동작이나 행위가 끝난 후, **그 동작의 결과가 미친 사람 또는 사물이 처한 장소**를 나타낸다. 예문❷의 '地图挂在墙上'은 지도를 거는 동작이 끝난 후, 그 동작의 결과로 지도가 벽에 걸려 있음을 나타낸다.

그렇다면 모든 동사의 앞뒤에 장소를 나타내는 말이 올 수 있을까? 그렇지는 않다. 중국어에서 장소를 나타내는 말이 놓이는 위치는 다음의 세 가지로 구분할 수 있다.

1 _ 동사의 앞에만 놓일 수 있는 경우.
예문❺는 노래를 부른 장소를 나타내는 것이지, 노래를 부르는 행위가 끝난 후, 그 노랫소리가 처한 장소를 나타내는 것이 아니다. 이와 유사한 예로 '阿里在房间看电视(아리는 방에서 TV를 본다)', '妈妈在厨房做饭(엄마는 주방에서 밥을 한다)'이 있다.

2 _ 동사의 뒤에만 놓일 수 있는 경우.
예문❻의 '地上'은 손목시계가 떨어져 마지막으로 도달한 곳이지, 동작이 처음 행해진 곳이 아니다. 이와 유사한 예로 '她不小心摔在地上(그녀는 조심하지 않아 바닥에 넘어졌다)', '箭射在靶子上(화살이 과녁에 꽂혀 있다)'이 있다.

3 _ 동사의 앞뒤에 모두 놓일 수 있는 경우 (물론 위에서 설명한 것과 같이 장소를 나타내는 말의 위치가 달라지면 그 뜻에도 차이가 있을 수 있다).
예를 들면, 예문❶~예문❹가 그러하다. 예문❶, 예문❷의 '墙上'은 지도를 붙이는 동작이 행해진 곳이기도 하고, 지도가 걸려 있는 곳이기도 하다.

✓ | 핵·심·콕·콕!!

동사 앞에 놓인 장소를 나타내는 말은 동작이 행해진 장소를 나타내고, 동사 뒤에 놓인 장소를 나타내는 말은 동작이나 행위의 결과로 사람이나 사물이 처한 장소를 나타낸다.

✓ |

다음 문장의 옳고 그름을 O X로 표시하고, 틀린 문장은 바르게 고치세요.

① 他们唱歌在教室里。(   )

② 刚才有个行人在地上被汽车撞倒。（　　）

③ 邮票要贴在信封的右上角上。（　　）

④ 这条裙子你在身上穿会很好看的。（　　）

⑤ 请稍等一会儿，张经理正会见一个客人在办公室。（　　）

unit_165 "他从书架上拿下一本书来"

동사 뒤에 목적어와 복합방향보어 '起来', '下来', '过来', '进来', '出来'가 동시에 출현하는 경우, 목적어와 보어의 위치에 대해 알아보자.

맥·잡·기·예·문

❶ 他从书架上拿下一本书来。 그가 책꽂이에서 책 한 권을 가져온다.
　他从书架上拿下来一本书。 그가 책꽂이에서 책 한 권을 가져온다.

❷ 前边跑过一个人来。 앞에서 한 사람이 뛰어온다.
　前边跑过来一个人。 앞에서 한 사람이 뛰어온다.

❸ 他急急忙忙地跑下楼来。 그가 황급히 한 층을 뛰어 내려온다.
　✕ 他急急忙忙地跑下来楼。

❹ 麻烦你把她送回家去。 번거롭겠지만 그녀를 집까지 데려다 주세요.
　✕ 麻烦你把她送回去家。

문 '他从书架上拿下一本书来'는 '他从书架上拿下来一本书'라고 할 수 있는데, '他急急忙忙地跑下楼来'는 왜 '他急急忙忙地跑下来楼'라고 할 수 없을까?

답 동사의 뒤에 목적어와 '起来', '下来', '过来', '进来', '出来' 등의 복합방향보어가 있을 때, 목적어와 복합방향보어가 놓이는 위치는 다음과 같다.

목적어가 사람이나 사물을 나타내는 명사일 때는 목적어를 '下来', '起来', '过来', '进来', '出来'의 사이에 놓을 수도 있고, 그 뒤에 놓을 수도 있다. '下来'를 예로 들어 보자.

1. 동사 + 下 + 목적어 + 来
   拿　下　一本书　来
2. 동사 + 下来 + 목적어
   拿　下来　一本书

그러나 목적어가 장소를 나타내는 명사일 때는 목적어를 '下来', '起来', '过来', '进来', '出来' 사이에만 놓을 수 있다. '下来'를 예로 들어 보자.

3. 동사 + 下 + 목적어 + 来
   跑　下　楼　来

✓ Check Check

다음 문장의 옳고 그름을 O X로 표시하세요.

① A 门外走进一个人来。(　)
　 B 门外走进来一个人。(　)

② A 天黑以前，我们一定要爬上去山。(　)
　 B 天黑以前，我们一定要爬上山去。(　)

③ A 他从口袋里掏出来一百块钱。(　)
　 B 他从口袋里掏出一百块钱来。(　)

④ A 他不慌不忙地走进教室来。(　)
　 B 他不慌不忙地走进来教室。(　)

틀리기쉬운중국어어법201

문장의 구조와 유형

★ 복문
★ 강조의 방법
★ 비교의 방법
★ **특수문형**
★ 어순
★ 문장성분

unit_166 "桌子上有几个苹果"

장소를 나타내는 단어가 존현문의 주어로 쓰일 때, 그 앞에 '在'나 '从' 등의 개사를 붙일 수 있는지에 대해 알아보자.

맥·잡·기·예·문

❶ 桌子上有几个苹果。 탁자 위에 사과 몇 개가 있다.
　✕ 在桌子上有几个苹果。

❷ 路上一个人也没有，非常安静。 길에 아무도 없어 아주 조용하다.
　✕ 在路上一个人也没有，非常安静。

❸ 前边来了一个人。 앞에서 한 사람이 왔다.
　✕ 从前边来了一个人。

문 '桌子上有几个苹果'라고 해야 맞을까 아니면 '在桌子上有几个苹果'라고 해야 맞을까?

답 '桌子上有几个苹果'라고 해야 맞다. 그 이유는 다음과 같다.

중국어에는 어떤 장소에 어떤 사람이나 사물이 존재하거나 출현 또는 사라진다는 뜻을 나타내는 '**존현문(存现句)**'이 있다. 존현문은 예문❶의 '桌子上', 예문❷의 '路上', 예문❸의 '前边'처럼 대체로 장소를 나타내는 말로 시작되는데, 이들 앞에는 일반적으로 '在'나 '从' 등의 개사를 붙이지 않는다. 이 밖에도 다음과 같은 예가 있다.

墙上挂着一幅中国地图。
벽에 중국지도 한 장이 걸려 있다.
✕ 在墙上挂着一幅中国地图。

床上躺着一个人。
침대에 한 사람이 누워 있다.
✕ 在床上躺着一个人。

对面开过来一辆汽车。
정면에서 차 한 대가 달려온다.
✕ 从对面开过来一辆汽车。

C·h·e·c·k C·h·e·c·k

괄호 안의 어휘를 사용하여 다음 문장을 완성해 보세요.

① _____有很多鱼。(池子)

② _____住着一位客人。(楼上)

③ _____跑过来_____。(一群孩子，对面)

④ _____坐着_____。(很多乘客，车厢)

⑤ _____有各种各样的饮料。(餐厅)

unit_167 "有"와 "是"

'有'와 '是'가 '존재'를 나타내는 경우, 이들 사이의 차이점과 쓰임을 구분해 보자.

맥·잡·기·예·문

❶ 大楼前面有两棵树。 건물 앞에 나무 두 그루가 있다.
　× 大楼前面是两棵树。

❷ 大楼前面有一个广场。 건물 앞에 광장이 있다.
　→ 大楼前面是一个广场。

❸ 河上有几条小船。 강에 작은 배 몇 척이 있다.
　× 河上是几条小船。

❹ 我家门前有一条小河。 우리 집 문 앞에 작은 강이 있다.
　→ 我家门前是一条小河。

문 왜 어떤 문장에서는 '有'를 '是'로 바꿔 쓸 수 있고, 어떤 문장에서는 '有'를 '是'로 바꿔 쓸 수 없을까?

답 '有'와 '是'는 여러 가지 의미와 용법을 가지고 있으며, 대부분의 경우 서로 바꿔 쓸 수 없다. 이들이 모두 '존재'를 나타낸다는 점은 같지만, 사용 범위는 '有'가 '是'보다 넓다. 따라서 존재를 나타낼 때, 예문❷와 예문❹처럼 '有'를 '是'로 바꿔 쓸 수 있는 경우가 있고, 예문❶과 예문❸처럼 바꿔 쓸 수 없는 경우가 있다. 다음 그림을 통해 그 구체적인 이유를 살펴보자.

예문❶ 예문❷

위의 그림을 통해 우리는 다음과 같은 사실을 알 수 있다.

'大楼前面'은 비교적 넓은 공간으로, 말하고자 하는 사물인 '广场'이 '大楼前面'이라는 공간 전부를 차지하면 '有'를 '是'로 바꿔 쓸 수 있다. 예문❷가 바로 그러하다. 그러나 공간 전부를 차지하는 것이 아니면 '有'를 '是'로 바꿔 쓸 수 없다. 예문❶의 나무 두 그루는 '大楼前面'이라는 공간의 일부만 차지하고 있으므로, '有两棵树'라고 해야 한다.

예문❸의 작은 배 몇 척도 강의 일부만 차지하므로 '是'를 쓸 수 없다. 예문❹의 '小河'는 차지하는 공간이 문 앞의 공터보다 넓기 때문에 문 앞에 있는 주요한 사물이 된다. 따라서 '有'를 '是'로 바꿔 쓸 수 있다.

✓ **핵·심·콕·콕!!**

'有'와 '是'가 존재를 나타낼 때, 존재하는 사물이 정해진 공간의 일부분을 차지하면 '有'만 쓸 수 있고, 정해진 공간의 대부분을 차지하면 '有'와 '是'를 둘 다 쓸 수 있다.

✓ **C·h·e·c·k C·h·e·c·k**

다음 문장의 옳고 그름을 O X로 표시하고, 틀린 문장은 바르게 고치세요.

① 图书馆旁边是一片小树林。( )

② 校门口是一辆小汽车。( )

③ 树上是两只小鸟。( )

④ 院子中间是一个花坛。( )

unit _ 168 "他站起来唱了一首歌"와 "他叫玛丽再唱一首歌"

'연동문'과 '겸어문'은 모두 한 문장 안에 두 개의 동사가 출현한다. '연동문'과 '겸어문'의 차이점과 쓰임에 대해 알아보자.

맥·잡·기·예·문

❶ 阿里站起来唱了一首歌。 아리는 일어나서 노래 한 곡을 불렀다.

❷ 阿里叫玛丽再唱一首歌。 아리는 메리더러 노래 한 곡을 더 부르라고 했다.

❸ 经理到上海谈一笔生意去了。 사장님은 상하이에 거래를 하러 가셨다.

❹ 经理派小王去谈一笔生意。 사장님은 거래를 하러 샤오왕을 보냈다.

문 예문❷에서는 누가 노래를 부르는 것일까? 예문❶과는 의미상 어떤 차이점이 있을까?

답 예문❶에는 '站'과 '唱' 두 개의 동사가 있고, 예문❷에는 '叫'와 '唱' 두 개의 동사가 있다. 그러나 이 두 동사와 주어 '阿里'와의 관계는 차이가 있다. 다음 표를 보자.

阿里站起来唱了一首歌

阿里叫玛丽再唱一首歌

예문❶의 '站起来'와 '唱歌' 두 동작은 모두 '阿里'가 행한 것이다. 일반적으로 이러한 문장을 **연동문(连动句)** 이라고 한다.

예문❷의 '唱歌'는 '阿里'가 아닌 '玛丽'가 행한 것이다. 메리는 왜 다시 노래를 부르게 될까? 그 이유는 아리가 메리한테 노래를 하라고 했기(叫) 때문이다. 즉, 두 번째 동작 '唱歌'는 첫 번째 동작 '叫'로 인한 것이다. 예문❹도 마찬가지로 사장님이 샤오왕을 보냈기 때문에 샤오왕이 거래를 하러 간 것이다. 일반적으로 이러한 문장을 **'겸어문(兼语句)'** 이라고 한다.

겸어문의 첫 번째 동사 위치에는 주로 '请', '叫', '让', '派', '使', '劝', '选', '安排', '吩咐', '要求', '命令', '催', '逼', '强迫' 등이 온다.

✓ 핵·심·콕·콕!!

연동문의 두 동사는 하나의 주어를 갖지만, 겸어문의 두 동사는 두 개의 주어를 갖는다.

✓ **C·h·e·c·k C·h·e·c·k**

다음 문장을 '연동문'이나 '겸어문'으로 바꾸어 써 보세요.

① 昨晚我看了一场电影，是小李请的客。
　　→＿＿＿＿＿＿＿＿＿＿＿＿＿＿＿＿＿＿＿＿＿＿＿＿＿＿＿＿＿。

② 小王打开门，小王走出去了。
　　→＿＿＿＿＿＿＿＿＿＿＿＿＿＿＿＿＿＿＿＿＿＿＿＿＿＿＿＿＿。

③ 我设计了一个广告，是经理叫我这样做的。
　　→＿＿＿＿＿＿＿＿＿＿＿＿＿＿＿＿＿＿＿＿＿＿＿＿＿＿＿＿＿。

④ 老师："马克，请再朗读一遍。"
　　→＿＿＿＿＿＿＿＿＿＿＿＿＿＿＿＿＿＿＿＿＿＿＿＿＿＿＿＿＿。

unit_169 "把"와 "被"

'把'는 '~가 ~을 ~하다'라는 의미의 능동문에 쓰이고, '被'는 '~가 ~에 의해서 ~되다'라는 의미의 피동문에 쓰인다. '把'자문과 '被'자문을 정확히 이해할 수 있도록 그 차이점과 쓰임에 대해 알아보자.

맥·잡·기·예·문

❶ 小刚把小明劝走了。 샤오강은 샤오밍을 타일러서 보냈다.

❷ 小刚被小明劝走了。 샤오강은 샤오밍이 타일러서 보냈다.

❸ 我把他骂了一顿。 나는 그를 한바탕 혼냈다.

❹ 我被他骂了一顿。 나는 그에게 한바탕 혼났다.

❺ 小王把电视机弄坏了。 샤오왕은 TV를 망가뜨렸다.

❻ 电视机被小王弄坏了。 TV는 샤오왕이 망가뜨렸다.

문 예문❶과 예문❷는 누가 누구를 타일러서 누가 간 것일까?

답 왕선생님이 마이클을 자신이 있는 곳으로 오라고 해서 마이클이 갔다고 가정해 보자. 이와 같은 상황에서는 '王老师把马克叫去了'라고 할 수도 있고, '马克被王老师叫去了'라고 할 수도 있다. 즉, '把'나 '被'를 사용해서 그러한 상황을 표현할 수 있다. 그러나 '把'를 사용하는 경우와 '被'를 사용하는 경우에 차이점이 있다. '把' 뒤에는 영향을 받은 사물이 오고, '被'의 뒤에는 행위자가 온다는 점이다.

'把'자문의 형식은 다음과 같다.
행위자(또는 영향력을 행사한 자) + 把 + 영향을 받은 사물 + 동작 + 결과

'被'자문의 형식은 다음과 같다.
영향을 받은 사물 + 被 + 행위자(또는 영향력을 행사한 자) + 동작 + 결과

예문❶과 예문❷를 비교해 보면 이 둘의 차이점을 더욱 분명히 알 수 있다.
예문❶은 '小刚'이 '小明'을 타일러서 '小明'이 갔다는 뜻이다.

예문❷는 '小明'이 '小刚'을 타일러서 '小刚'이 갔다는 뜻이다.

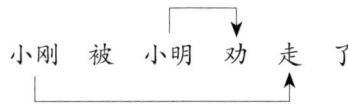

같은 이치로 예문❸은 내가 그를 혼낸 것이고, 예문❹는 그가 나를 혼낸 것이다.

'把'를 쓸 것인지, '被'를 쓸 것인지를 결정할 때에는 다음의 두 가지를 염두에 두어야 한다.

1 _ '把'를 쓸 것인지 '被'를 쓸 것인지는 화제(topic)와 관계가 있다.
예를 들어 '小王弄坏了电视机(샤오왕이 TV를 망가뜨렸다)'라는 상황이 발생했을 때, 만약 샤오왕의 누나가 샤오왕을 나무라고 있는 모습을 봤다면, '小王怎么啦?'라고 물을 것이다. 그러면 샤오왕의 누나는 아마도 '小王'을 화제로 삼아 예문❺처럼 '小王把电视机弄坏了'라고 대답할 것이다. 그러나 마침 아주 재미있는 TV프로그램을 하고 있을 때 샤오왕의 집에 갔는데, TV가 켜져 있지 않았다면 '你们怎么不看电视?'라고 물을 것이다. 그러면 샤오왕의 누나는 예문❻처럼 '电视机被小王弄坏了'라고 대답할 것이다.

2 _ '被'자문은 대체로 원하지 않는 일에 쓰인다.
예를 들어 '经理表扬了阿里(사장님은 아리를 칭찬했다)'라는 상황이면, '把'자문을 써서 '经理把阿里表扬了一番'이라고 해야지 '被'자문을 써서 '阿里被经理表扬了一番'이라고 해서는 안 된다. 만약 '阿里'를 화제로 삼고자 한다면 '阿里受到经理的表扬'이라고 말해야 한다.

✓ 핵·심·콕·콕!!

동일한 상황에 대해 말할 때, '把'자문을 쓸지 '被'자문을 쓸지는 화제(topic)가 무엇이냐에 달려 있으며, '被'자문은 원하지 않는 일에 주로 쓰인다.

✓ C·h·e·c·k C·h·e·c·k

괄호 안에 주어진 상황에 맞춰 '把'나 '被'를 사용하여 밑줄 친 부분을 채우세요.

① (谢力昨天借小王的自行车骑，结果不小心弄丢了。)
　　A　你今天怎么不骑车?
　　B　_____。

② (妈妈煮好了饭菜，出门前她告诉我:)
　　A　_____，你等一会儿热热就可以吃。

③ (马克说服了他们，他们同意不去了。)
　　A　他们不是说一定要去的吗? 怎么现在都同意不去了?
　　B　马克真有本事，_____。

④ (A不小心打烂了酒店的玻璃，酒店服务员罚了他的款。)
　　A　今天真倒霉!
　　B　怎么啦?
　　A　我不小心打烂了酒店的玻璃，_____。

unit_170 "把"와 "使"

'把'자문과 '使'자문은 모두 '모종의 원인으로 인해 어떠한 결과에 이르게 되었다'라는 의미를 나타낸다. '把'자문과 '使'자문을 정확히 이해할 수 있도록 그 차이점과 쓰임을 구분해 보자.

맥·잡·기·예·문

❶ 他把大家团结起来了。 그는 모두를 단결시켰다.
　他使大家团结起来了。 그는 모두를 단결하게 하였다.

❷ ✕ 滴滴答答的雨声把我怀念爸爸妈妈和家里人。

❸ ✕ 这件事把他们一家的心情非常沉重。

❹ × 一阵铃声使她吵醒了。
❺ × 我使衣服洗干净了。

🔵문 예문❶에서는 '把'를 써도 되고 '使'를 써도 된다. 예문❷와 예문❸에서는 '把'를 쓰면 안 되고 예문❹와 예문❺에서는 '使'를 쓰면 안 된다. 그 이유는 무엇일까?

🔵답 먼저 다음 두 문장을 보자.

他把我骂哭了。 그는 나를 꾸중해서 울게 했다.
他这一骂使我感到非常难过。 그의 질책이 나를 무척 슬프게 했다.

이 두 문장은 모두 '모종의 원인으로 인해 어떠한 결과에 이르게 되었다'라는 뜻을 나타낸다. 하지만 구조상 다음과 같은 차이점을 지닌다.

他 把 我 骂 哭 了	他这一骂 使 我 感到非常难过
동작 결과	원인　　　　　　결과
(원인)	

'把'자문에서 '把' 뒤에는 **반드시 '동작'이 출현하며, 이 '동작'은 그 뒤에 놓인 결과를 야기하는 원인이 된다**. 그러나 '使'자문에서는 원인이 '使'의 앞에 놓이고, **결과가 '使'의 뒤에 놓인다**. 이러한 내용을 이해하면 예문 ❷~예문❺가 틀린 이유를 쉽게 이해할 수 있다.

예문❷와 예문❸의 '我怀念爸爸妈妈和家里人'과 '他们一家的心情非常沉重'은 모두 결과인데, 결과를 야기한 동작이 출현하지 않았으므로 반드시 '使'자문으로 써야 한다.
예문❹에서는 '使' 뒤의 '吵'가 결과가 아니라 '她醒了'가 결과가 된다. 이때 '吵'는 '她醒了'라는 결과를 야기한 원인이 된다. 예문❹에서 만일 동작 '吵'를 강조하고자 하면 반드시 '把'자문을 써서 '一阵铃声把她吵醒了'라고 해야 하지만, 결과만을 나타내고자 한다면 '使'자문을 써서 '一阵铃声使她醒了'라고 해야 한다. 같은 이치로 예문❺의 '衣服干净了'는 결과이고, '洗'는 이러한 결과를 야기한 원인이 된다. 따라서 이때에는 반드시 '把'자문을 써야 한다.

그렇다면 예문❶에서 '把'와 '使'를 모두 쓸 수 있는 이유는 무엇일까?
그 이유는 '团结'가 '团结大家'라는 동작을 나타낼 수도 있고, '大家团结起来了'라는 결과를 나타낼 수도 있기 때문이다. 따라서 '把'를 써서 '他团结大家'라는 동작, 행위의 과정과 이러한 원인이 가져온 결과를 동시에 강조할 수도 있고, '使'를 써서 '大家团结起来了'라는 결과만 강조할 수도 있다. '团结'와 유사한 특성을 지닌 단어로는 '集中', '丰富', '完善', '繁荣', '恢复', '稳定', '统一', '端正', '健全' 등이 있다.

✓ | 핵·심·콕·콕!!

'把'자문의 '把' 뒤에는 반드시 동작이 출현하며, 이 동작은 뒤에 놓인 결과를 야기하는 원인이 된다. '使'자문에서는 원인이 '使'의 앞에 놓이고, 결과가 '使'의 뒤에 놓인다.

✓ | C·h·e·c·k C·h·e·c·k

다음 문장에서 '把'나 '使'가 옳게 쓰였는지를 판단하고, 옳고 그름을 O X로 표시하세요.

① 这样做才能把顾客满意。( )

② 那个人把我的自行车撞坏了。( )

③ 大风使许多树刮倒了。( )

④ 紧张的工作把他更加消瘦了。( )

⑤ 这个电影使我想起了童年时代的生活。( )

⑥ 狗使狼咬伤了。( )

⑦ 这个消息把大家欣喜若狂。( )

⑧ 你一定要把大家的情绪稳定下来。( )

unit_171 "把"

'주어 + 동사 + 목적어' 구문은 단지 '주어가 무엇을 했는지'를 나타내고, '把'자문은 '목적어를 어떻게 처리하였는가'하는 동작에 의한 처리 결과까지 나타낸다. '把'자문의 쓰임에 대해 알아보자.

맥·잡·기·예·문

❶ 她把房间打扫干净了。 그녀는 방을 깨끗하게 청소했다.
　→ 她打扫干净了房间。

❷ 安娜把钱放进了钱包里。 안나는 돈을 지갑에 넣었다.

❸ 他把书送给了玛丽。 그는 책을 메리에게 주었다.

❹ 王老师把那本英文小说翻译成了中文。 왕 선생님은 그 영문 소설을 중국어로 번역했다.

❺ 我把她看作我的姐姐。 나는 그녀를 언니로 생각한다.

문 예문❶은 '把'를 쓰지 않은 문장으로 바꿔 쓸 수 있다. 그렇다면 모든 '把'자문을 '把'를 쓰지 않은 문장으로 바꿔 쓸 수 있을까?

답 어떤 '把'자문은 예문❶처럼 '把'를 쓰지 않은 문장으로 바꿔 쓸 수 있지만, 대부분의 문장은 이렇게 바꿔 쓸 수 없다. 다음의 경우에는 '把'자문을 써야 한다.

1_ 어떤 특정한 사물이 어떤 동작으로 인해 위치의 이동이나 관계에 변화가 생기는 경우.

예문❷의 '钱'은 '放'이라는 동작으로 인해 지갑 안으로 이동되었고, 예문❸의 '书'는 '送'이라는 동작으로 인해 '그'한테서 '메리'에게로 이동되었다. 이때의 '钱'과 '书'는 모두 특정한(specific) 사물이다.

2_ 어떤 특정한 사물이 어떤 동작으로 인해 다른 사물로 바뀌거나 다른 사물로 간주되는 경우.

예문❹의 '那本英文小说'는 번역을 통해 '中文小说'가 되었고, 예문❺의 '她'는 언니는 아니지만 '我的姐姐'로 간주한다는 뜻이다.

✓ C·h·e·c·k C·h·e·c·k

다음 문장의 옳고 그름을 O X로 표시하고, 틀린 문장은 바르게 고치세요.

① 他寄文章到报社去了。(　)

② 妈妈做那块布成了一条裙子。(　)

③ 他放买来的电脑在电脑桌上。(　)

④ 阿里到飞机场接朋友去了。(　)

⑤ 你要这封信交给谁?(　)

⑥ A 马克拿到票了吗?
　 B 应该拿到了，我已经送票到他那里去了。(　)

⑦ A 谢力呢?
　 B 他送一个同学到医院去了。(　)

⑧ 李老师当学生作自己的孩子，非常关心他们。(　)

unit_172 "连……带……"와 "又……又……"

'连……带……'와 '又……又……'는 '~하면서 ~하다'라는 뜻으로, 두 가지 동작이나 상황이 동시에 존재, 발생함을 나타낸다. '连……带……'와 '又……又……'를 정확히 이해할 수 있도록 그 차이점과 쓰임을 구분해 보자.

맥·잡·기·예·문

❶ 他买了十斤水果，同学们连吃带拿，一下子就光了。
그가 과일 열 근을 샀는데, 학우들이 먹기도 하고 가져가기도 해서 금세 동이 났다.

❷ 把那件事情做完后，妈妈连急带累，就病倒了。
그 일을 마친 후, 엄마는 초조하기도 하고 피곤하기도 해서 몸져 누우셨다.

❸ "停下，快停下！"，他连跑带喊地追了上来。
"세워요, 얼른 세워!"라고, 그는 뛰면서 소리치며 쫓아왔다.

❹ 张文听说爸爸要来看他，心中又惊又喜。
장원은 아버지가 그를 보러 온다는 말을 듣고, 마음속으로 놀라기도 하고 기쁘기도 했다.

❺ 他要是看见我们在这儿有说有笑，又吃又喝，肯定会很生气。
그가 우리가 여기서 웃고 떠들며, 먹고 마시는 것을 본다면 틀림없이 화를 낼 것이다.

문 '连……带……'와 '又……又……'가 동사를 연결하는 경우, 그 의미가 같을까?

답 '连……带……'와 '又……又……'는 동사를 연결하는 경우, 의미에 다소 차이가 있다.

'连……带……'는 두 가지 동작이나 상황이 동시에 어떤 결과를 야기하는 것을 강조한다.

예문❶ 吃 + 拿 ⇒ (결과) 一下子就光了

때로 '连……带……'는 두 가지 동작을 하나의 동작처럼 강조하기도 하는데, 구분하기가 쉽지 않다. 예문❸의 '连跑带喊'은 '跑'와 '喊' 두 동작을 하나의 동작처럼 강조해 뛰면서 소리친다는 뜻을 나타낸다.

'又……又……'는 주로 주어에 A라는 동작이나 상태와 B라는 동작이나 상태가 있으며, A와 B가 병렬 관계임을 강조한다. 예를 들면,

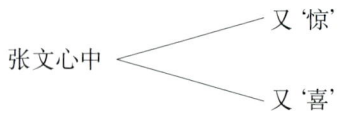

Check Check

'连……带……'나 '又……又……'를 사용하여 밑줄 친 부분을 채우세요.

① 听了他的话，她____气____恨，浑身哆嗦个不停。

② 看到他们俩要打架，大家____劝____拉，好不容易才把他们分开。

③ 听说儿子考上了大学，妈妈心中____惊____喜。

④ 中午我的几个朋友到我家做客，我____炒____炖，一会儿就弄了一桌子菜。

⑤ 听说爸爸回来了，冬冬____喊____叫地向楼下跑去。

⑥ 当他知道自己做错了以后，他____惭愧____难过。

⑦ 那天晚上，他突然____呕____吐，到医院一查，原来是得了急性肠胃炎。

unit_173 "找人一问"과 "找人问问"

'一 + V(一问)'와 'VV(问问)'는 동작의 시간이 짧음을 나타낸다. 그러나 그 뜻과 쓰임이 때에 따라 서로 다르다는 것을 이해하자.

맥·잡·기·예·문

❶ 马克找人一问，就知道了北京路该怎么走。
마이클은 사람을 찾아가 물어보고서 베이징로를 어떻게 가야 하는지 알았다.

❷ × 马克要找人一问北京路怎么走。

❸ 马克要找人问问北京路怎么走。
마이클은 사람을 찾아가 베이징로를 어떻게 가야 하는지 물어보려고 한다.

❹ 我开门一看，原来是王芳来找我。 나는 문을 열어 보고서야 왕팡이 나를 찾아왔다는 것을 알았다.

❺ × 我开门一看，是谁来找我。

❻ 我开门看看是谁来找我。 나는 문을 열고 누가 나를 찾아왔는지 보았다.

문 '找人一问'과 '找人问问'은 어떤 차이점이 있을까?

답 '一问'과 '问问'은 모두 동작을 한 시간이 짧음을 나타낸다. 그러나 '一问'을 쓴 문장과 '问问'을 쓴 문장은 의미상 다음과 같은 차이점을 지닌다.

예문❶과 예문❹의 형식은 다음과 같다.

一 + V + 어떤 결과를 얻거나 어떤 상황을 발견함

예문❶의 '一 + 问'은 '问'이라는 동작이 지속된 시간이 길지 않음을 나타내고, '一问'의 뒷부분은 '问'이라는 동작을 통해 아주 빠른 시간 내에 '知道了北京路该怎么走'라는 결과를 얻었음을 나타낸다. 예문❹ 역시 '看'이라는 동작이 지속된 시간이 짧으며, '看'이라는 동작을 통해 아주 빠른 시간 내에 어떤 상황을 발견했음을 나타낸다. 예문❷의 '北京路怎么走'는 결과를 얻거나 상황을 발견했음을 나타내는 것이 아니므로 이 문장은 틀린 문장이다.

예문❸과 예문❻의 형식은 다음과 같다.

VV + 동작의 내용

예문❸의 '问问' 뒤의 '北京路怎么走'는 '问'이라는 동작의 내용 즉, 물어본 내용('무엇을 물었는지')을 나타낸다. 예문❻도 마찬가지로 '看'이라는 동작의 내용 즉, 본 내용('무엇을 봤는지')을 나타낸다.

✓ **C·h·e·c·k C·h·e·c·k**

다음 문장의 옳고 그름을 O X로 표시하고, 틀린 문장은 바르게 고치세요.

① 医生一检查，果然是肝炎。（ ）

② 马丁打听打听才知道王老师已经搬了家。（ ）

③ 他一了解，这种产品在市场上的销路怎么样。（ ）

④ 大家一商量，问题很快解决了。（ ）

unit_174 "大的大，小的小"와 "打球的打球，跑步的跑步"

'A₁的A₁, A₂的A₂' 형식과 'V₁的V₁, V₂的V₂' 형식이 나타내는 의미와 쓰임에 대해 알아보자.

맥·잡·기·예·문

❶ 瞧你买的苹果，大的大，小的小。
　네가 산 사과 좀 봐, 큰 것은 크고, 작은 것은 작잖아.

❷ 她负担很重，家里老的老，小的小，都要她照顾。
　집안의 어른은 어른대로, 아이는 아이대로 모두 그녀가 돌봐야 하기 때문에, 그녀는 부담이 크다.

❸ 操场上人很多，打球的打球，跑步的跑步。
　운동장에 사람이 많다. 어떤 사람들은 공놀이를 하고, 어떤 사람들은 달리기를 한다.

❹ 下课后大家打扫教室，扫地的扫地，端水的端水，擦桌子的擦桌子。
　수업이 끝난 후 모두 교실 청소를 한다. 어떤 학생들은 바닥을 쓸고, 어떤 학생들은 물을 떠오고, 어떤 학생들은 책상을 닦는다.

문 '大的大，小的小' 형식과 '打球的打球，跑步的跑步' 형식은 용법이 같을까?

답 '大的大，小的小'와 '打球的打球，跑步的跑步' 이 두 형식은 용법이 다르다.

1. 예문❶과 예문❷의 '大的大，小的小'와 '老的老，小的小'의 '大', '小', '老'는 모두 형용사이며, 각 문장에서 두 형용사는 상반된 의미(大↔小, 老↔小)를 나타낸다. 일반적으로 관련이 있는 두 종류의 사물이나 사람이 마음에 들지 않을 때 이러한 형식을 쓴다.

大的大，小的小 = 大的(苹果)这么大，小的(苹果)这么小
老的老，小的小 = 老的这么老，小的还这么小

2. 예문❸과 예문❹의 '打球的打球，跑步的跑步'와 '扫地的扫地，端水的端水，擦桌子的擦桌子'의 '打球', '跑步', '扫地', '端水', '擦'는 모두 동사이다. 이때는 상황이 서로 다르다는 것을 나타낼 뿐, 마음에 들지 않는다는 의미는 내포하고 있지 않으며, '有的……有的……'의 형식으로 바꿔 쓸 수 있다.

打球的打球，跑步的跑步
= 打球的(人)打球，跑步的(人)跑步
= 有的打球，有的跑步
扫地的扫地，端水的端水，擦桌子的擦桌子
= 有的扫地，有的端水，有的擦桌子

✓ **C·h·e·c·k C·h·e·c·k**

다음 문장을 위에서 설명한 형식을 사용한 문장으로 바꾸어 써 보세요.

① 这些衣服有些太长了，有些太短了，没有一件合适。
   → _____。

② 放假了，同学们有的旅游，有的回家，宿舍里没有什么人。
   → _____。

③ 夜深了，车厢里有的人在睡觉，有的人在看书，十分安静。
   → _____。

틀리기쉬운중국어어법201

문장의 구조와 유형

★ 복문
★ 강조의 방법
★ **비교의 방법**
★ 특수문형
★ 어순
★ 문장성분

unit_175 "他跟我一样高"와 "他有我这么高"

'A跟B一样……'은 'A는 B처럼 ~하다'라는 뜻을 나타내고, 'A有B这么/那么……'는 'A는 B만큼 ~하다'라는 뜻을 나타낸다. 혼동하기 쉬운 'A跟B一样……'구문과 'A有B这么/那么……'구문에 대해 정확히 이해할 수 있도록 그 차이점과 쓰임을 구분해 보자.

맥·잡·기·예·문

❶ 他跟我一样高。 그는 나와 키가 같다.

❷ 这孩子已经有我这么高了。 이 아이는 벌써 나만큼 컸다.

❸ 他跟阿里一样喜欢足球。 그는 아리랑 똑같이 축구를 좋아한다.

❹ 他没有阿里那么喜欢足球。 그는 아리만큼 그렇게 축구를 좋아하지는 않는다.

❺ 他写字写得跟你一样好。 그는 글씨를 너처럼 잘 쓴다.
  → 他写字跟你写得一样好。

❻ 他写字哪有你写得这么难看? 그가 어디 너처럼 이렇게 글씨를 못 쓰니?
  → 他写字写得哪有你这么难看?

❼ 他的想法跟我的一样。 그의 생각은 내 생각과 같다.

문 'A跟B一样……'와 'A有B这么……'는 어떤 차이점이 있을까?

답 'A跟B一样……'는 A와 B를 서로 비교했을 때, 어떤 측면이나 정도에 있어서 같다는 것을 나타낸다. '一样' 뒤에는 예문❶처럼 형용사가 올 수도 있고, 예문❸처럼 심리활동을 나타내는 동사나 능원동사가 올 수도 있다. 또한 예문❼처럼 '一样' 뒤에 아무것도 오지 않는 경우도 있다. '一样' 뒤에는 대체로 **긍정적(적극적)인 의미**를 지닌 형용사가 온다. 부정형식은 'A跟B不一样……'이지만, 자주 쓰이지는 않는다.

'A有B这么/那么……'는 B를 기준으로 삼아 A를 B와 비교했을 때, A가 B의 정도에 이르렀음을 나타낸다. B의 원근(遠近)에 따라 '这么(근칭)'나 '那么(원칭)'를 쓴다(unit_047 참조). 이러한 형식은 긍정문에는 잘 쓰이지 않고, 주로 어떤 사물의 모습이나 특징을 비교하거나 묘사할 때 쓰인다. 이때 '这么'나 '那么' 뒤에는 예문❷와 같이 대체로 긍정적(적극적)인 의미를 지닌 형용사가 온다. 이 형식은 주로 의문문, 반어문, 부정문에 쓰이는데, 이때는 예문❻과 같이 '这么'나 '那么' 뒤에 부정적(소극적)인 의미의 형용사가 온다. 부정은 예문❹와 같이 'A没(有)B这么/那么……' 형식으로 한다.

위의 두 가지 비교문이 '(V + O) + V得……' 형식에 쓰일 때는, 다음과 같은 형태를 취한다.

1. A + (V + O) + V得 + 跟B + 一样……
   = A + (V + O) + 跟B + V得 + 一样……　[예문❺ 참조]
2. A + (V + O) + V得 + 有B + 这么……
   = A + (V + O) + 有B + V得 + 这么……　[예문❻ 참조]

✓ | C·h·e·c·k　C·h·e·c·k

다음 문장을 비교문으로 바꾸어 써 보세요.

① 我很喜欢运动，可是他不太喜欢。
　→＿＿＿＿＿＿＿＿＿＿＿＿＿＿＿＿＿＿＿＿＿＿＿＿＿。

② 我们家乡那儿的气候很好，这儿的气候同样好。
　→＿＿＿＿＿＿＿＿＿＿＿＿＿＿＿＿＿＿＿＿＿＿＿＿＿。

③ 他很会说话，我不太会说话。
　→＿＿＿＿＿＿＿＿＿＿＿＿＿＿＿＿＿＿＿＿＿＿＿＿＿。

④ 海有多深，我对你的爱就有多深。
　→＿＿＿＿＿＿＿＿＿＿＿＿＿＿＿＿＿＿＿＿＿＿＿＿＿。

⑤ 现在人们的生活水平很高，以前的生活水平不太高。
　→＿＿＿＿＿＿＿＿＿＿＿＿＿＿＿＿＿＿＿＿＿＿＿＿＿。

unit _ 176 "他来得比我早"와 "他比我早来了一会儿"

정도보어 구문의 보어 부분에 '比'자문이 쓰인 경우와 '比'자문에서 비교의 결과를 나타내는 부분에 보어가 쓰인 경우의 차이점에 대해 알아보자.

맥·잡·기·예·문

❶ 他来得比我早。 그는 나보다 일찍 왔다.

❷ 他比我早来10分钟。 그는 나보다 10분 일찍 왔다.

❸ 他吃饭比我吃得多。 그는 나보다 밥을 많이 먹는다.

❹ 他比我多吃了3碗饭。 그는 나보다 밥 세 그릇을 더 먹었다.

문 위의 '比'자문에서 형용사의 위치가 다른 이유는 무엇일까?

답 '比'자문이 '(V + O) + V得……' 형식에 쓰이면, 'A + (V + O) + V得 + 比B……'나 'A + (V + O) + 比B + V得……' 형식이 된다. 이때 형용사는 모두 문장의 맨 끝에 놓는다. 예를 들면, 예문❶과 예문❸이 그러하다.
그러나 만약 비교의 결과를 나타내는 부분에 수량과 함께 형용사 '早', '晚', '多', '少' 등이 출현한 경우에는 형용사를 **동사의 앞**에 놓아야 한다. 즉, 'A比B + 早/晚/多/少 + V + **수량**(+ O)'의 형식이 된다. 예를 들면, 예문❷와 예문❹가 그러하다.

✓ C·h·e·c·k C·h·e·c·k

다음 문장을 비교문으로 바꾸어 써 보세요.

① 我花了50块钱，他只花了30块钱。

  → _____ 。

② 他昨晚10点睡的觉，他妻子11点半才睡。

  → _____ 。

③ 我拿了3个苹果，他却拿了5个。

  → _____ 。

④ 他去年来的，我是前年来的。

→ _____ 。

⑤ 这趟车8点到的，可预定时间是5点到。

→ _____ 。

unit_177 "他比我高得多"와 "他比我高一点儿"

'比'자문에서 비교의 결과를 강조할 때 주의해야 할 점과 비교결과의 대략적인 차이를 나타내는 방법에 대해 알아보자.

맥·잡·기·예·문

❶ 他比我高得多。 그는 나보다 훨씬 크다.
 → 他比我高多了。
 → 他比我高很多。

❷ 我比姐姐小得多。 나는 언니보다 훨씬 작다.
 → 我比姐姐小多了。
 → 我比姐姐小很多。

❸ 他比我高一点儿。 그는 나보다 조금 크다.

❹ 我比姐姐小一点儿。 나는 언니보다 조금 작다.

문 비교문에서 '他比我很高', '他比我一点儿高'라고 할 수 없는 이유는 무엇일까?

답 '很'은 단독으로 정도를 나타내는 부사이기 때문에, '很+형용사'는 비교문에 쓸 수 없다. 만일 '他很高, 我很矮'를 비교문으로 표현하려면, '他比我很高'라고 하면 안 되고, 예문❶과 예문❷처럼 형용사 뒤에 **'得多', '多了', '很多'**를 붙여 비교의 결과를 나타내야 한다.
또한 '他比我一点儿高'라고도 할 수 없다. '一点儿'도 마찬가지로 **형용사 뒤**에 놓아야 한다. 예를 들면, 예문 ❸과 예문 ❹가 그러하다.

잘못된 표현	바른 표현
他比我很高	他比我高 + 得多　(어기가 강함) 　　　　+ 多了　(어기가 강함) 　　　　+ 很多　(객관적인 설명)
他比我一点儿高	他比我高 + 一点儿

✓ Check Check

다음 문장을 비교문으로 바꾸어 써 보세요.

① 今天的最高气温是32度，昨天是30度。
　　→ _____。

② 他弟弟做作业用了1个小时，他却用了两个小时。
　　→ _____。

③ 我的学习成绩比较好，他的学习成绩更好。
　　→ _____。

④ 妹妹很善良，可是哥哥却不怎么样。
　　→ _____。

⑤ 我们公司今年的销售额是950万元，去年是1000万元。
　　→ _____。

⑥ 光的传播速度很快，而声音的传播速度比较慢。
　　→ _____。

unit _ 178 "他不比我高"와 "他没我高"

'A不比B'와 'A没(有)B'는 모두 비교문의 부정형식으로, 'A不比B'는 'A는 B보다 ~하지 않다'라는 뜻을 나타내고, 'A没(有)B'는 'A는 B만큼 ~하지 않다'라는 뜻을 나타낸다. 의미를 혼동하기 쉬운 'A不比B'와 'A没(有)B'에 대해 정확히 이해할 수 있도록 그 차이점과 쓰임을 구분해 보자.

맥·잡·기·예·문

❶ 我以为他很高，比了以后才知道，他不比我高。
나는 그가 크다고 생각했는데, 비교해 본 결과 그가 나보다 크지 않다는 것을 알았다.

❷ 我一米七八，他一米七七，他没(有)我高。
나는 178cm이고 그는 177cm이다. 그는 나만큼 크지 않다.

❸ 他总说我的学习不好，其实他的学习并不比我好。
그는 늘 내가 공부를 못한다고 말하지만, 사실 그가 꼭 나보다 공부를 잘하는 것은 아니다.

❹ 他总说我的学习不好，其实他的学习还没(有)我好。
그는 늘 내가 공부를 못한다고 말하지만, 사실 그는 나만큼 공부를 잘하지 못한다.

❺ 他的学习不比我好多少。 그는 나에 비해 그다지 공부를 잘하지는 않는다.
→ 他的学习比我好不了多少。
→ 他的学习比我好不到哪儿去。

문 '他不比我高'와 '他没我高'는 어떤 차이점이 있을까?

답 비교의 결과를 상대방에게 이야기할 때는 주로 'A没(有)B + X'의 형식을 쓴다. 'A没(有)B + X'는 'B比 A + X'의 의미이다. 예문❷를 보자.

他没我高　=　我比他高
A　B　　　　B　A

마찬가지로 예문❹는 '我的学习比他好'라는 의미이다.

하지만 'A不比B + X'의 형식을 쓸 때는 종종 '**자기 자신이나 다른 사람이 원래 어떤 상황에 대해 알고 있거나 생각하고 있었다**'라는 전제 조건이 따른다. 예문❶의 나는 원래 그가 나보다 크다고 알고 있었고, 예문❸의 그는 그가 나보다 공부를 잘한다고 생각하고 있었다. 그러나 실제 상황은 그렇지 않을 때, 'A不比B + X'의 형식을 써서 원래 가졌던 생각을 부정한다.

여기서 주의해야 할 점은 'A不比B + X'의 형식은 원래의 생각만 부정할 뿐, 실제 상황이 어떤지는 나타내지 않는다는 점이다. 이때의 실제 상황은 두 가지 가능성을 내포한다. 예문❶의 실제 상황 '他不比我高'를 그림으로 나타내면 다음과 같다.

상황 1 A比B矮(A는 B보다 작다)　　　상황 2 A跟B一样高(A와 B는 키가 같다)

마찬가지로, 예문❸도 두 가지 가능성을 내포한다. 하나는 그와 내가 차이가 없이 '비슷하다'는 것이고, 다른 하나는 '그가 나보다 못한다'는 것이다.

이 밖에 'A不比B + X多少'는 'A比B + X很多'에 대한 부정이며, 'A只比B + X一点儿'의 의미를 나타낸다. 이때 'A不比B + X多少'는 'A比B + X不了多少'나 'A比B + X不到哪儿去'의 형식으로도 바꿔 쓸 수 있다. 예를 들면, 예문❺가 그러하다.

✓ | 핵·심·콕·콕!!

비교문의 부정형식 'A没(有)B + X'는 'B比A + X'의 의미를 갖지만, 'A不比B + X'는 'A比B + X와 반대의미를 가지는 Y' 또는 'A跟B一样X'의 의미를 가진다.

✓ | C·h·e·c·k   C·h·e·c·k

다음 문장을 '不比'나 '没有'를 사용한 문장으로 바꾸어 써 보세요.

① 我很有钱，可是他只有一点儿钱。

→ _____。

② 我以为上海比广州漂亮，现在看来两个差不多。

→ _____。

③ 我不太会做饭，他很会做饭。

　→ _____。

④ 这个包小，那个包大，可是两个包差不多重。

　→ _____。

⑤ 这个小姑娘不太讨人喜欢，她姐姐很讨人喜欢。

　→ _____。

⑥ 人们一般都认为品牌店里的东西会贵很多，实际上也就比一般店里贵一点儿。

　→ _____。

unit_179 "他不如我高"와 "他没我高"

'A不如B'와 'A没(有)B'는 비교문의 부정형식으로 'A는 B만 못하다'라는 뜻을 나타낸다. 그러나 그 뜻과 쓰임이 때에 따라 서로 다르다는 것을 이해하자.

맥·잡·기·예·문

❶ 我没他高。 나는 그만큼 크지 않다.
　→ 我不如他高。

❷ 他学习没我努力。 그는 나만큼 열심히 공부하지 않는다.
　→ 他学习不如我努力。

❸ 我没你这么懒。 나는 너만큼 이렇게 게으르지 않다.
　× 我不如你这么懒。

❹ 我没他那么不自觉。 나는 그만큼 그렇게 몰지각하지 않다.
　× 我不如他那么不自觉。

❺ 我没他那么想家。 나는 그만큼 그렇게 집을 그리워하지는 않는다.
　× 我不如他那么想家。

❻ 他跑得很快，我不如他。 그는 빨리 뛰는데, 나는 그만 못하다.

325

문 비교문에서 '没有'와 '不如'는 어떤 차이점이 있을까?

답 비교문에 쓰인 '没有'와 '不如'는 그 뜻이 같다. 'A没(有)B + X'와 'A不如B + X'는 모두 'B比A + X'라는 뜻이다. 즉, 예문❶은 '没(有)'를 쓰든 '不如'를 쓰든 모두 '他比我高'라는 의미를 나타낸다.

그러나 이들은 용법상 다음과 같은 차이점을 지닌다.

1. '没有'는 '这么'나 '那么'와 함께 쓰일 수 있지만, '不如'는 '这么'나 '那么'와 함께 쓰일 수 없다.

2. '没有'를 쓸 때에는 예문❶과 예문❷처럼 뒤에 긍정적(적극적)인 의미의 형용사가 올 수도 있고, 예문❸과 예문❹처럼 부정적(소극적)인 의미의 형용사가 올 수도 있다. 후자의 경우에는 형용사 앞에 '这么'나 '那么'를 붙여야 한다. 그러나 '不如'를 쓸 때에는 예문❶과 예문❷처럼 뒤에 긍정적인 의미의 형용사만 올 수 있다.

3. '不如' 뒤에는 일반적으로 동사가 오지 않는다. 예를 들면, 예문❺가 그러하다.

4. 이미 앞에서 형용사가 출현했을 때는 '不如' 뒤의 형용사를 생략할 수 있다. 예를 들면, 예문❻이 그러하다. 그러나 '没有' 뒤의 형용사는 생략할 수 없다.

✓ **C·h·e·c·k C·h·e·c·k**

'不如'나 '没有'를 사용하여 밑줄 친 부분을 채우세요.

① 我的运气总是_____他那么好。

② 他干活_____他弟弟快。

③ 广州_____香港干净，也_____香港那么繁华。

④ 这有什么不能说的，我可_____你那么害羞。

⑤ 我_____你那么喜欢看比赛，我可不想陪你熬夜。

⑥ 我们公司小刘最能喝酒，别人都_____他。

틀리기쉬운중국어어법201

문장의 구조와 유형

★ 복문
★ **강조의 방법**
★ 비교의 방법
★ 특수문형
★ 어순
★ 문장성분

unit_180 "是……的"

어떤 일이 발생한 시간, 장소, 방식, 목적, 조건 및 행위자를 강조하는 '是……的' 강조구문의 쓰임에 대해 자세히 알아보자.

맥·잡·기·예·문

❶ A: 你弟弟回来了? 당신 남동생 돌아왔습니까?
   B: 他回来了! 돌아왔어요!
   A: 他是什么时候回来的? 그는 언제 돌아왔습니까?
   B: 他是昨天回来的。 그는 어제 돌아왔어요.

❷ A: 这本书你是从哪儿借的? 이 책 어디에서 빌렸습니까?
   B: 这本书是从张老师那儿借的。 이 책은 장 선생님한테 빌렸습니다.

❸ 北京大学的同学也来了, 他们是骑自行车来的。
   베이징 대학의 학우도 왔는데, 그들은 자전거를 타고 왔다.

❹ 那本小说是阿里送给玛丽的。 그 소설책은 아리가 메리에게 준 것이다.

❺ 我不是来玩的, 我是来帮助你的。 나는 놀러 온 게 아니라, 너를 도와주러 온 거야.

문 '他是昨天回来的'는 무엇을 강조할까?

답 '是……的'를 사용하면 어떤 일이 발생한 시간, 장소, 방식, 목적, 조건 및 행위자를 강조할 수 있다. 그렇다면, 언제 '是……的'를 사용할 수 있을까?

일반적으로 '是……的'의 강조용법은 화자와 청자 모두 어떤 일이 이미 발생했다는 것을 알고 있는 상태에서, 화자나 청자가 그 일이 발생한 시간, 장소, 방식, 목적, 조건 및 행위자 등에 대해 한걸음 더 나아가 강조하고자 할 때 쓴다. 예문❶의 A는 B의 남동생이 돌아온 것은 알지만, 그가 언제 돌아왔는지는 모르기 때문에 '是……的'를 써서 시간을 강조하였다. '他回来了'라는 상황은 여러 가지 측면에서 강조할 수 있다.

① 是他昨天从香港坐飞机回来的。(행위자를 강조)
② 他是昨天从香港坐飞机回来的。(시간을 강조)
③ 他昨天是从香港坐飞机回来的。(장소를 강조)
④ 他昨天从香港是坐飞机回来的。(방식을 강조)

'是……的'의 강조용법은 예문❺와 같이 '不是……的'의 형태로 부정한다.

✓ C·h·e·c·k C·h·e·c·k

괄호 안의 단어를 사용하여 다음 대화를 완성해 보세요.

① A 阿里，你也来北京了。你是哪天到的?
   B ＿＿＿＿＿＿＿，你呢?(昨天)
   A ＿＿＿＿＿＿＿，你是坐火车来的，还是坐飞机来的?(前天)
   B 都不是，我是坐汽车来的。你是一个人来的吗?
   A 不是，＿＿＿＿＿＿＿。(朋友)

② A 这本小说是从哪儿借的?
   B ＿＿＿＿＿＿＿，你也喜欢看这本小说吗?(图书馆)
   A 对呀，你借的这本是用英文写的吗?
   B 不是，＿＿＿＿＿＿＿。(汉语)

③ A 刚才跟你说话的那个人是谁?
   B 是一个留学生。
   A 你们认识很久了吗?
   B 不是，＿＿＿＿＿＿＿。(前天)
   A 他是从美国来的吗?
   B 不，＿＿＿＿＿＿＿。(英国)

④ A 你把房子打扫得这么干净?
   B 不，＿＿＿＿＿＿＿。(我妈妈)
   A 你妈妈真勤快!

unit_181 "连……也/都"

'连……也 / 都'는 '~조차도 ~하다'라는 뜻으로, 강조를 나타낸다. '连……也 / 都'의 쓰임에 대해 자세히 알아보자.

맥·잡·기·예·문

❶ 这个箱子连大人也提不动，小孩儿就更加提不动了。
이 상자는 어른도 들기 어려운데, 어린아이는 더더욱 들 수 없다.

❷ 这个箱子连小孩儿也提得动。
이 상자는 어린아이도 들 수 있다.

❸ 他连这么难的题都会做，真聪明！
그가 이렇게 어려운 문제도 풀 수 있다니, 정말 똑똑하군!

❹ 他那么聪明，这道题连他也不会做，别人怎么会做？
그렇게 똑똑한 그도 이 문제를 풀지 못하는데 다른 사람이 어떻게 풀 수 있겠어?

❺ 你那么大的人，这么不懂礼貌，连小孩子都不如。
너 같은 어른이 이렇게 예의를 모르다니 애들만도 못하다.

❻ 他忙得连睡觉的时间也没有。
그는 잠잘 시간조차 없을 정도로 바쁘다.

문 '连……也/都'는 무슨 뜻이며, 어떻게 사용해야 할까?

답 '连……也/都'는 강조를 나타내는데, 특히 **가장 발생 가능성이 희박한 상황을 강조한다**. '连……也/都'를 사용하는 목적은 가장 발생 가능성이 희박한 상황을 강조함으로써 또 다른 상황을 설명하기 위해서이다. 예문❶과 예문❷를 보자.

		가장 발생 가능성이 희박한 상황		또 다른 상황을 설명	
提箱子	大人	(连)大人(也)提不动	→	小孩儿更加提不动	예문❶
	小孩儿	(连)小孩儿(也)提得动	→	箱子很轻	예문❷

상자를 들 때 어린아이와 어른 중 상자를 들 수 있는 가능성이 적은 사람은 어린아이이고, 들지 못할 가능성이 적은 사람은 어른이다. 따라서 예문❷처럼 '连小孩儿也提得动'이라고 하면, 상자가 아주 가벼워서 누구라도 들 수 있음을 의미한다. 그러나 예문❶처럼 '连大人也提不动'이라고 하면, 아이들은 더더욱 들 수 없음을 의미한다.

문제를 풀 때 어려운 문제와 간단한 문제 중 풀 수 있는 가능성이 적은 것은 어려운 문제이고, 못 풀 가능성이 적은 것은 간단한 문제이다. 따라서 예문❸은 '连这么难的题都会做'를 통해서 그가 똑똑하다는 것을 나타낸다. 그러나 예문❹는 그는 아주 똑똑한 사람이므로 그가 못 풀 가능성은 적기 때문에 '连他也不会做'를 통해서 다른 사람은 더더욱 풀 수 없음을 나타낸다.

예문❺는 어른에게 일어날 가능성이 적은 '不如小孩子'라는 상황을 설정한 후, '连小孩子都不如'를 통해서 '당신은 너무 부족하다'라는 의미를 전달하고 있다. 예문❻은 사람들에게 없어서는 안 되는 것이 '睡觉的时间'이므로 '连睡觉的时间也没有'를 통해서 '아주 바쁘다'라는 의미를 나타내고 있다.

여기서 주의해야 할 점은 만약 강조하려는 대상이 목적어나 전체 동목구이면 목적어를 '连'의 뒤에 두어야 한다는 점이다. 예문❸, 예문❺, 예문❻이 그러한 예이다.

✓ 핵·심·콕·콕!!

'连……也 / 都'는 발생 가능성이 희박한 상황을 강조함으로써 또 다른 상황을 설명한다. 만약 강조하려는 대상이 목적어나 동목구이면 목적어를 '连'의 뒤에 두어야 한다.

✓ C·h·e·c·k C·h·e·c·k

다음 문장을 '连……也 / 都'를 사용한 문장으로 바꾸어 써 보세요.

① 自己的母语说不好
→ _____ 。

② 中国人不会写这个汉字
→ _____ 。

③ 这么贵的衣服她舍得买
→ _____ 。

④ 经理解决不了这个问题
→ _____ 。

⑤ 他睡不好觉
→ _____ 。

⑥ 他没有写一个字
→ _____ 。

⑦ (他很生气)他说不出话来
→ _____ 。

unit_182 "非……不可"

'非……不可'는 '~하지 않으면 안 된다', '꼭 ~ (해야) 한다'라는 뜻으로, 반드시 그래야 함을 나타낸다. '非……不可'의 쓰임에 대해 자세히 알아보자.

맥·잡·기·예·문

❶ 那个地方很危险，大家都叫小王不要去，但他非去不可。
그곳은 너무 위험해서 모두들 샤오왕에게 가지 말라고 했지만, 그는 기어이 가겠다고 한다.

❷ 这次去谈生意，只有小王最熟悉那种产品，他非去不可。
이번 거래를 하러 가는 데 있어서, 샤오왕이 그 상품에 대해 가장 잘 알기 때문에 그가 가지 않으면 안 된다.

❸ 我非学好汉语不可。 나는 중국어를 마스터하지 않으면 안 된다.

❹ 干这项工作，人手不够，非增加人不可。
이 일을 하는데 일손이 부족하므로 인원을 늘리지 않으면 안 된다.

❺ 你们不好好练球，明天的球赛非输不可。
너희들 열심히 연습하지 않으면, 내일 시합에서 분명히 패배할 것이다.

문 '他非去不可'에는 몇 가지 의미가 있을까?

답 예문❶과 예문❷의 '他非去不可'는 모두 분명히 가야 한다는 것을 나타내지만, 의미상 다음과 같은 차이점을 지닌다.
예문❶은 모두가 샤오왕에게 가지 말라고 했지만, 샤오왕 자신이 가겠다고 했음을 뜻한다. 이때 '非去不可'는 샤오왕 본인의 결심이다. 그러나 예문❷는 오직 샤오왕만 갈 수 있으며, 샤오왕 자신이 원하든 원하지 않든 반드시 가야만 함을 뜻한다.

이상의 설명을 통해 '非……不可'에 다음의 세 가지 의미가 있음을 알 수 있다.

1 _ 강한 결심이나 바람을 나타낸다. 즉, '一定要'의 의미가 있다.
예를 들면, 예문❶과 예문❸이 그러하다.

2 _ 필요성을 나타낸다. 즉, '必须'의 의미가 있다.
이때는 항상 앞에 그렇게 해야만 하는 이유가 나온다. 예를 들면, 예문❷의 '只有小王最熟悉那种产品'과 예문❹의 '人手不够'가 그것이다.

3 _ 필연성을 나타낸다. 즉, '一定会'의 의미가 있다.

예문❺의 '非输不可'는 운동선수들 스스로가 지기를 바라는 것도 아니고, 또 그들이 반드시 져야 하는 것도 아니다. 단지 화자가 그들이 열심히 연습하지 않는 것을 보고, 분명 질 거라고 생각한 것이다.

✓ | C·h·e·c·k C·h·e·c·k

다음 문장에 쓰인 '非……不可'가 A, B, C 중 어떤 의미를 나타내는지 표시하세요.

　　A. 一定要(바람이나 결심을 나타냄)　　B. 必须　　C. 一定会

① 干这项工作，非懂英语不可。(　)

② 每天晚上睡觉之前，东东都非要妈妈讲故事不可。(　)

③ 这件事要是让她知道了，她非生气不可。(　)

④ 天阴下来了，看来下午非下雨不可。(　)

⑤ 孩子不愿意学琴，你为什么非要她学不可呢?(　)

⑥ 吸烟对身体没有什么好处，你非戒掉它不可!(　)

⑦ 我们非爬到长城的最高峰不可。(　)

⑧ 酒后开车，非出事不可。(　)

★ 헐후어(歇后语) 한 마디

三月里的桃花，红不了多久
3월의 복숭아 꽃, 붉게 핀 것이 오래가지 않는다
☞ 개화 기간이 짧은 복숭아 꽃처럼 사람의 좋은 시기가 오래가지 못함을 풍자한다.

我早就对你说过，像王小明这样自私自利的人，是三月里的桃花，红不了多久的，你那时还不相信。昨天不是被撤职了吗?

틀리기쉬운중국어어법201

문장의 구조와 유형

★ 복문
★ 강조의 방법
★ 비교의 방법
★ 특수문형
★ 어순
★ 문장성분

unit_183 "而"과 "而且"

'而'은 '~(하)고(도)'라는 뜻을 나타내고, '而且'는 '게다가', '~뿐만 아니라', '또한'이라는 뜻을 나타낸다. '而'과 '而且'에 대해 정확히 이해할 수 있도록 그 차이점과 쓰임을 구분해 보자.

맥·잡·기·예·문

1. 苹果大而甜。 사과가 크고 달다.
   → 苹果大而且甜。

2. 她聪明而漂亮。 그녀는 똑똑하고 예쁘다.
   → 她聪明而且漂亮。

3. 她很聪明而且很漂亮。 그녀는 똑똑할 뿐만 아니라 예쁘기까지 하다.
   ✕ 她很聪明而很漂亮。

4. 他经常帮助我，而我却帮不了他。
   그는 늘 나를 도와주지만, 나는 그를 도와주지 못한다.
   ✕ 他经常帮助我，而且我却帮不了他。

5. 他在学习上帮助我，而且在生活上关心我。
   그는 학습면에서 나를 도와줄 뿐만 아니라, 생활면에서도 관심을 기울여 준다.
   ✕ 他在学习上帮助我，而在生活上关心我。

문 '而'과 '而且'는 용법상 어떤 공통점과 차이점이 있을까?

답 '而'과 '而且'는 모두 병렬 관계에 있는 두 형용사를 연결한다. 예를 들면, 예문❶과 예문❷가 그러하다. 그러나 예문❸처럼 형용사 앞에 '很'이나 '十分' 등의 부사가 있을 경우에는 '而且'만 쓸 수 있다.

예문❷의 '而'은 '而且'로 바꿔 쓸 수 있다. 그래서 외국인들이 중국어를 배울 때 다른 상황에서도 이 두 단어의 쓰임이 같을 거라고 착각을 한다. 그 결과 종종 예문❹, 예문❺와 같이 '而'과 '而且'의 용법을 혼동하는데, 다음과 같은 차이점이 있음을 알아야 한다.

예문❹에 쓰인 '而'은 '**대비**'를 나타낸다(unit_184 참조). 이때 앞뒤 두 문장은 의미가 **상대**되거나 **상반**된다. '而且'는 '**한 단계 더 나아가서**'라는 의미를 나타낸다. 예를 들면, 예문❺에서 그는 '在学习上帮助我' 할 뿐만 아니라, 한 단계 더 나아가서 '在生活上关心我' 한다. 모두 그가 나에게 잘해주는 점을 지적한 것으로, 앞뒤 두 문장의 **의미가 대등하다**. 따라서 상반된 의미를 담고 있지 않기 때문에 '而'을 쓸 수 없다.

이 밖에 '而且'는 동사를 연결하기도 한다. 예를 들면, '希望而且相信(바랄 뿐 아니라 믿는다)'이 그러하다. 하지만 '而'에는 이러한 용법이 없다. '而'은 목적, 원인, 방식이나 동작, 상황을 연결하기도 한다. 예를 들면, '他们是通过上网而认识的(그들은 인터넷을 통해서 알게 되었다)'가 그러하다. 하지만 '而且'에는 이러한 용법이 없다.

✓ 핵·심·콕·콕!!

> 병렬 관계를 나타내는 '而'은 대비되는 두 문장이나 목적, 원인, 방식, 동작, 상황 등을 연결할 때 쓰고, '而且'는 정도부사와 함께 쓰인 형용사나 동사를 연결할 때, '한 단계 더 나아가서'라는 의미를 나타낼 때 쓴다.

✓ C·h·e·c·k C·h·e·c·k

'而'이나 '而且'를 사용하여 밑줄 친 부분을 채우세요.

① 他们热情_____耐心地帮助我。

② 谢力的女朋友十分温柔，_____十分善良。

③ 去登山之前要掌握一些登山的知识，_____还要准备好登山的装备。

④ 有一年，美国产粮的中西部闹大旱灾，_____在同一时期，中国中西部的四川省却闹大水灾。

⑤ 虚心使人进步，_____骄傲只能使人退步。

⑥ 这种产品行销全国，_____远销欧美。

unit_184 "而"과 "但(是)"

'而'과 '但是'는 전환의 의미를 지니고 있다. 그러나 그 뜻과 쓰임이 때에 따라 서로 다르다는 것을 이해하자.

맥·잡·기·예·문

❶ 我想去泰国旅游，而爸爸不让我去，所以我有点不高兴。
나는 태국으로 여행을 가고 싶은데 아빠가 못 가게 해서 기분이 좀 안 좋다.

❷ 我想去泰国旅游，但爸爸不让我去，所以我有点不高兴。
나는 태국으로 여행을 가고 싶은데 아빠가 못 가게 해서 기분이 좀 안 좋다.

❸ 我想去泰国旅游，但我钱不够，所以没去成。
나는 태국으로 여행을 가고 싶었지만 돈이 부족해서 가지 못했다.

❹ × 我想去泰国旅游，而我钱不够，所以没去成。

❺ 这里不应该建房子，而应该建花园。
이곳에는 건물을 지어서는 안 되고 화원을 만들어야 한다.

❻ × 这里不应该建房子，但应该建花园。

문 일부 사전에서는 '而'이 '전환' 즉, '但是'의 의미를 나타낸다고 설명하고 있다. 그런데 이에 근거하여 작문을 하면 때로 틀리는 경우가 있다. 그 이유는 무엇일까?

답 '而'은 용법이 다양한데, 그중 하나가 바로 예문❶의 용법이다.
예문❶과 예문❺의 '而'은 **'대비'를 나타내며**, '而'로 연결된 두 문장은 상대적인 관계에 놓여 있거나 상반적인 관계에 놓여 있다. 예문❶은 나와 아버지의 생각과 행동을 대비한 것이고, 예문❺는 견해를 밝힌 것으로, '어떻게 해야 하는지'와 '어떻게 해서는 안 되는지'를 대비하고 있다.
예문❹의 '我想去泰国旅游'는 견해를 나타내고, '钱不够'는 상황을 나타낸다. 이 둘은 대비 관계에 놓여 있지 않으므로 '而'을 쓸 수 없다. 이는 '전환'을 나타내는 '但'을 모두 '而'로 바꿔 쓸 수 있는 것은 아님을 설명한다.
왜 예문❶의 '而'은 '但'으로 바꿔 쓸 수 있을까? 그 이유는 '상대적'이거나 '상반적'인 것 그 자체가 어느 정도 '전환'의 의미를 지니고 있기 때문이다. 만약 문장에서 강조하는 부분이 뒷부분인 경우에는 전환의 의미가 더욱 강해져 '而'을 '但'으로 바꿔 쓸 수 있다. 예문❺의 '不应该建房子，而应该建花园'은 화자의 견해를 전달하는 것이지 전환을 강조하는 것이 아니다. 따라서 '而'을 '但'으로 바꿔 쓸 수 없다. '不是……而是……'의 경우도 이와 유사하다.

✓ C·h·e·c·k C·h·e·c·k

'而'이나 '但'을 사용하여 밑줄 친 부분을 채우세요.

① 我每天都听中文广播，_____到现在还是听不太懂。

② 这不是一个大问题，_____是一个小问题。

③ 干这项工作，他遇到了不少困难，_____他没有灰心。

④ 小王比较内向，_____小陈比较外向，两人的性格不一样。

⑤ 小王想看足球比赛，_____小陈非要看歌舞表演不可，小王只好把电视调到了文艺频道上。

unit _ 185 "一边……一边……"

'一边……一边……'은 '(한편으로) ~하면서 ~하다'라는 뜻을 나타낸다. '一边……一边……'의 쓰임에 대해 자세히 알아보자.

> **맥·잡·기·예·문**
>
> ❶ 他一边吃饭，一边看电视。 그는 밥을 먹으면서 텔레비전을 본다.
>
> ❷ 老师一边说，我一边记。 선생님은 말씀을 하시고, 나는 필기를 한다.
>
> ❸ 王平一边做工，一边读书。 왕핑은 일하면서 공부한다.
>
> ❹ 明年的工作计划已经写出初稿了，现正一边征求意见，一边修改。
>   내년 프로젝트 계획은 이미 초고가 나왔고, 지금은 의견을 구하면서 수정을 하고 있다.
>
> ❺ ✕ 听到这个消息，她一边高兴，一边担心。

문 '一边……一边……'은 두 가지 동작이 동시에 진행됨을 나타낸다. 그렇다면 예문❸과 같은 문장은 어떻게 이해해야 할까?

답 '一边……一边……'에는 두 가지 용법이 있다.

1. **두 가지 이상의 동작이 동시에 진행됨**을 나타낸다. 이때 두 동작은 예문❶처럼 동일한 인물이 행한 것일 수도 있고, 예문❷처럼 상이한 인물이 행한 것일 수도 있다.

2. **두 가지 이상의 방법이 일정 시간 동안 반복적으로 교대로 출현하거나, 동시에 존재함**을 나타낸다. 이때 이 두 가지 방법은 구체적인 동작이 아닌 일정한 관계에 놓여 있는 것을 가리킨다. 예문❸의 '读书'와 '做工'은 구체적인 동작이 아닌 '王平'이 살아가는 두 가지 방법을 가리킨다. 예문❹의 '征求意见'과 '修改计划'도 '问'과 '写'의 구체적인 동작이 아닌 계획의 초고에 대해 진행해야 하는 두 가지 방법을 가리킨다.

예문❺의 '高兴'과 '担心'은 두 가지 마음이지 동작도, 방법도 아니므로 '一边……一边……'을 쓸 수 없다.

✓ **C·h·e·c·k C·h·e·c·k**

다음 문장의 옳고 그름을 O X로 표시하세요.

① 我们一边玩，一边很快乐。(   )

② 他经常一边走，一边想问题。（　）

③ 最近，他一边写毕业论文，一边还要找工作，非常忙。（　）

④ 他一边自学英语，一边提高了水平。（　）

⑤ 教练一边示范，学员一边模仿。（　）

unit _ 186 "一面……一面……", "一方面……一方面……", "一来……二来……"

'一面……一面……'은 '한편으로는 ~하고, 한편으로는 ~하다', '一方面……一方面……'은 '~하면서 ~하다', '一来……二来……'는 '첫째로는~, 둘째로는~'라는 뜻을 나타낸다. 혼동하기 쉬운 이들에 대해 정확히 이해할 수 있도록 그 차이점과 쓰임을 구분해 보자.

맥·잡·기·예·문

❶ 他一面做动作，一面讲解。 그는 동작을 취하면서 설명을 한다.

❷ 学汉语，一方面要重视听说，一方面也要重视读写。
중국어를 배울 때 한편으로는 듣기와 말하기를 중시해야 하고, 다른 한편으로는 읽기와 쓰기를 중시해야 한다.

❸ 一方面由于他不喜欢这个工作，另一方面也由于工资太低，他决定离开这个公司。
그는 한편으로는 이 일을 좋아하지 않고, 다른 한편으로는 월급이 너무 적어서 이 회사를 떠나기로 결정했다.

❹ 他决定离开这个公司，一来他不喜欢这个工作，二来工资太低了。
그는 이 회사를 떠나기로 결정했는데, 첫째는 이 일을 좋아하지 않기 때문이고, 둘째는 월급이 너무 적기 때문이다.

문 '一面……一面……', '一方面……一方面……'와 '一来……二来……'는 어떤 차이점이 있을까?

답 '一面……一面……'와 '一边……一边……'는 용법이 비슷하다(unit_185 참조). 그러나 이 둘은 다음과 같은 차이점도 지닌다. '一边……一边……'는 두 가지 이상의 동작이 동시에 진행됨을 나타내는 경우, 주어가 같으면 '一'를 생략할 수 있다. 즉, '他边吃饭, 边看电视'라고 할 수 있다. 그러나 '一面……一

面……'는 '一'를 생략할 수 없다.

'一方面……一方面……'는 **어떤 일의 두 가지 측면이나 두 가지 상황을 연결**할 뿐, 시간은 강조하지 않는다. 예문❷의 '听说'와 '读写'는 중국어를 배울 때 주의해야 하는 두 가지 측면이다.

'一来……二来……'는 **두 가지 이유나 목적을 연결**한다. 예문❹의 '不喜欢这个工作'와 '工资太低'는 그가 회사를 떠나려고 하는 두 가지 이유이다.

여기서 주의해야 할 점은 예문❸과 예문❹는 뜻은 같지만, 예문❸의 '一方面……一方面……'이 이유를 직접 연결할 수 없기 때문에 반드시 '由于'를 동반해야 한다는 점이다.

✓ Check Check

'一面……一面……', '一方面……一方面……', '一来……二来……'를 사용하여 밑줄 친 부분을 채우세요.

① 吸烟_____损害自己的身体健康，_____也损害他人的身体健康。

② 你应该尽快把烟戒掉，_____吸烟会损害自己的身体健康，_____也会损害他人的身体健康。

③ 晚会上大家_____唱歌，_____跳舞，热闹极了。

④ 玛丽已经决定留在广州学汉语，_____她很喜欢这里的气候，_____还想学学粤语。

unit_187 "或者"와 "还是"

'或者'와 '还是'는 선택 관계를 나타내는 문장에 쓰인다. 의미를 혼동하기 쉬운 '或者'와 '还是'에 대해 정확히 이해할 수 있도록 그 차이점과 쓰임을 구분해 보자.

맥·잡·기·예·문

❶ 你喜欢听流行歌曲还是喜欢听古典音乐?
　당신은 유행가 듣는 것을 좋아합니까 아니면 클래식 듣는 것을 좋아합니까?

❷ 你想要红的那件还是要黄的那件?
　당신은 빨간색의 것을 원합니까 아니면 노란색의 것을 원합니까?

❸ 谁也不知道他说的是真话还是假话。 누구도 그가 한 말이 진짜인지 아니면 가짜인지 모른다.

❹ 去美国还是去澳大利亚，我还没决定。 미국에 갈지 아니면 호주에 갈지 나는 아직 정하지 못했다.

⑤ 你明天来或者后天来都行。 내일 오셔도 되고 모레 오셔도 됩니다.

⑥ 每天下午，她们都去打篮球或者跑步。 매일 오후 그녀들은 농구나 달리기를 하러 간다.

⑦ 我想去美国或者澳大利亚，现在还没决定。
나는 미국이나 호주에 가려고 하는데, 아직 결정하지 못했다.

문 '或者'와 '还是'는 모두 선택을 나타내는 접속사로, 영어의 'or'과 같다. 이들 사이에는 어떤 차이점이 있을까?

답 '或者'와 '还是'가 영어의 'or'과 같다고는 하지만 이들 사이에는 다음과 같은 차이점이 있다.

'还是'는 화자가 어느 것인지 또는 어떤 상황인지 모를 때 쓰인다. 따라서 '还是'는 주로 **의문문에 쓴다**. 예를 들면, 예문❶과 예문❷가 그러하다. 때로 의문문에 쓰이지 않는 경우도 있는데, 이때는 문장의 술어 자리에 '不知道', '不清楚', '没决定' 등이 쓰인다. 예를 들면, 예문❸과 예문❹가 그러하다. 예문❹는 '我还没决定'을 '去美国还是去澳大利亚'의 뒤에 놓든 앞에 놓든 다 같은 문장이다.

'或者'는 화자가 상대방에게 여러 가지 가능성이 있다는 것을 알려줄 때 쓰인다. 따라서 **의문문에는 쓸 수 없다**. 예를 들면, 예문❺, 예문❻, 예문❼이 그러하다. 예문❼과 예문❹의 차이점은 예문❼의 '现在还没决定'은 '我想去美国或者澳大利亚' 앞에 놓을 수 없다는 점이다. 예문❼은 두 문장으로 이루어져 있으며, 화자는 상대방에게 자신의 두 가지 계획을 알려 주고 있다.

이 밖에도 '还是'는 여러 가지 선택 가능한 상황에 대해 비교와 생각을 거친 후, 최종적으로 하나를 선택할 때에도 쓰인다. 이때는 주로 문장 끝에 어기사 '吧'를 붙인다. 다음의 예를 살펴보자.

A: 你喝茶还是喝咖啡?
너 차 마실래 아니면 커피 마실래?

B: (想一想)还是喝茶吧。
(잠시 생각을 하고 나서) 차 마실게.

✓ 핵·심·콕·콕!!

'还是'는 주로 의문문에 쓰이지만, '或者'는 의문문에 쓸 수 없다.

✓ C·h·e·c·k C·h·e·c·k

'或者'나 '还是'를 사용하여 밑줄 친 부분을 채우세요.

① A 你们这个星期走_____下个星期走?
B 下个星期。

A 怎么走?
B 坐火车_____坐飞机。

② 我没听清楚他说的是让小张去_____让小常去。

③ A 他今天脾气怎么那么大?
B 可能跟老婆吵架了，_____挨领导批评了。

④ 这批货到底进_____不进，你要快点拿主意。

unit_188 "不是……就是……"와 "或者……或者……"

'不是……就是……'와 '或者……或者……'는 '~이 아니면 ~이다'라는 뜻으로, 선택 관계를 나타내는 문장에 쓰인다. 의미를 혼동하기 쉬운 이들에 대해 정확히 이해할 수 있도록 그 차이점과 쓰임을 구분해 보자.

맥·잡·기·예·문

❶ 这件事只有你们两个人知道，不是你说出去的，就是他说出去的。
이 일은 너희 두 사람만 알고 있으니, 네가 말하지 않았다면 그가 말한 것이다.

❷ A: 你什么时候去上海? 당신은 언제 상하이에 갑니까?
B: 就这两天，不是明天就是后天。 바로 요 며칠 내에요, 내일 아니면 모레.

❸ A: 他跟谁一起去上海? 그는 누구와 함께 상하이에 갑니까?
B: 还不太清楚，或者是小刘，或者是小王。 아직 잘 모르겠어요, 샤오리우일지 샤오왕일지.

❹ 他很喜欢锻炼身体，每天下午不是去操场跑步，就是去体育馆打球。
그는 체력을 단련하는 것을 좋아해서, 매일 오후에 운동장에 가서 달리기를 하지 않으면 체육관에 가서 공놀이를 한다.

문 '不是……就是……'와 '或者……或者……'는 의미가 같을까?

답 '不是……就是……'는 선택을 나타낸다. 이는 '둘 중에 하나이지, 제 3의 다른 것일 리 없다'라는 뜻이다.

예문❶은 분명 '너'와 '그' 둘 중 한 사람이 이 일을 말한 것이지 제 3의 다른 사람일 리 없다는 뜻이다. 예문❷는 상하이에 가는 날이 내일이나 모레 중 하루이지 다른 날일 리 없다는 뜻이다.

'或者……或者……'는 '不是……就是……'와 달리 '두 가지 중 하나일 가능성이 있지만, 제 3의 다른 것일 가능성도 있다'라는 뜻이다. 예문❸은 그와 함께 상하이에 가는 사람이 '小刘'일 수도 있고, '小王'일 수도 있으며, 또 제 3의 다른 사람일 수도 있다는 뜻이다.

또한 '不是……就是……'는 예를 들어 열거함으로써 어떠한 상황을 설명한다. 예문❹의 '不是去操场跑步, 就是去体育馆打球'는 '跑步'와 '打球'를 예로 들어 열거함으로써 '他很喜欢锻炼身体'라는 상황을 설명하고 있다. 또 다른 예로, '那儿不是苍蝇, 就是蚊子(거기는 파리 아니면 모기이다)'를 들 수 있다. 이 문장도 마찬가지로 예를 들어 열서함으로써 그곳이 아주 지저분한 곳임을 설명하고 있다.

✓ C·h·e·c·k C·h·e·c·k

'不是……就是……'나 '或者……或者……'를 사용하여 밑줄 친 부분을 채우세요.

① A 他去哪儿了?

　　B _____图书馆_____教室,不会在其他地方。

② A 你看这件事可能是谁做的?

　　B _____是王丽, _____是张平, 也有可能是其他人。

③ 他不喜欢学习, 每天_____去看电影, _____去跳舞。

④ 你是怎么搞的, 你看你写的字, _____越写越小, _____越写越大, 怎么这么不认真?

unit _ 189

"与其……不如……", "宁可……也不……", "宁可……也要……"

'与其……不如……'는 '~하기 보다는 ~하는 것이 낫다', '宁可……也不……'는 '~할지언정 ~하지 않는다', '宁可……也要……'는 '~하더라도 ~할 것이다'라는 뜻으로, 선택 관계를 나타내는 문장에 쓰인다. 의미를 혼동하기 쉬운 이들에 대해 정확히 이해할 수 있도록 그 차이점과 쓰임을 구분해 보자.

맥·잡·기·예·문

❶ 与其他去，不如你去，你对情况熟悉一些。
당신이 상황에 대해 좀 더 잘 아니까, 그가 가는 것보다는 당신이 가는 게 낫다.

❷ 路不远，车上人又挤，与其坐车去，不如走路去。你看怎么样?
길도 멀지 않고 차에 사람도 많으니, 차를 타고 가는 것보다는 걸어가는 게 나을 것 같은데. 네 생각은 어때?

❸ 车上人那么挤，我宁可走路去，也不坐车去。
차 안에 사람이 저렇게 많으니, 난 차라리 걸어갈지언정 차는 타지 않겠다.

❹ 他总是宁可自己少休息点儿，也要把工作干好。
그는 늘 자신이 좀 덜 쉴지언정 일을 다 해 놓으려고 한다.

문 '与其……不如……', '宁可……也不……', '宁可……也要……'는 각각 어떻게 쓰일까?

답 위의 예문을 통해 '与其……不如……', '宁可……也不……', '宁可……也要……'는 모두 선택 관계 특히, 두 가지 방법의 이해득실을 비교한 후, 둘 중 하나를 취사선택하는 것임을 알 수 있다. 예문❶은 화자가 '他去'와 '你去'라는 두 가지 방법 중 '你去'를 선택한 것이다. 이들의 차이점은 다음과 같다('○'는 선택하는 것을 나타내고, '×'는 선택하지 않는 것을 나타냄).

	사용하는 상황
与其 × 不如 ○	주로 견해를 말하거나 건의할 때 쓰임
宁可 ○ 也不 ×	주로 당사자 자신의 선택을 서술할 때 쓰임
宁可 ○ 也要 목적	주로 어떤 한 방법을 선택한 목적을 나타낼 때 쓰임

예문❷와 예문❸은 동일한 상황을 놓고 말하고 있다. 그러나 예문❷는 화자가 건의하는 것으로, '与其……

不如……'를 써서 자신이 선택하는 것을 뒷절에 두었다. 예문❸은 화자가 자신의 선택을 서술하는 것으로, '宁可……也不……'를 써서 자신이 선택하는 것을 앞절에 두었다.

또한 '宁可'는 종종 당사자가 원치 않는 두 가지 일 중 그나마 좀 더 낫다고 생각하는 한 가지를 선택함을 나타낸다. 다시 말해, '宁可' 뒤의 상황은 예문❸의 '走路去'나 예문❹의 '少休息点儿'과 같이 당사자가 원래 바라던 바는 아니다. 따라서 '我宁可中一等奖, 也不愿中三等奖(나는 일 등에 당첨될지언정, 삼 등에 당첨되는 것을 원하지 않는다)'라고는 말할 수 없다.

✓ Check Check

'与其……不如……', '宁可……也不……', '宁可……也要……'를 사용하여 밑줄 친 부분을 채우세요.

① 这些东西扔了多可惜，_____扔了，_____送给需要的人。

② 哼，他这样的人，我_____把东西扔了，_____送给他。

③ 他们是我们公司的老客户。我们_____少赚点钱，_____使他们满意。

④ 买东西，她_____多花点钱，_____贪便宜买质量差的。

unit_190 "由于"와 "因为"

'由于'와 '因为'는 '~때문에'라는 뜻으로, 원인을 나타낸다. 혼동하기 쉬운 '由于'와 '因为'에 대해 정확히 이해할 수 있도록 그 차이점과 쓰임을 구분해 보자.

맥·잡·기·예·문

❶ 由于路上人太多，所以我迟到了。 길에 사람이 너무 많아서 나는 지각을 했다.
→ 因为路上人太多，所以我迟到了。

❷ 因为他昨天病了，所以没来上课。 그는 어제 병이 나서 수업에 오지 않았다.
→ 由于他昨天病了，所以没来上课。

❸ 由于他总是关心别人，帮助别人，因此受到了大家的尊敬。
그는 언제나 다른 사람에게 관심을 가지고 도와줘서 모두의 존경을 받았다.
× 因为他总是关心别人，帮助别人，因此受到了大家的尊敬。

❹ 我今天不能去了，**因为**我家里有点事。 내가 오늘 갈 수 없는 것은 우리 집에 일이 좀 있기 때문이다.
　× 我今天不能去了，由于我家里有点事。

문 접속사 '由于'와 '因为'는 어떤 차이점이 있을까?

답 '由于'와 '因为'는 모두 원인을 나타내며, '所以'와 함께 쓰일 수 있다. 예를 들면, 예문❶과 예문❷가 그러하다. 그러나 '由于'와 '因为'는 다음과 같은 차이점이 있다.

'由于'는 주로 서면어에 쓰이고, '因为'는 주로 구어에 쓰인다. '由于'는 '因此', '因而', '所以' 등과 함께 쓰일 수 있다. 그러나 '因为'는 주로 '所以'와 함께 쓰이고 '因此', '因而'과는 함께 쓰이지 않는다. 이 밖에 예문❹와 같이 '因为'는 뒷절에 쓰일 수 있지만, '由于'는 뒷절에 쓰일 수 없다.

✓ 핵·심·콕·콕!!

'由于'는 주로 '由于……, 因此 / 因而 / 所以……' 형식으로 쓰이지만, '因为'는 주로 '因为……, 所以……'나 '……, 因为……' 형식으로 쓰인다.

✓ C·h·e·c·k　C·h·e·c·k

'由于'나 '因为'를 사용하여 밑줄 친 부분을 채우세요.

① _____我刚来不久，所以还不太习惯这儿的生活。

② _____我经常来这里，因此这里的人都认识我。

③ 明天我不能去送你了，_____上午有场考试。

④ _____下大雨，很多同学都迟到了。

⑤ _____情况复杂，头绪又多，因而这项工作一直都没有大的进展。

⑥ 这件事他一直都没有告诉我，_____他怕我伤心。

unit_191 "因为"와 "既然"

'因为'와 '既然'은 인과 관계를 나타내는 문장에 쓰인다. 혼동하기 쉬운 '因为'와 '既然'에 대해 정확히 이해할 수 있도록 그 차이점과 쓰임을 구분해 보자.

맥·잡·기·예·문

❶ 他因为病了，(所以)没来上课。 그는 병이 나서 수업에 오지 않았다.

❷ 你既然病了，那就不要去上课了。 병이 났으니 수업하러 가지 마라.

❸ 因为小红很想去，所以我就同意了。 샤오홍이 몹시 가고 싶어 해서 나는 허락을 했다.

❹ 既然小红很想去，你就同意她吧！ 기왕 샤오홍이 몹시 가고 싶어 하니 허락해 줘라!

❺ 既然要我去，那就是相信我。 나더러 가라는 것은 나를 믿는다는 것이다.
　× 因为要我去，那就是相信我。

❻ 我没去，(是)因为他已经去过了。 그가 이미 가 봤기 때문에 나는 가지 않았다.

❼ 他因为这件事一直在生我的气。 그는 이 일 때문에 계속 나에게 화를 내고 있다.

문 '因为'와 '既然'은 모두 인과 관계를 나타낸다. 이들 사이에는 어떤 차이점이 있을까?

답 '因为'와 '既然'의 차이점은 다음과 같다.

因为 + 원인, (所以) + 객관적인 결과
既然 + 사실, 那 / 就 + 주장 / 추론(주관적인 의견)

예문❶의 '他没来上课'는 이미 발생한 일이자 객관적인 결과이다. 그는 '病了'가 원인이 되어 수업에 오지 않았다. 예문❷의 '病了'는 화자와 청자 모두가 알고 있는 사실로, 화자는 '病了'라는 사실을 먼저 이야기한 후, 어떻게 하는 것이 좋을지 즉, '不要去上课了'라는 자신의 의견을 제시하였다. 마찬가지로 예문❸은 '所以'를 써서 객관적인 결과인 '我同意了'를 이끌어 냈으며, 그 원인은 '小红很想去'이다. 예문❹의 화자는 '小红很想去'라는 사실에 근거하여 당연히 그녀를 보내야 한다고 생각하고 '你就同意她吧'라는 자신의 주장을 제시하였다.

위와 같은 설명을 통해 '因为……所以……'는 주로 원인과 결과를 제시하는데 중점을 두고, '既然'은 주로 사실을 제시함으로써 뒷부분의 추론을 이끌어 내는 데 중점을 둔다는 것을 알 수 있다. 이때 '既然'은 화자의 주관적인 생각을 나타낸다.

예문❺는 '要我去'라는 사실로부터 '相信我'라는 추론을 이끌어 냈다. 이때 '要我去'는 '相信我'의 원인이 아니므로, 예문❺에는 '因为'를 쓸 수 없다.

이 밖에 '因为'는 뒷절에도 쓸 수 있다. 그러나 이때는 예문❻과 같이 앞절에서 먼저 결과를 제시해야 한다. 또한 '因为'는 개사로도 쓰일 수 있다. 이때는 뒤에 원인을 나타내는 명사를 동반한다. 예를 들면 예문❼이 그러하다.

✓ C·h·e·c·k C·h·e·c·k

다음 문장을 완성해 보세요.

① 既然你认识他很久了，＿＿＿＿＿＿＿＿＿＿＿＿＿＿＿＿＿＿。

② 因为我已经认识他很久了，＿＿＿＿＿＿＿＿＿＿＿＿＿＿＿＿。

③ 你既然已经做了一半，＿＿＿＿＿＿＿＿＿＿＿＿＿＿＿＿。

④ 我今天很累，＿＿＿＿＿＿＿＿＿＿＿＿＿＿＿＿＿＿＿＿。

⑤ ＿＿＿＿多年的战争，这个国家的经济受到严重的破坏。

⑥ ＿＿＿＿你已经见到他了，那你应该知道发生什么事情了。

⑦ ＿＿＿＿＿＿＿，我们的活儿没干完。

⑧ ＿＿＿＿＿＿＿，就应该改正。

unit_192 "所以"와 "因此"

'所以'와 '因此'는 인과 관계를 나타내는 문장에 쓰인다. 혼동하기 쉬운 '所以'와 '因此'에 대해 정확히 이해할 수 있도록 그 차이점과 쓰임을 구분해 보자.

맥·잡·기·예·문

❶ 因为这里的风景很美，所以很多人来旅游。
이곳의 풍경이 아름다워서 많은 사람들이 여행을 온다.
✕ 因为这里的风景很美，因此很多人来旅游。

❷ 由于我走得太匆忙，所以没来得及告诉你。
내가 너무 바빠 떠나서 미처 너에게 알리지 못했다.
→ 由于我走得太匆忙，因此没来得及告诉你。

❸ 他所以取得这么好的成绩，是因为他平时学习一直都很努力。
그가 이렇게 훌륭한 성적을 거둔 것은 평소에 항상 열심히 공부했기 때문이다.
✕ 他因此取得这么好的成绩，是因为他平时学习一直都很努力。

문 접속사 '所以'와 '因此'는 어떤 차이점이 있을까?

답 '所以'와 '因此'는 모두 결과를 나타내지만, 용법에 있어 다소 차이가 있다.

'所以'는 예문❶, 예문❷와 같이 '因为'와 함께 쓰일 수도 있고, '由于'와 함께 쓰일 수도 있다. 그러나 '因此'는 일반적으로 '由于'와 함께 쓰인다.

이 밖에 '所以'는 예문❸처럼 주어와 술어 사이에도 쓰이지만, '因此'에는 이러한 용법이 없다.

✓ C·h·e·c·k C·h·e·c·k

'所以'나 '因此'를 사용하여 밑줄 친 부분을 채우세요.

① 因为他乒乓球打得好，_____老师让他去参加比赛。
② 由于明天有大雨，_____运动会改到下个星期举行。
③ 他_____没去北京工作，是_____他想留在这儿照顾父母。
④ 我_____没有在会上批评你，是_____怕你一时接受不了。

unit_193 "因此"와 "于是"

'因此'는 '따라서', '때문에'라는 뜻을 나타내고, '于是'는 '그래서', '이리하여'라는 뜻을 나타내며, 인과 관계를 나타내는 문장에 쓰인다. 혼동하기 쉬운 이들에 대해 정확히 이해할 수 있도록 그 차이점과 쓰임을 구분해 보자.

맥·잡·기·예·문

❶ 老师们都很支持我们，因此成立一个学习小组是没有问题的。
선생님들이 모두 우리를 지지하므로 스터디 그룹을 만드는 것은 문제가 없다.

❷ 在老师们的帮助下，同学们很快就行动起来，于是一个学习小组就这样成立了。
선생님들의 도움 아래, 학생들이 신속하게 움직여서 스터디 그룹이 이렇게 만들어졌다.

❸ 由于事先准备得很充分，因此问题很快就解决了。
사전에 충분히 준비했기 때문에, 문제가 빨리 해결되었다.

❹ 大家认真讨论了有利和不利的因素，于是问题很快就解决了。
모두가 이로운 요소와 이롭지 않은 요소에 대해 진지하게 토론을 해서 문제가 빨리 해결되었다.

❺ 雪融化时要吸收热量，因此气温很快就会下降。
눈이 녹을 때는 에너지를 흡수하기 때문에 기온이 빨리 떨어질 것이다.

❻ 雪融化时吸收了很多热量，于是气温很快就下降了。
눈이 녹을 때는 많은 에너지를 흡수한다. 그래서 기온이 빨리 떨어졌다.

❼ 小王和小张都认为自己对，于是两个人就争吵起来。
샤오왕과 샤오장 모두 자신이 옳다고 생각한다. 그래서 두 사람이 다투기 시작했다.

문 접속사 '因此'와 '于是'는 어떤 차이점이 있을까?

답 '因此'는 앞에서 말한 원인에 근거하여 뒤의 결론이나 결과가 도출됨을 나타낸다. 예문❶의 '老师们都很支持我们'은 원인이며, '成立一个学习小组是没有问题的'는 원인으로부터 얻은 결론이다.

	원인		결론이나 결과
예문❶	老师们都很支持我们		成立一个学习小组是没有问题的
예문❸	事先准备得很充分	因此 →	问题很快就解决了
예문❺	雪融化时要吸收热量		气温很快就会下降

'于是'는 뒤의 사건이 앞의 사건과 밀접하게 연결되어 있으며, 뒤의 사건이 앞의 사건으로 인해 야기된 것임을 나타낸다. '于是' 뒤의 문장은 하나의 사건을 나타내기 때문에, 문장의 주요 동사 뒤에 종종 '了', '起来', '下来' 등이 붙는다. 예문❷, 예문❹, 예문❻에서 '于是' 뒷문장의 동사 '成立', '解决', '下降'에는 모두 '了'가 붙었으며, 예문❼의 '争吵'에는 '起来'가 붙었다.

	사건 1		사건 2
예문❷	同学们很快就行动起来		一个学习小组就这样成立了
예문❹	大家认真讨论了有利和不利的因素	于是 →	问题很快就解决了
예문❻	雪融化时吸收了很多热量		气温很快就下降了
예门❼	小王和小张都认为自己对		两个人就争吵起来

✓ C·h·e·c·k C·h·e·c·k

'因此'나 '于是'를 사용하여 밑줄 친 부분을 채우세요.

① 我跟他是多年的老朋友了，_____我很了解他。

② 没有一定的文化水平，学习专业就会遇到困难，_____我们必须首先学好文化，打好基础。

③ 那天我正在看书，小王突然来借词典，_____我就放下书，给他找词典去了。

④ 大家这么一鼓励，我_____又恢复了自信。

⑤ 由于事先做了充分准备，_____会议开得很成功。

⑥ 学习计划确定以后，就要保证按计划进行，_____必须按期检查。

⑦ 公司决定组织大家学习外语，附近学校又帮助解决了教师问题，_____一个业余学习班就成立了。

unit_194 "既然", "如果", "虽然", "即使"

'既然'은 '기왕 그렇게 된 바에야', '기왕 이렇게 된 이상'이라는 뜻으로 인과 관계를 나타내고, '如果'는 '만약 ~라면'이라는 뜻으로 가정을 나타낸다. '虽然'은 '비록 ~이지만'이라는 뜻으로 전환 관계를 나타내고, '即使'는 '설사 ~할지라도'라는 뜻으로 가정이나 양보를 나타낸다. 혼동하기 쉬운 이들에 대해 정확히 이해할 수 있도록 그 차이점과 쓰임을 구분해 보자.

맥·잡·기·예·문

❶ 既然下雨，我就不去了。 비가 오니까 나는 가지 않을래.

❷ 如果下雨，我就不去了。 만약 비가 온다면 나는 가지 않을 것이다.

❸ 虽然下雨，但我还是要去。 비록 비가 오지만 나는 가겠다.

❹ 即使下雨，我也要去。 비가 오더라도 나는 갈 것이다.

문 '既然', '如果', '虽然', '即使'는 용법상 어떤 차이점이 있을까?

답 예문❶, 예문❷, 예문❸, 예문❹는 다음과 같이 분석할 수 있다.

사실	가설	
예문❶ 既然下雨，我就不去了。	예문❷ 如果下雨，我就不去了。	전환이 없음
예문❸ 虽然下雨，但我还是要去。	예문❹ 即使下雨，我也要去。	전환이 있음

위와 같은 분석을 통해서 '既然', '如果', '虽然', '即使'의 용법상의 차이점을 알 수 있다. 말을 할 때, 우선 전하려는 말이 사실인지 아닌지를 판단한 후, 사실이라면 '既然'이나 '虽然'을 써야 하고, 사실이 아니라면 '如果'나 '即使'를 써야 한다. 그런 다음 뒷절이 의미상 전환 관계에 놓여 있는지 살펴봐야 한다. 예를 들면, 일반적으로 비가 오면 외출을 하려고 하지 않으므로 만약 정말 그러한 이유 때문에 가지 않는다면 전환 관계는 존재하지 않는다. 그런데 만약 비가 내림에도 불구하고 여전히 가고자 한다면 이것은 전환 관계가 된다. 따라서 전환 관계가 존재하지 않으면 '既然'이나 '如果'를 써야 하고, 전환 관계가 존재하면 '虽然'이나 '即使'를 써야 한다.

Check Check

'既然……就……', '如果……就……', '虽然……但……', '即使……也……', '固然……但……'를 사용하여 밑줄 친 부분을 채우세요(괄호 안에 주어진 상황을 정확히 이해하고, '固然'에 대한 내용은 unit_195를 참조하세요).

1 (A，B两人正在商量到百货大楼去买衣服)

① A _____衣服价钱贵，我_____不买了。

② B 不，只要是我看中的，_____再贵，我_____要买。(到百货大楼以后，她们两人不约而同地看中了其中一件衣服，价钱是1000元。)

③ A _____价钱这么贵，咱们_____别买了吧。

④ B 你看这件衣服款式多新颖，_____价钱不便宜，_____我还是决定把它买下来。

⑤ A 买衣服款式新颖_____很不错，_____也不能不考虑价钱。

2

① _____事情没办成，_____我还是要谢谢你。

② 你已经劝过多次了，_____他不听，你_____不用再去劝他了。

③ 他下了决心，_____碰到再大的困难，_____要坚持下去。

④ 这是我的手机号码，_____有什么情况，_____马上给我来个电话。

⑤ _____他已经认识到自己错了，我们_____不要再说他了。

unit_195 "虽然"과 "固然"

'虽然'은 '비록 ～이지만'이라는 뜻을 나타내고, '固然'은 '물론 ～이지만', '물론 ～이거니와'라는 뜻을 나타낸다. 혼동하기 쉬운 '虽然'과 '固然'에 대해 정확히 이해할 수 있도록 그 차이점과 쓰임을 구분해 보자.

맥·잡·기·예·문

❶ 他年龄虽然很小，但是做事情却很有经验。
그는 비록 나이는 어리지만, 일 처리에 있어서는 경험이 많다.

❷ 虽然他昨天生病了，但他还是把作业写完了。
비록 그는 어제 병이 났지만, 그래도 숙제를 다 끝마쳤다.

❸ A: 他年龄太小了，这件事他能做得好吗?
　　그는 너무 어린데, 이 일을 잘 할 수 있을까?

　B: 他年龄固然小一些，但是做事情却很有经验，应该没有问题。
　　그는 물론 좀 어리지만, 일 처리에 있어서는 경험이 많아서 문제없을 것이다.

❹ 这个办法固然很好，那个办法也不错。
　이 방법이 물론 좋지만, 저 방법도 괜찮다.

❺ 对于学生来说，学习成绩固然重要，学习能力却更加重要。
　학생에게 있어서 학습 성적이 물론 중요하지만, 학습 능력은 더더욱 중요하다.

문 접속사 '虽然'과 '固然'은 용법상 어떤 차이점이 있을까?

답 '虽然'과 '固然'은 용법상 다음과 같은 차이점을 지닌다.

'虽然'은 양보를 나타낸다. 즉, 먼저 어떤 사실을 제시한 후, 예측과 상반되는 사실을 이끌어 낸다. 예문❶에서는 먼저 '他年龄小'라는 사실을 제시한 후, '年龄小, 可能做事情的经验也少(나이가 어리니까 일을 처리한 경험도 적을 것이다)'라는 예측과 상반되는 사실인 '他做事情却很有经验'을 이끌어 내고 있다.

'固然'은 먼저 전제 조건(즉, 다른 사람이나 화자 자신이 원래 알고 있던 상황)이 옳다고 인정한 후, 다시 예측과 상반되는 사실을 이끌어 낸다. 예문❸의 B는 먼저 A가 말한 '他年龄小'라는 사실이 옳다고 인정한 후, 다시 예측했던 것과 상반되는 사실인 '他做事情很有经验'을 이끌어 내고 있다.

이 밖에도 '固然'은 A라는 사실을 인정한 후, 다시 B라는 사실도 인정해야 함을 나타낸다. 예를 들면, 예문❹와 예문❺가 그러하다. 하지만 '虽然'에는 이러한 용법이 없다.

'虽然'과 '固然'이 놓이는 위치를 비교해 보면, '虽然'은 예문❶처럼 주어 뒤에 놓일 수도 있고, 예문❷처럼 주어 앞에 놓일 수도 있다. 그러나 '固然'은 예문❸, 예문❹, 예문❺처럼 주로 주어 뒤에 놓인다.

✓ C·h·e·c·k　C·h·e·c·k

'虽然', '固然' 및 적당한 관련 단어를 사용하여 다음 문장을 복문으로 바꾸어 써 보세요.

[예] 现在已经是冬天了。现在天气仍然比较暖和。(虽然)
　→ 虽然现在已经是冬天了，但天气仍然比较暖和。

① 我讲了很多话。他一句都没有听进去。(虽然)
　→ _____。

② 我很想帮助他。我不知怎样才能帮助他。(虽然)
　→ _____。

③ A 我们现在要做的工作很多。
　 B 你们的工作确实是很多。我们还是可以抽出一些时间的。(固然)
　 → _____。

④ 他的英语水平很好。他的法语水平也不错。(固然)
　 → _____。

⑤ 数量确实是很重要的。质量更加重要。(固然)
　 → _____。

⑥ 他的年纪还很小。他读了很多很多书。(虽然)
　 → _____。

unit_196 "但是", "只是", "不过"

'但是', '只是', '不过'는 '그러나', '단지'라는 뜻으로, 전환 관계를 나타낸다. 그러나 그 뜻과 쓰임이 때에 따라 서로 다르다는 것을 이해하자.

맥·잡·기·예·문

❶ 虽然她跟小王结婚了，但是她并不爱他。
비록 그녀는 샤오왕과 결혼을 했지만, 그녀는 결코 그를 사랑하지 않는다.

❷ 他虽然个子小，但是力气却很大。
그는 비록 키는 작지만, 힘은 아주 세다.

❸ 他各方面都很好，只是身体差一些。
그는 다 괜찮은데, 건강이 좀 좋지 않다.

❹ 这件衣服大小、样式都合适，只是贵了一点。
이 옷은 크기와 디자인 다 적당한데, 가격이 조금 비싸다.

❺ 他身体一直不太好，不过现在好多了。
그는 건강이 줄곧 안 좋았는데, 지금은 많이 좋아졌다.

문 접속사 '但是', '只是', '不过'는 의미상 어떤 차이점이 있을까?

답 '但是', '只是', '不过'는 모두 전환을 나타내지만, 강조하는 내용에 차이가 있다.

'但是'는 전환을 나타내며, 주로 어떤 일이나 상황이 예측이나 상식과 상반됨을 강조한다. '但是'가 강조하는 내용은 '但是'의 뒷부분이다. 예문❶은 상식(그와 결혼했다면, 이치상 그녀는 그를 사랑할 것이다)과 상반되는 사실인 '她并不爱他'를 강조하고 있다.

'只是'는 경미한 전환을 나타내며, 어떤 일이나 상황이 주요한 것임을 강조하고, 부차적인 상황을 이용해 약간의 보충 설명을 한다. '只是'가 강조하는 내용은 '只是'의 앞부분이다. 예문❸에서는 '他各方面都很好'가 주요한 상황이며, 뒷문장에서 다시 부차적인 상황인 '身体差一些'를 이용해 보충 설명을 하고 있다. 이때 뒷부분은 화자가 강조하는 내용이 아니다.

'不过' 역시 전환을 나타내며, 또 다른 상황을 이용해서 앞에서 설명한 상황에 대해 보충 설명을 한다. '不过'가 강조하는 내용은 '不过' 앞뒤의 두 가지 상황이다. 예문❺에서는 먼저 '他身体一直不太好'라고 말한 후, 다시 '现在好多了'라고 보충 설명하고 있다.

'但是', '只是', '不过'의 차이점은 다음과 같이 요약할 수 있다(△는 강조하는 내용을 나타냄).

_____, 但是 ____△____。
____△____, 只是 _____。
____△____, 不过 ____△____。

✓ Check Check

'但是', '只是', '不过'를 사용하여 다음 문장을 복문으로 바꾸어 써 보세요.

[예] 现在已经是冬天了。现在天气仍然比较暖和。(但是)
→ <u>虽然现在已经是冬天了，但是天气仍然比较暖和。</u>

① 这件衣服看上去不怎么样。这件衣服很贵。(但是)
→ _____。

② 他写的作文很好。他的作文有几个错别字。(只是)
→ _____。

③ 进口小汽车很漂亮，很舒适。进口小汽车坏了不容易修理。(但是)
→ _____。

④ 老刘今天来了一趟。老刘坐了几分钟就走了。(不过)
→ _____。

⑤ 这人很面熟。这人我一时想不起来是谁。(不过)

　→ _____。

⑥ 我也很想看一看。我没有时间了。(只是)

　→ _____。

unit_197 "不管"과 "尽管"

'不管'은 '~에 관계없이', '~을 막론하고'라는 뜻을 나타내고, '尽管'은 '비록 ~라 하더라도', '~에도 불구하고'라는 뜻을 나타낸다. 혼동하기 쉬운 '不管'과 '尽管'에 대해 정확히 이해할 수 있도록 그 차이점과 쓰임을 구분해 보자.

맥·잡·기·예·문

❶ 不管明天下不下雨，我们都要去爬山。
　내일 비가 오든 안 오든, 우리는 등산하러 갈 것이다.

❷ 尽管外面下着雨，他还是照常去爬山了。
　밖에 비가 내리는데도, 그는 여전히 늘 하던대로 등산하러 갔다.

❸ 当时不管谁劝他，他都不听。
　당시에 누가 그를 타일렀어도, 그는 듣지 않았을 것이다.

❹ 尽管王明一再劝他，但他还是不听。
　왕밍이 재차 그에게 충고를 하는데도, 그는 여전히 듣지 않는다.

❺ 不管这个问题有多难，我们都要把它处理好。
　이 문제가 얼마나 어렵든 간에 우리는 그것을 잘 처리해야 한다.

❻ 尽管这个问题很难，我们还是把它处理好了。
　이 문제가 어려운데도, 우리는 그래도 그것을 잘 처리했다.

문 접속사 '不管'과 '尽管'은 어떤 차이점이 있을까?

답 '不管'과 '尽管'은 그 의미가 다르다.

'不管'은 '无论', '不论'과 의미가 비슷하며, **어떤 상황이나 동작, 행위에 있어서 어떠한 제한도 받지 않음을**

나타낸다. '不管'은 가상의 상황을 표시하는데, 예를 들면, 예문❶은 비가 안 오면 당연히 등산을 가고, 만약 비가 오더라도 등산하러 갈 거라는 말이다. 즉, 날씨의 제한을 전혀 받지 않음을 나타낸다. 예문❸은 충고의 제한을 받지 않음을 나타낸다.

'不管'은 어떠한 조건하에서도 그 결과가 변하지 않는다는 것을 강조하기 때문에, 용법상 다음과 같은 특징을 지닌다. 즉, '不管' 뒤에는 반드시 두 가지 이상의 상황이 있어야 하며, 뒷절에는 '都'가 와야 한다.

$$不管 \begin{cases} \underline{두\ 가지\ 이상의\ 상황} \\ 下(雨) \quad 不下雨 \\ 谁\ /\ 什么\ /\ 哪儿\ /\ 怎么…… \\ 多(么)…… \end{cases} 都……$$

'尽管'은 '虽然'과 의미가 비슷하며, **양보를 나타낸다**. '尽管'은 **이미 존재하는 확정된 사실을 나타낸다**. 따라서 '尽管'의 뒤에는 한 가지 상황만 온다. 예문❷의 '下着雨', 예문❹의 '王明一再劝他', 예문❻의 '这个问题很难'이 그러한 예이다.

✓ **C·h·e·c·k C·h·e·c·k**

'不管'이나 '尽管'을 사용하여 밑줄 친 부분을 채우세요.

① _____ 他多忙，他都要抽出时间锻炼身体。

② _____ 有什么困难，我们都要想办法克服。

③ _____ 他得了重感冒，他还是按时完成了任务。

④ _____ 雨停不停，我们都要按时出发。

⑤ _____ 是哪门功课，他都考得很好。

unit_198 "不管"과 "任凭"

'不管'은 '~에 관계없이', '~을 막론하고'라는 뜻을 나타내고, '任凭'은 '~에 관계없이', '~일지라도'라는 뜻을 나타낸다. 혼동하기 쉬운 '不管'과 '任凭'에 대해 정확히 이해할 수 있도록 그 차이점과 쓰임을 구분해 보자.

맥·잡·기·예·문

❶ **不管**我怎么说，他都不相信。 내가 어떻게 말하든 그는 믿지 않는다.
  → **任凭**我怎么说，他都不相信。

❷ **不管**明天下不下雨，你都要来。
  내일 비가 오든 안 오든, 너는 와야 한다.
  ✕ 任凭明天下不下雨，你都要来。

❸ **不管**是在家里，还是在学校，他学习都很认真。
  집에서든 학교에서든, 그는 열심히 공부한다.
  ✕ 任凭是在家里，还是在学校，他学习都很认真。

❹ **任凭**他跑到天上去，我们也要把他找回来。
  그가 하늘로 달아난다고 해도 우리는 그를 찾아와야만 한다.
  ✕ 不管他跑到天上去，我们也要把他找回来。

문 '不管'과 '任凭'은 의미상 어떤 차이점이 있을까?

답 '不管'과 '任凭'은 모두 '无论……, 都……'의 의미를 지니고 있다. 그러나 이들은 용법상 다음과 같은 차이점을 지닌다.

1. '不管' 뒤에 의문을 나타내는 '怎么', '谁', '什么', '哪儿' 등이 있을 때는 '不管'을 '任凭'으로 바꿔 쓸 수 있다. 예를 들면, 예문❶이 그러하다.

2. '不管' 뒤에 병렬구조가 올 때는 '不管'을 '任凭'으로 바꿔 쓸 수 없다. 예문❷의 '下不下雨'와 예문❸의 '在家里，还是在学校'는 모두 병렬구조이다. 따라서 예문❷와 예문❸의 '不管'은 '任凭'으로 바꿔 쓸 수 없다.

3. '任凭'에는 '即使'의 의미도 있다. 예를 들면, 예문❹가 그러하다. 그러나 '不管'에는 이러한 의미가 없기 때문에, 예문❹의 '任凭'은 '不管'으로 바꿔 쓸 수 없다.

Check Check

'不管'이나 '任凭'을 사용하여 밑줄 친 부분을 채우세요.

① _____ 我怎么讲，他都不明白。

② _____ 是新同学还是老同学，都应该遵守学校的纪律。

③ _____ 你同意不同意，我都要去。

④ _____ 我说破了嗓子，叫他回家吃饭，他也不听。

⑤ _____ 天热还是不热，他总是穿那么多。

⑥ _____ 你有天大的本事，也甭想把它打开。

unit_199 "因为"와 "为了"

'因为'는 '~때문에'라는 뜻을 나타내고, '为了'는 '~을 위해서'라는 뜻을 나타낸다. 혼동하기 쉬운 '因为'와 '为了'에 대해 정확히 이해할 수 있도록 그 차이점과 쓰임을 구분해 보자.

맥·잡·기·예·문

❶ 她因为每天听广播，所以汉语水平提高得很快。
그녀는 매일 방송을 듣기 때문에, 중국어 실력이 빠르게 향상되었다.

❷ 为了提高汉语水平，她每天都听广播。
중국어 실력을 향상시키기 위해서 그녀는 매일 방송을 듣는다.

❸ 昨天我没去找他，(是)因为有别的事情。
어제 내가 그를 찾아가지 않은 것은 다른 일이 있었기 때문이다.

❹ 昨天我去找他，是为了把问题弄清楚。
어제 내가 그를 찾아간 것은 문제를 분명히 하기 위해서였다.

❺ 昨天我之所以没去找他，是因为有别的事情。
어제 내가 그를 찾아가지 않은 까닭은 다른 일이 있었기 때문이다.

문 '因为'와 '为了'는 어떤 차이점이 있을까?

답 '因为'는 **원인**을 나타내며, 종종 '所以'와 함께 쓰인다. 이때 앞절은 원인이 되고, 뒷절은 결과가 된다. 예를 들면, 예문❶의 '每天听广播'는 원인이고, '汉语水平提高得很快'는 그 원인으로 인해 생긴 결과이다.

'为了'는 **목적**을 나타낸다. 이때의 '목적'은 '얻고자 하는 결과'로 '원인'과는 다르다. 예문❷의 '每天都听广播'는 행위이고, 행위의 목적은 '提高汉语水平'이므로, '为了'를 사용해서 목적을 이끌어 낸 것이다.

'因为'와 '为了'는 모두 뒷절에도 놓일 수 있다. 이때 '因为' 앞에는 '是'를 붙이지 않아도 되지만, '为了' 앞에는 반드시 '是'를 붙여야 한다. 예를 들면, 예문❸과 예문❹가 그러하다.
'因为'는 뒷절에 놓일 때 예문❺와 같이 '之所以……是因为……'의 형식을 취하기도 한다.

✓ C·h·e·c·k C·h·e·c·k

'因为'나 '为了'를 사용하여 밑줄 친 부분을 채우세요.

① _____考试不及格，他不得不补考。

② _____我们互相了解，有时候不用说话也知道对方的想法。

③ _____让同学们有更多的时间练习听力，语音室延长了开放的时间。

④ 飞机没有起飞，是_____天气不好。

⑤ 马克这次到中国来，是_____参加在广州举办的中国出口商品交易会。

unit_200 "为的是"와 "以便"

'为的是'는 '~을 위해서이다'라는 뜻을 나타내고, '以便'은 '~(하기에 편리)하도록', '~하기 위하여'라는 뜻을 나타낸다. 혼동하기 쉬운 '为的是'와 '以便'에 대해 정확히 이해할 수 있도록 그 차이점과 쓰임을 구분해 보자.

맥·잡·기·예·문

❶ 大家批评你，为的是帮助你，没有别的意思。
  모두가 너를 꾸짖는 것은 너를 돕기 위한 것이지 다른 뜻은 없다.

❷ 企业登广告，为的是扩大自己的产品的影响。
  기업이 광고를 하는 것은 자신들의 상품의 영향력을 확대하기 위해서이다.

❸ 动身前打个电话来，以便我们到车站去接你。
  우리들이 정거장에 너를 마중하러 갈 수 있도록 출발하기 전에 전화해라.

❹ 黑板上的字要写得大些，以便后面的同学看得清。
  뒤에 있는 학생들이 잘 볼 수 있도록 칠판에 글씨를 좀 크게 써야 한다.

문 '为的是'와 '以便'은 어떤 차이점이 있을까?

답 '为的是'와 '以便'은 모두 **목적**을 나타내며, 앞에서 먼저 어떤 행동을 설명한 후, 뒤에서 목적을 설명한다. 그러나 이들은 다음과 같은 차이점을 지닌다.

'为的是'는 앞에서 **설명한 행동이 무엇을 위한 것인지를 강조**한다. 일반적으로 이때의 행동은 대부분 이미 실현된 것이며 주로 어떤 일을 서술할 때 쓰인다. 예문❶의 '批评你'는 이미 발생한 일이기 때문에 '为的是'는 '是为了'로 바꿔 쓸 수 있다.

'以便'은 뒤에서 **설명하는 목적이 쉽게 실현될 수 있도록 한다는 것을 강조**한다. 주로 화자가 상대방에게 건의를 하거나 요구 사항을 제시할 때 쓰이며, 이때의 행동은 아직 실현되지 않은 것이다. 예를 들면, 예문❸과 예문❹가 그러하다.

✓ C·h·e·c·k C·h·e·c·k

'为的是'나 '以便'을 사용하여 밑줄 친 부분을 채우세요.

① 他工作多年了，还利用业余时间去读书，_____不断更新自己的知识。

② 请把地址留下，_____今后联系。

③ 我们每个人都应该坚持锻炼身体，_____增强体质。

④ 近年来，报纸上经常发表一些关于环境保护方面的文章，_____进一步增强人们的环保意识，共同保护好我们的生存空间。

unit _20 | "从而"과 "进而"

'从而'은 '따라서', '그리하여', '~함으로써'라는 뜻을 나타내고, '进而'은 '더욱 나아가', '진일보하여'라는 뜻을 나타낸다. 혼동하기 쉬운 '从而'과 '进而'에 대해 정확히 이해할 수 있도록 그 차이점과 쓰임을 구분해 보자.

맥·잡·기·예·문

❶ 经过三年的努力，他终于学好了汉语，从而为学习专业创造了有利条件。
3년간의 노력 끝에 그는 마침내 중국어를 마스터했고, 그리하여 전공을 공부하는 데 유리한 조건을 만들었다.

❷ 他想先学好汉语，再进而学习专业课。
그는 먼저 중국어를 마스터하고 나서, 한 걸음 더 나아가 전공과목을 공부하려고 한다.

❸ 这种新的教学方法在个别班级进行了实验，从而使教师们对它有了充分的了解。
이러한 새로운 교수법을 각 반에서 실험함으로써, 교사들이 그것을 충분히 이해하게 되었다.

❹ 新的教学方法将先在个别班级进行实验，进而在全校推广。
새로운 교수법은 먼저 각 반에서 실험을 하고 나서 한 걸음 더 나아가 전교로 확대할 것이다.

❺ 公司在内部进行了改革，从而大大提高了职工们的工作积极性。
회사는 내부 개혁을 진행함으로써 직원들의 업무에 대한 적극성을 크게 향상시켰다.

❻ 公司在内部进行了改革，并进而建立了良好的管理制度。
회사는 내부 개혁을 진행하였고, 한 걸음 더 나아가 훌륭한 관리제도를 마련하였다.

문 접속사 '从而'과 '进而'은 어떤 차이점이 있을까?

답 '从而'과 '进而'은 다음과 같은 차이점이 있다.

'从而'은 앞에서 말한 원인이나 조건에 근거하여 어떠한 결과가 야기되는 것을 나타낸다.

'进而'은 앞에서 한 행동의 기초 위에 한 걸음 더 나아가 다른 행동을 하는 것을 나타낸다. 예문❶~예문❻은 다음과 같이 구분할 수 있다.

	원인이나 조건	从而 + 为 / 使	사람/일/사물	결과
예문❶	他终于学好了汉语	从而 + 为	学习专业	创造了有利条件
예문❸	这种新的教学方法在个别班级进行了实验	从而 + 使	教师们	对它有了充分的了解
예문❺	公司在内部进行了改革	从而 + 使	职工们的工作积极性	大大提高了

	사람/일/사물	행동1	再 / 并 + 进而	행동2
예문❷	他	想先学好汉语	再 进而	学习专业课
예문❹	新的教学方法	将先在个别班级进行实验	进而	在全校推广
예문❻	公司	在内部进行了改革	并 进而	建立了良好的管理制度

✓ Check Check

'从而'이나 '进而'을 사용하여 다음 문장을 한 문장으로 바꾸어 써 보세요.

예 从而

北京队昨天3:2打败了上海队。

这一结果为北京队进入决赛创造了有利条件。

→ 北京队昨天3:2打败了上海队，从而为进入决赛创造了有利条件。

① 从而

我们学院建立了幼儿园。

幼儿园大大方便了教职工。

→ _____。

② 从而

他终于发现了这种病的病因。

这一发现为彻底战胜这种疾病奠定了基础。

→ _____。

③ 进而

你应该先努力学好第一外语。

你应该在学好第一外语以后,再学习第二外语。

→ _____。

④ 进而

你要先弄懂这个问题。

你才能研究其他问题。

→ _____。

⑤ 进而,从而

这个新的生产方法我们先在车间进行了实验。

这个新的生产方法我们在全厂推广。

这个新的生产方法取得了良好的生产效果。

→ _____。

부 록

틀리기쉬운중국어어법201

368 ★ Check Check 정답

381 ★ 어법용어색인

383 ★ 참고문헌

★ Check Check 정답

001　①以来　　②以前
　　　③以内　　④以前
　　　⑤以后
　　　⑥以内, 以前 또는 以后, 以后
　　　⑦以后　　⑧以前

002　①以前/从前　②以前
　　　③以前　　④以前/从前
　　　⑤以前　　⑥以前
　　　⑦以前/从前　⑧从前/以前

003　①以后　　②后来
　　　③后来　　④以后
　　　⑤以后　　⑥以后

004　①然后　　②然后
　　　③后来　　④后来
　　　⑤然后　　⑥后来

005　1 예문❶에는 두 개의 시점(8点과 9点)이 있으므로 반드시 '之间'을 써야 한다. 예문❷의 '一个小时'는 총체적인 시간의 양이지 두 개의 시점이 아니므로 '之间'으로 바꿔 쓸 수 없다. 예문❸은 표면적으로는 두 개의 시점을 찾을 수 없지만, '互相关心', '互相帮助'가 모두 쌍방의 상호 관계를 나타내므로 '之间'만 쓸 수 있다. 예문❹는 학우 사이의 관계를 강조하는 것이 아니라, 총체적인 범위(你们班的同学)를 제시하여 그 범위 내의 어떤 하나를 강조하는 것이므로 '中间'만 쓸 수 있다.

　　　2 ①之内　　②中间
　　　　③之间　　④之间
　　　　⑤之内

006　①D　　②A
　　　③C　　④A
　　　⑤B

007　①B　　②A
　　　③A　　④A

008　①C　　②B
　　　③A　　④C
　　　⑤A

009　①A/B　　②A
　　　③B　　④A
　　　⑤A/B　　⑥B

010　①时间　　②时候, 时间
　　　③时间　　④时候, 时候
　　　⑤时候, 时间　⑥时候, 时间, 时间
　　　⑦时候

011　①的时候　　②的时候
　　　③以后　　④的时候
　　　⑤的时候　　⑥以后

012　①明天　　②第二天
　　　③第二天　　④明天
　　　⑤第二天　　⑥明天

013　①现在　　②最近/现在
　　　③现在　　④最近
　　　⑤现在　　⑥现在

014　①一天　　②有一天/一天
　　　③一天　　④有一天/一天
　　　⑤有时, 有时　⑥有一天
　　　⑦有时, 有时　⑧有一天

015　①刚　　②刚才
　　　③刚　　④刚/刚才
　　　⑤刚　　⑥刚才
　　　⑦刚　　⑧刚才

016　①处处　　②到处
　　　③到处　　④处处

017　①二, 两, 二　②二, 二, 二
　　　③二, 二, 两, 两　④两, 二, 二
　　　⑤两, 两　⑥二/两, 二/两, 二, 两

018　①个/位/名, 个/位/名

	② 个, 个, 个	③ 位
	④ 个 / 位	⑤ 位 / 名 / 个
	⑥ 位	⑦ 口 / 个
	⑧ 位	⑨ 个 / 名
	⑩ 位	
019	① 只, 头, 匹, 只	② 条, 头 / 只, 头, 只
	③ 头 / 只, 只, 头 / 只, 只	
020	① 群	② 批
	③ 堆	④ 批
	⑤ 群	⑥ 堆
	⑦ 群	⑧ 堆
021	① 下 / 趟	② 趟 / 下
	③ 次	④ 下
	⑤ 遍 / 次	⑥ 次
	⑦ 趟	⑧ 次
022	① C	② A
	③ D	④ C
	⑤ B	
023	① 间间	② 次次
	③ ×	④ 年年
	⑤ 棵棵	
024	① '每一句'의 의미를 나타낸다.	
	② '一年一年'의 의미로 방식을 나타낸다.	
	③ '一朵一朵'의 의미로 수량이 많음을 나타낸다.	
	④ '每一双'의 의미를 나타낸다.	
	⑤ '一群一群'의 의미로 수량이 많음을 나타낸다.	
	⑥ '一圈一圈'의 의미로 방식을 나타낸다.	
	⑦ '一刀一刀'의 의미로 방식을 나타낸다.	
	⑧ '每一件'의 의미를 나타낸다.	
025	회화 시험에 참가하는 수험생은 아주 많다. 그러나 매번 두 사람만이 들어갈 수 있기 때문에 시험이 끝날 때까지 무리를 나누어 두 사람이 나오면 두 사람이 들어가는 식으로 해야 한다는 말이다.	

● 동 사 ●

026	① 要	② 想 / 要
	③ 要, 想	④ 不想
	⑤ 不想	⑥ 要 / 想, 要 / 想
	⑦ 要 / 想	⑧ 想, 不
027	① 愿意 / 肯	② 愿意
	③ 愿意	④ 肯 / 愿意
	⑤ 肯	⑥ 愿意
028	① 必须	
	② 应该 / 必须 ('应该'를 쓰면 건의하는 것이 되고, '必须'를 쓰면 명령하는 것이 된다)	
	③ 必须	④ 必须
	⑤ 应该	⑥ 必须 / 应该
	⑦ 应该	
	⑧ 应该 / 必须 ('应该'를 쓰면 견해를 말하는 것이 되고, '必须'를 쓰면 명령하는 것이 된다)	
029	① 会 / 能	② 能
	③ 会	④ 能
	⑤ 能	⑥ 能
030	① 会	② 能
	③ 能	④ 会
	⑤ 会	⑥ 能
031	① 会	② 能
	③ 会	④ 会
032	① ×, 不会喝酒 → 不能喝酒	
	② ×, 不能买票 → 买不到票	
	③ ○	
	④ ○	
	⑤ ×, 不会起床 → 起不了床	
	⑥ ×, 我一个人逃走不了 → 我不会一个人逃走的	
	⑦ ×, 你不会帮我的 → 你帮不了我的	
	⑧ ×, 他吸不了烟 → 他会不吸烟的	
033	① 能	② 能 / 可以
	③ 能	
034	① 能	② A: 能 / 可以 B: 可以
	③ A: 能 / 可以 B: 能 / 可以	
	④ 能 / 可以	
035	① A: 能 / 可以 B: 可以	
	② 能 / 可以	③ 可以
	④ A: 能 / 可以 B: 不行	

⑤ 可以

036 ① 어기 완화, 정중한 느낌을 나타낸다.
② 홀가분하거나 격식을 차리지 않는 편안한 느낌을 나타낸다.
③ 어기 완화, 정중한 느낌을 나타낸다.
④ 동작의 시간이 짧고, 횟수가 적음을 나타낸다.
⑤ 어떤 일을 시험 삼아 해보는 것을 나타낸다.
⑥ 동작의 시간이 짧음을 나타낸다.
⑦ 어떤 일을 시험 삼아 해보는 것을 나타낸다.
⑧ 홀가분하거나 격식을 차리지 않는 편안한 느낌을 나타낸다.

037 ① 研究研究   ② 唠唠叨叨
③ 来来回回   ④ 观察观察
⑤ 打打闹闹   ⑥ 哆哆嗦嗦

038 ① ×, 上当他了 → 上了他的当
② ×, 你已经订婚你的女朋友
　　　→ 你已经跟你的女朋友订了婚
③ ×, 请客过几回 → 请过几回客
④ ×, 他鞠躬大家。→ 他向大家鞠了一躬。
⑤ ×, 跳舞跳舞 → 跳跳舞
⑥ ○
⑦ ×, 大家都捐款很多 → 大家都捐了很多款
⑧ ×, 他最近正发愁这件事。
　　　→ 他最近正为这件事发愁。

형용사

040 ① 那儿的东西质量是很好
② 我很忙   ③ 是不错
④ 今天那儿人是特别多
⑤ 那儿的东西很贵
⑥ B: 是很好看 A: 我很忙/太忙了

041 ① ○   ② ○
③ ×   ④ ○
⑤ ×   ⑥ ○
⑦ ○   ⑧ ○

042 ① 高高兴兴   ② 热闹热闹
③ 轻松轻松   ④ 快快乐乐
⑤ 痛痛快快   ⑥ 高兴高兴

043 很 — 清楚, 干干净净的, 老实, 红红的, 认认真真的, 高, 小小的, 长长的, 漂漂亮亮的, 大大方方的, 严肃
特别
非常

대명사

044 ① 别人/人家   ② 别人
③ 人家   ④ 人家
⑤ 人家   ⑥ 人家

045 ① 咱们   ② 我们
③ 咱们   ④ 我们

046 ① ○
② ×, 一年 → 那年
③ ×, 一本书 → 那本书
④ ○
⑤ ×, 一台 → 这个
⑥ ○

047 ① 这么   ② 这么/那么
③ 这么   ④ 这么
⑤ 那么   ⑥ 那么

049 1 ① 这样   ② 这么/这样
③ 这么/这样   ④ 这样
⑤ 这样
2 ① ×, 这么湿气大。
　　　→ 这么大的湿气。/湿气这么大。
② ○

051 ① 我喜欢当老师/我喜欢当记者/……
② 找到了/还没有呢

③ 他是我舅舅 / 他是我叔叔 / 他是我哥哥 / ……

④ 是啊, 是有人说我坏话 / 没人说我坏话, 只是身体有点不舒服

⑤ 再穿件毛衣吧 / 再穿件大衣吧

⑥ 不用, 一会儿就回来了 / 行, 那我就再多穿件衣服

052　① 什么　　　　② 什么
　　③ 怎么　　　　④ 怎么
　　⑤ 什么　　　　⑥ 怎么

053　1 예문❶은 방식을 묻는 것이므로 '怎么'를 써도 되고 '怎样'을 써도 되지만, 예문❷는 원인을 묻는 것이므로 '怎么'만 쓸 수 있다.
　　2 ① 怎么 / 怎样　　② 怎么样
　　③ 怎么　　　　④ 怎么
　　⑤ 怎么样　　　⑥ 怎么
　　⑦ 怎么样

054　① 怎么 / 为什么　② 为什么
　　③ 怎么 / 为什么　④ 为什么
　　⑤ 怎么　　　　⑥ 怎么 / 为什么
　　⑦ 怎么 / 为什么　⑧ 为什么 / 怎么

055　① 这件衣服多少钱　② 你在几班
　　③ 这间房有多大　④ 你几岁了 / 你多大了
　　⑤ 你多大了　　⑥ 你得了第几名
　　⑦ 每年生产多少辆汽车
　　⑧ 从你家到学校有多远

056　① 其他 / 别的　② 其他(的) / 别的
　　③ 其他　　　　④ 其他(的) / 别的
　　⑤ 别的 / 其他(的)　⑥ 别的 / 其他的

057　③, ④, ⑤의 '其他'는 언급한 범위 이외의 것을 가리키기 때문에, '其余'로 바꿔 쓸 수 없다.

058　① 其他的 / 另外的　② 另外 / 其他
　　③ 另外　　　　④ 其他的 / 另外的
　　⑤ 另外　　　　⑥ 另外

059　① 每　　　　　② 各
　　③ 各　　　　　④ 每
　　⑤ 每　　　　　⑥ 每, 各
　　⑦ 每　　　　　⑧ 各

⑨ 每　　　　　⑩ 各, 各

060　① 怎么 / 哪儿　② 怎么 / 哪儿
　　③ 怎么没意思　④ 怎么 / 哪儿
　　⑤ 怎么　　　　⑥ 哪儿
　　⑦ 怎么 / 哪儿　⑧ 哪儿

 부사

061　① ×, 很可惜了 → 太可惜了
　　② ×, 太好 → 很好
　　③ ○
　　④ ×, 实在很坏了 → 实在太坏了
　　⑤ ○
　　⑥ ×, 太晚 → 很晚
　　⑦ ×, 很咸了 → 太咸了
　　⑧ ×, 你很相信别人 → 你太相信别人了

062　① ○　　　　　② ×
　　③ ○　　　　　④ ○
　　⑤ ×

063　① 大不　　　　② 不大
　　③ 不大　　　　④ 不大
　　⑤ 大不

064　① 不, 不, 不　② 没
　　③ 没　　　　　④ 不
　　⑤ 不　　　　　⑥ 没
　　⑦ 不　　　　　⑧ 不

065　① 再 / 还　　　② 又
　　③ 还　　　　　④ 又 / 还
　　⑤ 又, 还　　　⑥ 再
　　⑦ 再　　　　　⑧ 还

066　① 下星期五我们又要举行汉语水平比赛了
　　② 明天这场球, 我们队又会赢的(동일한 상황이 중복하여 발생할 것임을 강조) / 明天这场球, 我们队还会赢(계속 이길 것임을 강조)
　　③ 任务没完成, 我们明天还要继续干
　　④ 下个月她姐姐结婚, 她又要回去一趟
　　⑤ 我希望以后能有机会再来中国

067	① 也	② 又
	③ 又	④ 也
	⑤ 也	⑥ 又
068	① 再	② 再
	③ 还	④ 再
	⑤ 还	⑥ 还
070	① 才4月1日他就买好了去北京的飞机票	
	② 她38岁才结婚	
	③ 这次我们班才9个同学去桂林旅游	
	④ 这次听力考试，我才考了90分	
	⑤ 只有努力学习，才能学好汉语	
	⑥ 他们谈了几次才把那个问题解决了	
071	① 再	② 才
	③ 再	④ 再
	⑤ 才	⑥ 才
072	① 再不	② 不再
	③ 再不	④ 不再
	⑤ 再不	⑥ 再不
073	① 再/更	② 更
	③ 更	④ 再
	⑤ 更	⑥ 再
	⑦ 再	⑧ 更
074	① 并	② ×
	③ 又	④ 又
	⑤ ×	⑥ 并
	⑦ 又	⑧ 并
075	① ×	② ○
	③ ×	④ ×
	⑤ ○	⑥ ×
	⑦ ×	
076	① 全/全部	② 全部
	③ 全	④ 全/全部
	⑤ 全	⑥ 全部
	⑦ 全/全部	⑧ 全
077	① ×	② ○
	③ ×	④ ○ (어기가 다름)
	⑤ ○ (어기가 다름)	⑥ ×
	⑦ ○	⑧ ○
	⑨ ○	⑩ ○
078	① '都'와 '已经' 모두 가능하나, '都'를 쓰는 것이 더 적절하다.	
	② '都'와 '已经' 모두 가능하나, '都'를 쓰는 것이 더 적절하다.	
	③ 已经	
	④ '已经'과 '都' 모두 가능하나, 어기가 다르다.	
	⑤ 已经	⑥ 已经
	⑦ 已经	
	⑧ '都'와 '已经' 모두 가능하나, '都'를 쓰는 것이 더 적절하다.	
079	① 只去过北京路/就去过北京路	
	② 我只会说英语/我就会说英语	
	③ 只有那台电视机还值几个钱/就那台电视机还值几个钱	
	④ 只学过半年汉语/就学过半年汉语	
	⑤ 只有这一台电脑/就这一台电脑	
	⑥ 只有她嫌难吃/就她嫌难吃	
080	① 马上/立刻	② 立刻
	③ 立刻	④ 马上
	⑤ 马上	⑥ 马上
081	① 一时	② 一下子
	③ 一下子	④ 一下子
	⑤ 一下子	⑥ 一时
082	① 马上, 赶紧	② 一下子/马上
	③ 赶紧	④ 马上
	⑤ 马上	⑥ 一下子
	⑦ 赶紧	⑧ 马上
	⑨ 连忙/赶紧	⑩ 连忙/赶紧/马上
083	① 一时	② 一旦
	③ 一旦	④ 一度
	⑤ 一度	⑥ 一旦
	⑦ 一时	⑧ 一度
084	① 一下子	② 忽然
	③ 忽然	④ 忽然, 一下子
	⑤ 一下子	⑥ 忽然
085	① 一直	② 一直/总
	③ 总/一直	④ 一直

⑤ 一直 / 总　　⑥ 总
⑦ 一直
⑧ 总 ('想起'는 연속성을 지니지 않기 때문에 '一直'를 쓸 수 없다. 그러나 '这些天，他一直想着他的女朋友'로 고치면 문장이 성립한다.)

086　① 总　　　　　② 一直
　　③ 总　　　　　④ 总
　　⑤ 一直　　　　⑥ 总

087　1 ① 从来 / 一直　② 从来
　　　③ 一直　　　　④ 从来
　　　⑤ 一直　　　　⑥ 从来
　　2 ① A　　　　　② B

088　① 一向 / 一贯　② 一直
　　③ 从来 / 一直　④ 一向 / 一贯
　　⑤ 一直　　　　⑥ 从来
　　⑦ 一向　　　　⑧ 一贯

089　① 根本　　　　② 始终
　　③ 始终　　　　④ 根本
　　⑤ 根本　　　　⑥ 始终

090　① 原来　　　　② 本来
　　③ 本来　　　　④ 本来
　　⑤ 原来　　　　⑥ 本来 / 原来
　　⑦ 原来　　　　⑧ 本来

091　① ×　　　　　② ×
　　③ ○　　　　　④ ×
　　⑤ ×

092　① 有点儿, 一点儿　② 有点儿
　　③ 有点儿, 一点儿　④ 有点儿, 一点儿
　　⑤ 一点儿　　　　⑥ 有点儿

093　① 在　　　　　② 正
　　③ 在　　　　　④ 在
　　⑤ 正　　　　　⑥ 正

094　① '一定要'나 '得'로 바꿔 쓸 수 있다.
　　② 바꿔 쓸 수 없다.
　　③ '一定得'로 바꿔 쓸 수 있다.
　　④ '一定得'로 바꿔 쓸 수 있다.
　　⑤ '必须'로 바꿔 쓸 수는 있으나, 의미가 달라질

수 있다. ('一定'은 '확답'을 나타내고, '必须'는 '객관적인 요구'를 나타낸다)
⑥ '一定得'로 바꿔 쓸 수 있다.
⑦ 바꿔 쓸 수 없다.
⑧ '一定要'나 '得'로 바꿔 쓸 수 있다.
⑨ 바꿔 쓸 수 없다.
⑩ 바꿔 쓸 수 없다.

095　① 不必　　　　② 不必 / 不是必须
　　③ 不必　　　　④ 不必
　　⑤ 不是必须　　⑥ 不必
　　⑦ 不是必须　　⑧ 不必

096　① 一定　　　　② 肯定
　　③ 一定　　　　④ 一定
　　⑤ 一定 / 肯定　⑥ 一定 / 肯定

097　① 冬天到了，天气应该越来越冷，可是这几天不仅一点也不冷，反而更暖和了
　　② 猫当然是不怕老鼠的，可是这只猫居然怕老鼠，真是奇怪
　　③ 他吃了减肥药，按说会瘦一些，可他不但没有瘦，反而比原来更胖了
　　④ 妈妈对他那么好，他不仅不感谢妈妈，居然还说她不关心他，太不像话了

098　① 反而 / 相反　② 相反
　　③ 反而　　　　④ 相反
　　⑤ 反而　　　　⑥ 相反
　　⑦ 相反

099　① ○
　　② ×, 我倒没有那么多的钱
　　　　→ 但我没有那么多的钱
　　③ ○
　　④ ×, 倒别告诉他 → 但别告诉他
　　⑤ ○
　　⑥ ○

100　① ×, 但你说这样的话 → 你却说这样的话
　　② ○
　　③ ×, 这件事却不能这样干
　　　　→ 但这件事不能这样干
　　④ ○

101　①无论明天刮风还是下雨，反正我要去
　　②不管你喝不喝，我反正不喝了
　　③反正修不好，就不去修了吧
　　④反正他不同意，我就不去找他了

102　①最后，终于　　②最后
　　③终于　　　　　④最后
　　⑤终于

103　①幸亏　　　　　②幸亏
　　③多亏　　　　　④幸亏/多亏
　　⑤多亏　　　　　⑥多亏
　　⑦多亏/幸亏　　⑧幸亏

개사

104　①○　　　　　　②○
　　③×，朝→往　　④○
　　⑤×，朝→向　　⑥×，朝→向
　　⑦○　　　　　　⑧×，往→向/朝

105　①向　　　　　　②对/向
　　③对/向　　　　　④对
　　⑤对/向　　　　　⑥对

106　1 ①×，这个菜是专门做给你的。
　　　　→这个菜是专门给你做的。
　　　②○
　　　③×，今天他又骗了给人。
　　　　→今天他又给人骗了。
　　　④×，那位演员唱了几首歌给我们。
　　　　→那位演员给我们唱了几首歌。/那位演员唱了几首歌给我们听。
　　　⑤×，我鞠了一个躬给他。
　　　　→我给他鞠了一个躬。
　　　⑥○
　　2 ①为　　　　　②被
　　　③×　　　　　④×
　　　⑤为　　　　　⑥向/对

107　①对于　　　　　②对于
　　③关于　　　　　④关于
　　⑤对于/关于　　⑥关于

　　⑦对于/关于　　⑧对于

108　①对　　　　　　②对
　　③对　　　　　　④对
　　⑤对　　　　　　⑥对/对于

109　①在阿里看来　　②对阿里来说
　　③在小王看来　　④在他看来
　　⑤对老年人来说

110　①至于　　　　　②关于
　　③至于　　　　　④关于

111　①为　　　　　　②为
　　③为了　　　　　④为了
　　⑤为　　　　　　⑥为/为了
　　⑦为　　　　　　⑧为
　　⑨为

112　①从　　　　　　②从/自从
　　③自从　　　　　④从
　　⑤从　　　　　　⑥从
　　⑦从　　　　　　⑧从

113　①昨天他被老师批评了一顿
　　②小明，明天的晚会由你负责吧
　　③他不认真工作，所以被公司开除了
　　④今天忘记带伞了，衣服都被淋湿了
　　⑤他们很勇敢，没被困难吓倒
　　⑥我们商量好了，后天由小王负责提意见，由我和小刘负责写申请

114　①通过　　　　　②通过/经过
　　③通过/经过　　④通过
　　⑤通过/经过　　⑥通过
　　⑦通过/经过　　⑧通过

115　①根据/按照　　②按照
　　③根据/按照　　④根据/按照
　　⑤按照　　　　　⑥根据
　　⑦根据　　　　　⑧按照
　　⑨根据/按照

조사

116　①的　　　　　　②的

③地　　　　　　　④得
⑤地　　　　　　　⑥的,的,得
⑦的,得　　　　　　⑧的
⑨的

117　①×　　　　　　　②的
　　③的　　　　　　　④×
　　⑤的,×　　　　　　⑥的,×

118　①○
　　②×,我理想 → 我的理想
　　③○
　　④×,王林的老师 → 王林老师
　　⑤×,我汉语的老师 → 我的汉语老师
　　⑥○
　　⑦×,我们的下次表演地方
　　　→ 我们下次表演的地方

119　①×,她学汉语的是暨南大学。
　　　→ 她学汉语的大学是暨南大学。
　　②○
　　③○
　　④○
　　⑤×,他踢足球的很好。
　　　→ 他踢足球的技术很好。
　　⑥○

120　①×,他正在找着那本汉英词典。
　　　→ 他正在找那本汉英词典。
　　②×,马上流着眼泪 → 马上流下了眼泪
　　③×,墙上一直在挂一幅世界地图。
　　　→ 墙上一直挂着一幅世界地图。
　　④○
　　⑤×,躺 → 躺着
　　⑥○

121　①×,他常常在床上躺看着书。
　　　→ 他常常在床上躺着看书。
　　②×,她走着路去买水果。
　　　→ 她走路去买水果。
　　③○
　　④×,只好上课坐 → 只好坐着上课
　　⑤×,她一直微笑看我

　　　→ 她一直微笑着看着我
122　①了　　　　　　　②着
　　③着　　　　　　　④了
　　⑤了

124　①×,一直在家乡生活了
　　　→ 一直在家乡生活
　　②○
　　③○
　　④×,我常常听了妈妈讲故事
　　　→ 我常常听妈妈讲故事
　　⑤○

126　①A　　　　　　　②B
　　③B　　　　　　　④A
　　⑤B　　　　　　　⑥B

127　①B　　　　　　　②A
　　③B　　　　　　　④B

129　①了　　　　　　　②了
　　③过　　　　　　　④了
　　⑤过　　　　　　　⑥过

130　①什么时候买　　②什么时候买的
　　③什么时候回来
　　④谁进的货,从哪儿进的

131　①我刚才见到他了
　　②A:你从哪儿来的　B:今年三月来的中国
　　③A:什么时候回来的 B:昨天回来的
　　④A:昨天丢了钱包　B:在哪儿丢的
　　　A:在车上丢的

132　①睡了10个小时了　②骗了你很多次了
　　③开了3天会　　　④洗了半天了
　　⑤当老师当了30多年了
　　⑥先后发表了5篇文章

133　①吗　　　　　　　②吧
　　③啊　　　　　　　④吧
　　⑤啊

134　①吗　　　　　　　②吧
　　③吗　　　　　　　④吧
　　⑤吗　　　　　　　⑥吧

135　①반문을 나타낸다.　②반문을 나타낸다.

375

③ 놀라움이나 뜻밖임을 나타낸다.

④ 반문을 나타낸다.

접속사

136　①和 → 而　　②和 → 并

　　③而 → 和　　④并 → 和

　　⑤和 → 而　　⑥并 → 而

　　⑦解决并研究 → 研究并解决

137　①B　　②A

　　③B　　④C

138　①和　　②和

　　③和　　④和/及

　　⑤及　　⑥和

139　①B　　②C

　　③D　　④B

문장성분

140　①×，门外走进来张老师。→ 门外走进来一位老师。/张老师从门外走进来。

　　②×，一本小说我已经看完了。→ 那本小说我已经看完了。/小说我已经看完了。

　　③×，我出去一看，一个人正在那里哭。→ 我出去一看，有一个人正在那里哭。

　　④○

141　1 ①×，用了 → 用完了

　　②×，吃了 → 吃饱了

　　③×，找他 → 找到他

　　④×，正在找到那支笔 → 正在找那支笔

　　⑤×，办200电话的手续好了 → 办好了200电话的手续

　　2 ①他解释清楚了那个问题/他把那个问题解释清楚了

　　②我听懂了他讲的中文故事

　　③我们队打赢了这一场球

　　④医生救活了那个病人/医生把那个病人救活了

142　1 ①我没看见他　　②我没看他

　　③我没见着他

　　2 ①×，梦 → 梦见/梦到

　　②○

　　③×，看 → 看见/看到

　　④×，别切手 → 别切着手

　　⑤×，遇着 → 遇见/遇到

143　①×，记了吗 → 记住了吗

　　②×，没接 → 没接住

　　③×，看行李 → 看住行李

　　④○

　　⑤×，抓这个机会 → 抓住这个机会

144　①○　　②×

　　③○　　④×

145　1 ①下去　　②出去

　　③起来　　④出来

　　⑤下去　　⑥起来

　　2 ①×，讨论起来 → 讨论下去

　　②×，他向我们介绍起来了这个学校的情况。→ 他向我们介绍起这个学校的情况来了。

　　③○

146　①起(来)　　②出

　　③起

147　①起来　　②下来

　　③下来

148　①明天下午3点开始训练

　　②听到这个不幸的消息，她哭起来了

　　③秋天来了，天气(开始)凉快起来了

149　①下去　　②下来

　　③下去　　④下来, 下去

150　①过来　　②过去

　　③过来　　④过来

151　①×，妈妈要求我学习得很努力。→ 妈妈要求我努力学习。

　　②○

　　③○

④ ×, 你赶快地跑, 去哪儿?
　　　→ 你跑得这么快, 去哪儿?

152 ① ×, 不能记住 → 记不住
② ×, 不能回答 → 答不出来/回答不了
③ ×, 我借得了你的笔用一用吗?
　　　→ 我能借你的笔用一用吗?
④ ○
⑤ ○
⑥ ×, 不能起床 → 起不了床
⑦ ×, 拿走不了 → 不能拿走
⑧ ×, 不能教育 → 教育不好/教育不了

153 ① B　　② A
③ A　　④ B
⑤ B　　⑥ A

154 ① 这幅画画得真漂亮
② 这首曲子很难弹, 我弹不好
③ 这个展览办得好不好
④ 这件衣服洗得干净洗不干净
⑤ 这篇文章翻译得不太好

155 ① 昨天我们去他们家坐了两个小时车
② 我们等车等了两个小时了
③ 下午他打了两个小时篮球
④ 他回国九个月了
⑤ 他起床半个小时了, 还没吃早饭
⑥ 他睡了七个小时
⑦ 我认识他三年了
⑧ 他拍了四十年电视剧

어순

156 ① 我家那只活泼可爱的小花猫不见了
② 我们学校的两位老师参加了数学比赛
③ 昨天给我们作报告的是中文系一位非常有名的老教授
④ 我有一件非常漂亮的丝绸衬衫
⑤ 我们厂生产了很多优质的塑料产品
⑥ 桌子上放着两盒我最爱吃的奶油蛋糕

157 ① 你今天晚上千万不要给他讲这件事儿

② 冬冬在椅子上大声地哭了起来
③ 老师说完以后, 他马上从书包里拿出了课本
④ 真不像话, 他居然从后门悄悄地溜走了
⑤ 也许他现在正在教室里给小明辅导功课呢

158 ① ×, 昨天晚上他一直从8点到11点在家里看书。→ 昨天晚上从8点到11点他一直在家里看书。
② ○
③ ×, 我才后来明白过来是怎么回事。
　　　→ 我后来才明白过来是怎么回事。
④ ×, 他常常来这儿看书以前。
　　　→ 以前他常常来这儿看书。
⑤ ○

159 ① 没都　　② 不都
③ 都不　　④ 都不
⑤ 不都　　⑥ 都不

160 ① A　　② B
③ A　　④ B
⑤ A　　⑥ B

161 ① 可以不　　② 不可以
③ 不可以　　④ 可以不, 不可以
⑤ 不可以　　⑥ 可以不, 不可以

162 ① B　　② A
③ A　　④ B
⑤ A　　⑥ A

163 ① B　　② B
③ A　　④ B
⑤ A　　⑥ B

164 ① ×, 他们唱歌在教室里。
　　　→ 他们在教室里唱歌。
② ×, 刚才有个行人在地上被汽车撞倒。
　　　→ 刚才有个行人被汽车撞倒在地上。
③ ○
④ ×, 这条裙子你在身上穿会很好看的。
　　　→ 这条裙子你穿在身上会很好看的。
⑤ ×, 张经理正会见一个客人在办公室。
　　　→ 张经理正在办公室会见一个客人。

165　① A:○ B:○　　② A:× B:○
　　③ A:○ B:○　　④ A:○ B:×

166　① 池子里　　　② 楼上
　　③ 对面, 一群孩子　④ 车厢里, 很多乘客
　　⑤ 餐厅里

167　① ○
　　② ×, 是 → 有
　　③ ×, 是 → 有
　　④ ○

168　① 昨晚小李请我看了一场电影 (겸어문)
　　② 小王打开门走出去了 (연동문)
　　③ 经理叫我设计了一个广告 (겸어문)
　　④ 老师要(让 /叫)马克再朗读一遍 (겸어문)

169　① 我的车子昨天被小王弄丢了
　　② 我已经把饭菜煮好了
　　③ 他把他们说服了
　　④ 被酒店服务员罚了(我的)款

170　① ×　　　② ○
　　③ ×　　　④ ×
　　⑤ ○　　　⑥ ×
　　⑦ ×
　　⑧ ○ ('把'나 '使'를 모두 쓸 수 있다)

171　① ×, 他寄文章到报社去了.
　　　　→ 他把文章寄到报社去了.
　　② ×, 妈妈做那块布成了一条裙子.
　　　　→ 妈妈把那块布做成了一条裙子.
　　③ ×, 他放买来的电脑在电脑桌上.
　　　　→ 他把买来的电脑放在电脑桌上.
　　④ ○
　　⑤ ×, 你要这封信交给谁?
　　　　→ 你要把这封信交给谁?
　　⑥ ×, 我已经送票到他那里去了
　　　　→ 我已经把票送到他那里去了
　　⑦ ○
　　⑧ ×, 李老师当学生作自己的孩子, 非常关

心他们. → 李老师把学生当作自己的孩子, 非常关心他们.

172　① 又, 又　　　② 连, 带
　　③ 又, 又　　　④ 连, 带
　　⑤ 连, 带　　　⑥ 又, 又
　　⑦ 又, 又

173　① ○
　　② ×, 打听打听 → 一打听
　　③ ×, 他一了解, 这种产品在市场上的销路怎么样. → 他要了解了解这种产品在市场上的销路怎么样.
　　④ ○

174　① 这些衣服长的长, 短的短, 没有一件合适
　　② 放假了, 同学们旅游的旅游, 回家的回家, 宿舍里没有什么人
　　③ 夜深了, 车厢里睡觉的睡觉, 看书的看书, 十分安静

175　① 他没有我这么喜欢运动
　　② 这儿的气候跟我们家乡的一样好
　　③ 我没有他那么会说话
　　④ 我对你的爱跟海一样深
　　⑤ 以前的生活水平没有现在这么高

176　① 我比他多花20块钱
　　② 他昨晚比他妻子早睡1个半小时
　　③ 我比他少拿两个苹果
　　④ 我比他早来1年
　　⑤ 这趟车比预定时间晚到3个小时

177　① 今天的最高气温比昨天高一点儿
　　② 他做作业用的时间比他弟弟用的多得多 /他做作业用的时间比他弟弟用的多多了 /他做作业用的时间比他弟弟用的多很多
　　③ 他的学习成绩比我好一点儿
　　④ 妹妹比哥哥善良得多 /妹妹比哥哥善良多了 /妹妹比哥哥善良很多
　　⑤ 我们公司今年的销售额比去年少了一点

儿

⑥光的传播速度比声音快得多/光的传播速度比声音快多了/光的传播速度比声音快很多

178　①他没(有)我有钱

②上海不比广州漂亮

③我没(有)他会做饭

④那个包不比这个包重

⑤这个小姑娘没(有)她姐姐讨人喜欢

⑥品牌店里的东西不比一般店里的东西贵多少

179　①没(有)　　　　②不如/没(有)

③不如/没(有), 没(有)

④没(有)　　　　⑤没(有)

⑥不如

180　①B: 我是昨天到的

A: 我是前天到的

A: 我是跟朋友一起来的

②B: (这本小说)是从图书馆借的

B: 是用汉语写的

③B: 我们是前天刚认识的

B: 他是从英国来的

④B: 是我妈妈打扫的

181　①连自己的母语都说不好/连自己的母语也说不好

②连中国人都不会写这个汉字/连中国人也不会写这个汉字

③连这么贵的衣服她都舍得买

④连经理都不能解决这个问题/连经理也不能解决这个问题

⑤他连觉都睡不好/他连觉也睡不好

⑥他连一个字也没写

⑦他(气得)连话都说不出来/他(气得)连话也说不出来

182　①B　　　　　　②A

③C　　　　　　④C

⑤A　　　　　　⑥B

⑦A　　　　　　⑧C

183　①而/而且　　　②而且

③而且

④而('旱灾'와 '水灾'는 의미가 상반된다)

⑤而　　　　　　⑥而且

184　①但　　　　　　②而

③但　　　　　　④而

⑤而/但

185　①×　　　　　　②○

③○　　　　　　④×

⑤○

186　①一方面,一方面　②一来,二来

③一面,一面　　　④一来,二来

187　①还是,或者　　　②还是

③或者　　　　　　④还是

188　①不是,就是　　　②或者,或者

③不是,就是　　　④不是,就是

189　①与其,不如　　　②宁可,也不

③宁可,也要　　　④宁可,也不

190　①由于/因为　　　②由于

③因为　　　　　　④由于/因为

⑤由于　　　　　　⑥因为

191　①那你们之间就不应该这么见外/那对他应该很了解(이 밖에도 다른 답안이 있을 수 있다)

②所以我跟他很熟　③就应该把它做完

④因为我走了一天的路

⑤因为　　　　　　⑥既然

⑦因为天下大雨(이 밖에도 다른 답안이 있을 수 있다)

⑧既然你知道错了

192　①所以　　　　　　②因此/所以

③(之)所以,因为　　④(之)所以,因为

193　①因此　　　　　　②因此

③于是　　　　　　④于是

⑤ 因此　　　　　⑥ 因此
⑦ 于是

194　1 ① 如果,就　　② 即使,也
　　　③ 既然,就　　④ 虽然,但
　　　⑤ 固然,但
　　2 ① 虽然,但　　② 既然,就
　　　③ 即使,也　　④ 如果,就
　　　⑤ 既然,就

195　① 虽然我讲了很多话,但他一句都没有听进去
　　② 我虽然很想帮助他,但不知怎样才能帮助他
　　③ 你们的工作固然很多,但还是可以抽出一些时间来的
　　④ 他的英语水平固然很好,但他的法语水平也不错
　　⑤ 数量固然很重要,但质量更加重要
　　⑥ 虽然他的年纪还很小,但读了很多很多书

196　① 这件衣服看上去不怎么样,但是很贵
　　② 他写的作文很好,只是有几个错别字
　　③ 进口小汽车很漂亮,很舒适,但是坏了不容易修理
　　④ 老刘今天来了一趟,不过坐了几分钟就走了
　　⑤ 这人很面熟,不过我一时想不起来是谁
　　⑥ 我也很想看一看,只是没有时间了

197　① 不管　　　　② 不管
　　③ 尽管　　　　④ 不管
　　⑤ 不管

198　① 不管/任凭　　② 不管
　　③ 不管　　　　④ 任凭
　　⑤ 不管　　　　⑥ 任凭

199　① 因为　　　　② 因为
　　③ 为了　　　　④ 因为
　　⑤ 为了

200　① 为的是　　　② 以便
　　③ 以便　　　　④ 为的是

201　① 我们学院建立了幼儿园,从而大大方便了教职工
　　② 他终于发现了这种病的病因,从而为彻底战胜这种疾病奠定了基础
　　③ 你应该先努力学好第一外语,再进而学习第二外语
　　④ 你弄懂这个问题之后,才能进而研究其他问题
　　⑤ 这个新的生产方法我们先在车间进行了实验,进而在全厂推广,从而取得了良好的生产效果

★ 어법용어색인

이 책에 쓰인 어법용어의 기본 정의는 다음과 같다.

중국어	한국어	정의
被动句	피동문	동작의 대상이 주어로 쓰이는 문(文). 동작의 주체는 '被'자 뒤에 나타나거나 생략된다
宾语	목적어	빈어라고도 한다
补语	보어	
程度补语	정도보어	정도를 나타내는 보어
程度副词	정도부사	정도를 나타내는 부사
词组	구(Phrase)	두 개 혹은 두 개 이상의 실사(實詞), 즉 단어를 일정한 규칙에 따라 조합하여 만들어진 문장 성분
存现句	존현문	어떤 장소에 무엇인가가 존재하거나, 사람이나 사물이 나타나거나 사라진다는 뜻을 표현하는 문
代词	대명사	구체적인 사람, 사물, 성질, 행위 등을 대신하여 사용하는 단어. 대사라고도 한다
定语	정어	명사를 수식하는 성분. 관형어, 한정어라고도 한다
动词	동사	
动量补语	동량보어	동사 뒤에 부가되어 동작이 일어난 횟수를 나타내는 보어
动量词	동량사	동작의 횟수를 세는 단위
反问句	반어문	실제로 질문을 하는 것이 아니라, 화자가 청자에 대하여 불만이나 비판, 혹은 비꼬는 느낌을 표현하는 문
方位词	방위사	방위를 나타내는 명사
否定副词	부정부사	부정(否定)을 나타내는 부사
副词	부사	
复合趋向补语	복합방향보어	2음절로 이루어진 방향보어
复句	복문	두 개 혹은 그 이상의 단문을 일정한 의미 관계에 따라 조합한 문
集体名词	집합명사	사람이나 사물의 집합체를 나타내는 명사
假设句	가정문	가정을 나타내는 문
兼语句	겸어문	두 개의 동사 혹은 두 개의 술목구로 이루어진 문. 첫 번째 동사의 목적어가 두 번째 동사의 주체가 된다
结果补语	결과보어	술어의 결과를 나타내는 보어

介词	개사	동작, 행위 혹은 사물의 시간, 장소, 방향, 범위 등을 표시하거나 이끄는 역할을 하는 단어. 전치사라고도 한다
可能补语	가능보어	동사와 방향보어, 동사와 결과보어 사이에 '得'나 '不'를 삽입하여 가능 혹은 불가능을 나타내는 보어
离合词	이합사	'동사+목적어' 구조로 이루어진 동사
连词	접속사	단어와 단어, 구와 구, 절과 절, 문과 문을 연결해 주는 역할을 하는 단어. 연사라고도 한다
连动句	연동문	두 개의 동사 혹은 두 개의 술목구로 이루어진 문. 두 동사의 주체는 단일하다
量词	양사	사물의 양이나 동작의 횟수를 세는 단위
名词	명사	
名量词	명량사	사물을 세는 단위
能愿动词	능원동사	동사 앞에 쓰여 가능, 바람, 필요, 의지, 허가 등을 나타내는 단어. 조동사라고도 한다
祈使句	명령문	상대방에게 어떤 일을 요구하거나 명령하는 문
情态补语	정태보어	동사나 형용사 뒤에 부가되어 동작이 진행되는 정도나 상태를 나타내는 보어
趋向补语	방향보어	동사의 뒤에 쓰여 동작의 이동 방향을 나타내는 보어
人称代词	인칭대명사	사람을 대신하여 사용하는 단어
时间词	시간사	시간을 나타내는 명사
时间副词	시간부사	동작이 행해지는 시간의 태를 나타내는 부사
时量补语	시량보어	동사 뒤에 부가되어 시간의 양을 나타내는 보어
数词	수사	수를 나타내는 단어
数量词	수량사	수사와 양사가 결합한 형태
谓语	술어	문장에서 주어를 제외한 나머지 부분
形容词	형용사	
疑问代词	의문대명사	사람, 사물, 성질, 상태 등에 대하여 질문할 때 사용하는 대명사
疑问句	의문문	의문을 표시하는 문
语气副词	어기부사	어기를 나타내는 부사
指示代词	지시대명사	사람, 사물, 장소, 시간, 정도 등을 가리키는 대명사
中心语	중심어	단어와 단어가 결합하여 수식과 피수식의 관계를 형성하는 구조를 수식구조(修饰结构)라고 한다. 이때 수식구조의 앞부분을 '수식어'라고 하고, 뒷부분을 '중심어'라고 한다.
主语	주어	
助词	조사	실사의 앞뒤에서 문법적인 역할을 하는 단어
状语	상어	동사나 형용사를 수식하는 성분. 부사어, 상황어라고도 한다

★ 참고문헌

1. 房玉清,『实用汉语语法』,北京语言学院出版社, 1992.
2. 国家对外汉语教学领导小组办公室汉语水平考试部,『汉语水平等级标准与语法等级大纲』, 高等教育出版社, 1996.
3. 贺晓玲,「"使"字句与"把"字句—两种表"致使义"句式的异同考察」, 硕士学位论文, 2001年 5月.
4. 侯学超,『现代汉语虚词词典』,北京大学出版社, 1998.
5. 胡建刚,「述语为"有"、"是"、"在"的存在句的语义、句法分析」,『华文教学与研究』(暨南大学华文学院学报)2001年第2期.
6. 黄瓒辉,「时间副词"总"和"一直"的语义、句法、语用分析」, 硕士学位论文, 2001年 5月.
7. 李大忠,『外国人学汉语语法偏误分析』,北京语言文化大学出版社, 1996.
8. 李守纪,「"根本"和"始终"」,『广州华苑』2000年第1期.
9. 李守纪,「"居然"的语篇分析」,『广州华苑』1999年第2期.
10. 李守纪,「试论篇章中的对比性连接成分」, 中国对外汉语教学学会第七届学术讨论会(2001. 7 成都).
11. 刘清平,「"却"与"但是"的异同考察」, 硕士学位论文, 2001年 5月.
12. 刘月华 等,『实用现代汉语语法』, 外语教学与研究出版社, 1983.
13. 卢福波,『对外汉语教学实用语法』,北京语言学院出版社, 1996.
14. 陆俭明,「"对外汉语教学"中的语法教学」,『语言教学与研究』2000年第3期.
15. 陆俭明·马真,『现代汉语虚词散论』,北京大学出版社, 1985.
16. 吕叔湘 等,『现代汉语八百词』, 商务印书馆, 1996.
17. 吕文华,『对外汉语教学语法探索』, 语文出版社, 1994.
18. 彭小川,「对外汉语语法课语段教学刍议」,『语言文字应用』1999年第3期.
19. 彭小川,「论副词"倒"的语篇功能—兼论对外汉语语篇教学」,『北京大学学报』1999年第5期.
20. 彭小川,「副词"并"、"又"用于否定形式的语义、语用差异」,『华中师范大学学报』(人文社科版) 1999年第2期.
21. 彭小川,「试论华文教学的深入浅出问题」,『暨南学报』(哲社版) 1998年第4期.
22. 陶然 等,『现代汉语虚词辞典』, 中国国际广播出版社, 1995.
23. 王红,「副词"都"的语法意义」,『汉语学习』(吉林)1999年第6期.
24. 王红,「副词"净"浅析」,『暨南学报』(社科版) 2000年第1期.
25. 王红,「试析"应该"与"必须"」,『广州华苑』1999年第1期.
26. 王红,「语气副词"都"的语义、语用分析」,『华文教学与研究』(暨南大学华文学院学报)2001年第2期.
27. 王还,『对外汉语教学语法大纲』,北京语言学院出版社, 1995.
28. 邢福义,「方位结构"X里"和"X中"」,『世界汉语教学』1996年第4期.
29. 叶盼云·吴中伟,『外国人学汉语难点释疑』,北京语言文化大学出版社, 1999.
30. 赵金铭,「教外国人汉语语法的一些原则问题」,『语言教学与研究』1994年第2期.
31. 中国科学院语言研究所词典编辑室,『现代汉语词典』(修订本), 商务印书馆, 1996.
32. 朱德熙,『语法讲义』, 商务印书馆, 1984.

틀리기 쉬운 중국어 어법 201

편저 彭小川 · 李守纪 · 王红
편역 강춘화 · 박영순 · 서희명
펴낸이 정규도
펴낸곳 (주)다락원

초판 1쇄 발행 2007년 2월 12일
초판 8쇄 발행 2018년 3월 15일

책임편집 최준희 · 홍현정 · 고은지
디자인 손혜정 · 윤지은 · 공혜경

다락원 경기도 파주시 문발로 211
내용문의: (02)736-2031 내선 430~439
구입문의: (02)736-2031 내선 250~252
Fax: (02)732-2037
출판등록 1977년 9월 16일 제300-1977-23호

Copyright ⓒ 2003, The Commercial Press
한국 내 Copyright ⓒ 2007, (주)다락원
이 책의 한국 내 저작권은 商务印书馆과의
독점 계약으로 (주)다락원이 소유합니다.

저자 및 출판사의 허락 없이 이 책의 일부 또는 전부를 무단 복제 · 전재 · 발췌할 수 없습니다. 구입 후 철회는 회사 내규에 부합하는 경우에 가능하므로 구입문의처에 문의하시기 바랍니다. 분실 · 파손 등에 따른 소비자 피해에 대해서는 공정거래위원회에서 고시한 소비자 분쟁 해결 기준에 따라 보상 가능합니다. 잘못된 책은 바꿔 드립니다.

값 14,000원

ISBN 978-89-5995-608-1 13720

http://www.darakwon.co.kr

- 다락원 홈페이지를 방문하시면 상세한 출판정보와 함께 동영상강좌, MP3자료 등 다양한 어학 정보를 얻으실 수 있습니다.